사회인문학총서

한국 근현대
인문학의 제도화
: 1910~1959

【사회인문학총서】

한국 근현대
인문학의 제도화
: 1910~1959

신주백 편

혜안

사회인문학총서 발간에 부쳐

또 한 번의 문명사적 전환시대를 맞아 새로운 학문에 대한 요구가 드높다. 이 시대적 요청에 부응해 우리는 '21세기 실학으로서의 사회인문학'이란 과제를 수행하고 있다. 피로감마저 느끼게 하는 인문학 위기담론의 비생산성을 단호히 떨쳐내고, 인문학을 혁신하여 대안적 학문을 실험하고 있는 나라 안팎의 값진 노력에 기꺼이 동참하여 그 한몫을 감당하고자 한다.

사회인문학(Social Humanities)은 단순히 사회과학과 인문학의 만남을 의미하지 않는다. 인문학의 사회성 회복을 통해 '하나의 인문학', 곧 통합학문으로서의 인문학 본래의 성격을 오늘에 맞게 창의적으로 되살리려는 것이다. 학문의 분화가 심각한 현실에 맞서 파편적 지식을 종합하고 삶의 총체적 이해와 감각을 기르는 인문학의 수행은 또한 '사회의 인문화'를 이룩하는 촉매가 될 것이다.

이 의미 있는 연구는 연세대학교 국학연구원 인문한국(HK)사업단이 한국연구재단의 지원을 받아 2008년 11월부터 10년 기획으로 추진하고 있다. 우리 사업단에 참여하는 모든 구성원들은 학문 분과의 경계, 대학이란 제도의 안과 밖을 넘나들며 뜻을 같이하는 모든 분들과 연대하여 사회인문학을 널리 알리고자 한다.

'사회인문학총서'는 우리가 그동안 치열한 토론을 통해 추구해온 세 가지 구체적 과제의 보고서라 하겠다. 인문학이 사회적 산물임을 확인하는 자기 역사와 사회에 대한 이중의 성찰 과제, 학문 간 또는 국내외 수용자와의 소통의 과제, 그리고 제도의 안팎에서 소통의 거점을 확보하되 문화상품화가 아닌 사회적 실천성을 중시하는 실천의 과제, 이를 잘 발효시켜 숙성된 내용으로 한 권 한 권 채워나갈 것이다.

　지금 사회인문학의 길에서 발신하는 우리의 전언에 뜻있는 분들의 동참과 편달을 겸허히 기다린다. 관심과 호응이 클수록 우리가 닦고 있는 이 새로운 길은 한층 더 탄탄해질 것이다. 그로써 우리를 더 인간다운 문명의 새 세계로 이끄는 축복의 통로가 될 수 있기를 바란다.

2014년 4월
연세대학교 국학연구원 인문한국사업단장 백영서

책을 내면서: 인문학, 한국 땅에 뿌리내리기

1.

이 책은 '대학과 학문, 공공성의 기획'이란 리서치워킹그룹의 제1팀에서 발표한 논문들 가운데 인문학의 제도화라는 주제에 맞추어 기획한 결과물이다.

리서치워킹그룹에서는 한국 대학에서의 학술담론과 공론공간의 변화를 안팎의 상황 변화와 연동시켜 구체적으로 추적하였다. 식민지적 학술제도와 학술담론이 해방 이후 탈식민화를 거치며 어떻게 한국사회에 뿌리내려 왔는지를 세 시기로 나누었다.

제1팀에서는 그 가운데 식민지기와 해방 이후의 재편기를 세 차례의 심포지엄, 곧 '식민지 학계의 지형과 자장'(2011. 6), '식민지 고등교육과 인문사회과학'(2012. 5), '해방 후 대학에서 인문사회과학의 분과학문화ー연쇄와 변용, 그리고 역류의 측면에서'(2013. 3)란 주제로 집중 고찰하였다. 시간적으로 말하면 1910년 한국병합을 전후한 때로부터 1960년 4·19혁명 이전까지이다. 이 책에서는 1부를 '식민지기 근대적 지식체계의 제도화와 인문학, 그리고 '조선학''이란 주제로, 2부를 '해방 후 대학에서 인문학의 분과학문화, 그리고 '국학''이란 주제로 구성하였다.

2.

오늘날 한국에서 인문학이라고 하면 주로 문학, 사학, 철학을 말한다. 줄여 문·사·철이라고 말하기도 하는 학문의 분류 방식은 길게 잡아도

100여 년밖에 되지 않았다.

전통적으로 한국에서는 '경사자집(經史子集)'의 지식체계 속에서 오늘날과 다른 종합인문학을 추구하였다. 그러나 계몽운동기 즈음부터 서구의 인문사회과학에 관한 지식이 본격적으로 유입되며 문학, 사학, 철학의 영역은 구분되기 시작하였다. 대한제국의 식민지화는 조선인 지식인 스스로가 이를 분류화하는 담론을 개발하는 계기였다. 조선사, 조선문학, 동양철학의 등장이 바로 그것이다.

그러나 1926년 경성제국대학이 창설되고 법문학부가 설치되어 식민지 조선에서 '관학 아카데미즘'이 본격화하면서 조선인이 정의한 조선의 문·사·철은 부정되었다. 대부분이 동경제국대학 출신인 법문학부의 문학과·사학과·철학과 교수들은 학교 안에서 강좌제를 기반으로 연구와 교육에 집중하였다. 학교 밖에서도 청구학회 등에서의 학술활동과 조선총독부의 정책에 관여하며 영속적인 지배이데올로기를 생산·전파하였다. 이들이 주조하는 식민지 공공성은 학문적 신념인 경우도 있었고, 국가에 의해 강제된 경우도 있었다. 국가는 교수들에게 신분을 보장해 주며 학문적 자율성을 제약했기 때문이다. 권력의 후원을 받는 교수들은 '과학'을 내세우며 조선어를 지배의 대상으로만 간주했으며, 조선인이 주체가 된 조선사를 부정하였다. 조선문학에서 한글을 배제했으며, 조선철학만이 아니라 동양철학조차 지나철학으로 간주하며 학문의 대상에서 배제하였다. 경성제대의 교수들은 통치이념이란 공론을 만들어가는 과정에서 부정과 배제의 방법도 동원함으로써 공론(公論)을 내세워 공론(共論)은 없앤 것이다.

경성제대를 나온 조선인은 그곳에 남지 못했으며, '제도로서의 학문'을 추구했지만 극히 일부를 제외하면 경성제대가 주도하는 관학아카데미즘 내로 포섭되지도 못하였다. 학문의 길을 가려던 조선인 졸업생들은 조선총독부의 외곽기관에 취직한 사람을 제외하면 대부분 중등교원, 사립전문대학의 교수, 언론인 등으로 살아갔다. 그러나 조선인 졸업생들이 배운 내용은 당시에도 그랬지만 해방 이후 각 분과학문에 큰 영향을 끼쳤다.

경성제대를 졸업한 조선인 연구자들은 학자의 길로 들어서기 쉽지 않았으면서도 '과학적 근거'를 내세우며 조선의 역사와 언어, 사상 등을 학문의 대상으로 하는 조선학에 관심을 두었다. 그들은 1930년대 들어 조선학에 대한 사회적 관심을 고조시켰다. 때마침 안재홍과 정인보가 주도하는 조선학운동이 일어나면서 대중적 관심은 더 높아갔다. 민족을 구분하지 않고 이때의 연구지형을 보면, 조선학을 둘러싼 학술장에는 크게 다섯 가지 경향의 부류가 있었다. 경성제대 출신 조선인 연구자는 실증주의를 내세운 진단학회에 가담한 사람들이 대다수였고, 마르크스레닌주의를 이념으로 하는 사람도 있었으며, 양 쪽에 가담한 사람들 가운데 일부는 '운동으로서의 학문'을 추구한 사람도 있었다. 조선학운동 주도자들이 생각하는 운동의 대상은 일제였지만, 경성제대의 조선인 출신자들이 생각하는 운동의 대상은 일제일 수도 있었고, 그렇지 않을 수도 있었다. 그렇지만 '과학적'이지 못한 사람들은 경성제대 출신자들에게 '과학적'이지 못한 사람들은 공통되게 운동의 대상이었다. 식민지 공공성에 대항하는 저항적 공공성이 그만큼 복잡했던 것이다.

3.

해방 후 대학사회는 미군정의 정책과 밀접하게 연관되며 바뀌어 갔다. 제도적으로 가장 큰 변화는 교육과 연구 기능을 주도할 제국대학이란 특권대학과 실업교육만을 전담하는 기관으로서의 전문학교라는 이중구조 자체가 철폐되었을 뿐만 아니라 두 고등교육기관 사이의 위계적이고 차별적인 구조도 없어졌다는데 있다. 고등교육은 2개 이상의 단과대학을 기반으로 4년제의 종합대학이 담당하였다. 문리과대학은 '대학 중의 대학'으로 공인되어 교양교육과 기초학문을 담당하였다. 제국대학을 받쳐주는 기본은 연구를 중심으로 연구와 교육을 결합시킨 강좌제였다면, 해방 후 미국식 대학시스템에서의 기본은 교육을 중심으로 연구와 교육을 결합시킨 학과제였다. 그리고 그 상위에 학문후속세대를 육성할 대학원이 위치하였다.

미국식 대학제도에 따라 경성제국대학과 각종 관립전문학교가 통합되어 서울대학교가 세워졌고, 조선인 전문학교는 모두 4년제 종합대학으로 전환했으며, 수많은 대학이 전국 각지에 신설되었다. 이에 따라 교수사회에서 신분, 지역, 학문간 이동이 매우 활발히 이루어졌으며, 이사회를 중심으로 대학의 제도적 기반이 마련되어 갔다.

그렇지만 급속한 대학의 팽창 과정에서 교수인력과 적절한 교재를 확보하는 일이 쉽지 않았으며, 지역과 분과학문의 편중 현상도 나타났다. 미국에서 학과는 대학원의 전제였지만, 해방 공간에서 학과는 기본소양교육과 전공교육을 동시에 담보해야만 하였다. 제도적 기반의 확충에도 불구하고 대학의 자율적 규율은 확립되지 못하였다. 이사회를 중심으로 한 미국식 대학 운영은 교수회 중심의 제국대학식 대학자치를 제약하였다.

고려대, 동국대, 서울대, 연희대(연세대) 등 대학에서 국어국문학, 역사학, 철학분야의 연구와 교육을 담당한 사람들은 주로 경성제대 출신이었으며, 일본의 제국대학과 와세다대학 출신자도 높은 비중을 차지하였다. 교수들은 대학 시절에 배운 내용과 경험을 바탕으로 학과를 운영하고 수업을 진행하였다. 사학과에서 국사·동양사·서양사의 3분과체제, 국어학에서 한글운동의 계보를 잇는 언어민족주의의 소외, 동양철학의 사실상 배제와 서양철학 중심의 교과운영은 대표적인 지(知)의 식민성이었다. 서울대학교 사학과의 운영에서 확인할 수 있듯이 미국식 학과제에서는 존립 자체가 어려웠던 강좌제도 흔적을 남기며 수업내용만이 아니라 학생들의 인간관계까지 규정하였다.

대학 교양과목의 교재는 1950년대 들어서면서 여러 종류가 발행되었다. 교양교재 자체가 수업 이외에도 대학입시와 고시 등에도 사용될 수 있어 시장이 형성되어 있었기 때문이다. 그렇지만 전공수업의 교재는 달랐다. 경제사정도 있고, 식민지 때부터 축적된 학문이 부족했기 때문에 교재를 개발하고, 이에 기초하여 수업을 진행하기는 사실상 쉽지 않았다. 급히 외국서적을 번역하거나, 프린트물로 대체하며 전공수업을 하는 경우도 있었지만, 교수 자신이 만든 카드를 음독(音讀)하며 설명하는 방식의 수업이 일반적이었다. 인문학 교과목의 커리큘럼에 '특강'과 '연습'이 많았던 이유 가운데 하나도 여기에 있었다.

분단과 냉전, 좌우대결과 한국전쟁을 거치며 학계에서의 식민지 잔재는 제대로 주목받지 못하였다. 인적인 측면만이 아니라 제도적인 맥락도 고찰할 수 있는 학술장이 형성된 적도 없었다. 후진성 담론은 이를 정당화시켜주는 논리의 하나였다. 그것의 역사적·문화적 해명이 동양특수성 담론이었다. 1950년대 들어 한국인의 주체적 자기 발견을 부정하는 동양특수성 담론이란 식민성을 내장한 관제적 공공성을 의미하였다. 당시의 주류 담론에 경합할 수 있는 '국학'은 아주 조금씩 싹트고 있었다. 1960년대에는 한국의 역사와 문화를 바라보는 내재적 발전에 입각한 관점과 태도가 확장되면서 역사학을 시작으로 관제적 공공성에 경합할 수 있는 공공성이 형성되었다.

비슷한 시기 북한에서도 '주체'가 강조되며 김일성 중심의 전통만이 유일한 혁명전통으로 받아들여졌다. 한글운동의 계보를 잇는 언어학은 민족자주성이란 이름으로만 살아남아 북한학계에서 주류적 위치를 차지하였다.

2014년 4월 26일
필자들을 대신하여 신주백 씀

차 례

1부

식민지기 근대적 지식체계의 제도화와
인문학, 그리고 '조선학'

근대적 지식체계의 제도화와 식민지 공공성

신 주 백

I. 머리말

오늘날 우리가 정규 교육과정을 거치며 배워 온 지식체계와 그것의
제도적 구현으로서 교육시스템이 정착한 역사는 엄밀히 말해 100여년
정도밖에 되지 않는다. 아무리 길게 잡아도 새로운 지식체계와 제도가
태동할 수 있는 전환점이었던 개항으로부터 140여 년에 불과하다. 그때까지
조선에서 학문하는 사람들은 經史子集의 체계라는 말이 말해주듯이 오랜
역사 과정에서 누적된 지식체계를 섭렵하며 개인의 수양과 실천을 통해
특정한 경지에 이르는 통합학문을 해 왔다.

전통적 지식체계와 재생산 제도가 크게 바뀌기 시작한 것은 1905년
러일전쟁 이후 계몽운동이 활발하게 전개되면서부터라고 말해도 지나치지
않다. 특히 이 시기에 '지식혁명'이라 불릴 정도로 급격한 변화가 일어나기
시작하였다.[1] 각종 신문사와 학회가 조직되어 신문과 잡지를 발행하면서
서구의 학문이 소개됨에 따라 새로운 담론이 대량으로 생산되고 활발하게
유통되었기 때문이다.

서구에서 유입된 새로운 학문에 대한 인식과 지식체계는 식민지기에

---

* 이 글은 『동방학지』 160호(2002)에 실린 논문을 수정하여 수록한 것이다.
1) 구장률, 『근대 초기 잡지와 분과학문의 형성』, 케이북스, 2012, 22~24쪽.

이르러 오늘날과 유사하게 정착되었다. 이 글에서 연구하려는 조선사, 조선문학, 동양철학 분야도 마찬가지였다. 조선사에 관한 인식과 이해는 사학사라는 맥락에서 수많은 연구가 이루어졌다.[2] 조선문학의 개념과 그것의 변화에 관한 연구도 꾸준히 이루어져 왔다.[3] 이와 달리 동양철학의 형성에 관한 연구는 최근에서야 이루어지고 있다.[4]

새로운 지식체계는 1920년대 후반 들어 분과학문별로 제도화하였다. 법문학부가 포함된 경성제국대학이 개교하고 '문과'를 둔 전문학교들이 제도를 정비했기 때문이다.[5] 1930년대 들어서는 분과학문별로 조선을 연구 대상으로 하는 '조선학'이란 학술용어가 조선학운동 등을 계기로 보통명사화 할 정도여서 여기에 관련된 다양한 연구가 이루어졌다.[6]

그럼에도 불구하고 조선사, 조선문학, 동양철학에 관한 인식과 제도화 문제가 충분히 해명되었다고 볼 수 없다. 물론 조선사, 조선문학, 동양철학의 형성에 관해서는 학문 분야별로 연구의 편차가 있다.[7] 조선문학의 형성과

---

2) 한국사학사에 관한 연구 성과 가운데 대표적인 저서만을 언급하면 아래와 같다. 趙東杰, 『韓國現代史學史』, 나남출판, 1998 ; 한영우, 『역사학의 역사』, 지식산업사, 2002 ; 박걸순, 『식민지 시기의 역사학과 역사인식』, 경인문화사, 2004 ; 이만열, 『한국 근현대 역사학의 흐름』, 푸른역사, 2007.

3) 예를 들어 김동식은 이와 관련한 박사학위논문을 제출하였고, 「한국문학 개념 규정의 역사적 변천에 관하여」, 『한국현대문학연구』 30, 2010을 발표하였다. 한문학과의 연관성에 관해서는 임형택의 「한국문학의 인식체계: 그 개념 정립과 한문학의 처리 문제」, 『한국문학사의 논리와 세계』, 창작과 비평사, 2002를 들 수 있다.

4) 이상린, 「일제강점기 신문을 통해 본 당시 동양철학의 현황」, 『일어일문학』 35, 2007 ; 「일제강점기 잡지를 통해 본 당시 동양철학의 현황」, 『동북아 문화연구』 16, 2008.

5) 신주백, 「식민지 조선의 고등교육체계와 문·사·철의 제도화, 그리고 식민지 공공성」, 『한국교육사학』 34-4, 2012, 제2장 참조.

6) 조선학운동과 관련한 연구 동향에 관해서는 신주백, 「'조선학운동'에 관한 연구동향과 새로운 시론적 탐색」, 『한국민족운동사연구』 67, 2011.

7) * 국어국문학 분야: 이 책에 수록된 이준식의 논문 ; 박광현, 「다카하시 도오루와 경성제대 '조선문학' 강좌: '조선문학' 연구자로서의 자기동일화 과정을 중심으로」, 『韓國文化』 40, 2007 ; 최기숙, 「국어국문학 과목 편제와 고전강독 강좌」, 김재현·김현주·나종석·박광현·박지영·서은주·신주백·최기숙, 『한국인문학의 형성』, 한길

개념에 관해서는 이미 상당한 연구가 축적되어 있다. 이 글도 조선문학의 범주와 개념에 관해서는 선행 연구의 견해로부터 벗어나지 못할 것이다. 분과학문으로서 조선사의 성립에 관해서는 경성제대의 사학과에 관해서만 선행 연구가 치중되어 있고, 동양철학에 관한 분석 논문은 없다.

이 글에서는 전통 시대에 하나였던 經史子集의 지식체계가 1910년 주권을 상실한 이후 연구와 교육의 대상인 조선의 역사, 문학, 철학이란 근대적 지식체계로 분화되어 가는 과정을 해명하겠다. 이어 1926년에 설립된 경성제대 법문학부를 통해 일본적이면서 식민지적인 문·사·철의 모습을 정리하고, 조선인이 습득한 분과학문으로서의 문·사·철과 그것이 어떤 격차가 있었는지를 고찰하겠다.[8]

연구목적을 제대로 달성하면 조선문학에 관한 인식과 제도화 사이의 격차에 관해 새로운 이야기를 할 수 있을 것이다. 그것은 조선사 분야에서도 마찬가지이다. 조선사라는 영역은 1910년 이전에 이미 자리 잡고 있었지만 선행 연구는 그것을 고등교육상의 분과학문제도와 연관시켜 그것을 해명하지 않았다. 또한 조선사, 조선문학과 달리 조선철학이 유통되지 않고 동양철학이란 이름으로 유학 사상이 재구성되었던 이유, 이것과 분과학문제도와의 연관성도 밝혀져 있지 않다. 더구나 조선사, 조선문학, 동양철학이란

사, 2011.

* 사학 분야: 박광현, 「경성제국대학 안의 '동양사학'—학문제도·문화사적 측면에서—」『한국사상과 문화』31, 2005 ; 白永瑞, 「'東洋史學'의 誕生과 衰退」, 『韓國史學史學報』11, 2005 ; 이 책에 수록된 장신의 논문

* 철학 분야: 김재현, 「철학의 제도화, 해방 전후의 연속성과 좌절」, 김재현·김현주·나종석·박광현·박지영·서은주·신주백·최기숙, 『한국인문학의 형성』, 한길사, 2011.

* 문과: 연세대학교 국학연구원 편, 『근대학문의 형성과 연희전문』, 연세대학교 출판부, 2005.

8) 미리 언급하지만, 필자는 조선인사회가 조선사, 조선문학, 동양철학을 수용하는 지적 기반을 갖추어 가는 도중에 경성제대의 법문학부와 연희전문을 비롯한 전문학교의 '문학과(문과)'에서 이것이 제도화되었다는 문제의식을 갖고 있다. 다만 제도화 이전의 지적 흐름과 제도화에는 격차가 있었으며, 이를 해명하는 것도 이 글의 과제이다.

이름으로 우리의 역사와 문예 그리고 철학이 구체적으로 재인식되는 과정은 식민지 조선사회의 변화와 맞물려 설명해야 하지만, 선행 연구에서는 이 측면을 주목하지 않았다. 가령 安廓이 1920년대 초반에 발표한『조선문학사』(1922),「조선철학사상개관」(1922),『조선문명사』(1923)가 세 분야의 학술사에서 연구사적인 의미가 남을 정도인지는 의문을 가질 필요도 있겠지만, 글이 발표된 그 시점의 시대 상황 내지는 지적 분위기가 제대로 해명된 적은 없다. 있다고 한다면 오늘날의 연구자들이 자신의 분과학문에 관련한 글만을 분석한 경우가 대부분이다.9)

이상의 연구 목적과 부족한 점을 해명하기 위해 이 글에서는 문·사·철이란 근대적 지식체계의 인식 및 분화과정과 고등교육체계의 제도화과정을 동시에 보면서도 두 과정의 결과로 나타난 내용적 격차에도 주의를 기울이겠다. 전통학문과 분과학문의 관계, 그리고 시대적 분위기 내지는 학술적 흐름과 분과학문의 관계도 함께 고려하겠다. 더 나아가 조선사, 조선문학, 동양철학의 근대적 학문화 과정을 서로 비교하겠다. 특히 세 분과학문을 비교함으로써 동일한 형식과 내용을 부정하는 데서 출발한 이들 분과학문이 식민지 사회 내지는 식민지 제도와 어떤 관계를 맺으며 각각 표상화했는가를 보다 선명하게 드러내겠다. 이렇게 하면 해방 후에 조선인이 주체로 나서서 재편하는 분과학문으로서 문·사·철과의 연속과 단절을 해명하는 데도 보탬이 될 것이다.

---

9) *『조선문학사』: 이상현,「'조선문학사'(1922) 출현의 안과 밖―재조 일본인 고소설론의 근대 학술사적 함의」,『日本文化硏究』40, 2011.
　*「조선철학사」: 박홍식,「일제강점기 '신천지'에 발표된 안확의 '조선철학사상개관(朝鮮哲學思想槪觀)'에 대한 고찰」,『동북아 문화연구』16, 2008.
　*『조선문명사』: 안외순,「사상 : 안확(安廓)의 조선 정치사 독법 : '조선문명사(朝鮮文明史)'를 중심으로」,『溫知論叢』20, 2008.
　예외적인 경우를 들라면, 류준필과 류시현은 당시의 시대적 분위기 내지는 학술적 흐름과 연관시켜 안확의 저술을 검토하였다. 柳浚弼,「1910-20년대 초 한국에서 자국학 이념의 형성 과정―최남선과 안확을 중심으로」,『大東文化硏究』52, 2005 ; 류시현,「1910~1920년대 전반기 안확의 '개조론'과 조선 문화 연구」,『역사문제연구』21, 2009.

이 글의 '제II장'에서는 경학으로 말해지는 전통 지식과 서구의 근대 학문 사이에 어떤 차이가 있었는지를 해명하는 데서부터 시작하겠다. 그리고 '제III장'에서는 중국 중심적 세계관으로부터 벗어나야 하는 인식론적 과제와 식민지라는 현실적 조건에서 근대 학문으로서의 형식과 내용을 정립하기 위해 세 분과학문이 각각 어떻게 개념화되었고, 내용을 구성해 갔는지 시대적 분위기 또는 학술적 흐름과 연관시켜 해명해 보겠다. 이때 차별적이고 위계적인 고등교육체계의 정점에 있던 경성제대 법문학부와 조선인사회와의 문·사·철을 둘러싼 길항관계를 선택과 배제 그리고 갈등의 측면에 주의하여 살펴보겠다.

II. 근대 학문 알아가기: 구학과 한문에서 신학과 한글 사용으로

유교문화권에서 학문하는 사람은 사서와 경전을 읽고 의미를 파악하며 자신을 도덕적으로 수양하는 과정에서 객관에 도달하고 실천하는 태도를 취한다. 주자학에서 말하는 '학'이 개체의 내재적 근거에 기반한 자기완결성 내지는 순환 지속의 구조를 이루고 있기 때문이다.[10] 또한 동아시아의 전통 지식체계가 인간과 자연을 통일체적으로 사유하는 가운데 인간과 사회, 우주와 자연을 하나의 유기적 구조로 설명하는 통합 학문이기 때문이기도 하다.[11] 이에 따라 동아시아에서 '학'은 그 자체의 고유한 대상을 갖고 있지 않다. 모든 것이 대상인 것이다. 반면에 서구에서 수용된 근대 학문은 과학과 합리성을 내세우며 분과학문마다 대상을 명확히 달리하고 있다.

---

10) 류준필, 「'論語'경학에서의 '學' 개념과 그 인식 층위-조선 주자학자의 '學而時習之'章 주석을 중심으로」, 「韓國漢文學硏究」 45, 2010.

11) 이행훈, 「學問 개념의 근대적 변환-'格致' '窮理' 개념을 중심으로」, 『東洋古典硏究』 37, 2009.

한국에서는 전통적 지식체계로부터 서구적 근대 지식체계으로의 전환이 매우 급격히 이루어졌다. 특히 1905년 러일전쟁에서 일본이 승리한 이후 전개된 계몽운동에서는 잡지와 신문을 매개로 일본으로부터 유입되는 다양한 신지식의 범람과 舊學과의 충돌·변용 과정 때문에 '지식혁명'이란 말이 나올 정도였다. 당시 지식인들은 전통학문과 신지식의 관계를 어떻게 풀어갈 것인가를 놓고 동도와 서기, 신학과 구학 논쟁을 거치며 유학을 비판하고 쇄신하거나, 부정하고 폐기하려 하였다.[12]

시간의 흐름을 따라 추적해 보면, 처음에는 양자를 조화하려는 사람들이 많았다.

舊學問이란 東洋의 學問을 가리키고 新學問이란 泰西의 學問을 가리킨다. 양자를 둘로 나누어 하나 되게 합칠 수 없다. 학문에 고유한 신구의 다름이 있던가. 어찌 하나를 주장하여 다른 하나를 폐기할 수 있겠는가. … 舊學이라 폐기하고 新學이라 거부해서는 안 된다. 同體異用을 분별하되 體用相須의 妙를 얻을 수 있어야 한다. 혹자는 동양의 학문은 理를 주로 하는데 理는 형체가 없어서 그 설이 장황하고 효과는 더디며 西學은 氣를 주로 하는데 기는 作爲가 있으니 일이 현저하고 효과도 빠르다고 한다. 비록 그렇다 하더라도 理氣로 말하면 천지 사이에 理없는 物이 없고, 氣없는 物도 없다. 理와 氣가 분리될 수 없듯이 氣도 理와 분리될 수 없다.[13]

학문의 내용만이 아니라 형식에 해당하는 언어에서도 한문과 한글을 사용할 때 어느 한 쪽으로 편향되게 활용하지 말도록 조화를 강조하는 사람도 있었다.[14] 『독립신문』으로부터 시작된 한글 사용 전용원칙[15]을 거부한 주장이기도 하지만, 동시에 전통 지식이 고수해 왔던 한문만으로

---

12) 이행훈, 위의 글, 2009, 제III장 참조.
13) 金思說, 「學問體用」, 『大東學會月報』 1, 1908. 2. 25, 41~42쪽.
14) 임형택, 「국학의 성립과정과 실학에 대한 인식」, 『실시구시의 한국학』, 창작과 비평사, 2000(원전: 李奎桓, 「序」, 『東國歷史』, 1899).
15) 그 이유에 대해서는 「창간사」, 『독닙신문』 창간호(1896년 4월 7일) 참조.

학문을 해서는 안 된다는 주장이기도 해서 당시로서는 파격적이었다.

학문의 형식과 내용의 측면에서 조화를 강조하던 흐름 속에서도 과학으로서의 근대 학문이 잡지를 중심으로 매우 빈번하게 소개되었다. 구장률의 연구에 따르면 원본을 확인할 수 있는 34종의 잡지 가운데 29종에서 新學인 각종 분과학문을 소개하였으며, 분과학문별로 보면 법률학, 국가학, 정치학, 교육학, 경제학, 언어학, 농학 등의 순이었다.16) 사회과학과 자연과학 관련 분야가 인문학 관련 분야보다 많이 소개되었음을 알 수 있다. 新學을 통해 문명개화와 부국강병, 달리 말하면 실용을 지향했기 때문일 것이다.

이에 반해 문학, 사학, 철학과 관련한 소개는 거의 없었다. 구장률의 연구에 따르면 잡지에서 분과학문으로서 문학을 소개한 경우가 1편, 철학을 소개한 경우가 2편이었고, 역사학은 없었다.17) 통합학문인 경학의 분화에 대한 자기 논리, 내지는 유학에 대한 비판적 태도를 전제하지 않으면 소개가 쉽지 않았을 것이다.

한편, 1907년 헤이그밀사사건을 계기로 조선의 정치 상황이 급변하였다. 고종이 강제로 퇴위하고 순종이 황제가 되었으며, 대한제국의 군대가 해산되었다. 여기에 반발한 사람들 가운데 일부가 의병을 조직하여 격렬하게 저항했지만, 1909년 9, 10월에는 호남의병이 일본군의 '남한대토벌작전'으로 와해되는 등 그나마 남아 있던 조직적 저항 세력도 소멸하였다. 이후 일본 정부는 한국병합을 구체적으로 추진하기 위해 경찰 지휘권과 감옥 행정사무권까지 장악하였다.18)

---

16) 구장률, 앞의 책, 2012, 49~60쪽.

17) 구장률, 위의 책, 2012, 60~61쪽. 그러나 신문에서는 '역사학'이란 독립된 분과학문이 있음을 소개한 글은 있다. 물론 명치유신을 설명하기 위한 도입차원에서 언급한 내용에 나오는 것이지만, "列邦 박사들이 역사학을 전공자 多하여 자기의 학술에만 精益求精할 뿐 아니라 자국에 文野得失의 대영향 大裨益을 從此可見하느니 然則 역사학이 世道公益의 果何如哉오"라고 언급하고 있는 데서 확인할 수 있다. 『皇城新聞』 1906년 4월 30일.

18) 이에 관해서는 신주백, 「호남의병에 대한 일본 군·헌병·경찰의 탄압작전」, 『歷史教育』 87, 2003 참조.

이들 일련의 역사적 사건은 저항적인 지식인들에게 대한제국이 일본의
지배 아래 들어가는 것은 시간문제라는 인식을 심어주었다. 민족운동
단체 가운데 이즈음에 결성된 新民會를 주목하는 이유 가운데 하나도
여기에 있다. 신민회는 대한제국의 국체가 지속되고 있는 상황인데도
공화정을 지향하였고, 1909년에 이르면 해외에 독립운동기지를 세우려는
움직임을 구체화하였다.

  공개적인 논설을 통해 새로운 시각과 진로를 제시하는 선각적인 지식인
도 있었다. 申采浩는 한반도가 일본의 지배를 받게 된 이유를 '韓人의
民族主義가 强健'하지 못한데서 찾고, "民族主義를 大奮發하여 '俄族의 國은
俄族이 主張한다'하는 一句로 護身符를 作하여 民族을 保全할 지어다"라고
하여 민족주의만이 제국주의에 저항할 수 있는 유일한 길이라고 강조하였
다.[19] 그에게 있어 민족주의는 황제나 소수의 관료, 또는 일부의 지식인층에
의해 주도되는 것이 아니라, 國民이 주도하는 것이었다.[20] 요컨대 신채호는
일본과의 경쟁의 주체를 국민과 민족에서 찾았다.[21]

  국가 존립의 위기감이 고조되는 가운데 유학은 새로운 저항의 주체를
국민과 민족에서 찾는 사람들에게 구학, 즉 현실을 제대로 설명해주지도
못할 뿐만 아니라 헤쳐나갈 수 있는 지식도 아니라는 점이 점차 명확해짐에
따라 부정하고 폐기해야 할 대상이었다.

  우리는 공자를 선생으로 삼을가, 예수를 선생으로 삼을가, 회회교조

---

19) 丹齋申采浩先生紀念事業會 編, 『丹齋申采浩全集』(改訂版) 下, 螢雪出版社, 1977,
    108~109쪽(「帝國主義와 民族主義」, 『大韓每日申報』 1909년 5월 28일).
20) 丹齋申采浩先生紀念事業會 編, 『丹齋申采浩全集』(改訂版) 別集, 螢雪出版社, 1987,
    210~229쪽(「20世紀 新國民」, 『大韓每日申報』 1910년 2월 22일~3월 3일).
21) 辛珠柏, 「民族運動勢力의 共和主義·共存意識의 變化에 關한 試論」, 『世界の日本研究』
    4, 2003, 제2장 참조. 하지만 신채호의 민족주의는 아직까지 반제국주의적 입장이
    아니었다. 그는 萬國公法의 秩序를 수용하고, 社會進化論的 競爭法則을 인정하고
    있었기 때문에 제국주의가 지배하는 國際秩序를 法則으로 받아들이고 있었다.
    朴贊勝, 「韓末 申采浩의 歷史觀과 歷史學」, 『韓國文化』 9, 1988, 318쪽.

모하메드를 선생으로 삼을가. 가로되 모다 아니라. 다만 진리를 선생으로 삼을지니라.

그런고로 공자와 예수와 모하메드의 하신일이라고 진리에만 합할진데 반드시 공손히 본받어 합하려니와 만일 진리에 합하지 아니한 일이면 우리는 머리가 깨어져도 결단코 반대하고 우리의 진리 선생만 쫓으리라. …

그럼으로 어떠한 성경 현전이라도 진리에만 합하면 이어니와 진리에 합하지 아니하면 우리는 쇄분신을 할지라도 결단코 정의를 잡고 우리 진리성격만 읽을지니라.

대저 헐어버리는 일이 없으면 서로 짓는 일도 없으니, 구학문을 깨처버리지 아니하면 신학문을 세울 수 없을지며, 예날 사상을 깨처버리지 않으면 신사상을 발할 수 없을지며 전일 제도와 풍속을 깨처버리지 아니하면 신제도와 신풍속을 잃을 수가 없을지니 … 오호-라, 옛사람과 옛학문의 노예가 되지 말지어다 동포들아.22)

한국병합 7개월 전인 1910년 1월의 시점에서 新學의 건설을 주장한 신채호는 그보다 앞서 한문보다 한글이 더 중요함을 역설하였다. 그는 한글이 '內國文'이고 漢文이 '外國文'이기 때문에 '國文重 漢文輕'해야 한다고 보았다. 그렇게 해야 '자국의 언어로 자국의 문자를 편성하고 자국의 문자로 자국의 歷史地誌를 纂輯하여 전국 인민이 奉讀傳踊하여야 其 고유한 國情을 保持하며 純美한 愛國心을 鼓發할' 것으로 보았다.23)

그럼에도 불구하고 신학을 건설하고 한글을 더 중요시하자는 신채호의 주장은 계몽운동기 지식인 사회에서 보편화된 담론이었다고 볼 수 없다. 신채호조차 구학의 전면적 폐지를 주장하는 데는 한계가 있었다. 그는 1909년 6월에 쓴 「儒敎擴張에 對한 論」24)에서 종교로서 유교를 改新하여

---

22) 「잡동산이」, 『대한매일신보』 1910년 1월 7일. 한글판에는 제목 없이 코너명인 '잡동산이'에 실려 있다.

23) 丹齋申采浩先生紀念事業會 編, 『丹齋申采浩全集』(改訂版) 別集, 74~76쪽(「國漢文의 輕重」, 『大韓每日申報』 1908년 3월 17일~19일).

확장시키는 길을 제시하였다. 1910년 2월의 시점에서도 '유교는 韓人에게 賦與한 바 感化力이 심대한지라' '유교를 개량하는 동시에 그 정신을 보전'할 필요가 있다고 주장하였다.[25] 앞서 인용한 金思說의 글이 1908년 6월의 시점에 발표된 것에서도 시사받을 수 있듯이, 1910년 한국병합 때까지도 계몽운동에 참여한 지식인들은 여전히 구학과 신학의 조화를 주장하는 의견에 더 많은 지지를 보냈을 가능성이 매우 높은 것이다.

신학과 구학의 공존이란 주장이 설 땅을 잃고 신학으로 세상을 이해해야 한다는 주장이 전면에 나설 수 있었던 직접적인 계기는 1910년 8월에 일어난 사건, 곧 대한제국의 몰락과 식민지화였다. 그것은 서구의 자본주의 문명을 수용하여 근대 국민국가를 건설한 일본이 제국주의화하여 대한제국을 멸망시킨 결과였다. 반대로 유교 사상으로 백성을 통치해 오던 왕과 양반이 일본에 나라를 빼앗긴 결과이기도 하였다. 1910년 8월의 사건을 전환점으로 이제는 구학과 신학의 조화가 아니라, 신학으로서 문·사·철의 형식과 내용을 어떻게 수립하고 제도화할 것인가가 초점이었다. 그 과정과 정립된 모습은 분과학문별로 달랐다. 다음 '장'에서 이를 살펴보자.

III. 경학(經學)으로부터의 독립과 분화: 경학에서 조선의 문·사·철로

1. 조선의 역사

이러한 시대적 변화과정에 가장 적극적으로 대응했던 사람이 신채호였다. 그는 이미 1910년 1월 합방이 '한국 사람'을 일본에 '순종하는 노복'으로

---

24) 丹齋申采浩先生紀念事業會 編,『丹齋申采浩全集』(改訂版) 下, 119~120쪽.『大韓每日申報』6월 16일자에 발표한 글인데, 신채호는 여기에서 "유교를 확장코자하면 유교의 진리를 확장하여 虛僞를 棄하고 實學을 務하며, 小康을 棄하고 大同을 務하여 유교의 光을 우주에 照할지어다"라고 하였다.

25) 丹齋申采浩先生紀念事業會 編,『丹齋申采浩全集』(改訂版) 別集, 210~229쪽(「二十世紀 新國民」,『大韓每日申報』1910년 2월 22일~3월 3일).

만들 것이라고 지적하며, 일진회의 움직임을 비판하고 일본에 헛된 꿈을 꾸지 말 것을 경고하였다.[26] 그렇다면 민족적 위기 상황에서 신채호가 유교의 개신을 주장하는 한편으로, 구학의 파괴와 부정을 공공연하게 제기하며 건설하고자 했던 '신학문'의 '신사상'은 무엇이었을까. 그것은 한 마디로 말하면 '國粹'를 보전하는 것이었다.

신채호에게 있어 국수란 자기 '나라에 전래하여 오는 종교와 풍속과 언어와 습관과 역사상의 절밀하고 아름다운 말'을 의미하였다.[27]

> 국성(나라의 성질)도 국수를 인하여 보전하며, 국혼(나라의 혼)도 국수를 인하여 생기느니, 진정하여 말할 진데 내가 나를 높이며 내가 나를 사랑하는 마음이 국수를 인하여 발생하는다라.
> 그런고로 파괴라 함은 국수를 파괴함이 아니오, 악한 성질을 파괴하여 국수를 부식케 함이라.
> 만일 국수를 파괴하고 법국의 문명을 수입하면 이는 제나라 사람들을 몰아 법국의 노예를 만들게 함이오, 국수를 파괴하고 덕국의 문명을 수입하면 이는 제나라 사람들을 몰아 덕국의 노예를 만들게 함이니, 그런고로 외국의 문명을 수입하려는 자 우선 국수 이 자를 다시 생각할지니라
> 우리나라에는 왕건 태조 이후로 천여년에 국수주의를 가진 사람이 없어 노예의 성질이 점점 자랐도다.[28]

신채호가 파괴하고자 한 것은 조선인의 '노예 성질'이란 '악한 성질'이었으며, 건설하고자 한 것은 서양의 문명을 수용하되 '국수'를 지켜 國性 國魂 尊我心 愛我心을 보존하는데 있었다. 이런 신채호에게 '학으로서의 유학'은 노예의 성질을 정당화하는 이념이었을 뿐이다. 전통적으로 조선에서 요구되어 왔던 經史一體 관념이란 지식체계로부터 신채호가 상대적으로

---

26) 「론설: 한국과 일본을 합병할 의론을 하는 자에게 고하노라」, 『대한매일신보』 1910년 1월 6일.
27) 「잡동산이: 국수」, 『대한매일신보』 1910년 1월 13일.
28) 「잡동산이: 국수」, 『대한매일신보』 1910년 1월 13일.

빨리, 그리고 한국병합 이전에 탈각할 수 있었던 이유의 하나도 여기에 있을 것이다.

'학으로서 유학'을 부정하고 역사를 경학으로부터 독립시킨 그의 선구적인 史說은 「讀史新論」(1908)이다. 조동걸은 「독사신론」이 '신론'일 수 있는 이유로 다음 두 가지를 들고 있다.

우선, 신채호의 논리는 사회진화론과 민족주의를 기본 논조로 하고 있다. 그는 경사일체나 정통론의 명분을 극복하고 편년체 서술 대신에 상세-중세-근세로 조선 역사를 시기 구분하였다. 또한 인습적 사고였던 순환론도 떠나 있었으며, 사회와 국가를 발전의 맥락에서 파악하려 하는 가운데 역사발전의 동력으로 민족에 주목하였다.

다른 하나는, 당시로서는 한계가 있기는 하지만 근대 역사학의 핵심 가운데 하나인 실증성을 높여 계몽주의사학과 식민사학의 문제점을 비판하며 민족사학의 방향성을 제시하였다. 신채호는 우리 역사 시작을 묘향산이 아닌 압록강과 두만강의 시작점인 백두산에서 발원한 단군왕조로 설정함으로써 中華附庸性을 탈피하였다. 또한 일본의 침략의도를 정당화한 하야시 다이스케(林泰輔)의 『朝鮮史』(1892)를 역술한 『東國史略』(1906)과 『日本書紀』의 내용을 그대로 전제한 『東史輯略』(1902)과 같은 책을 통해 식민사학의 논리가 확산되고 있을 때, 『삼국사기』『삼국유사』 등 우리측 사료와 비교하여 이를 비판하였다.[29)]

요컨대 신채호는 한국병합 이전에 경사일체라는 지식체계로부터 벗어나 조선이란 독자적 대상의 역사를 근대 역사학의 방법론에 입각하여 이해하였다. 뒤에서 확인되겠지만, 이점이 식민지로 전락한 이후에야 분과학문으로서 조선문학, 동양철학이 정의되었던 점과 다르다. 그의 역사학은 反中反日이란 정치적 과제, 그리고 학술적 독립과 맞물려 민족 정체성의 확립을 강조한 민족정신사관이었다. 이후 전개된 한국의 근대사학은 민족정신사

---

29) 趙東杰, 앞의 책, 1998, 137~148쪽.

관에 대한 태도를 기준으로 학문적 유형을 구분할 수도 있다. 민족정신사관을 강조하는 조선역사에 관한 조선인의 연구와 교육은 해외로 망명한 민족운동가들에 의해 계승되었다.[30] 민족정신사관과 대립하는 역사관인 식민사학도 한국병합 이전부터 정착하였다. 하야시(林泰輔)의 『朝鮮史』가 이미 1892년에 발행되어 한말 대한제국 때 발행된 교과서에까지 큰 영향을 끼친 적이 있는 데서도 알 수 있듯이, 침략자들에게도 '조선사' '조선역사'라는 용어와 분야는 생소하지 않았다.[31] 일본 스스로가 세계사로부터 일본사를 분리하고, 1910년 동경대학 사학과에서 일본사, 동양사, 세계사라는 3분과체제를 수립한 경험도 있었다.[32] 더구나 일본인 학자들은 대한제국을 멸망시키고 조선을 식민지로 만들기 이전부터 식민사관의 이론적 기둥인 타율성론과 정체성론을 조제하여 일본이 조선을 침략하고 지배하는데 기여하는 등 이미 나름의 이론과 실증을 갖추었다.

식민사관은 일본이 조선을 지배하는데 필요한 정당화 기제였기 때문에 조선을 지배하는 순간부터 그들에게 가장 필요했던 것은 구체적인 자료였고, 지배를 정당화하고 지속할 수 있는 실증적인 결과물이었다. 일본이 1909년부터 조선고적조사사업, 1916년부터 조선반도사편찬사업을 벌인 배경의 하나도 여기에 있었다. 더구나 일본은 식민사학의 논리를 정면으로 부정하는 박은식의 『韓國痛史』가 광범위하게 유통되고 있어 여기에도 대응해야 하였다. 박은식의 책은 일본 스스로 고백하기를 '재외조선인의 저서와 같은 것은 事實의 진상을 구명하지 않고 함부로 妄說을 드러내고' 있어 '이들 史籍이 인심을 蠱惑하는 해독, 참으로 말로 다 할 수 없다'고 할 정도였다.[33] 조선총독부가 '반도사편찬사업'을 추진한 계기 가운데 하나도

---

30) 신채호를 비롯해 박은식, 이상룡, 계봉우, 장도빈, 김교헌, 황의돈 등은 민족의 기원에 초점을 맞춘 고대사를 중심으로 집필과 교육에 몰두하였다.
31) 『朝鮮史』에 대해서는 이만열, 앞의 책, 2007, 450~466쪽 참조.
32) 자세한 내용은 白永瑞, 앞의 논문, 2005, 170~172쪽.
33) 朝鮮總督府朝鮮史編修會, 『朝鮮史編修會事業槪要』, 朝鮮總督府朝鮮史編修會, 1938, 6쪽.

이것이었다.

이처럼 지배자든 피지배자든 '학문 연구의 대상으로서의 조선'의 역사를 연구하고 교육하는 개념과 내용을 놓고 고민하지 않았다. 그보다는 독립된 학문으로서 조선사가 침략과 저항(또는 민족 보존)의 논리를 각자 확립할 필요가 있었으므로 양자는 식민지기에 들어서도 서로를 의식하는 가운데 명확히 대립적인 논점, 가령 조선사의 정체성론과 타율성론을 둘러싸고 적대적 대립 관계를 형성하였다.

2. 조선문학

그런데 연구와 교육의 대상이 명확했던 조선사·조선역사와 달리, 조선문학은 출발과 동시에 분화라는 좀 다른 産苦를 겪어야 하였다.

1910년 이후 조선문학에 관한 규정을 처음 시도한 사람은 안확이었다. 안확에게 있어 문학이란 '美感想을 문자로 表顯'한 것으로서 그 분야를 詩歌, 소설과 같은 '순문학'과 평론과 같은 '잡문학'으로 나누었다.[34] 그러면서 그는 전통적 역사 서술 방식과 달리 조선문학의 역사를 단군으로부터 시작되는 上古시대에서 中古와 近世를 거처 당대의 신문학까지를 발전사적으로 구분하고,[35] 독자적인 조선의 문학을 국문문학과 한문학으로 구분하며 그 변화를 검토하였다.[36]

안확이 조선을 독자적 대상으로 설정하고 문학사를 정리할 수 있었던 것은 유학 내지는 중국문학, 그리고 일본문학에 대한 그의 입장이 명확했기 때문이다. 그가 보기에 '지나문학'이 발달하지 못한 이유는 '공자가 先皇의 道를 術하여 후세의 영구한 典模를 作하게 하고 시세추이는 不知하며 이상은 시종일관하여 미래에 維하지 못'하게 한 '유교 즉 공자에' 있었다. 유교

---

34) 安廓, 「朝鮮의 文學」, 『學之光』 6, 1915. 7, 64쪽.
35) '近古'라는 시기의 추가 설정은 『조선문학사』(1922) 때 나타난다.
36) 그는 한문을 '지나의 한문'과 '조선적 한문'을 구별하고, 조선적 한문이 '非唐非宋이며 又非明非淸'이라 하였다. 安廓, 「朝鮮의 文學」, 『學之光』 6, 69쪽.

때문에 '보수주의, 물질주의, 文弱形式 自尊 등의 악영향'이 후세에 미쳐 중국이 '滅亡'했다는 것이다. 안확은 그 유교의 폐해가 조선에 유입되어 '百弊가 俱出에 畢竟 참상을 作하였으니' '한문과 유교는 自然境外에 격퇴할 시기'에 이르렀다고 보았다. 그러면서 그는 자신이 '유교정벌의 선봉'에 서겠으며 동서양의 사상을 '조화'하여 '조선 고유의 특성'을 규명하는 일이 문학가의 책임이라고 주장하였다.[37]

중국문학과의 단절을 통해 우리의 '특질'을 찾으려는 안확의 시도는 일본의 문화적 영향에 대한 태도에서도 확인할 수 있다. 안확은 「朝鮮의 文學」보다 한달 전에 발표한 「朝鮮의 美術」에서 조선미술이 중국과 인도에서 수입·모방했다는 일본인의 연구가 사실과 다르다고 지적하였다.[38] 또한 일본문학에 대해 직접 언급한 내용이 없지만, 「朝鮮의 文學」에서도 당시 발행된 신간 소설, 시가, 번역소설이 '외래 문학만 尙하다'면서 그러다가는 '儒佛에 미혹한 것 같이 조선 고유의 특성을 永滅하고 다시 외풍에 化할 뿐'이라고 지적하고 있어 간접적으로 그의 생각을 확인할 수 있다.[39]

이처럼 안확은 '조선' 문학이란 독자적 대상을 설정하고, 조선의 고유성과 독자성, 곧 '조선적인 것'을 근대적인 학문 방법론에 입각하여 역사적으로 추적하였다. 안확은 신채호 등의 '국수' 이론을 받아들여 '자율적 체계'를 갖춘 조선문학 이론을 만들기 시작했다고 볼 수 있다.

그런데 1910년대에 안확의 근대적 조선문학 이론과 다른 입장을 제출한 사람은 이광수였다. 물론 이광수도 안확처럼 조선문학이 발달하지 못한 '최대 원인'을 '문학이라 하면 반드시 유교식 도덕을 鼓吹'한데서 찾았다.[40] 또 다른 문장에서는 중국 사상이 '침입'하면서 그 '노예가 되어' 선인들이 조선문화를 '절멸'시켰으며, '한문의 노예'가 되어 조선문학이 왕성하지

---

37) 安廓, 「朝鮮의 文學」, 『學之光』 6, 71~73쪽.
38) 安廓, 「朝鮮의 美術」, 『學之光』 5, 1915.5, 50쪽.
39) 安廓, 「朝鮮의 文學」, 『學之光』 6, 73쪽.
40) 李光洙, 「文學이란 何오」, 『李光洙全集』 1, 三中堂, 1962, 549쪽(原典: 『每日申報』 1916. 11. 10~23).

못했다고 보았다.[41] 조선사에서처럼 조선문학의 형성에서도 중화부용성의 탈피가 전제되어 있었던 것이다.

그러면서 이광수는 안확이 「조선의 문학」을 발표한 이듬해에 '조선문학'이란 '조선인이 조선문으로 作한 문학을 지칭'한다고 「文學이란 何오」에서 명쾌하게 정의하였다.[42] 그에게 있어 조선문학은 특정한 형식과 체제를 갖추고 조선인의 사상과 감정을 조선어로 기록한 것이다. '조선 고유의 특성'이란 측면에서 조선문학에 한문학을 포함시켰던 안확과 달리, 이광수는 민족과 언어를 기준으로 조선문학의 범주를 설정함으로써 유교적 한학적 전통으로 인식된 문학, 곧 한문학을 배제하였다. 같은 일본 유학생이지만, 일본 근대문학을 전면적으로 수용한 이광수와 그것을 주체화한 안확의 문학 개념의 차이에 기인할 것이다.[43] 이는 '자율적 체계'를 갖춘 조선문학, 곧 신문학과 그것의 역사에 관한 분석이 출발 단계에서부터 분화되어 갔음을 의미한다. 조선문학(한국문학)의 개념에 대한 고민은 해방 이후에도 국문학계에서 계속되었다.

3. 동양철학

일상의 삶과 정치의 영역을 지배해 왔던 유학 사상을 부인하는 학문적 흐름은 철학이란 분과학문 분야에서도 문학 못지않게 강하였다. 구학인

---

41) 李光洙, 「文學이란 何오」, 『李光洙全集』 1, 551쪽, 554쪽.
42) 李光洙, 「文學이란 何오」, 『李光洙全集』 1, 517쪽. 국문학사 연구에 따르면, 이 글이 한국근대문학론을 최초로 확립하였으므로 '문학에 대한 근대적 지식의 시작'이라는 역사적 의의를 부여할 수 있다(김윤식, 「초창기의 문학론과 비평의 양상」, 『근대 한국문학 연구』, 일지사, 1973 ; 황종연, 「문학이라는 譯語 - '문학이란 何오 혹은 한국 근대 문학론의 성립에 관한 고찰」, 『東岳語文論集』 32, 1997). 그러나 안확의 문학론을 고려한다면 이광수의 글이 문학에 대한 근대적 지식의 시작이라는 적극적인 의미 부여에는 재고의 여지가 있는 측면도 있음을 주목할 필요도 있다.
43) 이희환, 「식민지 체제하, 자국문학사 수립이라는 난제 - 안자산의 '조선문학사'가 놓인 동아시아 문학사의 맥락」, 『국학연구』 17, 2010, 27~28쪽.

경학 자체가 철학적 의미가 강하다는 점을 고려할 때, 新學의 하나로 철학의 범주와 내용을 탐색하던 사람들에게 유학은 일본의 식민지로 전락한 나라의 이념으로서 개혁해야 할 직접적 대상이었기 때문이다. 반면에 서양철학은 서구화된 일본을 상대해야 할 시대적 요청과 맞물려 새롭게 수용해야 할 사상으로 간주되었다. 그래서 서양철학이 '日常生活과 世俗事業에 官階가 無하며, 交涉을 杜絶하는 바의 사상'이라는 말에 동의하지 않았다.44) 그러면서 철학이란 '自然 人生 및 知識(의 現實 及 理想)에 關한 根本的 原理의 學'이라고 규정하였다.45)

그런데 우리가 여기에서 주목해야 할 점은, 1910년대 중반경에 나온 두 편의 철학 관련 글에서 철학이란 무엇인가라는 개념화를 시도하면서 철학은, 곧 '서양철학'이었다는 점이다. 두 편의 글에서는 왜 철학=서양철학인지, 아니면 왜 조선철학 내지는 동양철학은 철학의 범주에 포함되지 않은지에 대해 아무런 언급이 없었다.

그렇다면 철학=서양철학이란 도식이 성립할 때 조선사, 조선문학처럼 독립된 학문으로서 조선철학은 없었을까. 없었다면 그 이유는 무엇이었을까. 반대로 있었다고 한다면, 1910년대 지식인 사이에서 개념화 내지는 조선을 사유의 대상으로 하는 조선철학은 어떤 위치에 있었을까. 이에 관한 의문을 풀 수 있는 하나의 힌트가 한국역사통합정보시스템에 있다. 이 검색시스템에서 조선철학이란 용어로 입력하면, 1910년대에 조선철학에 대해 개념화를 시도하거나 학문영역을 고민한 글이 없음을 확인할 수 있다.46)

---

44) 廉錫祐, 「西洋哲學史序論」, 『學之光』 4, 1915. 5, 41쪽.
45) 崔斗善, 「哲學이란 何오」, 『靑春』 11, 1917. 11, 64쪽. 최두선은 1917년 와세다대학 철학과를 졸업한 우리나라 최초의 철학과 졸업생이었다(윤사순·이광래, 『우리 사상 100년』, 현암사, 2001, 303~306쪽).
46) 식민지기 전체를 보아도 서양철학에 관한 언급이 압도적이었다. 잡지의 경우 333건의 기사 가운데 서양철학 관련 기사는 240건으로 73% 가량을 차지한데 비해 동양철학 관련 기사는 89건으로 26% 가량을 점하여 3대 1의 비중이었다(이상린, 앞의 논문, 2008, 134쪽).

그러면 조선철학은 어디로 갔을까. 1914년 姜邁는 서양철학을 편식하는 지적 경향에 대해 아래와 같이 지적하였다.

大凡材의 출현은 고금이 無異하고 理의 발명은 동서로 不限하였느니, 지구의 圓轉을 論하는 葡萄牙人의 선창을 說하나 동양 古昔의 힘의 證左를 作할만한 黃帝問을 讀한 자 幾人이 有하며, 又는 大戴己에 在한 曾子의 言을 閱한 자 幾人이 有하고, 철학의 원리를 論하는자는 希臘及羅馬의 연원을 擧하나 亞東天地에 程朱及陸王이며 伊藤仁齋와 退溪先生을 知하는자 幾人이 有한고.[47]

그러면서 그는 '東亞半島에 哲學宗匠을 作한' 사람으로 퇴계 이황을 들고 「東洋哲學과 退溪先生」이란 글에서 '東洋哲學界에 가장 중요한 문제를 作하여 疑雲이 重重한 것은 理氣說'이라며 그의 주장을 소개하였다.[48] 여기에서 알 수 있는 사실은, 조선의 유학이 조선철학으로 재탄생한 것이 아니라 '동양철학'으로 분류되었다는 점이다.

유학 사상이 조선철학 대신 동양철학의 일부로 간주되는 분류법은 일본의 근대 인문학이 대학의 분과학문들로 제도화하는 과정에서 정착한 동양학의 범주, 달리 말하면 일본의 자국학을 제외한 학문을 일본적 동양학의 범주에 넣는 편제 방식에 영향을 받은 결과이다.[49] 이 점이 조선이란 독립된 대상의 철학을 연구하고 교육하는 학문으로서 조선철학이란 용어가 사용되지 않고 동양철학이란 범주에 속한 외재적 배경이었다면, 그 내재적 배경은 조선의 현실과 연관시켜 찾아볼 수 있다.

1910년대 들어 유학 사상이 조선 몰락의 원인을 제공했으며 그것을 구현하고 있던 양반은 제1의 '공공의 적'으로 간주되었다.[50] 더구나 유학

---

47) 姜邁, 「東洋哲學과 退溪先生」, 『新文界』 2-1, 1914. 1, 19쪽.
48) 姜邁, 「東洋哲學과 退溪先生」, 『新文界』 2-1, 19, 20쪽.
49) 일본 대학에서 인문학의 위상과 편제 변화에 관해서는 류준필, 「19C말 일본 대학의 학과 편제와 國學 漢學 東洋學의 위상」, 『코키토』 66, 2009 참조.

사상은 서구화된 일본의 식민지에서 살아가는 조선인의 삶을 더 이상 이끌어 나갈 수도 없었다. 그래서 철학이란 분과학문 영역에서 조선철학도 아니고 동양철학도 아닌 서양에서 발신한 철학, 곧 서양철학이 주목을 받을 수밖에 없었다.

서양철학에 관심이 모아지고 있을 때 안확 만은 조선철학의 학문화를 시도하였다. 그는 1922년 '조선철학사'에서 조선철학의 역사를 상고-중고 -근세로 나누어 언급하였으며, 姜邁와 달리 花潭의 太一說과 함께 退溪의 理氣說을 近世의 2대 '學派'로 내세웠다.[51] 비록 안확이 이후 자신의 주장을 더욱 구체화한 단행본이나 글을 발표하지 않았고,[52] 그의 주장을 계승하는 지적 흐름이 식민지 조선에서 정착되지 않았지만, 이 글은 우리나라에서 처음으로 조선철학이란 독립된 용어와 언문일치의 문체를 사용하였고, 고대사상과 유불교에서 현대 사조까지를 모두 포함하여 전반적으로 철학사를 언급한 최초의 문장이라는 의미가 있다.[53]

그런데 독립된 근대 학문으로서 조선사·조선역사, 조선문학, 동양철학이 각자의 모습으로 개념화되고 있을 때인 1919년 3·1운동이 일어났다. 3·1운동은 일본인과 조선인 학술에도 큰 영향을 주었다. 이제 다음 '장'에서 조선을 학문연구의 대상으로 설정하며 제도화하는 과정을 고찰해 보자.

---

50) 이광수는 유교가 '우리의 정신의 만반 기능을 소모하고 마비한 죄책을 면할 수'없으므로 '비판의 第一矢는 당연히 유교사상'이라고 말하였다(李光洙, 「新生活論」, 『李光洙全集』 10, 329쪽(『每日申報』 1919년 9월 6일~10월 19일).

51) 安廓, 「朝鮮哲學思想槪觀」, 『新天地』 11, 1922. 안확의 시기구분은 앞서도 인용한 「朝鮮의 文學」(1915)에서와 같은 것이었다.

52) 안확이 조선의 문학, 역사에 관해 저술을 냈고, 조선미술사와 조선음악사도 발표했다는 점을 고려하여 언급한 내용이다. 여기에 관련된 글은 自山 安廓 저, 崔元植·丁海廉 편역, 『安自山 國學論選集』(現代實學社, 1996)에 수록되어 있다.

53) 박홍식, 앞의 논문, 2008, 126~127쪽.

IV. '조선학', 조선을 학문연구의 대상화로

1. '조선학'의 모색

1919년 3월부터 3개월 가량 200만 명이 넘는 사람들이 독립을 요구하는 만세 시위에 참가하였다. 농민과 학생을 비롯해 광범위한 대중의 참여는 일본으로 하여금 지배정책을 무단통치에서 문화통치로 바꾸게 하는 계기였다. 1920년대 들어 노동자와 농민을 비롯한 대중이 자신의 권리와 일상의 이해관계를 지속적으로 대변할 수 있는 조직을 만들고 활동한 것은 우리 역사에서 처음 있는 현상이었다. 각성해 가는 대중과 상대적으로 열려진 정치 공간은, 분화되고 있던 문·사·철의 학문적 내용성을 심화시킬 수 있는 새로운 인식의 지평을 열어주었다.

최남선은 3·1운동을 계기로 "우리가 이제 민족적 일대 각성을 가진 것은 사실이다"고 보았다. 그러는 한편에서 "그 각성은 아직 一混沌이다"고 진단하였다. 그는 '조선적인 것'을 찾는 '조선학'을 세워 '명료한 자각'을 '整齊한 내용', 곧 중국, 일본, 서양으로부터 독립된 정신·사상·학술을 가져야 한다고 보았다.54) 최남선이 조선인 주체의 조선학을 천명한 것이다.55)

조선인의 손으로 조선학을 세우기 위해 최남선이 가장 역점을 두어야 한다고 본 분야는 역사였다.

> 자기를 알면 일절 지식의 근본이다. 자기의 과거를 알고 현재를 알고 그리하여 當來하는 운명을 똑바로 알려함은 자기의 존엄과 및 그 생활의 가치를 생각하는 이에게 아무 것 보담 앞서는 緊切한 지식이다. … 민족적 발전을 유발하고 進하여 자각의 내용을 충실하게 하여 진실한 自助心을 조장하고 확실한 自主力을 수립케 하기는 아무러한 詩篇보다도 哲學說보다

---

54) 崔南善, 「朝鮮歷史通俗講話(4)」, 『東明』 6, 1922. 10. 8, 11쪽.
55) 자세한 내용은 류시현, 『최남선 연구』, 역사비평사, 2009, 제3부 제1장 참조.

도 가장 유력한 것이 역사이다.[56]

　그러면서 최남선은 역사를 정확하게 알면 새삼스럽게 자각, 自勵할 필요도 없고 자조, 자주도 문제되지 않는다면서 구체적이고 정확한 역사 이해의 필요성을 강조하였다. 안확이 '국민의 心的 현상의 변천 발달을 追究하는 것'을 목적으로 조선문학사를 저술한 이유와도 상통한다.[57] 이러한 사회적 공감대 속에서 1920년대 전반기 들어 다양한 조선사 책이 발행되었다.[58] 당시 국내에서 발행된 책들은 조선의 고유성과 조선인의 민족성을 드러내려 했다는 공통점이 있다. 신채호 등의 '국수' 논리를 계승하고 있는 것이다. 이는 민족주의사학이 자신의 역사 논리를 더욱 풍부하고 체계적으로 정립해 가고 있었음을 알려준다.

　다른 한편에서는 조선을 객관화하려는 노력도 있었다. 1925년 9월 창립된 朝鮮事情調査硏究會가 바로 그것이다. 이들은 당대의 조선을 조사 연구하기 위해 교육, 재정금융, 상공농업 분과를 설치하였다. 11월 28일에 '조선의 현행 세금' 제도를 조사 연구한 첫 발표회를 가졌다. 우리가 주목해야 할 점은 연구회에 참여한 회원들의 면면이다. 몇 사람만 예를 들어보면, 연희전문에 새로운 바람을 불어넣고 있던 백남훈, 신간회운동과 조선학운동의 지도자 안재홍, 사회경제사학자 백남운, 경제학자 이순탁, 앞서도 인용한 철학자 최두선, 당시 사회주의 이론가이자 조선공산당원이었던 한위건, 조선공산당원이었던 김준연 등이 참여하였다.[59] 연구회가 민족주의운동과 사회주의운동의 경계를 넘는 조직이었음을 알 수 있다. 이는 조선의 현재를 우리의 손으로 파악하고 미래를 준비하기 위한 실제적이고 구체적인 지적 분위기를 반영한 움직임의 결과였다고 말할 수 있다. 그것은

---

56) 崔南善, 「朝鮮歷史通俗講話(1)」, 『東明』 3, 1922. 9. 17, 11쪽.
57) 安自山 著, 崔元植 譯, 『朝鮮文學史』, 乙酉文化社, 1984, 17~18쪽.
58) 대표적인 저술은 趙東杰, 앞의 책, 1998, 182쪽에 있는 「표」 참조.
59) 『東亞日報』 1925년 11월 30일.

최남선이 말하는 독립된 정신, 학술, 사상을 우리의 손으로 갖추어야 한다는 주장과 상통한다고도 볼 수 있다.

한편, 민족사학의 반대 축에 있는 사람들도 자신의 역사 논리, 곧 식민사학 논리를 더욱 확대 심화시켜 갔다. 조선총독부는 조선의 역사 및 문화와 관련된 자료를 수집 편찬한다는 명목으로 조선사편찬위원회를 만들었고, '순학술적 연구'[60]라는 이름으로 1923년『朝鮮史講座』(조선사학회)를 발행하였다. 1925년에는 조선사편찬위원회를 조선사편수회로 확대 개편하여 『朝鮮史』를 출판하면서 자신들이 바라는 역사상을 만들기 위해 노력하였다.[61] 지배세력의 움직임은 여기에 그치지 않았다. 그들은 경성제국대학(이하 '경성제대') 법문학부를 설치함으로써 일본의 이해와 필요에 기여할 수 있는 분과학문 체제를 수립하고 연구와 교육을 진행할 수 있는 지배자로서의 확고한 진지를 구축하였다.

2. 제도화하는 문·사·철: 경성제국대학 법문학부

1926년에 설치된 법문학부에는 법률학과, 정치학과와 함께 문학과, 사학과, 철학과가 있었다. 법문학부의 등장은 문·사·철의 분화를 제도권과 비제도권으로 선명하게 양분화시키는 한편, 일본이 인식하고 필요로 하는 새로운 학문체계가 제도화되었음을 의미하였다.[62]

법문학부의 조선에 관한 강좌는 각각 7단위인 '朝鮮史學', '朝鮮語學, 朝鮮文學'이었다.[63] 조선사학의 제1, 2강좌는 이마니시 류(今西龍)와 오다 쇼고(小田省吾)가, '조선어학, 조선문학' 강좌는 다카하시 도루(高橋亨)가 문학을, 오쿠라 신페이(小倉進平)가 어학을 각각 맡았다. 이제 '여러 방면에

---

60) 「'朝鮮史講座'發刊の辭」,『朝鮮史講座 要領號』, 3쪽.
61) 김용섭, 「일본 한국에 있어서의 한국사 서술」,『歷史學報』31, 1966, 135쪽.『朝鮮史』는 35권에 2만 4천여 쪽의 방대한 사료집이다.
62) 이에 관해서는 신주백, 「식민지 조선의 고등교육체계와 문·사·철의 제도화, 그리고 식민지 공공성」,『한국교육사학』34-4, 2012 참조.
63) 「京城帝國大學法文學部規程」,『朝鮮總督府官報』4101, 1926년 4월 23일.

걸쳐 조선연구를 행하고 동양문화연구의 권위'를 확보하기 위한 시스템이 마련되었다.[64] 언어와 문학이 하나의 제도로 묶여졌으며, 동양사학 내의 조선사학이 독립된 학문체계를 갖추게 된 것이다.

조선사는 국사, 동양사와 더불어 서양사 대신에 사학과의 3분과체제의 하나로 위치하였다.[65] 조선사 담당의 이마니시(今西龍)는 주로 신라 이전을 연구한 사람으로서 조선고적조사 위원, 조선반도사편찬사업의 촉탁과 조선사편수회 위원이었다.[66] 오다(小田省吾)도 조선총독부와 긴밀한 관계를 갖고 있었다. 그는 1918년 조선반도사편찬사업을 전담할 조선총독부 학무국의 편찬과장이자 고적조사과장으로 고적조사사업에 관여하였다. 구관제도조사사업 때도 위원이었다. 오다가 고적조사과장으로 있을 때 고적조사위원으로 활동한 사람이 후지타 료사쿠(藤田亮策)이다. 조선총독부의 修史官 출신인 후지타는 이마니시의 후임으로 1932년 6월부터 조선사학 제1강좌를 담당하였다.

이처럼 경성제대에서 조선사학 담당자는 조선총독부의 역사인식, 곧 타율성론과 정체성론으로 대표되는 식민사학과 매우 밀접한 연계를 맺고 있었다. 이들은 '극동문화를 연구하고 보급'[67]할 목적으로 1930년에 조직된 靑丘學會의 평의원으로, 學外에서도 주도적으로 움직임으로써『靑丘學叢』이 10년간 꾸준히 발행될 수 있었고, 일본제국 내에서 조선연구의 중심을 도쿄에서 경성으로 옮겨오게 하였다.[68]

『조선사』의 발행에도 깊이 관여한 이마니시와 오다는, 편찬과정에서 조선인의 문제제기가 있거나 학문적 쟁점이 형성되면, 제국대학과 그곳의

---

64) 服部宇之吉,「訓辭」,『文教の朝鮮』6, 1926, 3쪽.
65) 자세한 내용은 신주백,「한국현대역사학의 3분과제도 형성과 역사인식 역사연구방법」,『東方學誌』149, 2010, 제2장 참조.
66) 이하 역사와 문학의 강좌를 맡은 사람들에 관한 소개는 신주백, 앞의 논문, 2012, 제2장을 수정, 요약하였다.
67)「靑丘學會の創立」,『靑丘學叢』1, 1930. 8, 157쪽 ;「靑丘學會役員」,『靑丘學叢』6, 1931. 11, 196쪽.
68) 장신, 앞의 논문, 2010, 62쪽.

대학교수, 그리고 학문적 권위라는 이름으로 이를 제압해 나갔다.[69] 다만, 그들에게도 딜레마는 있었다. 조선사학을 국사에 포함시켜야 하는지, 아니면 동양사 속에 위치 지우려 했는지에 대해서는 의견의 통일을 보지 못한 채, 일본 역사학계 전체가 딜레마에 빠져 있었다.[70] 자기들끼리의 딜레마임에도 불구하고, 식민사관에 젖어 있던 일본인 연구자들은 어느 쪽의 논리이든 조선사의 독자성 자체를 부인하고 있었으므로 조선의 고유성과 독자성에 주목하는 조선인의 조선사와는 확연히 다르다고 말할 수 있겠다.

'조선어학, 조선문학'의 경우, 오쿠라 신페이(小倉進平)와 다카하시 도루(高橋亨)는 조선총독부의 구관제도조사사업에 참여한 사람이다. 오쿠라는 1911년 조선에 건너와 조선총독부 학무국 편집과 등에 근무하면서 조선어 방면에서 확고한 위상을 갖고 있었다.[71] 다카하시는 1905년 조선에 건너와 조선총독부 시학관 겸 경성법학전문학교 교수로 근무하면서 조선의 유학과 종교에 관해 많은 글을 발표하였다.[72] 두 사람은 朝鮮史學會에서 개최하는 '朝鮮史講座'의 강사로 '語學史'와 '社會史'를 집필하였다.[73]

'조선어학, 조선문학' 강좌를 담당하고 있던 다카하시(高橋亨)는 조선문학이란 '현대 일본 및 서양 문학의 영향을 받지 않는 시대'에 '시문가요의 순문학은 물론이고, 고래 조선인의 사상 및 신앙을 표현한 유학 및 불교에 관한 모든 저술, 조선인의 이상적 생활과 신앙을 표현한 모노가타리(物語),

---

69) 대표적인 경우로 최남선이 1926년에 제기한 단군문제에 대해 오다 교수가 부정한 사례를 들 수 있다(윤승준, 「육당 최남선의 '壇君論'연구」, 『인문학 연구』 37, 2009). 또 발해를 조선사에서 배제한 경우, 진흥왕순수비의 존재를 부정하거나 옮겨진 것으로 보는 경우도 여기에 해당된다고 하겠다.

70) 旗田巍 編, 「朝鮮史編修會の事業」, 『シンポジウム 日本と朝鮮』, 東京: 勁草書房, 1969, 86쪽. 경성제대에서 1938년부터 조선사학 제2강좌를 책임졌던 末松保和의 증언이다. 그에 따르면 도쿄대학은 동양사에, 교토대학은 국사에 조선사를 넣으려 했다고 한다.

71) 오쿠라와 조선어학 강좌에 관한 것은 이준식, 앞의 논문, 2002 참조.

72) 다카하시와 조선문학에 강좌에 관한 것은 박광현, 앞의 논문, 2007 참조.

73) 朝鮮史學會, 『朝鮮史講座 要領號』, 朝鮮史學會, 1923, 12쪽. 조선사학의 후지타도 '고적유물' 강좌의 강사였다.

秘史, 소설류 등을 총괄하는' '일체의 문학적 산물'이라고 정의하였다.[74] 조선문학을 국문문학과 한문문학으로 구분한 안확의 주장, 그리고 민족과 언어를 기준으로 조선문학을 규정한 이광수의 주장과 전혀 다른 범주 설정인 것이다. 이는 조선인 사회가 '국문학' 속에서 조선문학의 위치를 자리매김할 수 있는 기회를 원천적으로 차단당하는 것을 의미하였다.

이처럼 '조선사학'과 '조선어학, 조선문학' 강좌 교수로 임용된 이들은 경성제대에 오기 이전부터 지배담론을 생산하기 위해 조선총독부가 세운 단체와 활동공간에서 확실한 네트워크를 형성하고 최선봉에 서서 지배담론을 생산하던 사람들이었다. 그들은 조선인 사회에서 주장해 온 것과 전혀 다른 조선사와 조선문학을 말하며 이를 제도화하였다.

그런데 철학과에는 '철학, 철학사'(2강좌)와 '지나철학' 강좌 등이 있었지만 '조선철학' 또는 '동양철학' 강좌는 없었다.[75] 앞의 '제Ⅱ장 3절'에서도 확인되었듯이, 일본의 기준에서 조선철학은 동양철학에 포함된 학문 편제였다. 그리고 일본인에게 동양철학은 곧 지나철학이었다. 따라서 조선철학을 독립된 제도로 만들기는 더더욱 어려울 수밖에 없었다. 또한 다카하시(高橋亨)가 유학과 종교를 중심으로 강의와 연구를 진행하고 있어 강좌를 개설하는 것 자체도 어려웠을 것이다. 그는 "조선의 유학이라 하더라도 사실은 주자의 학이다. 조선유학사는 곧 주자학파의 역사에 불과하다"는 입장을 갖고 있었다.[76] 다카하시(高橋亨)의 이러한 견해는 주자학이야말로 지나의 '철학'으로 간주하던 메이지시기 일본의 일반적 학문경향을 반영한 것이다.[77] 더구나 '철학, 철학사' 제1강좌의 아베 요시시게(安倍能成), 제2강

---

74) 박광현, 앞의 논문, 2007, 43쪽(原典 : 高橋亨, 「朝鮮文學硏究-朝鮮の小說」, 『日本文學講座』 12, 東京: 新潮社, 1927, 1쪽).

75) 김재현, 「철학의 제도화, 해방 전후의 연속성과 좌절」, 김재현·김현주·나종석·박광현·박지영·서은주·신주백·최기숙, 앞의 책, 2011 참조.

76) 高橋亨, 「序言」, 『朝鮮思想史大系 1-李朝 佛教』, 大阪: 大阪寶文館, 1929, 13쪽..

77) 李承律, 「日帝時期 '韓國儒學思想史' 著述史에 관한 一考察」, 『東洋哲學研究』 37, 2004, 55쪽. 이승률은 이러한 내용을 權純哲의 논문에서 인용하고 있다(「高橋亨の朝鮮思想史研究」, 『埼玉大學紀要』 33-1, 1997).

좌의 미야모토 와키치(宮本和吉) 모두 서양철학을 전공하는 사람으로 일본 내에서는 '이와나미 철학자'의 일원이었다.[78] 두 사람은 경성제대의 교수가 되기 이전부터 '관학 아카데미즘'이 뼈 속까지 스며들어 있던 조선사학, 조선어학, 조선문학 담당자들과 다른 학문적 배경을 갖고 있었다. 이처럼 조선철학은 제도적으로 배제되고 死藏당했을 뿐만 아니라 재생산조차 불가능하였으므로 해방 후에도 철학과에서 오랜 기간 동안 제자리를 찾지 못하였다.

3. 제국의 제도와 길항하는 조선인의 문·사·철

경성제대의 조선문학에 대해 공개적으로 문제를 제기한 사람은 이광수였다. 그는 1928년 다카하시 도루(高橋亨)가 조선문학 연습용 교과서로 『擊蒙要訣』을 사용한데 대해 다음과 같이 비판하였다.

> 『擊蒙要訣』은 일종의 수신서 처세술인 문학도 아니요, 또 과학적인 방면인 문학도 아닐 것은 『擊蒙要訣』의 첫 페이지만 보면 알 일이요, 적이 문학이 무엇인지 이야기라도 들은 사람이면 『擊蒙要訣』이라는 題號만으로도 그것이 문학서가 아닌 줄을 짐작할 것이다.[79]

그러면서 이광수는 조선문으로 쓰인 것만이 조선문학이라는 자신의 지론을 다시 한번 확인하였다.

그렇다고 이광수의 조선문학 개념이 문학가와 문학연구자 사이에 사회적 합의로까지 이어진 것은 아니었다. 경성제대 법문학부 출신인 조윤제는 1929년 『동아일보』에 연재한 「조선문학과 한문학의 관계」에서 한글문학=적자, 한문학=서자라며 이원적인 절충을 시도했는데 비해, 김태준은 『조선한문학사』(1931)에서 한글로 쓰여진 문학작품만이 조선문학이라는 입장이

---

78) 정준영, 「식민지 제국대학의 존재방식」, 『역사문제연구』 26, 2011, 25쪽.
79) 李光洙, 「朝鮮文學의 槪念」, 『李光洙全集』 10, 450쪽(原典: 『新生』 2-1, 1929. 1).

었다.[80] 연희전문학교에서 1937년도 조선문학 수업은 정인보가 담당했는데, 그는 한글문학과 한문학 모두를 조선문학의 범주에 넣고 강의하였다.[81] 1936년 『三千里』에 게재된 설문조사에서도 다양한 의견들이 있었음을 확인할 수 있다.[82]

조선인 사이에 조선문학의 개념을 놓고 경합하는 양상은 경성제대의 조선어학, 조선문학 커리큘럼을 개정하는 데 영향을 미치지 못하였다. 조선인 연구자와 재조일본인 연구자가 각자 독립된 공간에서 '조선문학'을 사유하고 있었을 뿐이다. 거기에서 지식의 경합과 경쟁 또는 대결 양상은 찾아보기 어려웠다는 점에서 조선사 분야와 확연히 다른 전개 양상이었다고 할 수 있겠다.

이와 달리 서로의 이해가 맞아 공동의 결과물을 만들어낸 경우도 있었다. 1930년 '언문철자법'이 그러한 경우다. 1921년 철자법을 잠정적으로 통일한 조선총독부였지만, 3·1운동 이후 확대되는 교육열에 호응하는 한편, 문화통치에 따라 사회 내부에서 확대되는 조선어에 대응할 필요가 있었다. 하지만 조선총독부로서는 새로운 철자법을 제정할 기반이 취약하였다. 1928년부터 새로운 조선어 규범화를 위한 심의회의 위원에 교사로 조선어학회 회원인 사람도 참가시켰다. 1930년 언문철자법을 확정할 때 조선어학회의 제안이 많이 반영될 수밖에 없었다.[83]

조선어학회는 이때를 계기로 경쟁 단체인 조선어학연구회보다 더 큰 영향력을 발휘할 수 있었다. 전국 각지를 순회하며 강습회 등을 열고 한글 보급운동을 활발하게 전개하는 한편, 1933년 '한글 맞춤법 통일안', 1934년 '외래어 표기법 통일안', 1936년 '사정한 조선어 표준말 모음'을

---

80) 김동식, 앞의 논문, 2010, 19~25쪽.
81) 정선이, 「연희전문 문과의 교육」, 연세대학교 국학연구원 편, 앞의 책, 2005, 90쪽의 <표> 참조.
82) 「'朝鮮文學'의 定義 이렇게 規定하려 한다」, 『三千里』 8-8, 1936. 8.
83) 이에 관한 정치 역학에 관해서는 미쓰이 다카시, 「植民地下 朝鮮에서의 言論支配」, 『한일민족문제연구』 4, 2003 참조.

제정하였다. 그리하여 사회주의 성향의 지식인들조차 조선어학회에서 주도하는 한글운동을 '부르조아적 진보성'으로 인정하였다. 한글운동의 결과 신문에서 한문의 비중이 줄어들었고, 해방 이후 '한 국가-한 언어' 체제를 만드는데 성공할 수 있었다.[84]

한글학회의 한글운동에는 1933년 4월부터 학회의 간사장을 맡은 최현배가 있었다. 그리고 그의 영향력 아래 있던 연희전문학교의 정인섭, 김선기, 이윤재도 있었다. 경성제대에서 '조선어학'을 전공한 사람 가운데는 이희승이 적극적으로 참가했으며, 방종현도 활동하였다. 조윤제를 비롯해 나머지 졸업생은 여기에 전혀 개입하지 않았다.

한편, 조선사에서는 정인보가 조선후기에 주체적 태도를 갖고 조선을 연구한 학문 경향을 '조선학'이라 명명하고 '근세 조선학의 派系'를 셋으로 나누어 정리한 글을 1931년 3월부터『東亞日報』에 발표하였다.[85] 해외에 있던 신채호도『朝鮮日報』에 1931년 6월부터 10월까지 「朝鮮上古史」를 연재하였다. 조선사 편수회에서『朝鮮史』가 발행되고 1930년부터『靑丘學叢』이란 역사 전문 학술지가 간행되는 데 대한 대응의 측면도 있었을 것이다.

정인보는 이 과정에서 조선학의 계보를 정리하며 실학을 발견하고 호출함으로써 이후 '조선학운동'과 연계시킬 수 있었다. 그는 조선학운동이 전개되고 있던 1935년에 연희전문학교의 교수로 재직하면서 민족정신에 기반하여 역사연구의 주체성을 확립하고 우리 역사의 본질을 파악하려는 '얼'의 사관을 제시하였다.[86] '얼' 사관은 애초 역사학자가 아닌 그가 한학에 대한 풍부한 지식과 광범위하게 섭렵한 사료를 바탕으로 주장한 민족정신사관으로서 신채호 등의 '국수'를 재해석한 것이다. 결국 '조선학

---

84) 이준식, 「최현배와 김두봉」,『역사비평』82, 2008, 49~51쪽.

85) 정인보, 「朝鮮古典解題(13) 李椒園忠翊의 椒園遺藁」,『東亞日報』1931년 3월 30일. '朝鮮古典解題'의 여러 곳에서 '조선학'이란 말을 사용한 용례를 발견할 수 있다.

86) 정인보, 「五千年間 朝鮮의 '얼'」,『동아일보』1935년 1월 1일~8월 27일. 일장기 말소사건으로 정간당하면서 연재가 중단되었다. '조선학운동'이 전개되고 있던 시점이라는 정황에도 주목할 필요가 있다.

운동'은 경성제대 사학과에 대한 저항과 도전의 측면도 있었다고 볼 수 있다. 조선 후기 학술의 내재적 경향을 '조선학'이란 이름으로 정리하고 주체적으로 파악하려는 노력은 1950년대 후반경부터 대두하기 시작하는 관점과 태도로서의 '내재적 발전'에 입각한 역사 연구로 이어진다.[87]

그런데 민족정신사관에 대한 비판은 조선인 사회에서 먼저 제기되었다. 1931년에 경성제대 철학과를 졸업한 申南澈은 이러한 사관에 입각한 연구가 '종래 거의 고루하고 관념적인 방법에 의하야 연구'하면서 '조선의 독자성을 신비화하는 국수주의적 견해'라며 명백히 선을 그었다.[88] 그가 보기에 경성제대 출신의 조선인 졸업자를 중심으로 '새로운 과학적 방법하에 조선을 재인식'하는 '氣銳한 젊은 學徒들의 刻苦한 研究下에 차차로 전문적 연구가 차근차근 積蓄되어' 가고 있었다.[89] 그것은 일정 부분 사실이었다. 문·사·철을 비롯해 여러 분야에서 체계적인 훈련을 받은 경성제대 출신의 조선인 졸업자들이 활약하면서 조선학운동이 전개되기 이전부터 조선학에 대한 연구붐이 일어났던 것이다.[90] 그들에게는 학문하는 잣대로 민족 이외에도 과학이 있었다. 이는 일본이 자기 중심으로 분과학문의 제도를 이식시켰지만, 그 속에서 성장한 새로운 학문세대가 형성되고 있음을 시사한다. 덧붙이자면 해방 이후 남북한 고등교육의 중심에 이들이 있었다.

---

87) 이에 관해서는 신주백, 「1950년대 한국사 연구의 새로운 경향과 동북아시아에서 지식의 內面的 交流—관점과 태도로서 '주체적·내재적 발전'의 태동을 중심으로」, 『한국사연구』 160, 2013, 제4장 참조.
88) 申南澈, 「최근 조선연구의 업적과 그 재출발(1·2)—조선학은 어떠케 수립할 것인가」, 『東亞日報』 1934년 1월 1일~1월 2일.
89) 申南澈, 「최근 조선연구의 업적과 그 재출발(2)—조선학은 어떠케 수립할 것인가」, 『東亞日報』 1934년 1월 2일.
90) 이와 관련한 학계의 동향에 관해서는 신주백, 「1930년대 초중반 朝鮮學 學術場의 재구성과 관련한 시론적 탐색—경성제대 졸업자의 조선연구 태도 및 연구방법과 관련하여」, 『역사문제연구』 26, 2011 참조. 이 책의 1부에 수록되었다.

V. 맺음말

이상으로 전통 시대에 하나였던 經史子集의 지식체계가 1910년 주권을 상실한 이후 조선인이 습득한 연구와 교육의 대상으로서 조선의 역사, 문학, 철학이란 근대적 지식체계로 분화되어 가는 과정을 해명하였다. 이어 위계적이고 차별적인 고등교육체계의 정점에 있던 경성제대 법문학부에 설치된 일본적이면서 식민지적인 문·사·철 분과의 의미와 담당자들에 대해 분석하였다. 또한 이들의 문·사·철과 조선인이 습득한 독립된 학문으로서의 문·사·철 사이에 어떤 격차가 있었는지를 고찰하였다. 맺음말에서는 이를 요약하며 식민지 공공 지식이라는 측면에서 그 의미를 다시 한 번 되새겨 보겠다.

경학으로부터 근대 학문으로 지식체계를 전환하려는 움직임은 계몽운동기에 활발하게 일어났다. 비록 자연과학과 사회과학 분야만큼 소개되지는 않았지만 계몽운동기에도 근대의 인문학이라 할 수 있는 문학 철학 사학도 독립된 분과학문의 영역을 갖는다는 사실이 알려졌다. 특히 조선사 또는 조선의 역사에 관한 연구와 교육은 청과 일본으로부터의 정신적 독립과 유학의 개신을 실천적으로 지향했던 신채호에 의해 선도적으로 개념화되었다. 때문에 조선인의 조선사는 근대 학문으로 출발할 때부터 일본인 역사연구자들과의 경쟁적 대결 구도 속에서 성장해 갔다. 또한 조선문학과 동양철학은 유학 사상에 대한 적대적 부정을 통해 분과학문으로 독립해 갔다. 전통 사상을 부정하는 과정에서 동양철학은 학문의 형식인 언어의 전환이 문제되지 않았지만 조선문학은 달랐다. 개념화를 시도하는 출발점에서부터 범주와 대상을 둘러싸고 다른 의견들이 표출되었기 때문이다.

이처럼 조선사 또는 조선의 역사, 조선문학, 동양철학이란 자국학의 이념은 동일한 과정과 방식으로 수립되지 않았다. 더구나 조선을 연구와 교육의 대상으로 삼는 문·사·철로의 분과학문화는, 1926년 경성제대 법문학부가 조직된 것을 계기로 일본적 이해 및 필요와 맞물려 다양한 모습을 드러내었다.

조선사 분야에서는 제도 안의 조선사와 제도 밖의 조선사 사이에 학문적 내용을 놓고 적대적 대결이 기본적으로 지속되었다. 조선문학 분야에서는 언어와 시대의 대상을 놓고 경성제대의 일본인과 조선인사회 사이에 범주 설정이 현격하게 달랐을 뿐만 아니라 조선인사회 내에서도 하나의 의견으로 정립되지 않아 각자의 독립된 공간에 있었다. 그런 가운데서도 조선사 또는 조선철학사와 달리 조선문학과 한문학의 관계를 설정하고 조선문학의 역사를 정리하는 작업은 경성제대 출신자들에 의해 비로소 이루어졌다. 또 다른 한 축에서는 어학과 문학을 하나의 제도 안에 넣는 것이 당연시되어지는 흐름이 형성되었다. 동양철학 자체는 존립 기반이 매우 취약하였다. 특히 동양철학 속의 조선철학은 조선인사회와 일본인에 의한 제도화 과정에서 모두로부터 각각 다른 이유로 존재 자체를 부정당하였다.

조선사, 조선문학, 동양철학이 식민지 조선에서 독립된 학문 영역으로 제도화하는 과정에서 공공 지식의 창출을 놓고 다양한 모습이 연출되었다. 조선사에서는 일본과 조선인사회라는 적대적 비대칭 관계들 사이의 경쟁으로 하나의 공공 지식을 만들기는 기본적으로 어려웠다. 조선인 사이에 유통될 수 있는 공공 지식의 경우 다양한 갈래로 분화되었지만, 기본적으로 관제적 공공 영역과 경합하고 대결하는 가운데 저항적 공공 영역이 형성되어 갔다. 경성제국대학 법문학부의 설치는 식민지 공공성, 곧 관제적 공공성과 저항적 공공성이란 기본적 경쟁 구도와 가치가 본격적으로 형성되기 시작했음을 의미한다.

식민지기에 형성된 조선인의 공공 영역은 해방 이후 한국사 학계의 주류로 부상해 갔다. 조선문학에서는 공공 지식을 만들어내는 사람들 사이에 경합하는 양상이 나타나지 않았으므로 합의된, 내지는 강제된 공유지점이 많지 않았다. 동양철학에서는 조선인에 의한 공공 지식이 만들어질 여지는 없었다. 관제적 공공 지식이 압도하는 양상이었다.

경성제국대학 '조선어문학과'의 언어학

이 준 식

I. 머리말

일제의 강점이 우리 민족의 끊임없는 저항에도 불구하고 지속될 수 있었던 데는 군대, 경찰, 사법 기관 등의 억압적 국가 기구가 크게 작용하고 있었다. 그러나 다른 한편으로 식민지 지배체제의 유지를 가능하게 한 또 다른 기반은 교육 기관, 대중 매체, 종교 기구 등의 이데올로기 국가 기구였고 그러한 기구를 통해 유포된 식민지 지배 이데올로기였다. 일제는 강점 초기부터 다양한 통로를 통해 식민지 지배를 정당화하는 이데올로기를 창출하고 유포시키는 데 전력을 기울였다. 그것은 대체로 '근대'라는 외피를 쓰고 있었다. 이 글은 그 가운데서도 앎의 제도적 틀 가운데 핵심을 이루는 대학을 통해 수용되고 다시 그 틀 안에서 재생산된 '근대 학문'의 내용 및 영향을 경성제국대학(아래에서는 경성제대로 씀)의 '문학과 조선어학 및 조선문학 전공'(아래에서는 '조선어문학과'로 씀)을 중심으로 살펴보려는 것이다.

근대 학문의 뿌리를 어디에서 찾을 것인가 하는 문제는 한국의 인문·사회과학자를 괴롭히는 어려운 문제 가운데 하나이다. 논자에 따라서는 조선

---

* 이 글은 『사회와 역사』 61(2002)에 실린 논문을 고쳐 수록한 것이다.

후기의 실학과 같은, 한국사회 내부의 전통에서 그 답을 찾기도 한다. 그러나 한국사회가 스스로의 힘에 의해 근대사회로 이행하는 데 실패한 이후 근대 지식 체계가 형성되는 데 외부로러의 영향이 크게 작용했음은 부인할 수 없는 사실이다. 특히 일제의 식민지 지배 아래 놓여 있던 35년 동안은 더욱 그러하였다. 문제는 외부로부터 받아들인 새로운 지식을 바탕으로 사회 현실을 설명하고 사회가 더 나은 방향으로 나아갈 수 있도록 노력했는가 아니면 식민지 지배체제에 매몰되어 근대 지식을 무비판적으로 수용하는 데 그쳤는가 하는 데 있을 것이다.

이 글이 주목하려는 것은 경성제대 안에 하나의 분과학문으로 제도화된 '조선어문학과' 안에서 '조선어학'을 가르치고 배운 교수와 학생들이 갖고 있던 언어관, 언어 연구 방법론 등이다. 최근 국내 연구자들에 의해 경성제대의 설립 과정 및 성격에 대한 연구가 많이 이루어졌고[1] 일본에서도 일본의 근대 언어학자들에 의해 이루어진 일본어 및 조선어 연구의 의미가 활발하게 논의되고 있다.[2] 이 글은 이들 연구 성과를 바탕으로 경성제대의 '조선어

---

1) 대표적인 성과로 장세윤, 「일제의 경성제국대학 설립과 운영」, 『한국독립운동사연구』 6, 1992 ; 鄭圭永, 「京城帝國大學に見る戰前日本の高等敎育と國家」, 東京大學 博士學位論文, 1995 ; 「콜로니얼리즘과 학문의 정치학」, 『교육사학연구』 9, 1999 ; 정선이, 『경성제국대학 연구』, 문음사, 2002 ; 박광현, 「경성제대 '조선어학조선문학' 강좌 연구: 다카하시 도오루를 중심으로」, 『한국어문학연구』 41, 2003 ; 「다카하시 도오루와 경성제대 '조선문학' 강좌」, 『한국문화』 40, 2007 ; 「식민지 '제국대학'의 설립을 둘러싼 경합의 양상과 교수진의 유형」, 『일본학』 28, 2009 ; 정준영, 「경성제국대학과 식민지 헤게모니」, 서울대학교 박사학위논문, 2009 ; 「식민지 제국대학의 존재방식: 경성제대와 식민지의 '대학자치'론」, 『역사문제연구』 26, 2011 ; 정종현, 「신남철과 '대학' 제도의 안과 밖: 식민지 '학지'의 연속과 비연속」, 『한국어문학연구』 54, 2010 ; 신주백, 「1930년대 초중반 조선학 학술장의 재구성과 관련한 시론적 탐색」, 『역사문제연구』 26, 2011 ; 「식민지기 새로운 지식체계로서 '조선사', '조선문학', '동양철학'의 형성과 고등교육」, 『동방학지』 160, 2012 ; 장신, 「경성제국대학 사학과의 자장」, 『역사문제연구』 26, 2011 등을 볼 것. 아울러 연구서는 아니지만 경성제대에 대한 정보를 많이 담고 있는 이충우, 『경성제국대학』, 다락원, 1980도 볼 것.

2) ましこ ひでのり, 『イデオロギーとしての'日本'』, 三元社, 1997 ; 『日本人という自畫像』, 三元社, 2002 ; 『ことばの政治社會學』, 三元社, 2002 ; 三ッ井崇, 『朝鮮植民地支配と言語』, 明石書店, 2010 ; 「解放後南朝鮮/韓國における言語運動·政策と'言語運動史'－植民地期との'連續'に注目して」, 『歷史學研究』 875, 2011 ; 石剛, 『植民地支配と日本語』,

문학과'가 일제 강점기 대학 제도, 더 나아가서는 지식체계에서 어떤 의미를 갖는지의 일단을 밝히고자 한다.

II. 경성제국대학과 언어학

1. 제국대학과 제국의 학문, 일본 언어학

일본 제국대학의 원형은 한 때 일본의 유일한 대학이던 도쿄(東京)제국대학(이하 도쿄제대)이었다. 도쿄제대는 출범할 때부터 권력에 예속된 측면을 강하게 갖고 있었다. 그리고 국가 권력의 필요에 의해 도쿄대학 안에 설치된 학과 가운데 하나가 언어학과였다.[3] 당시 일본 언어학 자체가 근대 국가의 형성 및 제국주의로의 발전과 밀접한 관계를 갖고 있었으며 따라서 '관학 아카데미즘'[4]의 성격을 띠고 있었다. 이를 잘 보여주는 것이 일본 언어학, 국어학의 아버지라고 불린 우에다 가즈토시(上田萬年)였다.[5]

三元社, 1994 ; 石川遼子, 「地と民と話の相剋」, 『朝鮮史研究會論文集』 35, 1997 ; 安田敏郎, 『植民地のなかの國語學 時枝誠記と京城帝國大學をめぐって』, 三元社, 1997 ; 『帝國日本の言語編制』, 世織書房, 1997 ; 『言語の構築 小倉進平と植民地朝鮮』, 三元社, 1999a ; 『國語と方言のあいだ 言語構築の政治學』, 人文書院, 1999 ; 『近代日本言語史再考 帝國化する日本語と言語問題』, 三元社, 2000 ; 『多言語社會という幻想』, 三元社, 2011 ; 熊谷明泰, 『朝鮮總督府の國語政策資料』, 關西大學出版部, 2004 ; イ・ヨンスク, 『國語という思想―近代日本の言語認識』, 岩波書店, 1996 ; 『ことばという幻影 近代日本の言語イデオロギ』, 明石書店, 2009 ; 長志珠繪, 『近代日本とナショナリズム』, 吉川弘文館, 1998 ; 川村湊, 「近代日本に於ける帝國意識」, 北川勝彦·平川雅博 編, 『帝國意識の解剖學』, 世界思想社, 1999 등을 볼 것.

3) 언어학과는 도쿄제대가 설립될 때부터 박언(博言)학과라는 이름으로 문학부의 네 학과 가운데 하나로 설치되었다. 박언학과는 1890년에 언어학과로 바뀌었다. 寺崎昌男·成田克矢 編, 『學校の歷史 第4卷 大學の歷史』, 第一法規出版株式會社, 1979, 33쪽.

4) 김용섭, 「일본 한국에 있어서의 한국사서술」, 『역사학보』 31, 1966.

5) 우에다를 중심으로 한 도쿄제대 언어학 아카데미의 성격에 대해서는 イ·ヨンスク, 앞의 책, 1996 볼 것.

우에다는 도쿄제대 언어학과의 교수로 국어연구실의 창시자였으며 문부성 전문학무국장, 신궁황학관장(神宮皇學館長)[6]도 역임한 바 있었다.

우에다가 '일본 제국'의 형성과 관련해 중요한 역할을 수행한 대학, 정부, 국가 신도의 세 영역에서 핵심적인 위치를 차지하는 데 바탕이 된 것은 독일 유학이었다. 우에다는 당시 유럽에서 유행하고 있던 비교 언어학 등 최신 언어학의 학문체계를 수입함으로써 일본 언어학·국어학의 이론과 방법론을 확립하였다. 우에다는 국가의 구성 요소로 인종, 역사와 함께 언어를 중시하는 한편 방법론적으로는 당시 서구에서 유행하던 언어학의 흐름에 기대 과학적 원리와 법칙성을 강조하였다.[7] 특히 독일에 유학하는 동안 보불전쟁 이후 빠른 속도로 발전하고 있던 독일의 언어 통일 운동에 감명을 받은 우에다는 근대 국가의 형성과 발전에 언어의 개량 및 통일이 절대적인 과제라는 점을 인식하고 귀국 후 애국 운동으로서의 언어 운동에 전력을 기울였다. 우에다는 서구의 최신 이론과 정치적 영향력을 배경으로 많은 우수한 연구자들을 육성했고 이들과 함께 일본 언어학을 주도하였다.

우에다를 중심으로 한 도쿄제대의 언어학은 국내적으로는 표준어의 설정, 언문일치, 표음문자 채용, 일본의 고유 언어인 가나의 개정, 방언의 박멸[8] 등을 통한 '국어'의 통일을 지향하였다. 그리고 대외적으로는 일본 제국주의의 대외 침략에 발맞추어 비교 언어학의 방법론을 바탕으로 한 언어 계통론을 통해 '국어'의 대외 진출을 적극적으로 옹호하였다.

여기서 우에다가 도쿄제대 교수로서 배출한 제자들이 '일본 제국 판도'

---

6) 신궁황학관은 '황학'을 연구하고 신사 종사자들을 육성하기 위해 1882년에 설치된 관립 학교인데 문부성 관할이던 다른 대학과는 달리 메이지유신 이후 '천황제'를 절대화하는 이데올로기로 등장한 국가 신도(國家神道)의 주무 기관이던 내무성의 관할 아래 있었다.

7) 보기를 들어 국어학이 언어학 등 다른 인문·사회과학과 마찬가지로 하나의 과학임을 강조하고 있는 上田萬年, 『國語學叢話』, 博文館, 1908 볼 것.

8) 특히 초점이 된 것은 특히 근대 국가 수립 이후 일본 제국의 내부 식민지로 편입된 오키나와(沖繩)와 홋카이도(北海道)의 방언이었다.

안의 여러 식민지 언어를 지역별로 나누어 전공해 일본의 '국어' 이데올로기를 재생산하는 데 결정적인 역할을 했다는 데 주목할 필요가 있다. 실제로 가나자와 쇼자부로(金澤庄三郞)는 조선어, 긴다이치 교스케(金田一京助)는 아이누어, 이하 후유(伊波普猷)는 오키나와어, 후지오카 쇼지(藤岡勝二)는 만주어와 몽고어, 고토 아사타로(後藤朝太郞)는 중국어로 나누어 일본 제국의 판도에 이미 포함된 지역 및 일본 제국주의의 진출 대상으로 간주되던 지역의 언어를 하나씩 맡아서 집중적으로 연구하고 있었다.[9]

이들의 관심은 비교 언어학에 입각해 일본어와 다른 언어와의 계통 관계를 밝히는 데 있었다. 특히 조선을 맡은 가나자와는 나중에 일본 언어학계 주류에서 비과학적이라는 이유로 비판을 받기는 하지만 일제의 조선 침략이 본격화되던 시기에 일본어와 조선어의 언어 동계론을 주장하고 나아가서는 그것을 바탕으로 일본과 조선이 역사적으로 한 뿌리였다고 보는 '일선동조론(日鮮同祖論)'[10]을 주장하는 등 일제의 조선 침략을 정당화하는 이데올로그의 역할을 하고 있었다.[11] 한편 도쿄제대 동양사학과의 교수로 우에다의 동료인 시라토리 구라키치(白鳥庫吉)도 러일전쟁(1904) 전까지는 고대 조선어와 일본어의 비교 연구를 통해 두 언어가 같은 계통이라는 결론을 내리고 이를 바탕으로 '일선동조론'을 주장한 바 있었다.[12]

제국대학을 중심으로 한 일본 언어학은 국가의 언어 정책에 관여하고

---

9) 川村湊, 앞의 논문, 1999.

10) 金澤庄三郞, 『日韓兩國語同系論』, 三省堂, 1910 ; 『日鮮同祖論』, 刀江書院, 1929.

11) 이론적인 측면에서 언어를 인종론의 중요한 요소로 간주한 대표적인 인물은 가나자와의 스승인 우에다였다. 上田万年, 『言語學』(新村出 筆錄), 敎育出版, 1975.

12) 小熊英二, 『單一民族神話の起源』, 新曜社, 1995 ; 石川遼子, 앞의 논문, 1997. 그러나 '일선동조론'은 일제가 조선을 강제로 병합한 1910년을 전후해 정치 상황이 바뀜에 따라 점차 그 힘을 잃게 되었다. 시라토리의 경우 '일선동조론' 대신에 만선사관(滿鮮史觀)을 주장하였다. 그러나 가나자와는 '일선동조론'을 끝까지 고수하였다. 일본 '국사학' 안에서 '일선동조론'이 대두하고 쇠퇴하는 과정에 대해서는 小路田泰直, 『日本史の思想-アジア主義と日本主義の相剋』, 柏書房, 1997 볼 것. 그리고 가나자와의 '일선동조론'에 대해서는 石川遼子, 앞의 논문, 1997 ; 三ッ井崇, 앞의 책, 1999 등을 볼 것.

있다는 차원뿐만 아니라 학문으로서의 이론, 방법, 대상 설정, 실천적 목적의 차원에서도 처음부터 정치적인 것이었다. 특히 일본의 대외 침략이 고조되던 시기에는 우에다 등이 일본어에 대한 학문적 분석을 모두 일본어의 우수성을 선전하는 것으로 전락시켜 버린 것이나, 일본어의 통일에 과도하게 집착함으로써 방언을 사회악으로까지 생각하는 사고방식을 확대해 식민지 언어의 말살 내지는 '국어'로의 동화를 주장한 것 등에서 일본 언어학의 정치적 성격을 읽을 수 있다.

그런 가운데서도 국어의 통일이나 대외 진출을 추진할 때 일본 언어학이 항상 전면에 내세운 것은 '과학'이었다. 일본 언어학이 내포하고 있던 정치적 의도는 과학주의, 곧 과학적 방법에 기초한 귀납적 결론의 강조로 치장되어 있었다. 여기서 과학주의란 불규칙하고 혼란스러운 것처럼 보이는 현상이더라도 그 이면에는 일반적인 규칙이 있으며 인간은 이성을 통해 그 규칙을 인식할 수 있다는 생각, 오직 과학적으로 입증된 지식만이 지식으로서의 가치를 갖는다는 생각을 가리킨다. 물론 '과학적'이라고 하는 것의 모태는 서구 근대 과학이었다. 이러한 의미에서 우에다 등에 의해 과학으로 수용된 일본 언어학도 결국에는 서구의 오리엔탈리즘이 반영된 것이었다. 과학, 과학적 중립성·객관성이라는 이름 아래 이루어진, 우월한 서양과 열등한 동양, 또는 우월한 일본과 열등한 일본 제국의 식민지 사이의 구별에는 관찰의 주체와 대상 사이에 현실적으로 존재하는 지배와 피지배의 힘 관계를 은폐하는 의도가 작용하고 있었던 것이다.[13]

2. 경성제국대학의 설립과 '조선어문학과'의 개설

일제 강점기에 정식으로 인가된 대학은 경성제대 하나뿐이었다. 그런 의미에서 경성제대는 일제 강점기의 유일한 대학이었다.[14] 1910년대까지

---

13) 鈴木廣光,「日本語系統論·方言周圈論·オリエンタリズム」,『現代思想』1993년 7월호, 1993.
14) 그러나 이미 19세기 후반부터 대학이라는 이름의 고등 교육 기관이 설립되었거나

만 하더라도 일제는 식민지 조선에 고등교육기관은 필요하지 않다는 입장을 견지하고 있었다.[15] 그런데 1920년대 중반 경성제국대학이 설립된 데는 중요한 요인이 있었다고 생각된다. 그것은 3·1운동과 그 이후 민족운동의 흐름에서 드러났듯이 조선인 사이에 반제 반일 사상이 고조되는 상황을 제압하고 식민지 지배를 학문적으로 정당화하는 이론 체계를 수립하는 것이 일제 당국의 급선무로 대두하고 있었다는 사실이다.[16] 일제는 관학 아카데미즘의 본산으로서의 도쿄제대가 한 것과 같은 역할을 식민지 조선에서 할, 식민지 지배 이데올로기 기구로서의 제국대학을 절실하게 필요로 하고 있었던 것이다.

조선총독부 학무과장이던 마쓰무라 마쓰모리(松村松盛)의 다음과 같은 회고는 이 점을 이해하는 데 시사적이다.

경성제국대학의 설립시 동경에 갔을 때 구보다 유즈루(久保田讓)[17] 추밀원 고문관에게 호출되어 대학 설립에 관해 여러 이야기를 나누었던 바, 그는 조선에는 법과대학의 필요가 없지 않은가, 오히려 그보다는

설립을 추진하려는 움직임이 나타나고 있었다. 아울러 비록 국망 이후 일제의 고등 교육 억압 정책에 따라 대학으로 인가를 받지 못했다고 하더라도 실질적으로는 사립 전문학교에서 대학 수준을 지향하는 교육이 이루어지고 있었다. '보성전문학교의 법학·경상학교육과 한국의 근대화' 연구위원회 편, 『근대서구학문의 수용과 보전』, 고려대학교 출판부, 1986 ; 홍성찬, 「일제하 연전상과의 경제학풍과 '경제연구회사건'」, 『연세경제연구』 I 권 1호, 1994 ; 이수일, 「1920~1930년대 한국의 경제학풍과 경제연구의 동향: 연전 상과 및 보전 상과를 중심으로」, 『연세경제연구』 IV권 2호, 1997 ; 유영렬, 「최초의 근대대학: 숭실대학」, 대학사연구회, 『전환의 시대 대학은 무엇인가』, 한길사, 2000 ; 나일성 편저, 『서양과학의 도입과 연희전문학교』, 연세대학교 출판부, 2004 ; 이준식, 「연희전문학교와 근대 학문의 수용 및 발전」, 『근대학문의 형성과 연희전문』, 연세대학교 출판부, 2005 등을 볼 것.

15) 정재철, 「한국에서의 일제식민지주의 고등교육정책사 연구」, 『중앙교육사학회논문집』 창간호, 1995.

16) 김용섭, 앞의 논문, 1966.

17) 구보다는 추밀원에서 '경성제국대학에 관한 건'을 논의할 때 심사위원장이었다. 馬越徹, 앞의 책, 2001.

농과대학 같은 것이 필요하지 않은가 하는 질문을 했다. 그러나 당시 조선에는 민립대학 설치 운동이 상당히 맹렬해 기부금 모집을 시작했고 미국 선교사들도 사립대학을 설립할 계획을 하고 있었다. 이들 대학은 주로 법률, 정치, 경제 등의 연구를 목적으로 하는 관계로 만일 관립의 법과대학을 세우지 않으면 조선에서 법률, 정치, 경제 등의 최고 교육은 이들 사학에 맡겨야 하는데, 당시 민족 운동을 볼 때 이는 심히 위험한 것이라고 답변해 이해를 얻은 일도 있다.[18]

마쓰무라의 이 회고는 종래에 법학과 개설의 이유를 설명하는 것으로 이해되어 왔다. 그런데 이 회고에서 더 중요한 것은 법학과 문제에 대해서는 일본 정부와 조선총독부 사이에 의견의 대립이 있었지만 법문학부의 다른 학과, 곧 철학, 사학, 문학 관련 학과의 개설에 대해서는 일본 정부와 조선총독부 사이에 이미 합의가 이루어지고 있었음을 시사한다는 점이다. 도쿄제대에서 그랬던 것처럼 경성제대에서도 문과계열 학과의 설치는 정책적인 차원에서 추진되고 있었던 것이다.

여기서 1920년 1월 도쿄제대 교수인 우에다, 시라토리, 핫토리 우노키치(服部宇之吉: 철학) 등이 연명으로 경성에 대학을 세울 것을 내용으로 하는 건백서(建白書)를 정부에 제출한 바 있다는 사실에 주목할 필요가 있다. 핫토리가 이후 경성제대의 초대 총장으로 경성제대 설립의 주역이 되는가 하면 이들의 전공인 철학, 사학, 문학과가 처음부터 경성제대 안에 개설되고 이들의 제자들이 대거 경성제대의 교수로 부임한 것[19]으로 보아 건백서와 경성제대의 설립 사이에 상당한 정도의 연관성이 있음을 짐작할 수 있다. 그런데 이 건백서의 목적에 대해 시라토리는 "식민지에서 문화를 연구하는 동시에 식민지 사람들을 문화에 접촉시켜 융화를 꾀하는 데 있다"[20]고

---

18) 貴田忠衛, 『朝鮮統治の回顧と批判』, 朝鮮新聞社, 1936, 200쪽.
19) '조선어문학과'의 오쿠라(小倉進平)는 우에다의 제자였고, 사학과의 오다 쇼고(小田省吾), 이마니시 류(今西龍), 스에마쓰 야스카즈(末松保和) 등은 시라토리의 제자였다.

하였다. 곧 '역사, 철학, 문학' 분야에서의 문화 연구가 식민지에 새로 세워질 대학의 목적이라고 본 것이다.

실제로 경성제대가 설립되는 과정에서 조선총독부 관계자들과 경성제대의 교수들은 조선문화 나아가 동양문화연구의 중심으로서의 새로운 제국대학의 위상을 강조하고는 하였다. 보기를 들어 조선총독부 정무총감인 유아사 구라헤이(湯淺倉平)는 "경성에 설치된 제대에는 특히 조선문학, 조선역사에 관한 한 일본 국내에 있는 다른 대학보다 다른 점이 있다는 것을 주의해주기 바란다. … 경성제대는 이런 분야에 관해 각별히 연구해 동양 문화에 공헌할 것으로 생각한다"고 언급했으며, 경성제대 철학과 교수인 아베 요시시게(安倍能成)는 "이 대학(경성제대: 글쓴이)은 동양연구를 표방했고 이 점에 주력할 것이다. … 이 대학은 중국에 가깝고 대륙과 철도 교통이 발달되어 있어 일본보다 유럽에 연륙된 점으로 보아서도 조선의 지방대학에 그치지 않고 국제 진출의 센터로 만들고 싶다"고 언급하였다.[21] 그리고 총장인 핫토리는 1926년 5월 1일 개학식에서 "본 대학은 조선에 있기 때문에 당연히 가져야 할 특색이 있다고 생각한다. … 한편으로는 지나(支那, 중국: 글쓴이)와의 관계 또 한편으로는 내지(內地, 일본: 글쓴이)와의 관계로 널리 여러 방면에 걸쳐 조선의 연구를 행하고 동양 문화 연구의 권위가 되는 것이 본 대학의 사명이라 믿고 능히 이 사명을 수행하는 데는 일본정신을 원동력으로 하고 일신(日新)의 학술을 무기로 하여 나아가지 않으면 안 된다"는 점을 강조하였다.[22]

경성제대의 모델인 도쿄제대의 문학부가 일본 근대 국가의 발전과 제국주의 진출을 뒷받침하는 역할을 했듯이 경성제대도 근대 대학제도의 틀 안에서 그리고 '조선문화 또는 동양문화' 연구라는 이름 아래 대륙 침략을

20) 京城帝國大學創立五十周年記念誌編輯委員會, 『紺碧遙かに』, 京城帝國大學同窓會, 1974, 4쪽.
21) 이충우, 앞의 책, 1980, 106~107쪽.
22) 大野謙一, 『朝鮮敎育問題管見』, 朝鮮敎育會, 1936, 144~147쪽.

위한 정보를 제공하거나 식민지 지배 이데올로기를 재생산하는 역할을 맡도록 규정된 것이다.[23] 이를 위해 일제는 경성제대가 설립될 때부터 유일한 문과계열 학부인 법문학부 안에 법학과, 정치학과(곧 법학과로 통합됨), 철학과(철학 및 철학사, 윤리학, 심리학, 종교학 및 종교사, 미학 및 미술사, 교육학, 중국철학, 사회학 전공), 사학과('국사학', 조선사학, 동양사학 전공), 문학과('국어학 및 국문학', 조선어학 및 조선문학, 중국어 및 중국문학, 영어 및 영문학 전공)를 개설하였다.[24]

　'조선어문학과'는 이러한 맥락에서 법문학부 문학과의 한 전공으로 개설된 것이다. 그리고 '조선어문학과'의 교수로는 조선문학을 담당하는 다카하시 도루(高橋亨)[25]와 조선어학을 담당하는 오쿠라 신페이(小倉進平)가 부임하였다. 이밖에도 친일 유림인 정만조와 어윤적이 강사로 출강했지만 이들은 주로 한문학 과목을 맡고 있었다. '조선어문학과'에서 조선어학과 조선문학을 강의하는 교수가 모두 일본인이었으며, 조선인은 강사나 조수[26]에 불과했다는 사실은 대학을 중심으로 한 근대 학문의 세계를 일본인이 독점하고 있었으며 조선인들은 그 핵심에서 배제되고 있었음을 보여준다. 비교적 민족 차별이 없다고 이야기되는 제국대학 안에서도 종주국과 식민지 사이의 간극은 존재하고 있었다. 일제는 제국대학이라는 장치를

---

23) 실제로 경성제대의 교수들이 수행한 대부분의 연구는 이 범주에 드는 것이었다. 일제는 경성제대가 이러한 역할을 하는 데 필요한 지원을 아끼지 않았다. 조선어 연구에만 국한시켜 보더라도 규장각 문서를 경성제대 도서관에 이관한 것이라든지 '조선어문학과'의 오쿠라가 행한 방언 조사에 대해 행정 당국과 학교를 통해 지원한 것 등을 들 수 있다.

24) 경성제대의 전공 구성에 대해서는 小田省吾, 「京城帝國大學豫科開設に就て」, 1924 ; 平井三男, 「京城帝國大學の規模組織と其の特色」, 『朝鮮』 1926년 4월호, 1926 볼 것.

25) 다카하시는 도쿄제대 한문과를 졸업한 뒤 조선총독부 관리로 있으면서 조선 유학에 관심을 갖게 되어 유학사와 사상사를 전공하였다. 다카하시에 대해서는 이형성 편역, 『다카하시 도루의 조선유학사』, 예문서원, 2001 ; 박광현, 앞의 논문, 2003 ; 앞의 논문, 2007 등을 볼 것.

26) '조선어문학과' 졸업생인 조윤제와 방종현이 대학원에 재학하면서 조수를 지냈다.

통해 조선인 엘리트를 제국주의 지배체제 안으로 끌어들이려고 했으나 그것은 제한된 포섭에 불과했던 것이다.

III. '조선어문학과' 교수와 학생들의 조선어관

1. 일본인 교수들의 언어학

경성제대에는 조선어 연구와 연관된 여러 일본인 언어학자가 교수로 재직했지만 그 가운데서도 관학 아카데미즘의 재생산과 관련해 중요한 역할을 한 것은 '조선어학' 강의를 책임맡고 있던 오쿠라였다. 오쿠라는 도쿄제대 언어학과와 대학원 재학 중 우에다와 가나자와 밑에서 언어학을 공부하고 1911년 조선에 건너와 조선총독부 관리가 되었다. 경성제대 교수로 부임하기 전에 이미 『조선어학사(朝鮮語學史)』(1920), 『국어와 조선어를 위해(國語及朝鮮語のため)』(1920), 『국어 및 조선어 발음 개설(國語及朝鮮語發音槪說)』(1923), 『남부조선의 방언(南部朝鮮の方言)』(1924) 등을 발표하고 『향가 및 이두 연구(鄕歌及び吏讀の硏究)』를 탈고하는 등 활발한 연구 활동을 통해 조선어 연구자로서의 위상을 확고하게 하고 있었다. 오쿠라는 1924년 유럽으로 유학을 떠났고 1926년 귀국하자마자 경성제대의 교수가 되었다. 1933년에는 도쿄제대 교수가 되었으며 1943년 정년퇴임할 때까지 경성제대 교수를 겸임하였다.[27]

오쿠라가 조선어에 관심을 갖기 시작한 것은 도쿄제대 대학원에 재학하고 있을 무렵이었다. 그렇다면 원래 일본어를 전공한[28] 오쿠라가 조선어를 연구하기 위해 조선총독부의 관리로 부임하게 된 이유는 무엇이었을까? 두 가지를 생각할 수 있을 것이다.

---

27) 이숭녕, 『혁신국어학사』, 박영사, 1982 ; 安田敏郎, 앞의 책, 1999a.

28) 河野六郎, 「小倉進平先生と朝鮮語學」, 京都大學文學部國語學國文學硏究室 編, 『小倉進平博士著作集 四』, 京都大學國文學會, 1975, 1～7쪽.

먼저 앞에서 언급했듯이 우에다의 제자들이 동아시아 각 지역의 언어를 분담해 집중적으로 연구하고 있었는데 오쿠라는 가나자와와 함께 조선어를 맡은 것으로 보인다. 한편 오쿠라의 도쿄제대 제자이자 나중에 경성제대 '조선어문학과' 교수가 되는 고노 로쿠로(河野六郎)의 회고에 따르면 오쿠라 가 조선어 연구를 선택하게 된 데는 가나자와와 시라토리의 권유가 작용했 다고 한다.29) 그런데 가나자와와 시라토리는 당시 일본어와 조선어의 동계론 나아가 '일선동조론'을 주장하던 대표적 인물이었다. 따라서 가나자 와와 시라토리가 오쿠라에게 조선어 연구를 권유한 데는 결국 일본어와 조선어의 동계론 나아가 '일선동조론'을 입증하라는 의미가 담겨 있었을 것이다.

실제로 오쿠라의 조선어 연구는 이러한 두 가지 측면에 의해 크게 규정되 었다. 오쿠라 자신에 따르면 "조선어 연구의 동기는 조선어란 어떤 언어인 가, 조선어란 어떤 구조를 갖고 있는가, 주위의 언어에 대해 어떤 관계를 갖는가를 밝히고 싶다는 염원에서 출발한 것이다. 그것을 위해 나는 먼저 첫째 금일에 이르기까지 조선어 연구의 역사를 아는 것이 절대로 필요하다 는 것을 믿었고, 둘째 조선어 자체의 역사를 분명히 하는 것이 필요하다고 생각했고, 셋째 조선어의 다른 언어에 대한 위치 관계를 연구하는 것이 필요하다고 느꼈다"고 한다.30) 곧 오쿠라는 조선어의 역사와 계통을 밝히는 것을 조선어 연구의 1차적 과제로 설정하고 있었던 것이다. 실제 그의 저작 목록31)을 보면 대부분의 연구가 역사와 방언 분야에 집중되어 있음을 알 수 있다. 오쿠라의 관심은 조선어의 현재 상황(맞춤법의 통일, 표준어의 제정 등)을 밝히고 미래상을 설정하는 데 있었던 것이 아니라 과거의 역사를 탐구해32) 조선어와 일본어의 계통 관계를 밝히는 데 있었던 것이다.

---

29) 河野六郎, 위의 논문, 1975.
30) 小倉進平,「鄕歌·吏讀の問題を繞りて」,『史學雜誌』47편 5호, 1936.
31) 京都大學文學部國語學國文學硏究室 編,『小倉進平博士著作集 一~四』, 京都大學國文 學會, 1975.
32) 오쿠라에 따르면 "언어의 역사적 연구를 무시한 어론(語論)은 흡사 사상누각을

이와 관련해 오쿠라가 이미 학계에서 소수파로 몰리던 가나자와의 '일선동조론'에 대해 "언어학은 인종론, 민족론에 대한 유력한 증명자이지만 최후의 결정자는 아니다"[33]라고 지적함으로써 가나자와에 대해 일정한 거리를 유지하면서도 언어학상의 동계론에 대해서는 반대하지 않았다는 사실에 주목할 필요가 있다. 실제로 오쿠라의 조선어 연구는 조선어의 역사와 계통을 밝히는 데 중점을 두었다는 점에서 볼 때 가나자와의 동계론으로부터 큰 영향을 받았다고 할 수 있다. 이러한 오쿠라의 관심 안에 조선민족의 전통이라든가 민족정신이라는 요소가 포섭될 가능성은 전혀 없었다.

한편 조선어 연구의 방법론과 관련해 오쿠라의 연구는 철저하게 실증주의 방법론을 따르는 것이었다. 방대한 오쿠라의 저작 가운데 언어관, 언어이론 및 방법론에 대해 체계적으로 언급한 부분은 거의 눈에 띄지 않는다. 곧 그는 자료의 수집, 사실의 나열 그 자체를 무엇보다도 중시했던 것이다. 이는 언어를 현실 사회와 무관한 대상으로 놓고 연구하는 것이며 언어와 민족 또는 언어와 국가 사이에서 발생하는 문제를 논의에서 배제하는 것이었다. 언어학은 주어진 언어 자료를 과학적으로 다루는 데 그쳐야지 언어의 현실적 개조에 관여해서는 안 된다는 이런 생각은 언어 연구자가 언어 현실의 문제에 실천적으로 개입하려는 노력을 비과학적이라고 배척하는 것으로 이어진다.

실제로 오쿠라가 경성제대에서 조선어 연구에 매진하고 있는 동안 경성제대 밖에서는 조선인 연구자들이 몇 개의 단체를 만들어 나름대로 활동을 벌이고 있었다. 그 가운데 대표적인 것이 바로 조선어학회(전신은 조선어연구회)였다.[34] 조선어학회의 회원들은 한글을 민족 정신, 민족 문화의 상징으

구축하는 것과 마찬가지로 근거가 매우 박약해 하등의 과학적 가치를 인정할 수가 없다"(小倉進平, 『鄕歌及び吏讀の硏究』, 京城帝國大學, 1929)라는 것이다. 오쿠라가 방언 연구를 중시한 것도 결국은 역사에 대한 관심과 이어지는 것이었다.

33) 小倉進平, 「金澤博士著『日鮮同祖論』」, 『京城日報』 1929년 5월 19일.

34) 이준식, 「외솔과 조선어학회의 한글운동」, 『현상과 인식』 18권 3호, 1994 ; 이준식,

로 보고 한글의 연구, 정리 및 통일, 보급을 주요 내용으로 하는 한글운동을 벌이고 있었다.

그런데 오쿠라는 당시의 한글운동에 대해 비교적 냉담한 자세를 갖고 있었던 것으로 보인다. 오쿠라가 한글운동에 대해 언급한 것은 한 차례뿐이었다. "관청의 여러 조사 기관과 별개로 1931년 1월 조선인 민간측에 조선어학회가 창립되어 회원 상호가 열심히 연구한 결과 1933년 조선어철자법통일안을 결정 발표하였다. 본안의 요는 표준어를 발음대로 표기하고, 철자법을 어법에 합치시키는 것을 원칙으로 하는 것이다"[35]라는 짧은 언급이 그것이다. 여기에는 '열심히 연구한 결과'라는 표현을 제외하고는 아무런 주관적 평가도 들어 있지 않다. 단지 사실에 대한 짧은 '객관적' 서술만이 있을 뿐이다. 그런데 바로 그 앞에는 조선총독부가 제정한 철자법에 대한 긴 설명이 있다. 곧 오쿠라는 조선어학회를 중심으로 한 조선인들의 한글운동에 대해 일제의 언어 정책과 관련해 큰 의미를 부여할 수 없다는 태도를 견지하고 있었던 것이다. 오쿠라의 실증주의 언어관은 결과적으로 당시 조선인들의 연구가 갖는 사회 참여적 성격을 비과학적인 것처럼 보이게 만들었다.

오쿠라 외에 경성제대에서 '조선어학'을 전공한 학생들에게 큰 영향을 미친 것은 1927년부터 언어학 강좌의 책임을 맡고 있던 고바야시 히데오(小林英夫)였다.[36] 오쿠라가 언어 자료의 수집과 정리에 치중한 데 비해 고바야

「일제 침략기 한글 운동 연구」, 『한국사회사연구회논문집』 49, 1996 ; 박용규, 『조선어학회 항일투쟁사』, 한글학회, 2012.

35) 小倉進平, 『增訂補註 朝鮮語學史』, 刀江書院, 1964, 142~143쪽. 이 책은 원래 1940년에 나온 것이다.

36) 이밖에도 고노가 있었지만 그가 '조선어문학과' 교수가 되는 것이 1940년대 이후라는 점을 감안해 논의에서 제외하였다. 한편 '국어학' 강좌를 맡고 있던 도키에다 모토키(時枝誠記)도 전시 체제 아래에서 '국어'와 조선어의 관계를 어떻게 설정할 것인가 하는 문제에 대해 여러 편의 중요한 글을 발표했지만 현재로서는 도키에다와 조선인 학생들 사이의 연관성이 발견되지 않기 때문에 역시 논의에서 제외하였다.

시는 언어학의 일반 이론과 과학적 문법을 지향하고 있었다.[37] 특히 고바야시는 당시 세계 언어학계의 새로운 주목을 받고 있던 소쉬르(F. de Saussure)의 『일반 언어학 강의』를 1928년에 일본어로 번역[38]하는 등 프랑스 언어학의 흐름에 정통하였다.

우에다에서 잘 드러나듯이 고바야시 이전의 일본 언어학은 언어의 규범성, 언어학의 실천성을 강조하는 독일 언어학에 기울어지고 있었다. 그런데 고바야시가 소쉬르의 책을 번역한 것을 계기로 일본 언어학계에서는 언어를 자연 현상과 마찬가지로 민족이나 문화와는 분리된 연구 대상으로 취급해야 한다고 보는 소쉬르 언어학이 유행하기 시작하였다.[39]

과학으로서의 언어학을 강조하는 것은 일본 언어학의 오랜 전통이었지만 고바야시를 통해 소쉬르의 언어학이 수용되면서 철저하게 가치(실천)와 과학을 분리하는 경향이 대두하였다. 여기에는 언어 문제와 관련해서는 우에다 등의 주도 아래 '국어'의 통일운동이 일단락되고 정치적으로는 일본의 국가주의가 더욱 강화되는 상황이 크게 작용하고 있었다. 인문·사회과학의 모든 분야에서 실증주의가 한층 발달하고 이에 비례해 학문의 비판적 자율성이 부정되는 가운데[40] 언어학에서는 소쉬르 언어학이 각광을 받게 된 것이다. 물론 소쉬르 언어학은 식민지에 대한 지배를 공고화하고 더 나아가 제국의 판도를 확대하고 있던 일제의 의도에 부합하는 것이었다. 왜냐하면 "언어는 말하기의 사회적 측면이기 때문에 개인을 초월하고 개인의 밖에 있는 것이므로 개인이 이를 수정하거나 창조할 수 없다. 언어는 공동체 구성원들이 승인한 계약의 형태로 존재한다"[41]고 본 데서도

---

37) 小林英夫, 「一般文法成立の可能性について(その序說)」, 京城帝國大學法文學會 編, 『言語·文學論纂』, 刀江書院, 1932 ; 「言語學における目的論」, 『京城帝國大學創立十周年記念論文集 文學篇』, 大阪屋號書店, 1936.
38) 이 책의 외국어 번역판은 일본에서 가장 먼저 나왔다고 한다.
39) 石剛, 앞의 책, 1993.
40) 방기중, 『한국근현대사상사연구』, 역사비평사, 1992, 89~90쪽.
41) F. de Saussure, *Course in General Linguistic*, McGraw-Hill, 1966, p.14.

알 수 있듯이 소쉬르 언어학은 식민지 종주국의 언어 정책에 대한 식민지 민중의 저항 가능성을 이론적으로 부정하고 있기 때문이다.

2. '조선어문학과' 학생들의 조선어관

'조선어문학과'의 학생들이 적었기 때문에[42] 어학, 문학을 불문하고 강의를 들었다는 사실을 감안할 때 대체로 '조선어문학과'의 학생들은 오쿠라의 강의[43]를 들었을 것으로 보인다. 1940년까지 경성제대 '조선어문학과'를 졸업한 조선인 학생 및 졸업 논문 제목은 다음과 같다.[44]

    1929년 졸업   조윤제
    1930년 졸업   이희승
    1931년 졸업   김재철(「조선 고대 연극 개관」)
                  이재욱(「영남 민요의 연구」)
    1933년 졸업   이숭녕(「조선어의 히아시스 현상에 대해」)
    1934년 졸업   방종현(「△자음에 대해」)
    1935년 졸업   윤응선(「占畢齋와 문도의 도학 및 문학에 대해」)
                  정학모(「주요 시조의 작가에 대해」)
    1936년 졸업   김형규(「조선어에서 소유 종속을 나타내는 조사」)

---

42) 조용만의 회고에 따르면 "경성제대의 특색은 조선사학과와 조선문학과가 있는 것이어서 다른 대학에 없는 이 학과로 많은 학생이 몰릴 줄 알았는데 사실은 학생이 별로 없었다"(조용만, 『30년대의 문화 예술인들』, 범양사 출판부, 1988, 29쪽)고 한다.

43) 오쿠라는 1년에 두 개 내지 세 개의 강좌를 개설했는데 강좌의 제목은 '조선어학사, 언문의 역사적 연구, 조선어 강독 연습, 조선어학 개론, 어학상으로 본 조선어 및 국어 그리고 기타 언어, 조선의 한자음, 모음 조화, 고서 언해 및 조선어 방언의 연구, 조선어의 계통, 조선어의 계통(속), 고서 언해 해설 등이다. 오쿠라의 주요 관심사인 조선어의 역사, 방언, 계통에 관련된 과목이 주를 이루고 있다.

44) 京城帝國大學, 『京城帝國大學一覽 昭和十六年』, 京城帝國大學, 1941 ; 『靑丘學叢』 4, 1931, 186쪽 ; 『靑丘學叢』 11, 1933, 176쪽 ; 『靑丘學叢』 15, 1934, 210쪽 ; 『靑丘學叢』 19, 1935, 208쪽 ; 『靑丘學叢』 23, 1936, 174쪽 ; 『靑丘學叢』 27, 1937, 145쪽 등을 볼 것.

구자균(「이서 시인을 중심으로 본 근대 위항 문학」)
신원우(「박연암 연구」)
손낙범(「이목은에 대해」)
정형용(「조선 고대 소설의 분류 및 중국 소설의 수입과
그 영향」)
이달호(일명 이범수: 「경서언해의 토에 대해」)
1937년 졸업   최시학(「허균에 대해」)
1938년 졸업   김사엽, 오영진, 이재수
1939년 졸업   고정옥
1940년 졸업   신구현

　20명의 조선인 학생 가운데 어학 관련 졸업 논문을 쓴 5명(이희승,
이숭녕, 방종현, 김형규, 이달호)은 물론이고 나머지 학생들도 오쿠라의
영향으로부터 자유롭지는 않았을 것이다.[45] 여기서 흥미로운 것은 '조선어
문학과' 졸업자 가운데 중앙고보 출신인 이희승이나 일본에서 중학교(濟覺
中)를 나온 방종현을 제외하고는 모두 공립학교 출신이었다는 사실이다.
실제로 조윤제, 이재욱, 윤응선, 김사엽은 대구고보, 김재철, 정학모, 정형용
은 경성제일고보, 고정옥, 손낙범, 구자균은 경성제이고보, 신원우, 이재수,
신구현, 이달호는 청주고보, 김형규는 원산중학, 최시학은 경성고보, 오영진
은 평양고보 출신이었다.[46] 경성제대의 조선인 학생들 가운데 공립학교

---

45) '조선어문학과'의 학생이 적었기 때문에 대부분의 수업은 1~2명의 학생을 대상으
로 세미나식으로 진행되었다. 특히 학생들 사이에서 실력 있는 교수로 평가되던
오쿠라의 경우 학생들에 미친 영향은 절대적이었을 것이다. 조선사를 전공한
신석호의 회고에 따르면 "나는 조선사학 전공이었지만 조선문학 강의를 빼 놓지
않고 들었다. … 오쿠라 교수는 우리나라 사람도 해내지 못한 향가를 터득한
위대한 학자였다"(이충우, 앞의 책, 1980, 110쪽)고 한다. 한편 문학 전공인 조윤제도
"小倉박사와 土田杏村씨 사이에 향가의 형식에 대하여 긴 논쟁이 있었다. …
그때 나는 소창 박사와 한 연구실에 있으면서 그들 논쟁에 대하여 무한한 흥미를
가지고 내다보았고 또 그것으로 인하여 자극도 받아 우리나라 시가의 연구는
내가 하여야 하겠다는 결심을 하게 되었다"(조윤제, 『도남잡식』, 을유문화사,
1964, 374쪽)고 회고한 바 있다.

출신이 차지하는 비율이 높았다는 사실을 감안하더라도 '조선어문학과' 학생 가운데는 상대적으로 공립학교 출신이 더 많았던 것이다.

그런데 당시 공립학교의 교육이 일본어로 이루어지고 있었다는 것을 감안할 때 조선인 학생들이 조선어에 대한 관심은 처음부터 제한되어 있었고[47] 그만큼 일본인 교수들의 영향을 받아 조선어를 인식했을 가능성이 크다고 생각된다. 이미 국망이 된 이후 성장기를 보낸 이들에게 일본이란 근대 자체였다. 더욱이 치열한 경성제대의 입학시험을 통과하기 위해서는 고도의 일본어 능력이 요구되었다. 왜냐하면 시험 과목으로 일본어와 일본역사가 공통적으로 부가되었기 때문이다. 일본어를 모국어로 한 일본인 학생들과의 경쟁에서 이겨 경성제대에 입학했다는 것은 초등·중등 교육을 통해 이미 일정한 정도로 일본어가 생리화되어 있었다는 것을 의미한다. 물론 경성제대의 교육도 일본어로 이루어졌다. 일본어는 대학 안에서 근대를 경험할 수 있는 유일한 언어 수단이었다.

나아가 조선인 학생들이 남긴 회고담을 통해 유추해 볼 때 이들은 일본인 교수들의 학문적 업적에 대해 상당히 긍정적인 평가를 하고 있었다.[48] 조선인 학생들은 일본인 교수들이 과학, 법칙, 체계 등을 내세워 가르치는 서구의 근대 학문에 매료되었다.[49] 당시 일본 고등교육체계에서 핵심적

---

46) 이충우, 앞의 책, 1980.

47) 법학과 출신인 이항녕에 따르면 "관립학교를 다녔던 우리들은 국사나 국어에 대해서는 까막눈이나 다를 바 없었다. 일본역사와 일본말만 배워 왔기 때문이다"라고 한다. 주간시민사 편집국 편, 『명사교유록 제1권』, 주간시민사 출판국, 1977, 86쪽.

48) 보기를 들어 영문학을 전공한 채관석에 따르면 "처음에는 식민지 교육을 시키는 터에 무슨 신통한 교수가 있겠느냐고 생각하였다. 또 새로 부임해 오는 교수들의 나이가 젊기 때문에 속으로 깔본 것도 사실이다. 그러나 그들이 대단한 실력자라는 것을 곧 알게 되었다. 그들은 동경제대를 나온 뒤 구미 선진국에 가서 2, 3년씩 연구를 했다"(이충우, 앞의 책, 1980, 108쪽)는 것이다.

49) 경성제대 법문학부 교수들은 모두 도쿄제대 출신으로 경성제대 부임 직전 또는 부임 후에 2~3년 동안 서구에 유학한 경험을 갖고 있었다. 朝鮮人事興信錄編纂部 編, 『朝鮮人事興信錄』, 朝鮮新聞社, 1935. 이러한 의미에서 이들은 최첨단의 서구 근대 학문으로 무장한, 도쿄제대 관학 아카데미즘의 적자였던 셈이다.

위치를 차지하고 있던 도쿄제대의 언어학과 직접 연결된 경성제대의 '조선어문학과'라는 제도적 틀 안에서 어학자로서의 체계적 훈련을 받은 조선인 학생들의 '조선어학' 연구는 크게 두 가지 방향으로 진행되었다. 그 하나는 연구의 이론적, 방법론적 틀과 관련해 과학적·실증적 접근 방식을 강조하는 한편 사회적 실천에 대해서는 일정한 거리를 유지하는 것이었고, 다른 하나는 연구 대상과 관련해 역사와 방언을 중시하는 것이었다.

먼저 전자와 관련해 일찍부터 가장 분명하게 자신의 입장을 드러낸 것은 이희승이었다. 이희승이 경성제대를 졸업하고 발표한 여러 글 가운데 두 구절만 인용해보기로 하자.

> 대개 과학적 연구라는 것은 개개의 사실을 조사·음미하는 것으로부터 전체에 대한 완전한 체계적 지식에 도달하지 않으면 안 된다. … 개개의 사실을 비교하여 그 사이에 공통되는 점과 차이나는 점을 발견하는 것이 가장 중요하다. 언어의 연구도 이와 같은 방식으로 나아가서 그 최고 이론이라든지 근본 원리를 세우고 이 원리를 기본으로 하여 종합적으로 전체의 체계를 조직하지 않으면 안 되리라 생각한다.[50]

> 신어(新語)를 제출하는 진의를 살펴건대, 그 태도가 결코 과학적이 아니요, 정실 개념에 얽매인 까닭이라 생각한다. … 언어 연구는 과학적이어야 한다. 일부러 자아 의식을 고취하기 위하여 외래어를 구축한다는 것은 철학자, 문호, 사상가, 정치가들의 할 운동이오, 결코 언어를 연구 정리한다는 과학자의 할 영분은 아니다.[51]

첫 번째 인용문에서 알 수 있듯이 이희승은 언어 연구에서 개개의 사실의 수집, 수집된 사실의 비교, 그리고 궁극적으로는 이론에 입각한 체계화가

---

50) 이희승, 「조선어학의 방법론 서설」, 『동아일보』 1938년 8월 9일~14일.
51) 이희승, 「신어 남조 문제」, 『조선어학논고』, 을유문화사, 1947. 이 글은 원래 『조선어문학회보』 6호에 실린 것이다.

중요한 것으로 보고 있었다. 이것이 과학적 언어 연구의 핵심이라는 것이다. 연구의 출발점으로 사실의 수집과 비교를 강조한다는 점에서는 이희승이 추구한 과학적 연구가 오쿠라의 그것과 크게 다르지 않음을 알 수 있다. 그러면서도 이희승은 과학적 연구의 최종 목표로 이론적 체계화를 지향하고 있었다.

이희승은 "조선어학의 연구는 일반 언어학의 원리와 법칙을 가지고 하지 않으면 안 된다. 부질없이 조선어 자체만 천착한다면 결국 우물 안 개구리의 망단에 빠지는 일이 많을 것이다"[52]라고 보았다. 여기서 말하는 일반 언어학이 소쉬르의 『일반 언어학 강의』를 의식했다는 사실을 짐작하기란 어려운 일이 아니다. 실제로 이희승은 언어 연구의 주요 분야를 '통시적 또는 수직적 연구, 공시적 또는 수평적 연구, 비교적 연구, 보조적 연구'로 나눈 바 있는데[53] 여기서 통시적 연구, 공시적 연구란 소쉬르가 말하는 통시태, 공시태와 같은 것이었다. 따라서 이희승이 고바야시를 통해 소개된 소쉬르의 언어학을 적극적으로 받아들이고 있었음을 알 수 있다.

이러한 인식은 그 자체로서는 보편타당한 것으로 보인다. 그렇다면 다시 이론적 체계화 또는 일반 언어학의 원리는 궁극적으로 무엇을 지향하는 것일까? 그 답은 위의 두 번째 인용문을 통해 유추할 수 있다. 과학은 과학일 뿐 철학도 사상도 정치도 운동도 아니라는 것이 이희승의 생각이었다. 곧 과학적 연구는 연구에 그치는 것일 뿐 그 이상은 아니라는 것이다. 바로 이 점에서 이희승이 오쿠라뿐만 아니라 소쉬르 언어학으로부터도 영향을 받고 있었음을 알 수 있다. 이와 관련해 이희승이 해방 이후 한 대담에서 일제 강점기의 한글운동을 회고하는 가운데 민족운동의 일환으로서의 언어 연구의 의의를 부정적으로 보면서 그 대안으로 프랑스의 언어학을 따라 학문으로서의 언어 연구를 해야 할 것을 주장하는 데서도 소쉬르의

---

52) 이희승, 앞의 글, 1938.
53) 이희승, 위의 글, 1938.

영향력을 짐작할 수 있다.[54]

이와 같이 이희승은 오쿠라 언어학과 소쉬르 언어학의 영향 아래 언어학이 주어진 언어 자료를 다루기만 해야지 언어의 개조에 관여해서는 안된다는 생각을 갖게 된 것이다. 이러한 생각은 이희승의 후배인 이숭녕에게서도 나타나고 있었다. 특히 이숭녕에서 주목되는 것은 고바야시의 영향을 직접 언급하고 있다는 것이다. 이숭녕은 고바야시에 대해 다음과 같이 회고한 바 있다.

> 나는 대학에서 정말 좋은 스승을 만났다. 그는 언어학의 고바야시 조교수인데 나이 30도 못되는 날카로운 소장학자였다. 우연한 기회에 나를 연구실로 불러 환담한 것이 다시없는 사제의 인연을 맺게 되었다. 고바야시는 나에게 조선어학을 연구하겠다고 하던데 외국어를 몇 개나 구사할 줄 아느냐고 물었다. 영어와 독어라고 대답하자 그는 얼굴이 이상해지더니 냅다 쏘아 붙였다. '그러면 불어는 모른다는 말이지. 아니 대학에서 영어, 독어가 공부에서 드는 줄 아나! 그것은 대학의 상식이야. 불어를 모르거든 조선어학자가 될 생각은 처음부터 그만 두게나. …' 고바야시의 이 같은 충고는 내 마음 깊숙이 아로새겨져 내 일생을 지배했다.[55]

이숭녕이 고바야시를 '좋은 스승'으로 회고하는 가장 중요한 이유는 서구의 최신 언어학 이론에 접할 기회를 얻었다는 데 있었다. 그런데 고바야시가 특히 강조한 것은 '프랑스어를 모르면 조선어학을 할 수 없다'는 점이었다. 여기서 말하는 프랑스어란 소쉬르의 언어학이었을 것이다. 곧 이숭녕은 고바야시를 통해 소쉬르의 언어학에 심취하게 된 것이다.[56]

---

54) 이희승·이기문(대담), 「국어의 부흥」, 『월간중앙』 1969년 7월호.
55) 이충우, 앞의 책, 1980, 198~199쪽.
56) 이와 관련해 허웅은 "그(이숭녕: 글쓴이)는 대학 다닐 때부터 남달리 일반 언어학에 취미를 가지고서 여러 가지 외국어 공부를 하는 데 힘을 기울였다. 그 당시 경성제대에는 일본 언어학자 고바야시가 교수로 와 있을 때이어서 그는 고바야시에게 일반 언어학의 지도를 받았다"(허웅, 「국어학의 학보」, 『우리말과 글에

이는 이숭녕이 경성제대를 졸업한 뒤에 발표한 글에서 "자료의 축적, 구체적 예시의 나열, 발달의 인과를 설명하지 못하는 사실의 관찰 등은 음운 변화의 연구에 있어서 하등의 결론을 주지 못하는 것이다. 우리는 법칙의 정립을 최대의 목표로 하지 않으면 안될 것이다"[57]라고 언급한 데서도 잘 드러난다. 이숭녕은 자신의 전공 분야인 음운론 연구에서는 오쿠라를 통해 배운 비교 역사 언어학의 방법을 활용하면서도[58] 방법론의 측면에서는 고바야시를 통해 배운 소쉬르를 지향하고 있었던 것이다.

그러나 이희승의 경우와 마찬가지로 오쿠라나 고바야시의 영향이 가장 두드러지게 나타나는 부분은 언어와 관련된 사회적 실천에 대한 부정적 인식이었다. 이와 관련해 해방 후에 발표한 글에서 이숭녕은 조선어학회를 중심으로 한 한글운동에 대해 "비과학적 쇼비니즘"으로 평가한 바 있다.[59] 이숭녕에 따르면 "민족과 언어가 본질적으로 불가분의 관계에 있는 것은 아니다. … 개인의 언어를 제약하고 지배하고 있는 것은 민족이 아니라 그 주위의 언어 사회"라고 한다. 곧 언어란 민족이나 문화와는 분리된 독자적 세계로서의 언어 사회의 지배를 받는 것이기 때문에 언어학(자)의 임무는 언어 사회를 지배하는 법칙을 있는 그대로 밝히는 것이지 민족의 발전을 위한 또는 문화의 진보를 위한 방향을 제시하는 데 있지 않다는 것이다. 이러한 생각은 결국 언어를 사용하는 사람들의 주체적 의지나 능력보다는 추상적인 언어 사회에 대한 개인의 복종, 언어의 고정성을 중시하는 것으로 이어진다. 일제에 의한 식민지 지배라는 상황과 관련시킨 다면 일제의 언어 정책에 대해 '민족'이라는 이름을 내세워 저항하는 것도 비과학적 언어 인식의 산물이라는 것이다.

이희승과 이숭녕의 경우에서 알 수 있듯이 '조선어문학과'의 졸업생들이

쏟아진 사랑』, 문성출판사, 1979, 435쪽)고 지적한 바 있다.

57) 이숭녕, 「조선어 이화작용에 대하여」, 『진단학보』 11, 1939, 2~3쪽.

58) 고영근, 『국어학연구사 ― 흐름과 동향』, 학연사, 1985.

59) 이숭녕, 「민족 및 문화와 문화사회」, 김민수 외 편, 『국어와 민족문화』, 집문당, 1984, 46~50쪽. 이 글은 원래 1954년에 쓴 것이다.

견지하고 있던 언어관은 결국 오쿠라처럼 역사와 방언을 중심으로, 그리고 소쉬르 언어학이 강조하는 이론적 체계화를 지향하면서 조선어를 연구하되 조선어의 현재와 미래를 둘러싸고 벌어지던 현실적 움직임, 곧 한글운동에 대해서는 소극적 입장을 견지하는 것으로 귀결되었다.

'조선어문학과' 졸업생들에게는 학교에 남아서 계속 공부하거나 관립의 사범학교나 중등학교 교원이 되는 길이 열려 있었다. 경성제대의 졸업장은 안정된 직장을 보증하는 것이었다. 역으로 이를 계속 유지하기 위해서는 현실에 대한 고민을 피할 수밖에 없었다. 이러한 맥락에서 전주사범학교 교유로 부임한 김형규가 1939년에 필화 사건[60]에 연루되어 학교를 그만두게 된 사건은 경성제대 졸업생들의 현실적 위치를 보여주는 것이었다(허웅, 1979).

경성제대에서 근대 학문의 세례를 받은 '조선어문학과' 졸업생 가운데 이희승과 방종현을 제외하고는 당시 대표적인 한글운동 단체이던 조선어학회와 조직적으로 연결된 사람이 별로 없었다는 것은 이와 무관한 것이 아니었다.[61] 오히려 1931년 1월 조선어학회가 출범하자 같은 해 6월 조윤제, 이희승, 이숭녕, 방종현 등은 따로 조선어문학회를 창립하였다. 이들은 조선어학회가 민족주의를 바탕으로 연구와 실천의 결합을 지향하는 데 대해 거부감을 가지고 있었던 것으로 보인다. 조선어문학회는 기본적으로 연구만을 지향하였다. 보기를 들어 '조선어문학과' 졸업생 가운데 가장 민족적 성향이 강한 것으로 알려진 조윤제조차 나중에 "민족 독립 운동의 일환으로서 민족 정신을 고취하기 위하여 국문학을 연구하였다는 것은

---

60) 김형규는 1939년 5월 14일과 16일자 『조선일보』에 「조선어의 과거와 미래」라는 글을 기고하였다. 이 글의 요지는 조선어 연구에서 "과거의 역사를 밝히는 것이 급선무"임을 주장한 데 있다. 그런데 이러한 주장을 펴면서 조선과 중국의 역사에서 소수 지배층인 이민족의 언어가 시간이 지나면서 소멸한 데 비해 다수인 피지배자의 언어는 살아남은 사례가 있었음을 지적한 부분이 당시 일제의 언어정책에 대한 비판으로 간주되어 필화 사건이 된 것으로 보인다.

61) 이준식, 앞의 논문, 1996.

한 관념이었고 실제 연구하는 데 있어서는 국문학을 위한 학문 연구에 열중하여 나갔다"[62]고 고백할 정도로 이들은 '연구를 위한 연구'를 지향하고 있었다. 이들에게 대학은 학문하는 곳이었고 다시 학문의 세계는 사회적 실천과는 구분되는 것이었다. 다시 조윤제의 말을 빌리면 "학자의 연구는 학문 그 자체에 가치와 목적을 가지고 있고 … (활용을) 목적으로 하는 것은 아니"[63]라는 것이었다. 이러한 의미에서 오쿠라가 조선어를 연구하면서 견지한 실증적 언어학, 고바야시를 통해 수용된 소쉬르 언어학이 강조하는 과학과 실천의 분리는 이들에게서도 그대로 나타나고 있었던 것이다. 이들이 사회적 실천과는 일정하게 거리를 유지하고 있던 진단학회나 조선음성학회 등에는 대거 회원으로 참여했다는 사실이나 이숭녕이 조선어학회에서 간행하던 『한글』에는 몇 차례 '학문적' 글을 기고하면서도 조선어학회의 맞춤법 제정이나 표준어 사정에는 전혀 관여하지 않은 사실도 이러한 맥락에서 이해할 수 있다.

IV. 맺음말

한국 사회가 스스로의 힘에 의해 근대 사회로 이행하는 데 실패한 이후 근대적 학문체계가 형성되는 데는 외부로터의 영향이 크게 작용하였다. 경성제대에 설치된 여러 학과의 학문도 기본적으로 일제에 의해 이식된 것이었다. 전통 학문의 근대 학문으로의 계승 발전이라는 측면에서 볼 때 경성제대는 완전히 이질적인 것이었다. 법문학부 교수 가운데 단 한 명의 조선인 교수도 없었다든지 법문학부에서 공식적으로 발간하던 논문집에 조선인이 쓴 논문이 단 한 편밖에 게재되지 않았다는 사실은 경성제대 자체가 조선인을 배제한 채 일본인 연구자들 중심으로 짜여진 일종의

---

62) 조윤제, 앞의 책, 1964.
63) 조윤제, 「학자의 생활은 모순에서 모순에」, 『조선일보』 1932년 12월 9일.

성역이었음을 단적으로 보여준다. 그 안에서 근대 학문이라는 이름 아래 이루어진 연구는 기본적으로 일제의 식민지 지배를 합리화하고 정당화하기 위한 것이었다. '관학 아카데미즘'의 본산인 도쿄제대가 일본 제국주의를 정당화하는 이데올로기를 생산하는 역할을 수행한 것과 마찬가지로 경성제 대 자체가 식민지 조선에서 식민지 지배 이데올로기를 재생산하는 역할을 담당하는 이데올로기 기구로서의 성격을 갖고 있었던 것이다.

이러한 상황은 이 글에서 다룬 '조선어문학과'의 경우에도 마찬가지였다. '조선어문학과'의 조선인 학생들이 배운 조선어란 일본 제국주의의 지배 대상으로서의 조선 민족의 언어에 지나지 않았으며 일본인 교수들을 통해 접한 언어학도 '과학'이라는 이름 아래 피억압 민족의 언어 현실을 변화시키 기 위한 의식적 개입을 부정적으로 보는 것에 지나지 않았다. 나아가 정만조 등 당대의 유수한 친일 학자들이 '조선어문학과'의 강사로 강의를 맡기는 했지만 교수는 되지 못했으며 도쿄제대를 통해 이식된 근대 언어학 의 훈련을 받은 '조선어문학과' 졸업생들도 기껏해야 전문학교에 자리를 잡았을 뿐 제국대학의 교수는 되지 못하였다.64) 이는 결국 이 시기 경성제대 를 정점으로 짜인 대학 제도와 지식 체계가 언어학 분야에서도 예외 없이 식민지적 속성을 드러내고 있었음을 의미하는 것이다. 그럼에도 불구하고 '조선어문학과'의 졸업생들은 도쿄제대에서 제국주의 언어학의 정수를 배운 오쿠라, 고바야시 등을 통해 경성제대에 소개된 '과학적' 언어학을 학문의 진리라고 믿었고 그러한 믿음을 바탕으로 연구를 위한 연구로서의 조선어 연구에 매진했던 것이다.

---

64) '조선어문학과'를 졸업한 조선인 학생들이 대학 교수가 된 것은 해방 이후였다. 이들은 서울대학교 문리대 국어국문학과(조윤제, 이희승, 이숭녕, 방종현, 정형용) 와 사범대학 국어교육과(정학모, 손낙범, 김형규) 등의 교수가 되어 수많은 후진을 양성했고 한국의 언어정책에도 큰 영향력을 행사하였다.

경성제국대학 사학과의 자장(磁場)

장 신

I. 머리말

1926년 경성제국대학(이하 '경성제대'로 줄임)이 창설될 때 총독 사이토 마코토(齋藤實)는 "학문연구는 원래 자유롭다 하더라도 우리나라에 필요한 인물의 육성에 유의"해야 한다면서, "조선에서의 대학교육은 동양문화, 조선특수의 질병, 약물 등의 연구에 중요한 사명을 가진"다고 강조하였다.[1] 초대 총장이었던 핫토리 우노키치(服部宇之吉)도 경성제대의 사명을 중국, 일본과의 관계 속에서 여러 방면으로 조선연구를 행하여 "동양문화 연구의 권위"가 되는 것으로 설정하였다.[2] 곧 경성제대는 일본 내의 다른 제국대학과 구별되는 식민지의 제국대학으로서 '조선문화' 또는 '동양문화'의 이름 아래 대륙침략의 정보를 제공하거나 식민지 지배이데올로기를 생산하는 역할을 부여받았다.[3] 식민지의 제국대학으로서 경성제대의 이러한 특성에 대해서는 경성제대 연구자의 대다수가 동의하는 사실이다.[4] 경성제대가

---

* 이 글은 『역사문제연구』 제26호(2011)에 실린 논문을 고쳐 수록한 것이다.

1) 「京城帝國大學始業式に於ける朝鮮總督告辭」, 『文敎の朝鮮』 1926. 6, 2쪽.
2) 「京城帝國大學始業式に於ける總長訓辭」, 『文敎の朝鮮』 1926. 6, 3~4쪽.
3) 이준식, 「1920~40년대의 대학 제도와 학문 체계─경성제대의 '조선어문학과'를 중심으로」, 『사회와역사』 61, 2002, 199쪽.
4) 鄭圭永, 「京城帝國大學に見る戰前日本の高等教育と國家」, 동경대학 박사학위논문,

조선문화를 포함한 동양문화 연구의 본산으로 발돋움하려던 노력은 강좌나 개설과목 등 커리큘럼을 통해서, 또 교수진의 전공과 학문적 관심의 분석을 통해서 어느 정도 드러났다고 할 수 있다.

한편 '동양문화 연구의 권위'가 된다는 목표 이외에 '인물의 육성'이라는 총독의 발언에도 주목할 필요가 있다. 일본의 조선지배는 한시적이지 않고 영속적 지배를 목표로 하였다. 지배이데올로기는 대학의 설립 당시 초기 교수진에게 부여된 사명일뿐 아니라 세대를 거듭하면서 식민지의 상황에 따라 새롭게 재편되고 완성되어야 하는 과제였다. 따라서 본국의 제국대학처럼 식민지의 제국대학에서도 이러한 사명을 감당할 후속세대를 양성하는 것은, 학문의 권위를 세우는 것만큼 중요하였다.

그런데 '동양문화의 권위'를 담당할 '인물의 육성'이라는 측면에서 경성 제대를 평가하면 소기의 성과를 거두었다고 보기 어려웠다. 법문학부의 법학과에는 고등문관시험 합격자인 실무가 출신의 교수가 다수 부임하여, 고등문관시험에 대응한 지도체제와 커리큘럼으로 과를 운영하였다.[5] 동양 문화의 권위를 구축하는데 주축이 되어야 할 문과계열의 조선인들은 졸업 후 교수로 일할 것을 바랐지만 그 꿈을 이룬 사람은 없었다. 그들은 경성제대 라는 아카데미즘의 세례를 받았지만 대학제도 속에 들어가지도 떠나지도 못한 채 경계에서 활동하였다.[6] 이 때문에 문과로 진학하였지만 법과로

1995 ; 정선이, 『경성제국대학 연구』, 문음사, 2002 ; 박광현, 「경성제대 '조선어학 조선문학' 강좌 연구–다카하시 도오루(高橋亨)를 중심으로」, 『한국어문학연구』 41, 2003 ; 정준영, 「경성제국대학과 식민지 헤게모니」, 서울대학교 박사학위논문, 2009 등.

5) 通堂あゆみ, 「京城帝國大學法文學部の再檢討–組織·人事·學生動向を中心に」, 『史學 雜誌』 117–2, 2008.

6) 이준식, 앞의 글, 2002 ; 박광현, 「경성제대와 『新興』」, 『한국문학연구』 26, 2003 ; 박 광현, 「경성제국대학 안의 '동양사학'–학문제도 문화사적 측면에서」, 『韓國思想 과 文化』 31, 2005 ; 박광현, 「다카하시 도오루와 경성제대 '조선문학' 강좌–'조선 문학' 연구자로서의 자기 동일화 과정을 중심으로」, 『한국문화』 40, 2007 ; 정종현, 「신남철과 '대학' 제도의 안과 밖–식민지 '학지(學知)'의 연속과 비연속」, 『한국어 문학연구』 54, 2010 ; 천진, 「식민지 조선의 支那文學科의 운명–경성제국대학의

전과하여 고등문관시험의 준비 등 관직으로 나아가는 길을 택하는 조선인 학생도 더러 있었다.[7]

대학 창설 때의 목표가 그대로 일관되게 관철되지 않는 것은, 어떻게 보면 당연한 일이었다. 초기의 연구는 지배정책의 시각에서 그 목적성만을 과도하게 부각시킨 측면이 없지 않다. 대학의 설립과 운영에서 조선총독부의 의향이 매우 중요하지만, 한편으로 대학의 내용을 결정짓는 가장 중요한 요소의 하나는 교수들이었다. 전공이 무엇인지, 임용 배경이 어떠한지, 대학자치에 대한 생각은 무엇인지 등에 따라 연구와 교육의 지향이 달라질 수 있었다.[8] 또 학생을 제외하고 생각할 수 없다. 당대의 영향력은 교수들만으로 부족하지 않지만 그 자장을 시간적 공간적으로 확대시키는 역할은 학생, 다시 말해 학문후속세대의 몫이었다. 정책당국과 교수, 학생 이 삼자를 한데 엮어 사고할 때에 경성제국대학의 진면목을 이해할 수 있을 것이다.

이 글은 이상의 선행연구를 바탕으로 삼고 경성제대 사학과를 매개로 하여, 동양학의 연구를 통한 식민지 지배이데올로기의 지속적 창출이라는 역할을 부여받았던 경성제대의 자장, 곧 학문적·사회적 영향력의 실체를 세밀하게 구명하는 것을 목적으로 한다. 이를 위해 제Ⅱ장에서는 사학과의 교수진과 그들이 개설한 강좌를 분석하여 학과운영의 지향점을 살펴보겠다. 단 교수들의 저서나 논문 등 학문의 내용을 분석하지는 않았다. 제Ⅲ장에

支那文學科를 중심으로」, 『중국현대문학』 54, 2010.

7) 이에 대해 정선이는 "직업적 안정을 위해 '식민체제의 내화'를 감수하는 기회주의적 선택"으로, 정준영은 이에 덧붙여 "연구자로 모교에 남는 것이 불가능했던 데에서 오는 좌절의 산물"로 평가하였다. 정선이, 앞의 책, 2002, 134~142쪽 ; 정준영, 앞의 논문, 2009, 160쪽.

8) 이러한 관점에서 경성제대 교수진의 유형을 분석한 글로써 다음 논문을 참고. 박광현, 「식민지 '제국대학'의 설립을 둘러싼 경합의 양상과 교수진의 유형」, 『일본학』 28, 2009 ; 박광현, 「식민지 '학지'의 경합과 형성 양상―식민지 조선에서의 '제국대학' 설립 과정을 중심으로」, 『이동의 텍스트 횡단하는 제국』, 동국대학교 출판부, 2011.

서는 사학과의 학문 외적인 영향력을 확인하기 위해 교수들의 관계와 학계 등에서의 대외활동을 분석하였다. 제IV장에서는 사학과의 외연을 확대시킬 주역인 학생들의 활동과 졸업 후의 진로를 조사하였다. 이를 통해 새롭게 창출된 '권위 있는 동양문화'의 像이 확산되는 양식과 범위를 추론할 수 있을 것이다.

II. 사학과의 교수진과 강좌 운영

1. 강좌제와 사학과 교수진

경성제대는 다른 제국대학과 마찬가지로 교육과 연구의 기초단위로서 강좌제를 두었다. 일본의 대학에 강좌제가 도입된 때는 1893년이었다. 강좌제의 기본 특징은 첫째로 1교수 1강좌의 형식으로 대학교수의 전공책임을 명확히 하였다. 이로써 종래 일본의 고등교육에서 명확하게 구분되지 않았던 근대 학문의 제영역이 분명하게 분류되었다. 둘째로 職務俸(講座俸)을 통해 교수직의 안정적·제도적 기초를 확립하고, 아울러 교수직의 경제적 지위가 격상되면서 학문의 자주성이 상대적으로 높아졌다.[9]

강좌의 담임교수는 보통 해당 전공분야의 일인자로서 교육과 연구, 대학운영에 관한 전권을 부여받았다. 강좌에 소속된 연구실과 교실의 조교수와 조수도 일정한 역할을 담당하였지만 인사권을 쥔 담임교수에게 종속되어 있었다. 기본적으로 강좌는 담임교수들의 '신성불가침'의 영역이었다. 또 강좌는 제국대학에만 설치되었으므로 강좌의 담임교수는 모두 관료였다. 특히 경성제대 교수는 총독부의 웬만한 고급관료보다 높거나 비슷했고 경제적으로는 본봉에 직무봉, 여기에 식민지 근무에 주어지는 가봉을 더하여 전체 일본의 관료사회에서도 최고 수준이었다.[10]

---

9) 鄭圭永, 앞의 논문, 1995, 82쪽.

〈표 1〉 각 제국대학 사학과의 강좌수

	東京帝大	京都帝大	東北帝大	九州帝大	京城帝大	臺北帝大
국사학	3	2		1	2	1
조선사학	1				2	
동양사학	2	3		1	2	1
서양사학	2			1	1	1
사학			5			
사학지리학	1	3				
문화사학			1			
고고학	1	1				
남양사학						1
강좌수	10	9	6	3	7	4

* 출전: 東京帝國大學, 『東京帝國大學一覽 昭和十四年度』, 1939 ; 京都帝國大學, 『京都帝國大學一覽 昭和四年』, 1929 ; 東北帝國大學, 『東北帝國大學一覽 自昭和五年 至昭和六年』, 1930 ; 京城帝國大學, 『京城帝國大學一覽 昭和六年度』, 1931 ; 臺北帝國大學, 『臺北帝國大學一覽 昭和四年』, 1929.
** 비고: 臺北帝大의 서양사학강좌에는 사학과 지리학을 포함하며, 京都帝大의 사학지리학은 서양사 2강좌와 지리학 1강좌로 나뉨.

초대 총장 핫토리(服部)의 훈시에서 알 수 있듯이 경성제대는 조선에 있기 때문에 당연히 가져야할 특색으로서 조선문화와 동양문화의 연구를 중요하게 여겼다. 1926년에 개설된 법문학계 25강좌 중 문학관계는 19강좌였고, 이중에는 「조선사학」, 「조선어·조선어문학」 등 일본의 다른 제국대학에서는 찾아볼 수 없는 조선학 분야의 강좌가 개설되었다. 일본의 대학에서는 다룰 수 없는 특별한 연구를 통해 조선문화를 발전시키고, 궁극적으로 일본의 문화를 보완한다는 구상이었다.

<표 1>에서 보듯이 도쿄나 교토제대에는 미치지 못하지만 경성제대 사학과의 강좌수는 다른 제국대학보다 많았다. 이러한 현상은 비단 사학과만이 아니라 법문학부 전체에 해당하는 것이었고, 그것은 식민지에 위치한 대학이라는 경성제대의 지리적 특성에서 비롯되었다.

가령 일본에서는 한 강좌를 둘 것을 경성에는 두 강좌를 설치하였다.

---

10) 정준영, 앞의 논문, 2009, 142~144쪽.

일본에서는 정교수 외에 조교수나 강사를 필요할 때마다 구하기 쉬웠다. 따라서 비록 강좌는 하나라 해도 강좌담임교수 외에 조교수나 강사의 비율이 높았다. 그러므로 커리큘럼상으로 한 강좌이지만 강의 제목이나 수업시간으로 보면 실제로는 두 강좌나 세 강좌 분의 수업도 가능하였고, 때로는 임시로 강사를 구해 강의를 맡길 수도 있었다. 그러나 경성에서는 그렇게 할 수가 없었다.[11] 일본의 학자들이 생활이나 연구 여건에서 뒤처진 다고 생각하는 조선에 부임하는 것을 꺼려서 조교수를 쉽사리 확보할 수 없었다. 경성제대의 많은 강좌수는 제국대학의 교수직을 보장함으로써 우수한 학자를 확보하려는 유인책이었다.[12]

<표 2>는 법문학부를 구성하는 법학과, 조선어문학과, 사학과, 철학과 중 사학과의 강좌와 강좌교수를 정리한 것이다. 경성제대 사학과의 전 시기를 통틀어 강좌를 맡지 않은 조교수는, 동양사학 강좌의 다마이 제하쿠(玉井是博)뿐이었다. 후지타 료사쿠(藤田亮策), 스에마쓰 야스카즈(末松保和), 가네코 고스케(金子光介) 등은 조교수를 거쳐 각각 조선사학 제1·2강좌와 서양사학강좌의 담임교수로 승진하였다.

경성제대 사학과의 강좌는 1926년에 조선사학 제1·2강좌, 국사학 강좌, 동양사학 강좌로 출발하였다. 조선사학 제1·2강좌의 담임교수에는 각각 이마니시 류(今西龍)와 오다 쇼고(小田省吾)가 임용되었다. 오타니 가쓰마(大谷勝眞)가 동양사학 강좌의 담임을 맡았고, 국사학 강좌는 공석이었다. 1926년 4월에 부임한 다보하시 기요시(田保橋潔)는 1927년부터 국사학 강좌의 담임을 맡았다.

1928년에는 국사학과 동양사학 강좌가 각각 제1·2강좌로 분리되었다. 이미 임용되었던 다보하시 기요시(田保橋潔)와 오타니 가쓰마(大谷勝眞)가 각각 국사학과 동양사학의 제1강좌를 담당하고, 마쓰모토 시게히코(松本重

---

11) 「法文學部の開講」, 京城帝國大學創立五十周年記念誌編輯委員會 編, 『紺碧遙かに-京城帝國大學創立五十周年記念誌』, 京城帝國大學同窓會, 1974, 49쪽.

12) 정준영, 앞의 논문, 2009, 157쪽.

彦)(1929년)와 도리야마 기이치(鳥山喜一)(1928년)가 제2강좌를 맡았다. 아울러 1926년에 조교수로 부임하였던 가네코 고스케(金子光介)는 서양사학 강좌의 담임이 되었다. 이로써 1928년 이후 사학과는 7강좌 체제로 유지되었다.

<표 2> 경성제대 사학과의 강좌와 교수진

강좌명		강좌담임	강좌교수 재임기간	교수임용	비고
조선사학 제1강좌		今西龍	1926. 5. 7~1932. 5. 20	1926. 5. 7	京都帝大 교수 겸
		藤田亮策	1932. 6. 25~해방	1926. 6. 23	전 총독부 修史官
조선사학 제2강좌		小田省吾	1926. 4. 1~1932. 3. 30	1926. 4. 1	경성제대 예과부장
		末松保和	1938. 11. 30~해방	1935. 6. 18	전 총독부 修史官
국사학	강좌 제1강좌	田保橋潔	1927. 1. 10~1928. 4. 17	1926. 4. 1	
			1928. 4. 18~1945. 2. 26		
	제2강좌	松本重彦	1929. 7. 1~해방	1929. 7. 1	전 大阪外大 교수
동양사학	강좌 제1강좌	大谷勝眞	1926. 4. 1~1927. 3. 11	1926. 4. 1	전 學習院 교수
			1928. 12. 2~1941. 12. 7		
		松田壽男	1942. 5. 23~1944. 11. 30	1942. 5. 23	육군교수로 轉任
	제2강좌	鳥山喜一	1928. 3. 31~1929. 2. 1 1931. 3. 30~해방	1928. 3. 31	전 新潟高校 교수
서양사학 강좌		金子光介	1928. 1. 4~1941. 5. 15	1926. 4. 1	전 高知高校 교수
		高橋幸八郎	1941. 10. 28~해방	1941. 10. 28	

경성제대 법문학부 교수를 지낸 73명 중 70명이 도쿄제대 출신이었던 것처럼[13] 사학과 교수 12명도 모두 도쿄제대를 졸업한 선후배였다. 경성제대 졸업생, 곧 제자(김태준)를 강사로 위촉한 조선어문학과와 달리 사학과는 강사도 도쿄제대 동문으로 한정하였다. 사학과의 강사는 모두 세 명으로서 정년퇴임 후 강사로 자기 강의를 맡았던 오다 쇼고(小田省吾), 오다의 후임인 스에마쓰 야스카즈(末松保和), 1926년에 도쿄제대 국사학과를 졸업하고 조선사편수회 수사관으로 근무하던 나카무라 히데타카(中村榮孝) 등이었다.[14] 1944년에 동양사학 제1강좌 교수로 된 마쓰다 히사오(松田壽男)는

13) 정준영, 위의 논문, 2009, 149쪽.
14) 小田省吾(1932. 4. 19~1933. 3. 31), 中村榮孝(1933. 3. 31~1935. 3. 31), 末松保和(1933. 3. 31~1935. 6. 18).

도리야마 기이치(鳥山喜一)의 니가라 고교(新潟高校) 재직 때의 제자이기도 하였다.[15]

〈표 3〉 경성제국대학 사학과 교수진의 학력

이름	생몰년	출신교(졸업년도)	전공	비고
小田省吾	1871~1953	도쿄제대(1899)	사학과	퇴임(1932)
今西 龍	1875~1932	도쿄제대(1903)	사학과	재직 중 사망
大谷勝眞	1885~1941	도쿄제대(1908)	支那史學	재직 중 사망
鳥山喜一	1887~1959	도쿄제대(1911)	사학과(東洋史學專修)	金澤大 교수
松本重彦	1887~1969	도쿄제대(1912)	사학과(國史學專修)	中央大 교수
金子光介	1888~?	도쿄제대(1914)	사학과(西洋史學專修)	사임(1942)
藤田亮策	1892~1960	도쿄제대(1918)	사학과(國史學專修)	東京藝術大 교수
田保橋潔	1897~1945	도쿄제대(1921)	국사학과	재직 중 사망
玉井是博	1897~1940	도쿄제대(1922)	동양사학과	재직 중 사망
末松保和	1904~1992	도쿄제대(1927)	국사학과	學習院大 교수
松田壽男	1903~1982	도쿄제대(1928)	동양사학과	早稻田大 교수
高橋幸八郎	1912~?	도쿄제대(1935)	서양사학과	

* 출전: 東京帝國大學, 『東京帝國大學卒業生氏名錄』, 1939.

2. 사학과의 강좌 운영과 개설강의

<부록 3>에서는 1931년부터 1940년까지 10년 동안 사학과에서 개설한 강의와 교수를 정리하였다. 이 표를 통해 사학과의 강좌 구성과 운영 방식을 엿볼 수 있다. 사학과 강의는 기본적으로 개설, 연습, 특수강의로 이루어졌다. 개설은 국사학과 동양사학, 서양사학이 하나였고, 조선사학이 둘이었다. 조선사학개설은 1932년까지 두 강의가 개설되었지만 오다의 퇴임 이후로는 한 강의만 남았다. 사학개론은 매년 개설되었는데 국사학개설을 맡지 않은 마쓰모토 시게히코(松本重彦)의 과목이었다. 연습은 강독을 포함하며 강좌마다 둘씩 개설되었다. 대개 '○○사학연습'이지만 '○○사학 강독' 또는 '○○사학강독 및 연습'이라는 제목을 붙였다. 특수강의는 현재 의 기준으로 보면 시대사와 분류사가 해당된다. 이외에 강좌는 아니지만

---

15) 船木勝馬, 「鳥山喜一」, 江上波夫 編, 『東洋學の系譜 2』, 大修館書店, 1994, 145쪽.

역사학의 이해를 위해 고고학과 지리학 강의가 개설되었다. 강좌담임교수
는 개설(개론)과 연습을 필수로 맡고 강의 내용을 알 수 있는 제목을 붙인
1~2개의 특수강의 등 평균 3~4과목을 강의하였다.

국사학 제1강좌 교수인 다보하시 기요시(田保橋潔)가 주로 맡은 강의는
국사학개설과 근대 외교사였다. 1930년대 전반기에는 근대 일러관계, 일선
관계 등 외교사에 집중하다가 1937년과 1938년에야 시대사(江戶時代史,
明治史)를 다루었다. 주된 관심은 자신의 전공주제와 관련되었는데 연습시
간에 사용한 사료는『開國起原』등이었다. 국사학 제2강좌를 맡은 마쓰모토
는 사학개론과 일본고대사와 중세사 등 시대사를 주로 가르치고 때때로
戰國時代나 武家 등의 주제를 다루었다. 연습 교재는『吾妻鏡』과『日本書紀』
등이었다. 해당 강의가 없었던 탓인지 1930년을 전후한 시기에 졸업한
사학과 학생 중 일본근세사를 주제로 논문을 쓴 사람은 없었다. 사학과
3회 졸업생인 다가와 고조(田川孝三)는 주로 러시아 극동진출의 역사와
전국시대 강의를 들었던 게 인상 깊었다고 회고하였다.[16]

조선사학 제1강좌의 이마니시(今西)는 조선사학을 전공한 최초의 박사로
서 '조선사학의 개척자'로 불렸는데 신라시대 이전의 연구에 힘을 쏟았
다.[17] 그런 이유인지 그가 1931년에 강의한 조선사학개설은 고려 이전으로
한정되었다. 한편 조선사의 전시기를 다 커버하지만 특히 조선시대 당쟁사
연구로 주목받은 조선사학 제2강좌의 오다(小田)는 조선사학개설을 '이조
시대'로 제한하였다. 커리큘럼상으로 볼 때 고려사를 배울 수 없었는데,
그 이전에는 개설되었던 까닭인지 1회(니시 겐스케(西健介))와 2회(成樂緖)
졸업생 중에서 고려사를 전공한 이도 있었다.

1932년 조선사학 강좌에는 큰 어려움이 발생하였다. 제1·2강좌를 담당하
던 오다(小田)가 정년퇴직하고, 이마니시(今西)가 사망하면서 한 순간 공백
이 생겼다. 당시 과 안팎에서는 고고학을 전공한 후지타 료사쿠(藤田亮策)

---

16) 船木勝馬, 위의 글, 1994, 145쪽.

17) 小田省吾, 「故今西文學博士の學問と事業に就て」,『京城帝大史學會報』3, 1932, 16쪽.

조교수를 조선사학 제1강좌 후임자로 바로 추천하였다. 반면에 제2강좌를 담당한 오다의 후임은 6년이나 지난 1938년에 스에마쓰 야스카즈(末松保和)로 임용하였다. 이 기간에는 퇴직한 오다를 강사로 위촉하는 등 임시로 강사를 초빙하여 강좌를 운영하였다.

두 사람의 강좌교수 임용과정을 보면 조선사학이 당면했던 어려움을 엿볼 수 있다. 이마니시의 후임자였던 후지타는 고고학을 전공하였다. 후지타는 과 개설 때부터 조교수로 활동하였지만 고고학만으로는 강좌교수가 되기에 충분치 않다는 여론이 일어났다. 그래서 고구려사와 신라사 등의 시대사를 맡는 이외에 고고학의 한 과목이던 朝鮮金石誌를 신라, 고려, 조선 등 시대별로 개설하고, 사적해제(또는 문헌학)를 강의하였다. 후지타는 조선의 문헌수집에서 이마니시 다음가는 업적을 쌓았다는 평을 받은 인물이었다.[18]

스에마쓰(末松)의 교수임용에 오랜 시간을 소요한 데는, 조선사학 제2강좌의 담임교수로 처음에는 조선사편수회 편수관을 지내고 학무국 편수관으로 있던 나카무라 히데타카(中村榮孝)를 한때 고려했던 까닭이 아닐까 한다. 나카무라는 조선사 중에서도 임진왜란을 전공하였다.[19] 그는 1933년과 1934년에 오다의 과목이던 조선근세사를 연이어 강의하다가 1935년에 사학과 강사에서 해촉되었다. 전공만으로 보면 오다의 후임으로 나카무라가 더 유력하였다. 그런데도 스에마쓰로 기운 것은, 나카무라가 학자보다 학무관료의 성격이 더 강했던 탓일 것이다.[20]

---

18) 「藤田亮策先生」, 『東方學回想Ⅴ－先學を語る(4)』, 刀水書房, 2000, 48쪽.

19) 1920·30년대에 나카무라(中村)가 집필한 임진왜란 관련 연구는 다음과 같다. 「忠武公李舜臣の遺寶」, 『朝鮮』 156, 1928 ; 「文祿慶長の役と朝鮮の政情」, 『歷史敎育』 5-8, 1930 ; 「倭人上京道路に就いて」, 『歷史地理』 56-2, 1930 ; 「文祿·慶長の役」, 『岩波講座 日本歷史』, 岩波書店, 1935 ; 「文祿役にわが軍は朝鮮で何をしたか」, 『朝鮮』 271, 1937 ; 「文祿慶長の役を中心とせる外交事情」, 歷史敎育硏究會 編, 『戰爭と文化』, 四海書房, 1938 ; 「慶長役の意義」, 『史學雜誌』 49-7, 1938 등.

20) 나카무라는 학무국 편수관으로서 1938년 제3차 조선교육령에 근거한 역사교과서 편찬에 깊이 관여했을 뿐 아니라 일제의 침략전쟁을 학문적·역사적으로 뒷받침하

나카무라와 경쟁하던 스에마쓰는 1933~4년에 조선사학사와 조선역사지리 강의를 맡았다. 조교수로 임용된 1935년에는 조선시대사 강의를 맡았지만 신라왕조사로 수업하였다.[21] 스에마쓰는 조선사학 제2강좌 담임교수로 되기까지의 3년 동안 연차적으로 신라사개설, 고려사개설, 이조사개설을 강의한 뒤 4년째 되던 해에 제2강좌의 이름에 상응하는 이조사특수강의와 조선사학개설을 맡을 수 있었다고 회고하였다.[22] 조선사학개설은 1938년부터 후지타와 스에마쓰가 번갈아 가면서 맡았다.

동양사학 제1강좌를 운영한 오타니 가쓰마(大谷勝眞)는 唐代史, 西域史, 불교사 등을 연구하였다.[23] 그는 연습과 강독의 기본 과목 외에 주로 서역사와 漢代史를 강의하였다. 동양사학 제2강좌의 도리야마 기이치(鳥山喜一)는 거란, 발해, 金 등 주로 만주지역에서 명멸했던 제민족의 역사를 강의하였다. 스에마쓰는 경성제대 시절 도리야마의 별명이 '渤海王'이었다면서 발해사에서 시작하여 발해사에서 끝났다고 회고하였다.[24] 커리큘럼상으로 발해사는 1934년만 개설되었는데 강의명에 관계없이 발해사를 언급했을 것이다. 만년 조교수였던 다마이 제하쿠(玉井是博)는 도쿄제대의 졸업논문으로 「토지문제를 중심으로 하는 唐代사회의 사적 고찰」을 쓴 이래로 1940년에 병으로 사망할 때까지 唐宋시대에 걸친 제도와 사회경제사 방면의 연구에 집중하였다. 그는 강의도 논문 주제에 맞추어 개설하였다.[25]

서양사학은 강좌는 있으되 전공은 설치되지 않았다. 가네코 고스케(金子

려는 의도로 『東亞新秩序の建設と古代大陸經營の先蹤』(조선총독부, 1940)이라는 책을 집필하였다.

21) 「京城帝國大學法文學部講義題目」, 『靑丘學叢』 20, 1935, 196쪽.
22) 「藤田亮策先生」, 48~49쪽.
23) 田川孝三, 「京城帝國大學法文學部と朝鮮文化」, 京城帝國大學創立五十周年記念誌編輯委員會 編, 앞의 책, 169쪽.
24) 그는 개성중학교 시절부터 발해사 연구에 관심을 가져 '발해왕국의 연구'라는 졸업논문을 쓰고, 1915년에 『渤海史考』를 출간하였다. 이후에도 발해연구에 주력하였다. 田川孝三, 위의 글, 168쪽 ; 船木勝馬, 앞의 글, 145~146쪽.
25) 大谷勝眞, 「玉井教授を偲ぶ」, 『京城帝大史學會誌』 18, 1942, 43쪽 ; 末松保和, 「文は人なり」, 『京城帝大史學會誌』 18, 1942, 52~53쪽.

光介)는 거의 매년 서양사학개설과 서양사학연습(또는 강독) 두 과목을 강의하였다. 연습 교재는 독일어 원전을 이용하였다. 연습을 맡지 않은 해에는 제18세기사나 계몽정치시대 등의 유럽근세사를 가르쳤다.[26]

코스웍에 필요한 개설, 연습(강독) 등의 과목을 제외하면 특수강의는 대개 교수들의 학문적 관심에 따라 개설되었다. 그 예로 후지타는 1932년부터 1934년까지 朝鮮金石志를 개설했는데 1935년에 발간된 『청구학총』 제19호와 제20호에 '朝鮮金石瑣談'으로 발표하였다. 도리야마도 요·금관계의 만주사 연구논문과 조선사 관계 논문을 모아 1935년 6월에 『滿鮮文化史觀』으로 출간하였고, 1933·4년에 강의했던 '태평천국난의 일고찰'을 토대로 하여 1935년에 『東方文化史叢考』에 「태평천국난의 본질」을 발표하였다.[27]

III. 사학과의 영향력과 교수진의 대외 활동

1. 조선총독부 자문활동과 지배이데올로기 창출

경성제대 교수들의 영향력은 강의와 연구 등 학내뿐 아니라 활발한 대외활동을 통해 학외에서도 크게 발휘되었다. 특히 경성제대 교수들은 그들의 전문성을 필요로 하는 관계의 자문에 적극적으로 응하고, 정책의 방향을 제시하였다. 『조선총독부관보』에 나타난 사학과 교수들의 활동을 보면 視學委員(今西, 小田, 田保橋, 大谷, 藤田), 박물관건설위원회(小田, 藤田), 교육심의위원회(藤田), 조선문화공로자전형위원회(藤田), 금강산탐승시설조사위원회(藤田), 지도자연성소(松本, 鳥山), 朝鮮氏史編纂委員會(松本, 藤

---

26) 신주백은 사학과에 서양사학전공이 불필요했던 이유로서 19세기를 가르칠 때 자유주의와 민족주의를 가르치는 것을 꺼렸기 때문으로 설명했는데, 1936년 계몽정치시대가 개설된 것으로 볼 때 적절한 설명은 아닌 듯하다. 신주백, 「한국 역사학의 3分科制度 형성과 역사인식·역사연구 방법」, 『東方學志』 149, 2010, 138쪽.

27) 船木勝馬, 앞의 글, 1994, 147쪽.

田), 교학연수원(松本), 그리고 조선사편수회와 임시역사교과용도서조사위원회 등에서 주요한 역할을 수행하였다.

이 중에서 사학과 교수들의 전공과 일치하면서 사업에 직접적이고도 큰 영향을 미친 것은 조선사편수회였다. 일제는 병합 이전부터 한국에 대한 침략과 지배를 정당화하기 위해 식민사관으로 한국사를 해석하였다. 또 병합 이후에는 통사체의 조선반도사 편찬과 편년체의 조선사 편찬을 추진하였다. 조선사편수회는 조선사편찬위원회의 사업을 계승하여 "조선사료의 수집 및 편찬과 조선사의 편수"를 담당하는 명분으로 1925년 6월에 조직되고, 1938년에 편년체의 『朝鮮史』 35권을 간행하였다.[28]

조선사편수회 위원의 대다수는 조선총독부 관료였고, 최남선(1928. 12~)을 제외한 학자는 오다 쇼고(小田省吾)(1925. 7~), 이마니시 류(今西龍)(1925. 7~1932. 5), 오타니 가쓰마(大谷勝眞)(1931. 11~), 후지타 료사쿠(藤田亮策)(1933. 4. 13~) 등 모두 경성제대 사학과의 교수였다. 그중에서도 오다와 이마니시는 1910년대 후반 조선반도사 편찬사업 때부터 이 사업에 관여하였다. 도쿄제대와 교토제대 교수로 구성된 고문과 함께 위원은 편찬 형식과 구분, 편찬 체제, 강령 및 범례, 사료수집 범위와 방안 등 이후에 편찬될 '조선사'에 대해 전권을 행사하는 권한을 지녔다.

위원이었던 이마니시는 촉탁을 겸하면서 제1편(신라통일 이전)부터 제3편(고려시대)까지의 편찬주임을 맡아 조선사 발간을 진두지휘하였다.[29] 1929년 12월 23일에 열린 제3차 위원회에서 그는 발해를 비롯해 고대

---

28) 조선총독부의 각종 역사편찬사업에 대해서는 다음 논저들을 참고. 金性玟, 「朝鮮史編修會의 組織과 運用」, 『한국민족운동사연구』 3, 1989 ; 장신, 「조선총독부의 朝鮮半島史 편찬사업 연구」, 『동북아역사논총』 23, 2009 ; 박찬흥, 「『朝鮮史』(朝鮮史編修會 編)의 편찬체제와 성격 -제1편 제1권(朝鮮史料)를 중심으로」, 『史學研究』 99, 2010 ; 桂島宣弘, 「植民地朝鮮における歷史書編纂と近代歷史學」, 『季刊 日本思想史』 76, ぺりかん社, 2010 ; 鄭尙雨, 「조선총독부의『朝鮮史』편찬 사업」, 서울대학교 국사학과 박사학위논문, 2011.

29) 末松保和는 今西의 일상에서 대학이 중심이었지만 修史會 활동에서 큰 공적을 세웠다고 특필하였다. 「故今西先生追慕談話會」, 『京城帝大史學會報』 3, 1932, 51쪽.

한반도 영역 내에 있었던 제민족의 조선사 수록여부를 놓고 최남선과 논쟁을 벌였다. 그는 발해를 조선사와 관계없기 때문에 생략하고, 사료(史料)와 사설(史說)을 구별해야 한다면서 최남선의 문제제기를 일축하였다.[30] 이후에 이 문제를 놓고 더 이상의 논의가 전개되지 않았는데, 이마니시가 최초의 조선사 박사로서 경성제대의 교수라는 권위가 크게 작용하였을 것이다. 고대사의 전문가라는 타이틀만으로는 역시 최고의 전문가 중의 하나인 최남선을 꺾을 수 없기 때문이다.

교수 중 다보하시 기요시(田保橋潔)는 촉탁으로서 조선 영조 때부터 갑오개혁기에 이르는 제6편의 편찬주임으로 활동하였다. 제자들의 회고에 따르면 다보하시는 강의를 하는 2일만 대학에 출근하고, 3일은 조선사편수회로 출근할 정도로 사료편찬작업에 몰두하였다.[31] 수사관(보)와 촉탁 중에도 경성제대 관련자가 적지 않았다. 교수들은 사학과 1~3회 졸업생인 申奭鎬와 尹瑢均, 다가와 고조(田川孝三) 등을 촉탁으로 추천하였고, 신석호는 수사관보를 거쳐 1938년 수사관으로 승진하였다.[32]

조선사편수회에서의 사료편찬과 함께 경성제대 사학과 교수들이 열정적으로 참여한 것은 역사교육이었다. 조선에서 보통학교의 역사교과서는 국정이었다. 중등학교의 경우 조선총독부가 편찬한 교과서가 없었기 때문에 조선총독부 또는 문부성에서 검정한 교과서 중에 조선총독의 인가를 받아 교육현장에서 사용하도록 규정되어 있었다. 교과서의 검정과 인가를 담당하는 곳은 학무국 편집과였고, 편집과는 검정·인가를 경성제국대학 교수나 관립전문학교의 교유 등에게 위촉하였다. 사학과에서는 가네코(서양사), 오타니(동양사), 마쓰모토(국사) 등이 학무국의 요청에 응하였다.[33] 사학과 교수 중 역사교과서를 집필한 이는 도리야마가 유일하였다.[34]

---

30) 朝鮮總督府朝鮮史編修會, 『朝鮮史編修會事業槪要』, 1938, 45~47쪽.
31) 「田保橋潔先生」, 『東方學回想Ⅴ-先學を語る(4)』, 刀水書房, 2000, 175쪽.
32) 朝鮮總督府朝鮮史編修會, 앞의 책, 1938, 112쪽, 128~135쪽.
33) 장신, 「조선총독부 학무국 편집과와 교과서 편찬」, 『역사문제연구』 16, 2006, 59~60쪽.

사학과 교수들은 자문에 수동적으로 응하는 것 외에 조선총독부 역사교육의 전면적 개정을 시도하여 교수요목의 개편을 비롯한 학제의 쇄신에 직접 나서기도 하였다. 1934년 4월 경성제대 안에 설치된 '국사상 조선에 관한 사항을 조사하는 위원회'에는 사학과를 비롯한 경성제대 내의 역사전공 교수 10명이 소속되었다.[35] 같은 해 12월 경성제대 총장 야마다 사부로(山田三郎)는 조선총독에게 「역사교과서 조사위원회 설치에 관한 건의서」(이하 '건의서'로 줄임)를 제출하였다. 「건의서」는, 경성제대 역사전공 교수·강사들이 총장의 명령으로 당시 조선에서 사용되던 초등학교용 국사교과서 6종 12권, 중등학교용 국사교과서 17종 22권, 중등학교용 동양사교과서 5종 5권 등 총 28종 39권을 분석·검토하였다. 이 교과서들의 저자는 조선총독부 편찬의 『보통학교국사』를 제외하면 전부가 조선사를 잘 모르는 일본인 학자들이었다. 당시 조선에서 사용되던 역사교과서의 문제점으로서 지적된 것은, 현행 역사교과서는 조선사에 심한 오류가 적지 않고, 특히 『보통학교국사』에는 국사와 관계없는 조선사를 무분별하게 삽입하여 국사의 체계를 흐린다는 점이었다. 그 해결방안으로 조선뿐 아니라 제국 전체의 시각에 국사교과서 편찬의 문제를 다룰 위원회의 설치를 제안하였다.[36]

조선총독부는 이 제안을 즉각 받아들여 1935년 2월에 독립기관으로서 임시역사교과용도서조사위원회를 설치하였다. 「건의서」 작성에 관여하였던 교수와 강사들은 모두 1935년 2월에 설치된 이 조사위원회에 그대로 참여하였다. 임시역사교과용도서조사위원회는 약 2년여의 활동기간 동안

---

34) 그는 실업학교용 『新編東洋史』(1932)와 고등보통학교용 『新體東洋史』(1932) 등을 집필하였다.

35) 高橋亨(조선문학담임 교수), 鳥山喜一(동양사학담임 교수), 松本重彦(국사학담임 교수), 大谷勝眞(동양사학담임 교수), 藤田亮策(조선사학담임 교수), 田保橋潔(국사학담임 교수), 玉井是博(동양사학 조교수), 中村榮孝(조선사학 강사), 末松保和(조선사학 강사), 喜田新六(사학 예과교수).『初等中等敎科書中日鮮關係事項摘要』. 이 자료는 경성제국대학 법문학부 교수였던 田保橋潔이 편철해 보관했던 것이다.

36) 장신, 「1930년대 경성제국대학의 역사 교과서 비판과 조선총독부의 대응」, 『동북아 역사논총』 42, 2013.

기존 역사교과서의 조사·분석 외에 역사교과서의 단일화, 4년제 보통학교의 국사지리과 설치 등 주목할 만한 제안을 하는 등 조선총독부의 역사교육 정책을 크게 전환시켰다. 이것은 대개 1938년 제3차 조선교육령의 실시와 함께 제도적·내용적으로 역사교육에 반영되고, 황국신민화 교육정책의 원천이 되었다.[37]

2. 조선 역사학계의 재편과 청구학회

경성제대 설립 이전에 조선에서 역사를 전문적으로 연구하는 모임은 1923년에 조직된 조선사학회가 유일하였다. 조선사학회는 '조선사의 연구와 보급'을 목표로 하였다. 정무총감이 총재를 맡고 조선총독부의 고위 관료들이 대거 참여한 데서 알 수 있듯이 조선총독부의 관변단체로서의 성격이 강하였다. 조선사편수회가 사료의 수집과 발간을 담당하였다면 조선사학회는 강좌와 저술을 통해 일반에게 식민사학의 전파를 담당한 실행기구의 성격이었다. 이 학회는 매월 1회의 조선사강좌 외에 여러 차례의 강연회를 개최하였지만 1924년 이후에는 『朝鮮史大系』(1927)의 간행을 끝으로 특별한 활동을 전개하지 못하였다.[38]

1926년에는 조선사편수회 관계자를 중심으로 朝鮮史學同攷會가 결성되어 학술지인 『朝鮮史學』을 7호까지 발행하였다. 이어 1927년 11월에는 일본의 史學會를 본딴 京城讀史會가 조직되었다. 경성독사회는 그 해 9월에 경성을 방문한 도쿄제대 교수 시치무라 산지로(市村瓚次郎)의 권유에 따라 다마이 제하쿠(玉井是博) 등 도쿄제대를 졸업한 경성제대 교수를 주축으로 만들어졌다. 따로 기관지를 발행하지 않고 例會를 중심으로 활동하다가 1933년 8월까지 꾸준히 활동하였다. 한편 조선사편수회의 학자들은 1930년

---

37) 권오현, 「임시 역사교과용도서 조사위원회의 활동과 황국신민화 역사교육」, 『歷史敎育論集』 30, 2003.

38) 박걸순, 『植民地 시기의 歷史學과 歷史認識』, 경인문화사, 2004, 102~103쪽.

11월부터 貞陽會를 만들어 1937년 4월까지 총 50회의 월례회를 진행하였다. 경성독사회와 정양회는 독자적인 학회지를 만들지 않았는데, 월례회에서 발표된 논문의 다수를 『靑丘學叢』에 투고하였다.[39]

『청구학총』을 발간한 청구학회는 1930년 5월에 조선과 만주를 중심으로 극동문화를 연구하고 보급하는 것을 목적으로 조직되었다. 각 방면의 전문연구자를 비롯하여 독학사와 청구학회의 취지에 찬동하면 누구든지 회원으로 받아들였지만 핵심은 경성제국대학, 조선총독부 및 조선사편수회에 소속을 둔 전문연구자들이었다.[40]

청구학회의 창립에는 1924년에 경성제대 예과의 개교와 1926년 경성제대 법문학부의 개설이 크게 영향을 미쳤다. 경성제대의 설립으로 이곳에서 연구하고 교육하려는 학자들이 조선에 몰려왔는데, 이들 중에 조선을 중심으로 하는 동양문화의 학술적 연구에 뜻을 둔 사람이 적지 않았다. 학자군의 조선 결집은 기존에 조선총독부 설립 이래 20여 년간 축적된 각종 조사사업과 맞물려 연구의욕을 불러일으켰다. 이에 각 연구단체를 매개로 매월 발표되는 연구 성과를 수용할 새로운 학술지가 필요해졌다. 또 일본을 연구하면서 부수적으로 조선을 연구하는 게 아니라 조선을 비롯한 동양학의 중심을 경성제대에서 담당해야 한다는 자부심과 사명감도 함께 작용하였다.

청구학회의 임원은 평의원과 위원이었다. 학회의 평의원은 32~35명이었다. 위원은 최초 7명에서 16명으로 증원되었는데 주로 경성제대 교수, 조선사편수회 촉탁 및 修史官, 조선총독부 관리였다. 이러한 회원의 구성은 학회의 기관지인 『청구학총』의 투고자와도 거의 일치하였다. 1930년부터 1939년까지 간행된 『청구학총』의 연구란에는 논문 112편에 3,526면 (60.6%), 첨재란에는 해설·紀事 등이 103편에 1,334면(22.9%)을 차지하였다.[41]

---

39) 박걸순, 위의 책, 2004, 104~105쪽, 109~110쪽.
40) 「靑丘學會の創立」, 『靑丘學叢』 1, 1930, 157쪽.

〈표 4〉청구학총 제1호~제30호 硏究·僉載 기고자

| | 경성제대 | | | | | | 소계 | 조선사 편수회 | 기타 | 총계 |
| | 교수 | | | 졸업생 | | | | | | |
	사학	기타	계	사학	기타	계				
1930	3	2	5	4	–	4	9	8	–	17
1931	7	4	11	6	1	7	18	15	6	39
1932	2	4	6	1	2	3	9	15	7	31
1933	8	2	10	0	1	1	11	16	3	30
1934	5	1	6	2	2	4	10	15	7	32
1935	5	2	7	2	0	2	9	8	9	26

〈표 4〉에서 보듯이 1930년대 전반기까지 주요 투고자 중 50%는 조선사 편수회 소속의 학자였고, 그 외 30~40%는 경성제대 교수이거나 경성제대 의 졸업생이었다.[42] 양적으로 보면 조선사편수회가 더 많았지만, 조선사편 수회 중심의 조선사학동고회는 학술지『朝鮮史學』을 채 1년도 발행하지 못하였다.『청구학총』은 근 10년간을 꾸준히 발행하였는데 이것은 경성제 대 교수진의 지속적 연구와 졸업생의 꾸준한 배출에 따른 결과에 힘입은 바였다.『청구학총』의 발간으로 일본제국 내에서 조선연구의 중심이 조선 의 경성으로 옮겨졌을 뿐 아니라[43] 제국의 중심 도쿄에서 발행되는 학술지 와 같은 권위를 인정받게 되었다. 여기에는『청구학총』을 실질적으로 주도한 경성제대의 교수진이 전원 도쿄제대 출신이었다는 점을 부인할 수 없다.

---

41) 朴杰淳,『韓國近代史學史硏究』, 國學資料院, 1998, 35쪽.

42) 이 표는 경성제대 소속 또는 출신자의 학문 활동의 분석을 목표로 한 까닭에 신석호, 윤용균 등 경성제대를 졸업하고 조선사편수회에 근무한 경우 경성제대 졸업생으로 처리하였다.

43) 일본어로 발행되는 역사학관계 잡지 중에서『청구학총』이 창간된 이듬해인 1931년 에 발표된 조선사관계 논문 총44편 중 43%에 해당하는 19편이『청구학총』수록 논문이었다. 다음으로 많은 게재지는 조선총독부 발간의『朝鮮』으로서 10편이었 다.「朝鮮硏究の栞－邦文歷史學關係諸雜誌 朝鮮史關係論文要目(昭和十年十二月現在)」, 『讀書』2-1, 京城讀書聯盟, 1938, 34~56쪽. 이 자료는 大塚史學會 高師部會 編의 「東洋史論文要目」에서 轉載한 것이다.

IV. 사학과 재학·졸업생의 현황과 진로

1. 학생현황과 학회활동

〈표 5〉 경성제대 사학과의 입학 및 졸업 현황

	입학			졸업		
	조선인	일본인	계	조선인	일본인	계
1926	2	3	5	–	–	-
1927	2	3(1)	5(1)	–	–	–
1928	2	8	10	–	–	–
1929	5	4(1)	9(1)	2	3	5
1930	1	4(1)	5(1)	2	2	4
1931	3	4(1)	7(1)	2	5	7
1932	3	8(2)	11(2)	4	4(1)	8(1)
1933	2	6	8	1	6(1)	7(1)
1934	4	6(1)	10(1)	3	3	6
1935	1	6(1)	7(1)	4	7(1)	11(1)
1936	0	0	0	1	6(1)	7(1)
1937	3(1)	2	5(1)	5	4	9
1938	2	6(1)	8(1)	1	7(1)	8(1)
1939	5	5(1)	10(1)	0	0	0
1940	2(1)	3(1)	5(2)	2(1)	2	4(1)
1941	5(1)	1	6(1)	3	8(1)	9(1)
1942	4(2)	9(2)	13(4)	0	3	3
1943	–	–	–	4	1	5
계	46(5)	78(13)	124(18)	34(1)	61(6)	93(7)

*비고 : 1. ( )안은 선과생.
    2. 1941년은 3월과 12월 졸업생을 합하였음.
*출전 : <부록 1> 참조.

1926년 4월 경성제대 사학과에는 이제 막 예과를 졸업한 5명의 학생이 처음으로 입학하였다. 이후 한 명도 입학하지 않았던 1936년을 제외하고 매년 5명 이상씩 사학과에 들어와 역사를 전공하였다. 조선총독부관보에 게재된 1942년까지의 입학생 총수는 조선인 46명, 일본인 78명 등 모두 124명이었다. 이중에는 선과생 18명도 포함되어 있다. 1943년까지 사학과 졸업자는 조선인 34명, 일본인 61명 등 모두 93명이었다.[44] 입학자의

수보다 적은 까닭은, 재학 중 사망하거나 군에 입대하여 해방 전에 졸업을
못한 경우 등이다.

  사학과에 진학했지만 적성이 맞지 않거나 학자로서의 성공을 예상할
수 없어 관청 취업에 유리한 법학과로 전과 또는 재입학하는 경우도 종종
있었다. 1931년 입학자 吳震泳, 1934년 입학자인 尹英求와 崔炳武 등은
사학과를 졸업하고 다시 법학과로 입학하였고, 1939년 입학자인 李根復,
安柄瑾, 元世泳 등은 전과한 경우였다. 일본인 학생 중에는 각각 1938년과
1939년에 입학한 다시로 히로시(田代博)와 이노우에 도시히데(井上俊秀)가
법학과로 전과하였다. 1932년에 입학한 徐廷德은 사학과를 나와 철학과의
교육학 전공으로 재입학하였다.

  사학과 학생의 전공 분포를 보면 <표 6>과 같다. 조선인 학생은 국사(일
본사)를 아무도 전공하지 않았다. 조선사와 동양사의 비율은 비슷하였다.
일본인 학생은 국사와 동양사의 선호도가 비슷하였고 조선사를 전공하는
경우는 상대적으로 적었다.[45] 민족별 구분에 관계없이 사학과 전체로
보면 국사 25%, 조선사 34%, 동양사 41%로서 경성제대의 설립 취지와
비교적 일치하였다.

〈표 6〉 경성제대 사학과 학생의 전공 분포

	조선인				일본인			
	국사	조선사	동양사	계	국사	조선사	동양사	계
졸업	−	17	17	34	24	14	23	61
미졸업	−	4	1	5	4	2	4	10
계	0	21	18	39	28	16	27	71

---

44) 경성제대 동창회의 졸업생 통계에는 선과생을 따로 집계하지 않았다. 1942년까지
   의 졸업자는 조선인 29명, 일본인 56명, 합계 85명이었다. 京城帝國大學創立五十周
   年記念誌編輯委員會 編, 앞의 책, 1974, 768쪽.
45) 박광현은 조선인과 비슷한 숫자의 일본인이 조선사를 전공으로 선택한 이유로서,
   일본인들은 조선사를 자기화된 타자(의 역사), 곧 새로운 '국사'로서 조선사를
   인식했기 때문이라고 해석하였다. 박광현, 「경성제국대학 안의 '동양사학'−학문
   제도 문화사적 측면에서」, 300쪽.

* 비고: 졸업 유무는 조선총독부관보의 학사학위 명단에 따름.

사학과 학생들은 京城帝國大學史學會를 중심으로 학문연구와 상호간의
친목을 도모하였다.[46] 사학회의 회원은 사학과 학생과 졸업생, 조수 등의
정회원, 사학과와 예과의 역사 교관인 특별회원, 경성제대 관계자 중 사학회
의 취지에 찬동하는 찬조회원 등으로 구성되었다. 사학회에는 회장 1명과
간사 4명을 두었는데, 회장은 특별회원 중에서 추천하고 간사는 정회원
중에서 호선하고 간사 중의 한 명을 상임간사로 삼았다.[47] 정년퇴임 전까지
오다 쇼고(小田省吾)가 회장을 맡았으나 그의 퇴임 후에는 오타니 가쓰마(大
谷勝眞)가 연임하였다.

사학회의 주요 사업으로 매월 1회 이상의 例會를 열어 논문 발표를
하도록 하였지만 실제로는 2~3개월에 한 번씩 개최되었다. 또 연 2회의
사학회보를 발행하고,[48] 수학여행과 소풍(遠足)·견학 등의 행사를 통해
상호간의 친목을 도모하였다.

특기할 만한 행사로 졸업을 앞둔 3학년생을 위한 수업참관이 있었다.
1934년 2월 제일고등보통학교 수업참관을 시작으로 1935년 3월 경성중학
교, 같은 해 9월 경성제이고등여학교로 이어졌다. 1937년 2월에는 경성여자
고등보통학교, 경성제이고등보통학교, 경성중학교 등 일본인과 조선인,
남녀학교를 골고루 참관하였다. 참관 과목도 동양사, 서양사, 국사 등
전공별로 두루 안배하였다.[49] 사학과 졸업생의 70%이상이 중등학교 교원

---

46) 「京城帝國大學史學會會則」, 『京城帝大 史學會報』 1, 1931, 35쪽.
47) 1932년 상반기 간사진인 金鍾武(상임간사, 동양사), 江田忠(동양사), 長島多助(동양
사), 蔡奎鐸(동양사) 등에서 알 수 있듯이 간사진의 구성에서 따로 민족별, 전공별
안배를 하지는 않았다.
48) 제1호부터 8호까지는 '史學會報', 제9호부터 제18호까지는 '史學會誌'라는 이름으
로 발간되었다.
49) 「彙報 二月學校見學」, 『京城帝大 史學會報』 6, 1934, 31~32쪽 ; 「彙報 學校見學記事」,
『京城帝大 史學會報』 7, 1935, 45~46쪽 ; 「彙報 學校見學記事」, 『京城帝大 史學會報』
8, 1935, 45~46쪽 ; 「彙報 學校見學記事」, 『京城帝大 史學會誌』 11, 1937, 46쪽.

으로 취직하는 상황을 감안하여 학생들에게 교육현장의 분위기와 교수 내용·방법 등을 익힐 수 있도록 하려는 취지였다.

2. 졸업생의 진로

선행연구에 따르면, 1929년부터 1941년까지 법문학부 졸업생은 주로 관공서의 관료, 행정직원, 학교 교원, 은행·회사원으로 진출하였다. 민족별로 보면 조선인 졸업생은 관공서, 학교, 은행·회사의 순으로 취직을 하였고, 일본인 졸업생은 학교, 은행·회사, 관공서의 차례였다. 조선인의 관공서 취직률은 32%로 일본인의 24%에 비해 훨씬 더 높았다.[50]

그런데 민족별이 아닌 전공별로 취업률을 분석하면 다른 결과를 얻을 수 있다. 시기가 제한되지만 법학계열의 제1~4회 졸업생의 취직현황을 보면, 전체 149명(조선인 44명) 중 36%인 54명(조선인 24명)이 조선총독부를 비롯한 관공서에 취직하였다. 35명(25%)은 은행이나 회사로 갔으며, 학교는 3명에 불과하였다. 반면에 문과계열로 보면 전체 122명(조선인 56명) 중 관공서는 11명(조선인 9명)에 지나지 않았다. 조선인 22명을 포함한 63명의 졸업생은 중등이상의 교육기관에 취직하였다.[51]

문과계열 졸업생의 다수가 중등교원으로 진출한 데는 조선총독부의 문과계열 설립방침과도 관계있다. 1924년 4월 30일 문과의 필요성을 묻는 일본 추밀원의 심사 때 조선총독부는 "최근 조선에서 보통교육이 발흥하여 중등학교가 증설됨에 따라 교원의 부족을 심하게 느낌으로 문과 졸업생을 이 방면에 채용"할 계획이라고 답변하였다.[52] 이에 조선총독부는 1926년부

---

50) 장세윤, 「일제의 경성제국대학 설립과 운영」, 『한국독립운동사연구』 6, 1992 ; 정선이, 앞의 책, 2002, 152~153쪽.

51) 通堂あゆみ, 「植民地朝鮮出身者の官界進出－京城帝國大學法文學部を中心に」, 松田利彦·やまだあつし 編, 『日本の朝鮮·台湾支配と植民地官僚』, 思文閣出版, 2009, 86~87쪽.

52) 「京城帝國大學ニ關スル建」, 『樞密院會議筆記』 1924. 4. 30(아시아역사자료센터 소장).

터 경성제대 예과 졸업생에게 중등학교의 교원자격을 법으로 부여하였다. 조선총독부는 1922년에 고시된[53] 「사립학교 교원의 자격 및 員數에 관한 규정에 의해 사립학교 교원자격을 가진 자」를 개정하였다. 1926년 2월 10일에 공포된 개정안은 경성제국대학 예과 졸업생에게도 고등보통학교와 여자고등보통학교의 교원 자격증을 부여하였다. 곧 문과 졸업생에게는 영어, 국어, 한문, 동양사, 서양사 교원 자격을, 그리고 이과 졸업생에게는 수학, 물리, 화학, 동물, 식물 과목의 교원 자격을 주었다.[54]

사학과 졸업생의 취직 현황도 문과계열과 크게 다르지 않았다. <표 7>에서 알 수 있듯이[55] 사학과 졸업생의 71%는 조선을 비롯한 일본·만주지역의 중등학교에 취직하였다. 일본인이 전원 공립학교에 취직한 반면에 조선인은 절반이 넘는 10명이 사립학교를 직장으로 택하였다. 전문학교에서 가르친 졸업생으로 중앙불교전문과 이화여전의 교수로 활동한 成樂緖, 大邱府史編纂委員會에서 촉탁으로 일하다가 보성·연희전문 등에서 강의한 李仁榮 등이 있었다.

〈표 7〉 경성제대 사학과 졸업생의 진로

	조선총독부	사료편찬기관	교육기관	회사	기타	계
일본인	0	3	39	4	7	53
조선인	3	2	16	1	2	24
계	3	5	55	5	9	77

사학과의 전문성을 살린 직장은 조선사편수회와 이왕직사료편찬소였다. 전자에는 1~3회 졸업생인 申奭鎬, 尹瑢均, 다가와 고조(田川孝三) 등이 있었고, 후자에는 6회 졸업생인 시게요시 만지(重吉万次)와 가메다 게이지(龜田敬二)가 근무하였다. 이 중에서 윤용균은 1931년 9월,[56] 시게요시

---

53) 「朝鮮總督府告示 제105호」, 『朝鮮總督府官報』 1922. 4. 14.
54) 「朝鮮總督府告示 제34호」, 『朝鮮總督府官報』 1926. 2. 10.
55) 졸업 후의 진로를 조사할 때 첫 직장을 대상으로 하였다. 단 대학 연구실의 조수는 직업으로 간주하지 않고 조수 이후의 직업을 첫 직장으로 보았다.

만지(重吉万次)는 1940년 12월에 각각 사망하였다.[57] 또 가메다 게이지(龜田
敬二)는 약 1년 만에 나남여자고등보통학교로 자리를 옮겼다.

10명 중 7명이 교편을 잡았다고 하여 사학과 졸업생들이 학문에 뜻을
두지 않았다고 볼 수 없고, 다른 한편으로 학문을 목표로 삼는다고 해서
모두가 교수로 될 수도 없었다. 졸업생 중 역사 연구에 뜻을 두고 각
연구실의 조수로 근무한 사람은 12명이었다.

〈표 8〉 연구실에서 조수로 근무한 사학과 졸업생

	조선인	일본인
국사연구실		兵頭正
조선사연구실		
동양사연구실	嚴武鉉 金鐘武	竹下暉彦 江田忠 嶋崎昌 秋本太二
만몽문화연구사업부	李源鶴	松尾元治 竹下暉彦
사회학종교학연구실	柳洪烈 蔡羲順	
국제법연구실		田川孝三

사학과 출신 조수의 절반은 동양사연구실 소속이었다. 만몽문화연구사
업부[58]까지 포함하면 경성제대가 창설 당시에 표방하였던 '동양문화 연구
의 권위'를 확립·지속시키기 위해 선발된 인원은 8명이었다. 반면에 국사학
연구실은 일본인 1명에 지나지 않았다. 심지어 경성제대의 특성이라 할

---

56) 윤용균의 사후에 간행된 그의 유고집에는 경성제대 졸업논문인 「朱子學の傳來とそ
の影響に就いて」, 「高麗毅宗期に於ける鄭仲夫亂の素因とその影響」, 「茶山의 井田考」
등이 실렸다. 尹瑢均, 『尹文學士遺藁』, 朝鮮印刷株式會社, 1931.

57) 重吉万次는 졸업논문인 「備邊司の設置に就きて」를 『靑丘學叢』(23호)에, 「鮮露保護密
約締結の企に就いて」를 『稻葉博士還曆紀念滿鮮史學論叢』에, 「檜岩寺行記事」를 『京
城帝大史學會報』(1호) 등에 실었다. 「彙報-重吉万次氏訃」, 『京城帝大史學會誌』 18,
1942, 62쪽.

58) 1933년 5월 외무성 문화사업부의 만몽문화연구사업을 경성제대에서 유치·분담한
것이다. 『備邊司謄錄』에서 만몽관계사항을 발췌정리하였다. 大谷勝眞을 지도교
수, 玉井是博을 연구원으로 하였으며 조수 두 명과 寫字生 여러 명을 고용하여
사업을 진행하였다. 1940년과 1942년에 玉井과 大谷 두 교수가 연이어 사망하면서
사업은 중단되고, 그 때까지 정리되었던 자료는 東洋文庫로 이관되었다. 田川孝三,
앞의 글, 169~170쪽.

조선사연구실에는 한 명의 조수도 두지 않았다. 12명 중 다가와(田川)를 제외한 11명은 조수를 마친 뒤 중등교원으로 나갔다.

조수들의 꿈은 모교인 경성제대의 교수로 부임하는 것이었다. 문학과 1회 졸업생으로서 조수를 거쳐 해주고보 교유로 재직하던 나카자와 마레오(中澤希男)가 1935년에 경성제대 예과 교수로 발령이 났다. 경성제대 문과계열 졸업생 중 첫 번째로 모교로 영전한 사례를 놓고 문과조수회59)는 "우리들이 가장 기뻐하는 바"라면서 부러움과 희망을 드러내었다.60) 하지만 1945년 경성제대가 문을 닫을 때까지 사학과에서 그러한 영예를 누린 졸업생은 없었다. 사학과의 교수와 강사 전부가 도쿄제대 출신이라는 사실은, 경성제대에서 동양학의 권위자를 재생산할 수 없음을 암시한다. 이것은 인재육성을 강조한 경성제대 창립정신과도 어긋나는 것이었으며, 경성제대 사학과는 도쿄제대 사학과의 출장소 또는 식민지에 다름 아니었다.

V. 맺음말

1926년 4월에 개교한 경성제대는 일본의 제국대학 모형을 식민지에 그대로 이식한, 조선의 최고 엘리트들이 모이고 양성된 대학이었다. 이 대학의 목표는 식민지 지배이데올로기의 생산으로서 조선을 포함한 동양문화의 권위를 인정받는 것이었다. 또 조선의 영속적 지배를 위해서 다양한 학문후속세대의 양성을 통하여 그 권위를 시간적 공간적으로 확대시키는 임무를 띠고 있었다. 경성제대 사학과의 창설도 그러한 사명의 연장이었다.

경성제대 사학과의 교수진은 일본 관학 이데올로기의 창출자였던 도쿄

---

59) 1935년 4월 28일 문과 관계의 학문연구 및 회원 상호의 친목과 연락을 도모할 목적으로 경성제국대학 문과조수회가 결성되었다. 회원으로 현직 문과계열의 조수와 副手인 보통회원, 전직 문과계열의 조수와 부수인 찬회원을 두었다. 「彙報」, 『學海』 1, 1935, 66~67쪽.

60) 「彙報」, 『學海』 2, 1935, 144쪽.

제대 출신들로 구성되었다. 식민지라는 위치 탓으로 다수의 교수진을 확보할 수 없었기에 본국과 맞먹는 수의 강좌를 구성하였다. 학과의 교수진을 설계할 때는 시대별, 주제별 안배를 통하여 어느 정도 대학 설립의 취지에 부합하였다. 교수들은 자신의 강좌를 통해 무한책임과 절대적인 권한을 학내에서 행사하였다. 또한 조선의 최고 학부에 재직하는 '지성'이라는 내외의 평가에 따라 관계와 학계 등에서 상당한 영향력을 행사하였다. 특히 임시역사교과용도서조사위원회에서는 단순한 정책자문이 아니라 '국사의 체계'를 새롭게 구축하기 위한 교수요목의 작성 등 정책실행에도 깊숙이 개입하였다.

청구학회의 조직은 경성제대의 학문적 위상을 단적으로 보여주었다. 이전에 조선사편수회를 중심으로 학자들이 결합하고 논문을 발표하였지만 일본제국 내에서의 파급력은 제한적이었다. 『청구학총』에 발표된 논문의 수로 보면 여전히 조선사편수회가 우위였다. 그렇지만 도쿄제대에 뿌리를 둔 경성제대가 청구학회에 참여함으로써 『청구학총』은 일본학계에서 조선연구의 중심으로 부각될 수 있었다.

사학과 학생들은 졸업할 때 논문을 쓰고 다양한 지면에 발표하였지만 대부분 학자로서의 생활을 지속하지 못하였다. 졸업생의 70%는 중등학교 교원으로 취직하여 연구보다 교육자의 인생을 살았다. 학문의 길을 가려던 조선인 졸업생들은 극히 일부를 제외하고는 제국대학이 주도하는 아카데미즘 내로 포섭되지 못하였다. 일부 사립전문대의 교수요원으로 취직했지만 대개는 학문과 실천운동의 경계를 오갔다.

해방은 조선인 졸업생들에게 역사 연구와 교육의 꿈을 실현시켜 준 기회였다. 인재가 부족한 상황에서 근대 역사학을 체계적으로 배운 경성제대의 졸업생을 찾는 수요는 많았다. 중등교원이나 총독부의 관리로 근무하던 이들이 일약 대학교수로서 연구와 교육을 담당하였다. 오랫동안 학문현장에서 떠나 있었고, 또 차분히 학문을 할 여건을 갖추지 못한 정국으로 인해서 그들이 참고할 수 있는 것은 옛날 경성제대의 추억을 되살리는 일이었다. 모두들 해방을 맞이하여 새로운 역사상을 수립한다는 이상을 가졌지만, 그 방법론은 그들을 가르친 경성제대 사학과 교수들의 것이었다.[61]

---

61) 경성제대 교수를 역임한 高橋亨은 연세대학교 동방학연구소의 『東方學志』 제1집을 읽은 뒤 "한국의 동방학 연구는 자기들이 깔아놓은 레일 위를 달리고 있으며, 따라서 일제시기의 조선연구와 금후 한국에서 조선연구 사이에 斷層은 없을 것"으로 평하였다. 김용섭, 『김용섭 회고록 - 역사의 오솔길을 가면서』, 지식산업사, 2011, 535~536쪽(원출전은 「日本·韓國에 있어서의 韓國史敍述」, 『歷史學報』 31, 1966).

〈부록 1〉 경성제대 문학부 사학과 한국인 졸업생의 진로

입학연월 졸업연월	이름	졸업 후 진로와 해방 후 주요 경력 / 전공 및 졸업논문
1926. 4 1929. 3	金昌均 金子昌均	학무국 편수서기·편수관 / 충남대 교수 조선사 : 樂浪帶方의 文化와 社會生活狀態
1926. 4 1929. 3	申奭鎬	조선사편수회 수사관 / 고려대 교수 조선사 : 新羅王朝의 衰亡에 대하여
1927. 4 1930. 3	尹瑢均	조선사편수회 촉탁, 사망(1931. 9) 조선사 : 朱子學의 傳來와 그 影響에 대하여
1927. 4 1930. 3	成樂緒	중앙불교전문학교, 이화여전 교수 / 제헌의원, 도지사(충남), 충남대 총장 조선사 : 高麗朝에서 地理讖緯思想이 政治思想에 미친 영향
1928. 4 193 1. 3	梁柱華	양정고보 교유 / 성동고, 경기고 교장, 납북 조선사 : 高麗初期의 高麗契丹 關係
1928. 4 1931. 3	嚴武鉉	동양사연구실 조수, 간도 용정촌 광명고등여학교, 間島省立國民高校 / 재북 동양사 : 東洋史上 匈奴民族의 興亡盛衰에 對하여
1929. 4 1932. 3	李繼甲	이리농림학교 교유 / 조선사 : 高句麗 遺民考
1929. 4 1932. 3	李周衡	밀양 귀향 / 밀양중학 설립·교장, 제헌의원(독촉계), 납북 조선사 : 威化島 回軍에 對하여
1929. 4 1932. 3	金鍾武 國本鍾武	동양사연구실 조수, 해주고보·경성제이고보(경복중) 교유 / 서울문리대 교수, 경기중·서울상고·경복중고 교장 동양사 : 古代 支那의 戎狄
1929. 4 1932. 3	李源鶴	외무성(경성제대) 만몽문화연구사업부 조수, 송도중학 교유 / 동국대 교수, 납북 동양사 : 史記에 나타난 司馬遷의 史觀에 대하여
1929. 4 1934. 3	李興鐘 宮村正興	송도고보 교유, 조선총독부도서관·학무국 촉탁 / 미군정 문교부 중등교육과장, 성균관대 교수 동양사 : 唐의 節度使論
1930. 4 1933. 3	蔡奎鐸	계성고보 교유, 奉天 東光學校, 봉천 內外貿易海東公司 / 광주서중·목포고 교장, 전남대 상과대학장 동양사 : 後魏의 田制(특히 均田制에 대하여)
1931. 4 1934. 3	金聲均	경무국 도서과 촉탁·속 / 국학·신흥·경희대 교수 동양사 : 淸太宗時代 朝鮮과의 關係
1931. 4 1934. 3	吳震泳	법학과 재입학, 사법연구실 조수 / 홍익대 교수, 안양기독보육원장 동양사 : 柔然民族의 北魏와의 關係
1931. 4 1935. 3	李昌業	광주고보(광주서중) 교유 / 목포상업·광주동중·광주사범 교장 동양사 : 明初의 滿洲經略

1932. 4 1935. 3	柳洪烈	사회학종교학연구실 조수, 동성상업학교 / 서울대·성균관대 교수
		조선사 : 書院의 起原
1932. 4 1935. 3	蔡羲順 佐川順一	선천 보성여중, 사회학종교학연구실 조수, 함흥 영생중학, 경성 배화고녀 교유 / 동국대, 서울사대 교수
		동양사 : 北宋의 鄕兵에 대하여
1932. 4 1935. 3	徐廷德 大峰廷德	철학과 재입학, 중앙고보 교유, 德源神學校 교수, 중앙중학 교유, 교육윤리학연구실 조수 / 대구사대·청구대 교수, 대건중학 교장, 경북 학무과장
		동양사 : 唐代의 漕運에 대하여
1933. 4 1937. 3	李仁榮	대구부사편찬위 촉탁, 보성·연희전문 강사 / 서울대 교수, 납북
		조선사 : 朝鮮 世祖朝 北方問題의 研究
1933. 4 1936. 3	李明遠 牧山勝哉	재령명신중학 교유 / 서울女醫大 교수, 납북
		동양사 : 前漢末의 時代思想으로 본 王莽의 簒奪과 그 政治
1934. 4 1937. 3	尹英求	법학과 재입학 / 조선공업사장, 고려방직 감사
		동양사 : 唐代의 穀倉(특히 常平義倉에 대해)
1934. 4 1937. 3	崔炳武	법학과 재입학, 조선은행 / 재북
		동양사 : 宋初의 武人抑壓政策
1934. 4 1937. 3	辛兒鉉	총독관방 문서과 촉탁·속 / 문교부 편수국장, 경희대 교수
		동양사 : 金代 土地問題의 一考察
1934. 4 1937. 3	鄭在覺	대구 계성학교, 경성 경신중학 교유 / 고려대 교수, 동국대 총장
		동양사 : 明代初期의 兵制 研究
1935. 4 1938. 3	盧聖錫	조선사연구실 사무촉탁, 잡지『신시대』발행인 / 박문서관 경영
		조선사 : 대동법 연구-그 성립을 중심으로
1937. 4 1940. 3	金錫亨	양정중학 교유 / 재북(김일성대 교수)
		조선사 : 李朝初期 兵制 研究
1937. 4	金得中	/ 재북
1937. 4 1940. 3	朴時亨	(선과) 조선문화학원, 경신학교 / 재북(김일성대 교수)
		조선사 : 李朝初期의 土地制度 一斑
1938. 4 1941. 3	金澭鎭 金光澭鎭	청주상업·평안공업학교 / 재북
		조선사 : 高麗 高宗朝 江華遷都의 一考察-崔氏를 중심으로
1938. 4	鄭海根	중퇴 / 월북
1939. 4 1941. 12	金相五 金川相五	/ 전북대 교수
		조선사
1939. 4	元世泳	/ 세일합명회사 사장
		법학과로 전과
1939. 4	安柄瑾	/ 충주비료 상무이사
		법학과로 전과

1939. 4	廉衡淳	/ 재북
1941. 12	梅原毅一	조선사
1939. 4	李根復	/ 서대문경찰서장, 경찰대학 교수
		법학과로 전과
1940. 4	金濟玉	/ 재북
		조선사
1940. 4	權重嶽	(선과)
		조선사
1941. 4	李鍾達	
1943. 9	菊村香堆	동양사 : 金制物力推排의 硏究
1941. 4	金廷鶴	/ 부산대 교수, 한국정신문화연구원 원장
1943. 9	香山直人	조선사 : 高句麗 部族制度 연구
1941. 4	金得中	
1943. 9	光金得中	조선사 : 李朝初期 奴婢考
1941. 4	竹內硏次	경기
1943. 9	郎	동양사 : 上代 支那人의 日月觀
1941. 4	金聖七	(선과)
	金光聖七	조선사
1942. 4	金澤信忠	경북
		조선사
1942. 4	松原久也	(선과) 충북
		동양사
1942. 10	平松秀康	평북
1942. 10	松山純一	(선과) 경기

*출전:『朝鮮總督府官報』; 京城帝大史學會,『京城帝大史學會報』제1호(1931)~제8호(1935) ; 京城帝大史學會,『京城帝大史學會誌』제9호(1936)~제18호(1942) ; 京城帝國大學文學會,『學叢』제1집~제2집, 1943 ; 京城帝國大學,『昭和十七年 京城帝國大學一覽』, 1943 ; 이충우,『京城帝國大學』, 多樂園, 1980, 266~297쪽.

〈부록 2〉 경성제대 문학부 사학과 일본인 졸업생의 진로와 졸업논문

입학연월 졸업연월	이름	졸업 후 진로와 졸업논문
1926. 4 1929. 3	佐久間敎洞	진주고보·대구사범 교유 조선사 : 弘安役後 日本과 高麗의 關係에 대하여
1926. 4 1929. 3	西健介	원산중·용산중 교유 조선사 : 王氏高麗初期의 對契丹關係
1926. 4 1929. 3	山口正之	평양고녀·경성중 교유 조선사 : 朝鮮에서 基督敎의 傳來에 대하여
1927. 4 1930. 3	小川勝男	경성제이고보·동래고보 교유 동양사 : 金初 宋과의 關係
1927. 4 1930. 3	宮崎五十騎	경성사범 교유 동양사 : 嘰噠國考
1927. 4	窪川豊男	(선과) 1935년 10월 재학 중 사망
1928. 4 1931. 3	伊藤勝嘉	1932년 8월 병사 조선사 : 新羅建國
1928. 4 1931. 3	江見一二	평양고녀·원산상업·원산중 교유 조선사 : 三國末 新羅의 統一運動에 對해
1928. 4 1931. 3	田川孝三	국제법연구실 조수, 조선사편수회 촉탁·수사관보·수사관 조선사 : 毛文龍과 朝鮮의 關係에 對해
1928. 4 1931. 3	高橋一郎	원산상업·흥남고녀 교유, 1938년 1월 사망 동양사 : 近世 英支 外交貿易關係史
1928. 4 1931. 3	三好嚴一郎	동래고보·군산중 교유, 전북 학무과 시학, 전주남중 교유 동양사 : 元朝의 諸民族 統御策에 대하여
1928. 4 1933. 3	稻光榮―62)	철원제이금융조합, 진주고보·경성상업·경성제일고녀 교유 일본사 : 藤原純友의 亂
1928. 4 1933. 3	中岡積63)	목포고녀·경성제이고녀 교유 일본사 : 江戸幕府의 直參 統制
1928. 4 1934. 3	末永隆定	군산고녀·군산중·전주북중 교유 일본사 : 德川家康의 佛敎政策
1929. 4 1932. 3	犬飼俊三	경성여고보·원산고녀·평양고녀 교유 조선사 : 壬辰丁酉役後 對馬의 國交回復運動에 對하여
1929. 4 1932. 3	松尾元治	만몽문화연구사업부 조수, 동성상업학교, 金剛特種鑛山(주) 조선사 : 元代 高麗王位繼承問題

---

62) 1928년 4월에 입학했던 3회 졸업생으로 기록되었지만 1931년 3월의 사학과
졸업생 명단이 아닌 1933년 3월의 학사시험합격자 명단에서 이름을 발견할 수
있다. 「史學科卒業生論文題目」, 『京城帝大史學會報』 1, 1931, 32쪽 ; 『朝鮮總督府官
報』 1931. 4. 4, 1933. 4. 11.

63) 稻光榮一과 같음.

1929. 4 1932. 3	森田芳夫	綠旗研究所 조선사 : 肅宗王代의 淸韓國境査定에 대하여
1929. 4 1932. 3	笠岡幹吾	(선과) 고향 廣島로 귀향 조선사 : 經濟上으로 본 朋黨의 原因
1930. 4 1933. 3	兵頭正	법문학부 副手, 국사연구실 조수, 경성여자사범 교유 일본사 : 中世公家社會에서 記錄莊園券契所
1930. 4 1933. 3	竹下暉彦	동양사연구실 조수, 법문학부(만몽문화연구회) 조수 동양사 : 北魏朝에서 寺院勢力發展의 一考察
1930. 4 1933. 3	宮崎信雄	평양사범학교 교유 동양사 : 支那選擧史에서 九品中正制度의 位置
1930. 4 1933. 3	土居山洋	(선과) 경성전기학교, 경성직업학원 원장, 경성상공실무학원장 일본사 : 日本中世 武家興隆期 武家情神의 發展 및 武家政治의本質
1931. 4 1934. 3	重吉万次	이왕직사료편찬소, 1940년 12월 사망 조선사 : 備變司 設置에 대하여
1931. 4 1934. 3	長島多助	평양고녀·군산중 교유 동양사 : 淸朝入關前 八旗의 硏究
1931. 4 1936. 3	龜田敬二 野口敬二	(휴학) 이왕직사료편찬소, 나남여고보·동나남고녀·인천중 교유 조선사 : 高麗時代 奴婢에 대하여
1931. 4	末重虎一64)	(선과)
1932. 4 1935. 3	大山祝三 早川祝三	일본 新潟村松中學, 東京府立重機工業學校 교유 일본사 : 太宰府의 沿革(平安時代 中期까지를 主로)
1932. 4 1935. 3	江田忠	동양사연구실 조수, 경성사범 교유 동양사 : 南北朝의 流民問題
1932. 4 1935. 3	荻野萬福	해주여고보·겸이포고녀 교유 동양사 : 淸初 琉球와의 關係
1932. 4 1935. 3	瀧澤朝男	해주여고보·해주행정(幸町)고녀 교유 동양사 : 宋代 茶馬市考
1932. 4 1935. 3	筒井滿志	만주국 거주, 河南省 新鄕陸軍特務機關 동양사 : 蒙古의 喇嘛敎와 淸初의 對策
1932. 4 1935. 3	山住左武郎	新京商業學校, 목단강중학 동양사 : 南宋時代의 救荒에 대한 一考察
1932. 4	淸水隆	(선과)
1932. 4 1935. 3	原田平三郎	(선과) 보통학교 훈도 / 공주고녀·대전여고보·대동고녀 교유 일본사 : 北條泰時의 硏究

---

64) 1930년 4월에도 사학과의 선과생으로 입학허가를 받았다. 『朝鮮總督府官報』1930. 5. 15.

1933. 4 1936. 3	井上融	福岡 片倉生命保險會社 九州支店, 北海道支社
		일본사 : 武田信玄의 經略에 대하여
1933. 4 1936. 3	中井英雄	전주사범학교 교유
		일본사 : 戰國時代 毛利氏의 知行法
1933. 4 1936. 3	平間武弌	경성제일고보(경기중) 교유
		조선사 : 朝鮮初期 驛站의 硏究
1933. 4 1936. 3	小幡信一郎	전주중·전주남중 교유
		동양사 : 西夏建國考
1933. 4 1937. 3	山路時雄	함흥중학 교원촉탁, 흥남고녀 교유
		일본사 : 陶山訥庵의 硏究
1933. 4 1936. 3	稅田利秋	(선과) 부산제육심상소학 훈도 / 신의주고보·신의주동중 교유
		동양사 : 金代 交鈔考
1934. 4 1937. 3	嶋崎昌	동양사연구실 조수, 蒙疆學院 조교, 몽강연합자치정부 홍보국
		동양사 : 元代 回敎考
1934. 4 1938. 3	峯崎康忠	공주중 교유, 西鮮電氣(주)
		일본사 : 上杉鷹山과 그 事業에 대해
1934. 4 1937. 3	江部定	(진남포심상소학교 훈도) / 함흥사범·안악고녀 교유
		일본사 : 院政時代의 寺院 硏究
1934. 4 1937. 3	原田正平	광주고보, 경성성동중학 교유
		조선사 : 鮮初 兵制에 대하여
1934. 4	橫山光治	
1934. 4	稻原宏	(선과)
1935. 4 1938. 3	有久善夫	함흥중·흥남공업·광주사범 교유
		일본사 : 大內義隆 硏究
1935. 4 1938. 3	西見信夫	원산상업 교유
		일본사 : 今川貞世 硏究
1935. 4 1938. 3	橋本治平	순천중 교유
		일본사 : 立花宗茂 硏究
1935. 4 1938. 3	松田銀治	(선과) 광주사범·용산중학 교유
		일본사 : 長井定宗의 武家政治觀
1935. 4 1938. 3	香山陽坪	용산중 교유, 총독부 내무국 사회과
		동양사 : 書經의 硏究
1935. 4 1938. 3	末松修	안주중 교유
		동양사 : 高句麗源流考
1937. 4 1940. 3	秋本太二	동양사연구실 조수
		동양사 : 遼·高麗 關係에 대하여
1937. 4 1940. 3	鈴木靜一	蒙疆學院 입학
		일본사 : 蒲生氏鄕의 硏究

기간	이름	내용
1938. 4 1941. 3	大熊正立	경기고녀 교유 동양사 : 唐代 馬政에 대하여
1938. 4 1941. 3	太田朝夫	경기중학 교유 동양사 : 南詔에 관한 一考察
1938. 4 1941. 3	篠澤正	경기상업 교유 일본사 : 藤原道長論
1938. 4 1941. 3	玉木實	해주동중 교유 일본사 : 細川勝元論
1938. 4 1942. 9	田代博	법학과로 전과
1938. 4 1941. 3	卒山力	(선과) 심상소학교 훈도 / 동양사 : 支那 佛敎匪의 연구
1939. 4 1941. 12	五味正道	일본사
1939. 4 1941. 12	井上俊秀	법학과 전과
1939. 4 1941. 12	佐藤博	일본사
1939. 4 1941. 12	堀內道生	일본사
1939. 4 1942. 9	池田勝	(선과) 일본사
1940. 4 1942. 9	秋月徹	동양사
1940. 4	橋詰安四郎	(선과) 마산심상고등소학교 훈도 동양사 :
1940. 4 1942. 9	田村卓夫	동양사
1941. 4 1943. 9	松井八郎	일본사 : 土佐藩의 近況과 海援隊
1942. 4	植松正一	일본사
1942. 4	梶川俊夫	동양사
1942. 4	櫻井元太郎	일본사
1942. 4	二宮啓任	동양사
1942. 4	羽田野重義	조선사

1942. 4	三上一夫	동양사
1942. 4	宮川秀一	일본사
1942. 4	赤澤秀子	(선과) 조선사
1942. 4	中村秋男	(선과) 일본사

〈부록 3〉 1931~1940년 경성제대 사학과의 개설 과목 현황

개설과목	1931	1932	1933	1934	1935	1936	1937	1938	1939	1940
史學槪論	松本	松本	松本	松本	松本	松本	松本	松本	松本	松本
日本古代史	松本	松本			松本			松本		
日本中世史	松本	松本				松本	松本			松本
日本古代 및 中世史			松本							
戰國時代史			松本							
武家의 硏究						松本	松本	松本		
令制 및 그 沿革			松本	松本						
古代史上의 諸問題									松本	松本
國史學演習(1)	松本	松本	松本	松本	松本	松本	松本	松本	松本	松本
國史學槪說	田保潔	田保潔	田保潔	松本	田保潔		田保潔	松本	田保潔	
近代日本外國關係史	田保潔							田保潔		
近代日露關係의 硏究		田保潔								
近代日鮮關係의 硏究			田保潔	田保潔						
江戶時代史								田保潔		
明治史							田保潔			
日淸戰役 硏究										田保潔
國史硏究法		田保潔								
國史學演習(2)	田保潔	田保潔		田保潔		田保潔	田保潔	田保潔	田保潔	田保潔
國史講讀					田保潔	田保潔				
朝鮮史學槪說(1)	今西	今西	藤田	藤田	藤田	藤田	藤田	末松	藤田	末松
朝鮮史學特殊講義	今西				末松					
朝鮮史講讀 및 연습	今西	今西								
朝鮮史硏究法		今西								
朝鮮史學演習(1)			藤田	藤田	藤田	藤田	藤田	藤田	藤田	藤田
朝鮮金石誌65)			藤田	藤田						
高麗金石誌							藤田			
新羅金石誌										藤田
高句麗時代史								藤田		

65) 조선사학특수강의

新羅末期史					藤田					
朝鮮史籍의 吟味								藤田		
高麗時代의 文獻									藤田	
朝鮮史學槪說(2)	小田	小田								
朝鮮史籍解題	小田	小田								
朝鮮史硏究의 諸問題	小田	小田								
朝鮮近世史			中村	中村						
朝鮮史學史			末松							
朝鮮歷史地理				末松						
朝鮮時代史					末松[66]	末松	末松			
高麗時代史						末松				藤田
朝鮮과 明 關係								末松		
朝鮮時代의 諸問題										末松
朝鮮史學演習(2)						末松	末松	末松	末松	末松
西域史-(南北朝時代)	大谷	大谷	大谷			大谷				
唐代西域史의 제문제			大谷				大谷			
唐宋時代 西域 硏究										大谷
西域史演習					大谷					
兩漢時代史					大谷					
漢大文化史						大谷				
元時代史									大谷	
明時代史										鳥山
東洋史學演習(강독)(1)	大谷	大谷	鳥山		大谷	大谷		大谷	大谷	
東洋史學槪說	鳥山	鳥山	大谷	大谷	鳥山	大谷	鳥山	大谷	鳥山	大谷
金初文化의 일고찰	鳥山									
金代經濟雜攷		鳥山								
滿洲民族考			鳥山							
太平天國亂의 一考察			鳥山	鳥山						
渤海國考			鳥山							
金初의 滿洲				鳥山						
魏晉南北朝時代史					鳥山					
五代 및 宋代史							鳥山			
契丹建國考					鳥山	鳥山				
黃河의 歷史地理考察								鳥山		
唐朝史의 諸硏究		玉井								
支那律令考			玉井							
隨唐時代史							玉井			

---

66) '신라왕조' 강의

唐宋兵制考									玉井	
唐代經濟史									玉井	
唐六典의 연구			玉井	玉井						
(支那)史籍解題			玉井		玉井					
宋朝制度考						玉井				
동양사학연습(2)		玉井	玉井	玉井	玉井	玉井		鳥山	玉井	玉井
지리학	大內武次		大內			多田文男	多田	多田	多田	多田
朝鮮考古學	藤田(67)							藤田	藤田	
日本考古學					藤田					
東亞考古學										藤田
고고학연구법 및 실습			藤田(68)		藤田					
고고학(墳墓의 연혁)		藤田								
고고학(朝鮮金石志)	藤田									
고고학(希臘의 陶器)	藤田									
고고학(아테네와로마)		藤田								
서양사학개설	金子	金子	金子	金子	金子	金子	金子	金子	金子	金子
서양사학강독	金子						金子	金子		
서양사학연습			金子	金子						
제18세기사		金子							金子	
계몽정치시대						金子				

* 출전: 京城帝大史學會, 『京城帝大史學會報』 제1호(1931)~제8호(1935) ; 京城帝大史學會, 『京城帝大史學會誌』 제9호(1936)~제18호(1942)

---

67) 삼국시대고고학
68) 강독 및 실습

'조선학' 학술장(學術場)의 재구성

신 주 백

I. 머리말

1930년대 초·중반 식민지 조선에서는 '특이한 현상 중의 하나'로 '일반의 조선에 대한 관심이 현저히 증대'하여 '조선연구열이 발흥하기 시작'하였 다.[1] 그 가운데 당시 사람들의 시선을 광범위하게 붙들어 맨 움직임 가운데 하나가 安在鴻, 鄭寅普가 나서서 일으킨 조선학 관련 이벤트였다. 비타협적 민족주의운동 계열이었던 일부 인사를 중심으로 전개된 이벤트는 언론과 합작하여 광범위한 대중적 시선을 끌어 모으는데 성공한 문화운동이기도 하였다. 그래서 후학들의 연구에서도 이 이벤트에 특별히 주목하여 '조선학 운동'이라 명명하였다.

조선학운동은 조선에 대한 '學'으로서의 연구를 실천 지향적인 차원에서 접근한 움직임이었다. 문화운동으로서의 조선학운동에 주목하고 이를 비타협적 민족주의운동 계열의 일부 사람이 나서서 '차선한 최선책'으로 제기한 운동이라고 규정한 사람은 이지원이었다.[2] 조선학운동의 주체와 범주에 관해 여러 의견이 있기는 하지만, 이지원의 주장이 일반화되어

---

* 이 글은 『역사문제연구』 26호(2011)에 실린 논문을 고쳐 수록한 것이다.
1) 「(사설) 조선연구기관을 만들자」, 『朝鮮中央日報』 1935년 9월 27일.
2) 이지원, 「일제하 安在鴻의 현실인식과 민족해방운동론」, 『역사와 현실』 6, 1991.

있다.[3] 역사교과서에서조차 '민족문화수호운동'이란 측면에서 조선학운동을 비중 있게 다루고 있을 정도이다.[4]

그런데 문제는 선행 연구가 조선학운동을 기준으로 당시 조선연구의 지형을 구분하고 관계를 설명해 왔다는 점이다. 달리 말하면 지형을 구분하는 기준이 저항, 곧 항일이란 정치적 지형을 중심으로 설명하다 보니 조선학운동을 부조적으로 취급하는 의도하지 않은 결과를 초래했고, 운동 내지는 드러난 움직임을 중심으로 조선학의 구도를 분류하는 현상추수적인 분석태도를 노출하였다. 가령 선행 연구는 조선학운동을 중심으로 조선연구열을 설명함으로써 당시의 조선학, 곧 특정 분야에서 조선을 연구하는 태도와 관점을 갖춘 명확한 경향들에 관해 제대로 주목하지 못하는 결과를 초래하였다. 또 조선을 연구하려는 전체 흐름 속에서 운동으로서의 조선학운동이 어느 정도의 실체와 위상을 갖고 있었는지를 파악하고 제대로 자리매김할 수 없게 하였다.

하지만 많은 지식인들이 매우 전문적인 학술논문이든 대중적 지면의 글이든 조선을 하나의 분석 대상으로 설정하며 '학'으로서의 '조선학'을 연구하고 발언한 당시의 현실을 고려할 때, 조선연구열을 운동차원에서만 분석할 수 없다.

필자가 보기에 1930년대 초·중반 조선에 대한 '학'적인 관심을 조선학운동이 모두 대변할 수 없으며, 오히려 조선학운동은 조선에 대한 연구열 가운데 두드러진 일부 현상이었다는 관점에서 접근해야 한다. 위에서 제기한 문제점을 극복하고 1930년대 들어 수립된 한국 근대 학문의 특징을 제대로 분석하기 위해서는,[5] 우선 조선학운동을 전후한 시기, 곧 1930년대

---

3) 조선학운동의 주체, 범주를 비롯해 다양한 논점에 대해서는 신주백, 「'조선학운동'에 관한 연구동향과 새로운 시론적 탐색」, 『한국민족운동사연구』 67, 2011 참조.
4) 예를 들어 2011년 현재 6종의 고등학교 『한국사』 교과서 가운데 33.1%의로 가장 높은 채택률을 기록하고 있는 한철호 외, 『고등학교 한국사』, (주)미래엔 컬처그룹, 2011, 290~291쪽 참조.
5) 이 글의 목적과 관련해서 본다면, 1930년대 들어 한국의 근대 학문이 수립된

초중반 조선사회에서 근대적인 학문을 지향하며 조선연구를 시도한 여러 움직임들까지 동시에 고찰하는 시도, 달리 말하자면 학술장의 지형 전체를 한판 위에서 조망하며 설명할 수 있는 뭔가가 필요하다.

이 글에서는 서술의 편의상 조선학운동을 둘러싼 여러 움직임을 경계 지어 보는 방식으로 접근하고, 나아가서 1930년대 초·중반 조선학이란 학술장을 시론적으로 재구성해 보겠다.[6] 특히 경성제국대학 조선인 졸업자 들 가운데 조선연구에 나섰던 사람들과 학술장의 연관성에 주목하며 조선 학이란 전체 지형 속에서 이를 재구성해 보겠다.[7] 조선연구의 지형을 새롭게 재구성해 봄으로써 우선 다음과 같은 의문점을 해소하도록 시도하 겠다.

배경을 깊이 있게 분석해야 할 필요는 없다. 그 배경에 관한 기술은 선행연구에서 언급한 정도로만 해도 그다지 무리가 없다고 본다. 배경에 관해서는 방기중, 『한국근현대사상사연구』, 역사비평사, 1992, 112~125쪽 ; 임형택, 「국학의 성립 과정과 실학에 대한 인식」, 『실사구시의 한국학』, 창작과 비평사, 2000, 29~31쪽을 참조하면 되겠다.

6) 분석 시기를 1930년대 초·중반으로 한정하려는 이유는, 1937년 7월 중일전쟁이 일어나면서 전시동원체제가 구축되고 황민화정책이 본격적으로 추진되며 새로운 정치상황이 도래하기 때문이다. 더구나 조선학운동이 대략 1934년 9월부터 1936년 경까지 진행되었기 때문이다. 그래서 1936년 3월에 졸업한 경성제대 졸업자까지 만을 염두에 두고 분석하겠다. 이렇게 하면 1937년 1월에 나온 『新興』의 마지막 호까지를 포괄할 수도 있다. 『震檀學報』도 1937년 3월 제7호가 발행될 때까지를 염두에 두고 분석하겠다.

7) 이 글은 조선인 연구자의 현황과 연구경향 자체를 분석하는데 목적이 있지 않다. 그래서 경성제대 문학과, 철학과, 사학과와 그곳을 졸업한 조선인으로 누가 있는지 에 관해서는 아래의 선행 연구로 대신하겠다.
   * 사학과: 박광현, 「식민지 조선에서 동양사학은 어떻게 형성되었는가」, 도면회 윤해동 엮음, 『역사학의 세기』, 휴머니스트, 2009 ; 장신, 「경성제국대학 사학과의 자장(磁場)」, 『역사문제연구』 26, 2011(본 기획 특집).
   * 철학과: 김재현, 「철학의 제도화, 해방 전후의 연속성과 단절」, 김재현 김현주 나종석 박광현 박지영 서은주 신주백 최기숙, 『한국인문학의 형성』, 한길사, 2011.
   * 문학과: 박광현, 「식민지 조선에 대한 '국문학'의 이식과 다카기 이치노스케(高木市之助)」, 『日本學報』, 2004. 여기에서 모두 언급할 수 없지만, 박광현은 경성제국대 학 문학과 관련 글이 여러 편 있다.

안재홍과 정인보가 다산 정약용을 전면에 내세우며 조선학운동을 전개할 때도 여기에 동참한 사람은 그리 많지 않았다. 동참한 대표적인 사람을 들라면, 한국사를 연구한 文一平, 유물사관의 측면에서 한국사를 연구한 白南雲 정도일 것이다.[8] 그런데 백남운을 제외한 유물사관 계열의 인사들은 조선학운동과 거리두기를 명확히 하였다. 선행 연구에서도 서로 역사관이 달랐다는 점에 주목하며 자주 언급해 왔다. 하지만 양자 사이에는 무엇이 달랐는지를 구체적으로 명확히 제시된 적은 없다. 가령 선행 연구는 경성제국대학(이하 경성제대) 졸업생으로 조선문학을 연구하는 김태준, 철학을 연구하는 申南澈이 안재홍을 비판한 논지는 무엇이고, 여기에 대해 안재홍이 어떠한 대응논리를 제시했는지를 언급하지 않아 무엇이 달랐기에 선택 지점에 차이가 있었는지를 뚜렷이 설명하지 못하고 있다. 더구나 안재홍과 정인보를 비판한 김태준은 진단학회의 발기인으로 참여하여 출범 당시 이병도 등과 함께 6인의 상무위원 가운데 한 사람이었다. 신남철도 『震檀學報』 제3호(1935. 9)에 번역문을 수록하고 있다. 선행연구처럼 저항의 관점, 내지는 유물사관 대 실증주의의 대결이라는 관점에서 김태준과 신남철의 행동을 보면 이해하기 어려운 대목이지만 이에 대해 답한 연구는 없다.

김태준도 참여한 진단학회는[9] 조선학운동이 전개되기 직전인 1934년 5월 '조선과 인근 문화'를 연구하는 학술단체를 표방하며 창립되었다. 그럼에도 진단학회의 구성원들은 조선학운동에 동참하지 않았다. 그런데 당시 사회는 진단학회가 '조선문화 연구열'을 반영하여 '조선문화의 과학적 연구' 단체로 출범함으로써 '조선문화와 인근 문화를 연구, 학술적 권위를 확립'할 것으로 보았다.[10] 실제 출범 이후 진단학회는 조선을 연구 대상으로

---

8) 물론 두 사람이 조선학운동 자체에 어느 정도 적극적이었는지는 검토해 보아야 할 사안이기는 하지만, 안재홍, 정인보와 함께 강연회의 연사로 참여하거나 원고를 함께 투고했다는 점에 주목할 필요는 있다. 조선학운동과 관련한 백남운에 관해서는 방기중, 앞의 책, 1992 참조. 문일평에 관해서는 류시현, 「1920~30년대 문일평의 민족사와 문화사 서술」, 『민족문화연구』 52, 2010 참조.
9) 『震檀學會60年誌』(1994)의 '연혁'에 따르면 申南澈은 회원으로 가입하지 않았다.

하는 여러 방면의 논문들을 수록한 『震檀學報』를 꾸준히 발행하였다. 그렇다면 조선학운동과 진단학회는 어떤 차이가 있을까. 선행연구 가운데는 조선학운동을 통일전선의 측면 내지는 좌우연대의 측면에서 파악하려는 경우도 있지만, 조선학운동 그룹과 진단학회 사이의 거리를 해명하면서 파악한 경우는 없다. 사실 경성제대를 졸업한 조선인 가운데 조선의 역사학, 문학, 민속학 분야에서 학문을 계속하려는 사람은 거의 대부분 진단학회에 참여하였다.

조선학운동 주도자, 유물사관 계열, 그리고 진단학회. 이들을 이어주는 고리 가운데 하나가 조선인으로서 경성제대 법문학부를 졸업하고 조선에 대해 계속 연구하는 사람들이라는 점이다. 이들은 '우리에게 확호한 이론! 과학적 근거로부터 우러나오는, 행동의 지표의 결여함'을 극복하고자 1929년부터 『新興』이라는 잡지를 발행하고 있었는데 조선학운동에 동참하지 않았다.[11] 그들은 '진정한 학술논문의 발표기관'을 표방하는 가운데,[12] 조선학운동이 전개되고 있던 그 시기에도 '조선연구'를 진행하며 1937년 1월 제9호까지 『新興』을 발간하였다. 그런데도 그들이 조선학운동에 동참하지 않은 이유는 무엇일까.

정종현은 경성제대 출신의 조선인이 『新興』을 발행함으로써 저널리즘적 차원의 민간의 학술활동을 비판하고 제국대학 아카데미즘의 후예로서 자신을 인식하며 이들과 거리두기를 하는 한편에서, 식민지학의 본산으로서의 경성제대의 제도를 거부하는 이율배반적인 태도를 취했다고 보았다.[13] 매우 적절하고 새로운 지적이며 우리의 의문을 해소해주는 설명이기도 하다. 하지만 신흥에 투고한 필자들의 졸업 후 행적을 대략만 보더라도

---

10) 『朝鮮中央日報』1934년 5월 10일 ; 『朝鮮日報』1934년 5월 10일 ; 『東亞日報』1934년 5월 9일.

11) 「편집후기」, 『新興』1, 1929. 7, 121쪽. 경성제대 졸업생들과 『新興』의 관계에 대해서는 박광현, 「경성제대와 '신흥'」, 『한국문학연구』 26, 2003 참조.

12) 「편집후기」, 『新興』7, 1932. 12, 341쪽.

13) 정종현, 「신남철과 '대학' 제도의 안과 밖」, 『한국어문학연구』 54, 2010.

그들이 꼭 '제도'를 거부한 것도 아니며, '일본어 학술로 대변되는 제국 일본의 학지로부터 독립하고자' 했던 것14)도 아니라는 점을 확인할 수 있다. 정종현의 문제의식을 더욱 발전시켜 새롭게 해석하려면, 경성제대 법문학부 졸업자들이 선택한 지점을 파악하고 그것을 조선학이란 학술장의 지형 속에서 자리매김할 필요가 있다.

필자는 경성제대 졸업자들 가운데 조선을 연구 대상으로 삼는 학문을 시도한 사람들의 입지점을 이해하는데 중점을 두고자, 우선 제I장에서는 조선학 연구에 뛰어든 주요 조선인 참가자 사이의 경계를 조선연구에 대한 태도와 연구방법을 기준으로 구분지어 보겠다. 그리고 이어 제II장에서 는 네 가지 기준을 가지고 조선학 연구 경향을 크게 다섯 가지로 유형화함으 로써 1930년대 초중반 학술장의 지형을 재구성해 보겠다.

II. 경성제국대학 졸업자들과 '조선학운동', 진단학회의 경계

경성제대의 성립은 일본 관학아카데미즘의 주변적인 위치에서만 취급되던 조선에 대한 연구가 정규적인 학문 분야로 제도화되었음을 의미한다. 법문학부는 '조선어학·조선어문학', '조선사학' 전공에 4개의 강좌를 설치했을 뿐만 아니라 동양학 계열과 일본학 계열의 강좌와 함께 일본 제국 전체에서 조선연구에 대해 핵심적인 역할을 수행할 수 있는 재생산 구조를 갖추게 되었다.15) 법문학부에 문학과, 사학과, 철학과가 설치됨으로써 조선학이 학술제도로서 정착될 수 있는 획기적인 전기가 마련되었다.

경성제대는 서구의 실증주의적 학술방법론에 입각하여 강좌를 개설하고 학생들에게 많은 학습량을 요구하였다. 그러면서도 학생들의 용기와 기백

---

14) 정종현, 위의 논문, 2010, 398쪽.
15) 정준영, 「경성제국대학과 식민지 헤게모니」, 서울대학교 박사학위논문, 2009, 158쪽.

을 꺾지 않기 위해 격려하고 사소한 실수는 따지려 들지 않았다.16) 제1회 졸업생은 1929년에 나왔다.

경성제대 법문학부의 조선인 출신자와 재학생들은 우리 사회에 '과학적 근거'를 제시하여 '행동의 지표'로 삼을 수 있도록 하겠다고 표방하며 자신의 학술적 경험을 외화한『新興』을 발행하였다. 그들은 자신의 '임무'가 '진정한 학술논문'을 통해 '당면한 현실적 제문제에 대한 과학적 연구'를 진행하여 조선사회를 체계적으로 해명하는 데 있음을 표방하였다. 그러면서 조선에 대한 '科學批判의 主題的 源泉'을 제공하는 일이 자신들의 '良心'이라고 자부하였다.17)

조선의 현재적 현실을 관찰하고 연구하려는 경성제대 출신자들의 자각은 그때까지의 학문에 대한 혹독한 비판과 맞닿아 있었다. 1931년 철학과 제3회 졸업생인 신남철은 그러한 경향을 다음과 같이 정리하였다.

> 도리키어 조선에 관한 역사적 연구를 볼진대 그 너무나 적막함을 느끼지 않을 수 없다. … 특히 두드러진 저술을 보지 못하얏다. 그러나 **근년에 이르러 氣銳한 젊은 學徒들의 刻苦한 硏究下에 차차로 전문적 연구가 차근차근 積蓄**되어 가는 것을 볼 때 기뻐하는 反面에 종래의 학자들의 散漫하고 反科學的인 物語然한 '硏究'든지 또는 考證 위주의 論斷이든지 모다 **現實生活을 神話化시킨 非科學的 態度**로 일관한 것이 아니엇든가. 그러나 이것이 사회 전체의 **現代的 觀心에 기여**하는 바 적엇기 때문에 새로운 과학적 방법하에 조선을 재인식하려는 경향이 濃厚하게 釀成되어 잇는 것을 볼 때 참으로 欽幸한 생각을 禁할 수가 없는 바이다.
> 이에 비로소 **'조선학'의 수립이**─역사과학적 방법에 의한─**바야흐로 부르짖어지게 된 것**은 현세의 필연한 바라고 하겠다.18) (강조: 인용자)

---

16) 李忠雨,『京城帝國大學』, 多樂園, 1980, 141쪽.

17) 「편집후기」,『新興』7, 1932. 12. 14, 341쪽. 제7호의 '저작 겸 발행자'는 兪鎭午였다.

18) 申南澈,「最近 朝鮮研究의 業績과 그 再出發(2)─朝鮮學은 어떠케 樹立할 것인가」,『東亞日報』1934년 1월 2일.

신남철이 말하는 과학적 방법이란 마르크스주의에 입각한 연구를 의미하지만, 그가 이 이유만을 내세우며 조선학운동의 주도자와 선을 그은 것은 아니다. 그가 보기에 경성제대 출신자들은 '현대적 관심', 곧 식민지 조선의 현실에 대한 현재적 관심에서 출발하여 과학적이고 전문적인 지식을 획득하여 연구하는데 반해, 위인선양·고적보존운동을 주도한 사람들을 비롯해 기존의 선학들 다수가 '종래 거의 고루하고 관념적인 방법에 의하야 연구'하면서 '조선의 독자성을 신비화하는 국수주의적 견해'에 빠져 있었다.19) 그로부터 9개월 후 안재홍과 정인보가 제창한 조선학운동에 경성제대 출신자들이 참가하지 않은 중요한 이유가 여기에 있었다. 달리 말하면, 이념의 차이 또는 현실인식의 차이만으로 단정할 수 없는 이유가 여기에 있다.

경성제대 출신의 마르크스주의 연구자들은 참가하지 않았을 뿐만 아니라 이들에 대해 매우 대결적인 입장을 드러냈다. 단군과 기자조선에 관한 양자간의 견해 차이는 역사인식이 다르다는 정도로 치부할 수도 있다.20) 하지만 학술운동의 방향에 대한 비판은 조선학운동에 대한 근본적인 의문을 제기하는 것이었고, 더 나아가 인식공격성 비판은 인간관계의 단절까지를 전제하지 않는 한 나올 수 없는 것이었다. 조선학운동 관계자를 직접 비판한 사람 가운데 대표적인 경성제대 출신자는 1931년 제3회 졸업생인 김태준이었다. 그는 조선학운동 관계자들이 다산 丁若鏞을 전면에 내세우며 조선학을 주장하자, "다산을 '조선의 태양'으로 보지 아니하고 '조선의 사람'으로 보는 것이 '진정한 정다산 연구의 길'이"라고 제시하였다. 그러면서 '茶山夢에 깨어나지 못한 완고들이 다산을 그대로 부흥하자'는데 반대하면서 아래와 같이 방향을 제시하였다.

---

19) 申南澈,「最近 朝鮮研究의 業績과 그 再出發(1)·(2)−朝鮮學은 어떠케 樹立할 것인가」, 『東亞日報』 1934년 1월 1일 ; 1월 2일.

20) 安在鴻,「檀君論과 殷箕子抹殺論」,『新朝鮮』 1935. 6 ; 金台俊,「箕子朝鮮辨」, 金台俊 저, 丁海廉 편역,『金台俊 文學史論選集』, 현대실학사, 1997, 275~284쪽(원전:『中央』 4-5, 1936. 1).

다산의 진면목을 外衣로 아름답게 화장시켜 놓은 다산이거나 그 시대적 의의를 떠난 다산의 '茶山宗으로서의 다산'을 우리는 경계하며 배격하지 않으면 안된다. 곧 **필요한 부분에서 다산을 경앙할 것이요, 필요 이외의 부분에서 다산을 앙양할 것은 아니다.**[21] (강조: 인용자)

그럼에도 불구하고 김태준이 보기에 안재홍 등이 우리의 당면한 현실에서 다산 연구가 얼마나 중대한지, 다산의 참된 면모는 무엇인지를 대중에게 전달하기보다, 신문사에 관계된 지위를 이용하여 동아일보와 조선일보에 기사를 크게 게재하고 '서세 100年 忌를 지내고 강연까지' 한 것은 『여유당집』의 '대광고'에 불과하다고 비판하였다.[22]

김태준은 조선학운동의 또 다른 리더인 정인보에 대해서도 매우 신랄하였다. 정인보가 '문헌적 공헌은' 크나 '논리의 비약이 그 공헌보다 더 크다'고 하면서 5천 년간의 '민족의 얼'을 환기하려는 행위가 '역사의 왜곡된 선입견'을 심어줄 우려가 있다고 지적하였다.[23] 더 나아가 '학(과학)과 상식의 구별, 학문 일반과 중국고대문학과의 구별'을 하지 못하는 한학자인 정인보가 문인 만능의 조선사회의 특수성 때문에 역사가인 것처럼 행동하고 있다고 비판하였다.[24]

그렇다면 경성제대 출신의 마르크스주의 연구자들이 대안으로 제시한

---

21) 金台俊, 「眞正한 丁茶山 硏究의 길—아울러 茶山論에 나타난 俗學的 見解를 批判함 (1)~(10)」, 金台俊 저, 丁海廉 편역, 위의 책, 1997, 320쪽(원전:『朝鮮中央日報』 1935년 7월 25일~8월 6일).

22) 金台俊, 위의 논문, 320쪽(원전:『朝鮮中央日報』1935년 7월 25일~8월 6일). 安在鴻이 『新朝鮮』 12호(1935. 8)에 게재한 「現代 思想의 先驅者로서의 茶山 先生 地位」라는 글에서 丁若鏞을 '國家的 社會民主義者'로 규명한 것은 김태준의 비판과도 관련이 있을 것이다. 安在鴻은 丁若鏞이 매우 '진보적인 정책사상'을 가지고 있는 현대사상의 선구자이지만 '왕실을 중심하고 국가를 단위로 한 점에서만 근세 사회주의 사상과 서로 다른 者'라는 점에서 그렇게 명명하였다. 또 백남운이 『新朝鮮』 12호(1935. 8)에서 다산이 '근대적 자유주의자'라며 「茶山先生百年祭의 歷史的 意義」라는 글을 쓴 것도 이에 대한 대응의 일환이었을 개연성이 높다.

23) 天台山, 「鄭寅普論(2)」, 『朝鮮中央日報』 1936년 5월 16일.

24) 天台山, 「鄭寅普論(3)」, 『朝鮮中央日報』 1936년 5월 17일.

것은 무엇이었을까.

기존의 학술에 대해 비판적이었던 신남철은 '역사과학적 방법'에 입각하여 연구하는 새로운 조선학을 수립하려면 '사회적 관련'성이 있는 문제를 연구대상으로 설정하고 '학적 연구'만 하는데 그치지 않고 실천적 문제의식을 내포해야 한다고 보았다. 더 나아가 '종래의 설화적 사관'을 버리고 역사적 접근이 필요하다고 보았다.[25] 그가 말하는 역사적 접근은 유물사관에 기초한 연구를 의미할 것이다.

그런데 아래 글에서도 확인할 수 있듯이, 조선학 연구의 목적과 방향에 관해 신남철보다 먼저 비슷한 문제의식을 제시한 사람은 김태준이었다.

조선학 연구가 **현실의 조선 땅에 사는 일반인의 행복을 위해서** 한다고 할진데 우리는 그 **일반인의 陳頭에서 실천적 지도를 아니하겠거든** 일반인과 호흡을 함께하여 차라지 종으로는 현단계에 이르기까지의 발전 과정을 분명히 해석하여 미래의 예측에 제공할 만한 資助가 되어야 할 것이요, **횡으로는** 세계적 학문으로서 연락이 있어야 하고 또 거기서만 학문의 생명도 있나니[26] (강조: 인용자)

여기에서 또 한 가지 주목해야 할 점은 마르크스주의 연구자가 말하는 실천의 수준이다. 그들은 조선학 연구를 바탕으로 직접 항일 운동을 지도한다는 의미에서 실천을 말하는 것이 아니었다. 이점에서 김태준과 신남철은 1933년 당시 국내에서 전개되고 있던 '혁명적' 노동·농민운동, 그리고

---

25) 申南澈, 「最近 朝鮮研究의 業績과 그 再出發(4)-朝鮮學은 어떠케 樹立할 것인가」, 『東亞日報』 1934년 1월 7일.

26) 金台俊 저, 丁海廉 편역, 앞의 책, 1997, 352~353쪽(원전: 「朝鮮學의 國學的 硏究와 社會學的 硏究(2)」, 『朝鮮日報』 1933년 5월 2일).
세계와의 연계성 및 보편성을 내세우는 김태준의 조선학 하기는 안재홍, 정인보의 조선학과 함께 할 수 없었다. 왜냐하면 안재홍은 조선학이란 '일개의 동일 문화체계의 단일화한 집단에서 그 집단 자신의 특수한 역사와 사회와의 문화적 경향을 탐색하고 구명하려는 학의 부문'이라고 규정하여 특수성을 강조했기 때문이다.

이를 바탕으로 조선공산당을 재건하려는 움직임과 분명히 선을 그었던 것이다.[27] 그럼에도 불구하고 '예민하게 시세를 통찰'함으로써 현실 조선의 특수성과 보편성을 탐구해야 한다는 유물사관 계열의 조선연구에 대한 태도와 방법론은, 그들로 하여금 실천운동에 뛰어들 여지를 폭넓게 열어 놓았다. 김태준이 1930년대 중반 이재유그룹과 연락을 취하였고, 1940년경 부터 박헌영의 경성꼼그룹에 직접 가담하여 '인민전선부'에서 활동한 사례가 여기에 해당된다고 하겠다.[28]

조선학의 현재성과 실천성을 강조하는 마르크스주의 연구자들과 정반대 되는 입장을 가진 사람이 많이 참여한 단체가 1934년 5월에 결성된 진단학회 이다.[29] 진단학회는, '학문은 현실정치를 초월할 것이라는 신념' 아래 '순수 학구적 방면으로 향하는 자'들이 주도한 단체였다. 여기서 말하는 '순수 학구적'인 사람이란 당시 '한국 사람들의 지식층이며 학생간에 사회 주의니 민족주의니 하는 논쟁'과 대칭적인 위치에서 살아가려는 사람을 가리킨다.[30] 민족주의와 사회주의가 공통되게 간주하는 대상은 조선을

---

27) 하지만 김태준의 경우 이후 그의 행동을 고려할 때 좀 더 신중한 판단이 필요하다고 본다.

28) 관련된 내용은 신주백, 「당재건운동」, 「최후의 재건운동 조직, 경성꼼그룹」, 『1930 년대 국내 민족운동사』, 선인, 2005 참조.

29) 진단학회가 이 시점에 결성된 이유는 무엇일까. 아직 명확히 이렇다고 논증한 연구도 없고, 필자도 뚜렷하게 말할 수 없지만, 최소한 백남운을 비롯한 사회경제사 학의 동향과 무관하지 않을 것이라는 점은 분명하다. 백남운은 1932년 6월 '조선사 관 수립'을 제창하였다(『經濟研究』4, 1933. 2). 여기에서 그는 '과거의 사적 사실만 을 뒤적거리는 것이 史家' 아니라고 주장하였다. 1933년 9월 '大著'『朝鮮社會經濟史』 를 출간하였고, 10월에 출판기념회가 성황리에 열릴 정도로 여론의 뜨거운 주목을 받았다(『朝鮮中央日報』1933. 10. 18). 그리고 '朝鮮經濟史의 方法論'이란 주제로 11월에 대중강연도 하고 글도 발표하였다(『新東亞』3-2, 1933. 12). 백남운이란 개인 인물만이 아니라, 그의 역사인식과 연구방법은 조선인사회 내지는 민간영역 에서 집중적인 시선을 받았던 것이 분명하며, 그런 그가 조선 역사학의 새로운 수립을 적극적으로 제기하며 나름대로 논증하고 영향력을 확대하고 있었다.

30) 孫晉泰, 「'震檀學報'10冊의 發刊과 李丙燾兄」, 震檀學會 編, 『歷史家의 遺香-斗溪李丙 燾先生追念文集』, 一潮閣, 1991, 166쪽(원전:『文章』1-5, 1939. 6).
이런 논지를 고려한다면, 한국 역사학계에서 흔히들 분류하는 신민족주의사학에

식민지로 지배하고 있는 일본제국주의이다. 따라서 1934년의 시점에서 '현실 정치를 초월'한다는 것은 일본제국주의와 무관한, 곧 식민지 조선의 현실과 명확히 거리를 두는 학문을 하겠다는 의미이다.

진단학회는 식민지 조선의 현실과 거리두기를 하면서도 조선의 역사와 문화를 대상으로 연구하는 나름 분명한 명분을 내세웠다. 그것은 사실상 창립 취지문이라고 할 수 있는 아래 글에서 확인할 수 있다.

> 근래 조선(문화)를 연구하는 경향과 열성이 날로 높아가는 상태에 있는 것은 참으로 慶賀에 견디지 못하는 바이나, 그런 경향과 열성이 조선인 자체에서 보다 조선인 이외의 인사간에 더 많고 큼을 발견하게 된다. 그 까닭은 우리 스스로 냉정히 캐어볼 필요가 있지만, 어떻든 우리는 **그런 연구까지 남에게 밀어 맡기어, 오직 그들의 노력과 성과만을 기다리고 힘입기를 바라는 者가 아니다.** 비록 우리의 힘이 빈약하고 연구가 拙劣할지라도, 自舊自進하야 또 서로 협력하야, 조선 문화를 개척 발전 향상시키지 않으면 안 될 의무와 사명을 가진 것이다.[31] (강조: 인용자)

여기서 말하는 '남'이란 재조일본인과 본토의 일본인을 가리킨다. 그들과의 경쟁에서 이겨야 한다는 내면적인 명분이 작동하고 있는 것이다. 진단학회는 경쟁을 위한 학문 방법으로 실증주의를 취하였다.

그런데 진단학회가 말하는 일본인과의 경쟁이란 비타협적 경쟁이 아니었다. 재조일본인의 대표적 종합 학술잡지인『靑丘學叢』제18집의 '휘보'에는 이병도가 작성한 진단학회의 창립을 알리는 글이 있다. 이 글은 위에서 인용한 한글본의 창립 취지문을 저본으로 작성된 日文인데 내용이 거의 비슷하며, 그중에서 차이가 나는 주목할 만한 대목이 아래 문장이다.

安在鴻과 더불어 손진태를 포함시킬 수 있을지는 재검토의 여지가 있다고 하겠다. 민속학적인 측면에서 손진태의 '협력'에 관해 분석한 남근우의『'조선민속학'과 식민주의』(동국대학교출판부, 2008)는 재검토가 필요한 이유에 대해 많은 시사점을 제공한다.

31)「震檀學會創立」,『震檀學報』1, 1934, 223쪽.

『靑丘學叢』중 : 아무튼 **반도의 인사**는 自舊自進하며 **서로 협력하여** 조선 문화의 개척 발전 향상을 위해 노력하지 않으면 안 된다는 의무와 사명을 갖고 있다.[32]

『震檀學報』중 : 비록 **우리의** 힘이 빈약하고 연구가 拙劣할 지라도, 自舊自進하야 또 **서로 협력**하야, 조선 문화를 개척 발전 향상시키지 않으면 안 될 의무와 사명을 가진 것이다. (강조: 인용자)

진단학회는 재조일본인 연구자들과의 '협력적 경쟁' 속에서 조선 문화를 향상시키려 했던 것이다. 앞서 인용한 손진태의 언급과 연관시켜 말하자면 진단학회의 주도자들이 말하는 '순수 학구'란 식민지 현실을 정면으로 직시하지 않고 현실과 관련된 연구과제를 설정하고 문제를 제기하는 활동을 외면하겠다는 다른 표현에 불과하다. 이들은 기본적으로 적극적이든 소극적이든 일본에 비판적 태도를 취할 의사가 없었음을 알 수 있다.

결국 근대 학문을 하는데 있어 진단학회의 두 가지 태도, 즉 현실문제로부터 거리두기, 그리고 재조일본인 연구자들과의 협력적인 연구자세는 조선학운동 참가자들로서는 인정하기 어려운 점이었다. 그것은 마르크스주의에 입각하여 조선학을 연구하는 경성제대 출신자들 입장에서도 마찬가지였다. 이와 반대로 진단학회를 이끄는 주요 참가자들의 입장에서도 '과학적' 연구방법에 입각하여 전문 학술지에 '과학적'인 글쓰기를 하지 않으면서 대중적 지면에 주장을 발표하고 실천을 앞세우는 조선학운동 관계자들과 함께 하기는 어려웠다. 더구나 역사관까지 다른 마르크스주의자들과 함께 한다는 것은 더더욱 어려웠을 것이다.

두 가지 특징과 더불어 조선어 학술기관지를 갖고 있지 못하던 조선의 현실에서 진단학회가 『震檀學報』를 발행한 점은, 근대 학문을 추구하는 조선인 연구자들을 결집시키기에 용이한 조건이었다. 가령 경성제대 문학과에서 '조선어학 조선문학' 전공으로 졸업한 사람 가운데 2회 졸업생

---

32) 李丙燾, 「震檀學會の創立」, 『靑丘學叢』 18, 1934, 185~186쪽.

李熙昇과 5회 졸업생 方鍾鉉을 제외한 졸업생 가운데 당시의 대표적 한글운동 단체인 조선어학회와 연결된 사람은 없었다.[33] '조선어학 조선문학' 전공의 졸업자들은 오쿠라 신페이(小倉進平)의 영향을 받아 역사와 방언을 중심으로 언어학의 이론적 체계화에 더 관심을 기울였지, 조선어의 현재와 미래를 둘러싸고 전개되고 있던 한글운동에는 소극적인 태도를 취한 것이다.[34] 그러면서도 학술적 글쓰기에는 적극적이어서 경성사범학교에 근무했던 趙潤濟는 식민지기에 발행된 『震檀學報』의 제14호까지 여섯 편의 글을 발표하였으며,[35] 『靑丘學叢』에도 글을 발표하였다. 그는 조선어문학회(1931) 후배들에게는 "우리 문화는 우리 손으로 재건한다는 사명을 잊어서는 안된다"고 말했지만 그 자신은 '국문학을 위한 학문연구에 열중'했던 것이다.[36] 1933년 4회 졸업생인 李崇寧도 『震檀學報』 제14호까지 세 편의 글을 발표하였다.

이에 비해 조선어학회를 중심으로 한글운동을 벌이고 있던 방종현과 이희승은 『震檀學報』에 한 편의 글도 없다. 특히 이희승은 발기인이자 1934년부터 1936년까지와 1937년부터 1941년까지 위원이었는데도 글이 없다. 이 점은 문학과에서 '지나어학 지나문학' 전공이었던 김태준도 마찬가지였다. 그도 이희승처럼 발기인이었고 1934년부터 1936년까지 상무위원이었다. 그리고 1937년부터 1939년까지도 진단학회의 위원이었다. 이희승의 경우 조선어학회에 관여하는 한편에서 이화여자전문학교에서 국어학 이외의 과목까지 강의를 담당해야 했던 현실도 영향을 끼쳤을 것이다.

---

33) 제1회 졸업생 조윤제로부터 1936년 제7회 졸업생까지를 합하면 14명이었다.
34) 이준식, 「일제 강점기의 대학 제도와 학문 체계 – 경성제대의 '조선어문학과'를 중심으로」, 『사회와 역사』 61, 2002, 212쪽.
35) 조윤제는 李丙燾(17편)와 김상기(7편) 다음으로 많은 편 수를 발표하였다.
36) 李忠雨, 앞의 책, 1980, 196쪽 ; 趙潤濟, 『陶南雜識』, 乙酉文化社, 1964, 379쪽. 조윤제 자신이 주장하는 민족사관과 연관지어 보아야 할지는 모르겠지만, 그의 행적에서 경성사범학교를 퇴직하는 1939년 이후는 이전과 좀 다른 것 같다. 그 스스로 '민족사관'을 말한 적이 있지만 이때까지 그의 선택에 대한 분석은 신중하고 세밀할 필요가 있기 때문이다.

김태준의 경우는 역사관의 차이와도 무관하지 않았을 가능성이 있다. 요컨대 이들은 조선의 현실문제에 학적인 전문성을 갖고 직접 개입하면서도 진단학회와의 연계에는 나름 선을 긋고 있었다는 공통점을 발견할 수 있다.

III. 1930년대 초·중반 조선학이란 학술장의 지형도 다시 그리기

조선학이란 조선을 대상으로 역사와 문화 현상에 대해 분석적인 발언을 하고 연구하는 근대 학문을 말한다. 제I장의 분석에서 알 수 있듯이, 경성제대 출신의 조선인 졸업자들 사이에서도 조선학 연구에 대한 자세와 방법론 등에 차이가 있었다. 1930년대 초·중반 식민지 조선에서 조선학 연구의 흐름은 이보다 더 복잡하였다. 이들 간의 관계와 경계를 정립하고 설명하기 위해서는 논리적 연관성을 갖는 일관된 기준틀이 필요하다.

필자는 당시의 지식인들이 현실에 대해 어떤 학문적 태도, 곧 현실에 개입하려 했는가 아니면 초연하려 했는가가 하나의 기준점이 되어야한다고 생각한다. 또한 근대 학문은 방법론을 개입시켜 대상을 분석하므로 어떤 방법론을 갖고 조선을 연구하려 했는지에 따라 구분할 수도 있다고 본다. 조선연구에 대한 태도와 방법론을 갖고 진행한 연구와 활동의 지향점이 제도권 학계를 지향했는가, 아니면 그렇지 않았는가도 고려해야 한다. 어떤 자리와 위치에서 연구할 것인가는 오늘날에도 중요하지만 식민지 조선의 현실에서도 개인의 삶의 방향을 좌우할 수 있는 매우 중요한 선택 지점이었기 때문이다. 마지막으로 근대 학문은 자신이 연구한 결과를 외화할 수 있는 지면을 필요로 한다. 그래서 1930년대 초·중반 조선의 지식인들은 자신이 진행한 학술연구를 어느 지면에 발표하려 했을까도 검토해야 한다. 지면의 성격은 매우 다양하므로 학술지였는가, 아니면 대중적인 신문과 잡지였는가로 구분하여 보겠다.[37] 요컨대 학술장의 지형을 구분하는 기본적인 기준은 현실에 대한 태도, 연구방법론, (비)제도권 지향, 발표 매체로 압축하여 말할 수 있겠다.

네 가지 기준을 놓고 1930년대 초·중반 조선학의 지형을 구분해 보면 다음과 같이 다섯 부류로 나눌 수 있다.[38]

첫째, 마르크스주의 학문과 거리를 두는 한편에서, 식민지 조선의 현실에 대해 비판적인 생각을 품은 가운데 적극적이든 소극적이든 현실문제에 개입하는 실천 지향적 태도로 조선을 연구한 흐름 또는 움직임이 있다(①). '운동으로서의 조선학'을 추구했다고 볼 수 있겠다. 위인선양·고적보존운 동과 한글운동, 조선학운동이 대표적인 보기일 것이다.[39] 경성제대 출신자 로는 한글운동에 참여한 이희승과 방종현을 들 수 있겠다.

둘째, 현실의 실천적 운동과는 명확히 거리를 두거나, 현실에 관심은 있지만 조선이 직면한 현실과도 무관하게 고증학적으로 조선연구를 진행하 면서 조선의 과거에 대해 발언한 흐름 또는 움직임이다(②). 1930년대 黃義敦이 여기에 해당된다고 하겠다.[40] 경성제대 출신자로 이 부류에 해당

---

37) 더 나아가 이러한 기준에 의해 분류된 사람 또는 단체가 해방 이후 어떠한 행적을 보였는지도 시야에 넣어둘 필요가 있다. 경성제대 졸업자에 대해서만 검토해야 하는 이번 글에서는 이 점까지 언급하지 않겠다. 이렇게 접근하면 한국 현대 역사학의 계보학적 재정리가 이루어지는 데도 크게 기여할 것이므로 후고를 기약하겠다.

38) 네 가지 기준과 다섯 가지 유형에 대한 구분은 연세대 국학연구원 HK사업단의 클러스터에서 2년 넘게 함께 토론한 장신, 정준영 학형의 도움이 컸다. 이 지면을 빌어 두 동학에게 고마운 마음을 전한다.

39) 신간회가 해소되고, 사회주의운동이 좌경화한 가운데 핵심인사는 모두 체포되거나 지하화하였다. 더구나 1930년대 초중반 민족주의운동 계열이었던 사람들은 합법 공간 내에서의 문화운동을 지향하였다. 따라서 필자는 이 시점에서 민족주의운동 계열을 타협과 비타협으로 구분하는 것은 그다지 의미가 없다고 본다.

40) 황의돈은 1920년부터 19년간 보성고등보통학교에 재직하며 역사·한문·조선어를 담당하였다. 그동안 『新編朝鮮歷史』(鴻文閣, 1923), 『中等朝鮮史』(以文堂, 1925)를 발행하여 조선역사에 관한 대중의 갈증을 풀어주었다. 그의 이력은 『黃義敦先生古稀記念論叢』(東國大學校出版部, 1960)을 참조하였다. 그런데 분명히 하나의 경향으로 독립시켜 분류할 수 있는데, 황의돈과 같은 경향에 포함시킬 수 있는 문학과 철학 분야의 적절한 사람을 찾지 못하였다.

한 사람은 없었다.

셋째, 식민지 조선의 현실을 마르크스주의에 입각하여 비판하면서 과학적 조선연구를 내세운 흐름 또는 움직임이다(③). ①의 경향처럼 '운동으로서의 조선학'을 추구했다고 볼 수 있겠다. 백남운이 대표적인 인물이며, 경성제대 출신자로는 김태준, 신남철의 움직임을 들 수 있겠다.

넷째, 식민지 조선의 현실에 대한 진단을 배제함으로써 개입할 여지를 원천적으로 차단하거나 식민지라는 현실을 수긍하면서 순수한 학문의 대상으로서만 조선을 연구한 흐름 또는 움직임이다(④). 불완전하지만 '제도로서의 조선학'을 추수했다고 볼 수 있겠다. 이병도가 이끌었던 진단학회(1934. 5~) 주도자들이 대표적인 사람일 것이며, 개인으로 따지면 경성제대 졸업자 가운데는 조선사의 申奭鎬, 조선문학의 조윤제, 이숭녕이 여기에 해당된다고 볼 수 있겠다.

다섯째, 조선을 일본에 종속된 공간으로 간주하며 그것을 정당화하는 발언과 연구를 진행한 흐름과 움직임이다(⑤). '제도로서의 조선학'을 추구했다고 볼 수 있겠다. 경성제대 법문학부의 경성제대법문학회(1928~1934)와 경성제대문학회(1934~), 청구학회(1930~), 그리고 사람으로 따지면 재조일본인 등이 여기에 해당된다고 하겠다.

이상 다섯 부류의 움직임을 네 가지 기준 속에서 요약하면 <표 1>과 같다.

〈표 1〉 1930년대 초·중반 조선학 학술장의 지형

	연구 태도	연구 방법	(비)제도권[41]	발표 매체
①	개입	고증학/실증	비제도권	대중지
②	초연	고증학	비제도권	대중지
③	개입	마르크스주의	(비)제도권	학술지/대중지
④	초연	실증주의	제도권	학술지
⑤	초연	실증주의	제도권	학술지

41) 학술장의 제도권에는 경성제대, 조선사편수회와 공립의 각종 전문학교가 있었다. 조선인이 운영하던 사립 전문학교와 중등학교를 이 글에서는 비제도권으로 구분

민족을 기준으로 위의 경향을 구분하면 조선인 지식인은 ①~④경향에 포진하고 있었으며, 재조일본인 연구자는 ⑤경향에 포진하고 있었다. ⑤경향은 관학아카데미즘을 전파하고 식민지 지배 이데올로기를 생산·유포하는 학문을 추구하였다. 그런 가운데서도 경성제대에서는 서양철학의 강좌를 담당한 일본인 교수들처럼 '리버럴리즘의 기풍'도 있었다.[42] 후자의 경향은 경성제대 조선인 학생들의 학교 생활에도 많은 영향을 주었다.

⑤경향은 식민지 조선에 대한 연구를 제국의 일부이자 본국에 부속하는 '지방학'의 일부 대상으로서 조선을 위치지웠다면, ④경향의 학문도 조선인으로서 조선을 연구한다고 했지만 이점에서 자유로울 수 없었다.[43] ④경향에 있는 대부분의 사람들은 자신이 조선인이라는 존재감을 떨쳐버릴 수 없으면서도 조선의 현실에 개입하지 않은 채, 재조일본인 연구자와의 협력적 경쟁 속에서 제도권 안을 지향했기 때문이다. 그래서 그들은 문화운동으로서의 조선학운동이 이벤트에 성공하고 있을 때 선뜻 동참하지 않고 거리두기를 하면서도 관학아카데미즘에 한 발을 담근 채 진단학보를 발행하였다. 하지만 그들의 기묘한 경계서기는 어느 쪽 상황이 더 강렬하게 당기느냐에 따라 달라질 수 있었다. 1942년 조선어학회 사건을 계기로 진단학회를 자진 해산하고 학보 발행을 중단한 것은 그러한 보기의 하나라고 말할 수 있겠다.

④경향과 달리 ①과 ③경향은 대부분 제도권 밖을 지향하고 있었으므로 '지역으로서의 조선'을 연구대상으로 하는 조선학을 했다고 볼 수 있겠다.

하겠다. 사립 전문학교는 일본에서 정규학력으로 인정받지 못하고 있었을 뿐만 아니라 학문을 재생산할 시스템도 갖추고 있지 못하였다. 더구나 그곳에 근무하는 사람은 학문연구에서 일본정부와 조선총독부의 이해를 대변하거나 고려할 필요도 없었다. 이점에서는 사립의 중등학교에 근무하는 교사도 마찬가지였다.

42) 정준영, 앞의 논문, 2009, 118~120쪽.
43) 지방학으로서의 조선연구에 대한 문제의식은 문제제기 차원에서 자신의 생각을 정리한 박용규의 논문에서도 확인할 수 있다(박용규, 「경성제국대학과 지방학으로서의 조선학」, 민족문학사연구소, 『조선적인 것의 형성과 근대문화담론』, 소명출판, 2007).

하지만 경성제대를 비롯한 대학에서 근대적 학문하기를 배우고 조선연구를 하고 있는 ③경향의 사람들로서는 ①경향의 사람들이 '과학적 근거'가 취약한 채 고루하고 관념적인 글쓰기를 할 뿐 '진정한 학술논문'을 작성하지 못한다고 보았다. 더구나 역사관의 차이가 명확한 현실에서 두 경향 사이의 경계는 ①경향과 ④경향 사이보다 더 선명했을 것이다. 그러면서도 ①경향과 ③경향은 독립을 향한 항일에 동참하려 한다는 선택지점에서는 연대할 여지를 갖고 있었다. 백남운이 조선학운동에 참가한 경우가 여기에 해당된다고 할 수 있다.

각각의 경향 속을 들여다보고 분류하면 다시 복잡한 관계를 설정해야 하는 경우도 있다. 가령 ③경향에는 ①경향을 무시하고 계급주의적인 태도를 취하는 흐름과 ①경향을 비판하면서도 조선학의 의의와 중요성을 인정하는 흐름이 있었다. 전자의 논자로는 韓應洙를 들 수 있고, 후자의 대표적인 논자로 백남운을 들 수 있다.[44] 후자의 경우에도 조선인 사립학교라는 비제도권에 몸담고 비제도권 학술장에서 활동했던 백남운과 달리 비제도권에 몸담고 있으면서도 ④경향의 사람들과 함께 활동한 김태준은 다른 활동 반경을 보여주었다고 하겠다. 또 같은 ③경향이면서도 백남운과 달리 신남철과 김태준은 ①경향과 함께하지 않았다.

그 복잡함은 ④경향에서도 확인할 수 있다. 경성제대 법문학부에서 문사철 분야를 전공한 졸업자 가운데 ③경향으로 분류할 수 있는 사람은 김태준과 신남철 등 극히 소수이며, 조선학을 하려는 사람의 거의 대부분이 ④경향에 해당된다고 하겠다. 그럼에도 사학과를 졸업한 申奭鎬 柳洪烈,[45] 문학과를 졸업한 李崇寧과 趙潤濟, 철학과를 졸업한 高裕燮과 달리, 문학과를 졸업한 李熙昇과 철학과를 졸업한 朴鍾鴻[46]은 현실로부터 초연하지 않았으며 글과

---

44) 韓應洙, 「'賣祖群' 頭上에 一棒」, 『批判』 25, 1935 ; 방기중, 앞의 책, 1992, 112~115쪽.

45) 신석호와 같이 1회 졸업생인 金昌均과 2회 졸업생인 尹瑢均은 졸업 직후 조선사편수회에 들어갔다. 이후 김창균관 윤용균은 조선사편수회 이외의 단체에서 활동하지 않았다.

46) 『朴鍾鴻全集 1』(螢雪出版社, 1980)에 수록된 글 가운데 1930년대 초중반에 발표된

강연 등을 통해 현실에 개입하였다.

④경향의 사람으로 사학과와 문학과를 졸업한 사람 가운데 신석호 유홍렬 조윤제 고유섭은 ⑤경향의 잡지인『靑丘學叢』에도 글이 있다. 또한 박종홍을 제외한 모든 사람은『新興』에 글을 발표하였다. 이들에게『新興』은 본격적인 학술논문을『震檀學報』,『靑丘學叢』등의 학술지에 발표하기 위한 事前 練習空間이자 架橋였던 것이다. 제도권을 지향하는 ④경향의 사람들에게는 조선어로 학문연구를 하는 것만이 중요하지 않았다. 필요하면 일본어 논문도 발표했던 것이다. 비록 그들은 경성제대에서 잘 나가야 助手에 그쳤지만, 제국대학이 아닌 제도권에 자리를 잡는 경우도 흔하였다. 조선사 편수회에 근무한 신석호, 김창균, 윤용균,[47] 개성박물관에 근무한 고유섭, 경성사범학교에 근무한 조윤제, 평양사범학교에 근무한 이숭녕이 그런 경우이다. 유홍렬은 1938년 3월까지 경성제대의 조수로 근무하였다.[48] 이들은 조선인이기 때문에 경성제대의 학술과 제도로부터 소외된 측면도 있지만, 각자의 입장에서 최고의 선택은 아닐지라도 경성제대 출신이기 때문에 차선의 제도권을 선택할 수 있었다는 점에서는 경성제대의 학술과 제도의 혜택을 받았다고 볼 수 있다. 이에 비해 이희승과 박종홍은 조선인 사립학교인 이화여자전문학교에 근무하며 이들보다는 상대적으로 자유로웠고, 조선학에 관한 발언과 실천도 할 수 있었다.

글을 보면 확인할 수 있다. 그렇다고 해서 박종홍이 이희승처럼 운동차원의 행동을 취했던 적은 없다. ①과 ③경향에 대해 입장을 표명한 적도 없다. 그래서 그를 어느 부류에 넣기가 무척 애매한 측면이 있다.

47)『尹文學士遺稿』, 朝鮮印刷株式會社, 1933. 신석호가 편집하였다. 윤용균은 1932년 사망하였다.

48) 유홍렬은 그해 4월부터 서울의 동성상업학교의 교사로 근무하였다.

IV. 맺음말

안재홍과 정인보가 제창한 조선학운동은 존재하지 않던 조선학에 관한 연구 경향을 새로 추동하거나 미약한 흐름을 급속히 강화시킨 움직임이 아니었다. 오히려 비타협적 민족주의운동 계열의 출신자인 안재홍이 정인보와 협력하여 경성제대 졸업자들이 배출되고 한글운동이 본격화하는 가운데 '인플레이션' 되고 있던 조선학의 연구열을 '다산 丁若鏞 서거 100주년'이란 기회를 이벤트소재로 활용하여 조선학의 실천을 전면적으로 추진한 문화운동이었다.

경성제대 졸업자가 배출되면서 1930년대 들어 조선학 연구가 활기를 띨 수 있었다. 그들은 조선학운동에 대해 비판적이거나 무관심함으로써 거리두기를 하였다. 진단학회에 대해서도 마르크스레닌주의에 입각하여 조선을 연구하고 있던 졸업생들조차 일치된 태도를 취한 것은 아니었다. 이들을 포함하여 1930년대 초·중반 조선의 역사와 문화를 연구대상으로 하는 조선학이란 학술장에는 다섯 가지 유형의 학문적 경향이 있었다. 그들은 서로에 대해 거리두기를 하면서도 대결적으로 비판하거나 협력하며 경쟁하는 경우도 있었다.

해방 후 식민지라는 억압 구조가 사라지면서 제도권이란 권역 자체가 해체되었으며, 제도권과 비제도권 지향이었던 그들의 선택 지점에 경계선을 긋는 것 또한 불필요하게 되었다. 하지만 현실에 대한 비판과 무관심의 경계는 방법론과 더불어 명확한 입지점의 차이로 드러났다. ④경향은 ②경향까지 흡수하며 현실에 대한 무관심과 실증주의를 그대로 계승하며 거의 모든 대학에서 인문교육의 주도권을 장악하며 한국 인문학의 주류로 자리를 잡아갔다. 이들은 여전히 치밀한 실증력을 높여 학문적 완성도를 향상시킨다고 하면서 제도만이 아니라 태도와 방법론까지 그대로 계승하였다. ④경향의 사람들에게 '제국대학'의 경험은 청산의 대상이 아니라 계승 전수해야 할 유산이었다. 강좌제와 유사한 방식으로 학과를 운영하고,

'史實은 한 세대가 지나야 한다'며 현실에 무관심하고, 대중과의 소통을 방기한 채 나만의 연구를 진행하는 모습은 그러한 유산의 구체적 현상이었다.[49]

이에 반해 비록 ③경향과 ①경향은 상호 비판하고 대결적이기까지 했지만 조선연구의 현재성을 중시하며 실천과 저항을 강조한 점에서는 공통되었다. 두 경향은 실증의 중요성을 간과하지 않으면서도, 실증의 완성도를 높이는 실천성보다 조선연구를 하는 사람의 의식과 태도를 더 중시했던 것이다. 해방 후 좌우대결과 분단 그리고 전쟁을 거치며 분단체제가 고착화하여 두 경향의 장점은 학계에 안착하지 못하다가, 1960년 4·19혁명, 이후의 1964년 한일기본조약 체결 반대운동, 1969년 3선개헌 반대운동을 거치며 성장하는 민주화운동 속에서 서서히 모습을 드러내며 자리를 잡아갔다. 자본주의맹아와 분단시대의 발견은 이 과정에서 비로소 가능하게 되었던 것이다.

서로 다른 경향의 유산은 한국사학에서 반식민사학의 범주 설정을 달리하게 만들었다. ③경향과 ①경향은 자신만이 반식민사학의 범주에 들어간다고 본다.[50] 이에 반해 ④경향에 선 사람들은 자신도 일본의 식민주의사학과 싸우면서 이룩해 놓은 전통을 가지고 있다고 하면서 '학술적으로 항쟁'을 한 문헌고증사학도 그것의 하나라고 주장한다.[51] 문헌고증사학도 반식민사학이라는 것이다. 하지만 1930년대 초·중반 조선학 연구의 학술 지형에서 보면 ④경향은 식민주의에 대항했다기보다 협력하며 실증 경쟁이라는

---

49) 이에 관해서는 신주백, 「한국 현대역사학의 3分科制度 형성과 역사인식·역사연구 방법」(『東方學誌』149, 2010)의 '제3, 4장' 참조.

50) 김용섭, 「우리나라 近代 歷史學의 發達」, 이우성 강만길 編, 『韓國의 歷史認識(下)』, 창작과 비평사, 1976 ; 강만길 「日帝時代 反植民史學論」, 韓國史硏究會 編, 『韓國史學史의 硏究』, 乙酉文化社, 1985.

51) 李丙燾, 「일제치하의 학술적 항쟁—진단학회를 중심으로」, 『내가 본 어제와 오늘』, 新光文化社, 1966, 228~233쪽(원전: 『朝鮮日報』1964. 5. 28) ; 李基白, 『硏史隨錄』, 一潮閣, 1994, 96쪽. 사학사를 정리한 이만열도 이들을 반식민주의 사학에 포함하고 있다(이만열, 『한국 근현대 역사학의 흐름』, 푸른역사, 2007, 599~606쪽).

외피를 쓰면서 경계 선상에서 조선인이라는 민족적 처지와 제도권을 지향하는 조선학 연구 사이에 동요하는 존재였다.

반식민사학에 대한 명확한 재구성은 한국 역사학, 더 넓히면 한국 인문학의 식민성을 재해석하는 길의 하나이다. 사실 한국 인문학은 식민성 이외에도 분단성, 분절성을 그 특징으로 한다.[52] 강한 규정력을 발휘하고 있는 세 가지 특징으로 인해 한국 인문학이 탈사회화해 왔고, 사회가 탈인문화하는데도 영향을 주었다. 따라서 현재에 대한 비평적·인문적 개입을 통해 한국 역사학의 인문정신과 한국 인문학의 사회성을 회복하는 노력이 매우 절실히 필요한 실정이다. 근대 학문의 본격적 출발기라고 말할 수 있는 1930년대 초·중반 조선학이란 학술장을 재구성하려는 시도는 그러한 노력들의 일환이다. 또한 역사적 맥락의 측면에서 필자가 그리는 비판적·대안적 학문패러다임으로서의 '사회인문학'을 구성하려는 첫 시기이다.[53]

---

52) 한국 역사학의 세 가지 특징이 어떻게 형성되었는가는 신주백, 앞의 논문, 2010 참조.
53) '사회인문학'에 관해서는 『사회인문학이란 무엇인가?』(한길사, 2011)에 수록된, 백영서의 「사회인문학의 지평을 열며」, 박명림의 「왜, 그리고 무엇이 사회인문학인가」를 참조하라.

경성제국대학 '대학자치론'의 특징과
해방후 '대학상'의 충돌

정 준 영

I. 머리말: 어느 공금횡령사건과 학원자치(學園自治)

1946년 5월 23일 경성대학은 당시 대학총장 앤스테드(Harry B. Ansted)[1]의 명의로 이공학부의 한 교수를 '공금횡령'이란 이유로 파면하였다.[2] 파면된 교수는 이공학부의 '중진교수'로 이공학부의 학부장을 역임하기도 했던 도상록(都相祿, 1903~1990)이었다. 함경북도 함흥 출신인 도상록은 1930년 도쿄제대 물리학과를 졸업했으며, 송도고등보통학교 교사를 거쳐 해방 직전까지 만주국의 신경공업대학 교수로 재직하였다. 양자역학과 관련된 이론물리학을 전공했던 그는 해방 이전에 이미 3편의 연구논문을

---

* 이 글은 『역사문제연구』 26호(2011)에 실린 논문을 고쳐 수록한 것이다.
1) 법학박사 학위를 가진 해군대위 앤스테드가 경성대학 총장에 부임했던 것은 1946년 2월 22일이었다. 그는 학무부와 불편한 관계 속에서 사임한 전임총장 크로프츠(Afred Crofts)를 대신해 이른바 '국대안'의 실무를 추진했고, 1946년 8월 22일 국립서울대학교의 초대총장이 되었다.
2) 이 사실이 언론에 처음 알려진 것은 파면 후 10여일이 지난 6월 4일 무렵이었다. 「公金橫領의 陋名을 쓰고, 理工學部 都相祿教授 罷免」, 『朝鮮人民報』1946년 6월 4일. 피의자인 도상록이 6월 4일 중앙경찰청에 피검되어 취조를 받고 불구속 기소되면서 세간에 알려진 것으로 보인다. 「都相祿氏 不拘束으로 取調, 공금횡령인 듯」, 『동아일보』1946년 6월 4일.

물리학저널에 발표하기도 하였다. 일제시기 대학에서 물리학을 전공했던 이가 20명 남짓에 불과했고, 그마나 이들 대부분이 전문연구 활동보다는 전문학교나 중학교에서 일반 과학교육에 종사하고 있었다는 사실을 고려한 다면, 그가 해방 이후의 과학계에서 핵심적인 인물로 부상했던 것도 무리가 아니었다.[3] "물리학계의 중진", "수석교수", "석학"이라는 당시 언론의 표현은 결코 과장이 아니었던 것이다. 게다가 그는 해방공간에서 대표적인 '진보'학자로 이름 높았다. 그는 해방 직후 백남운을 중심으로 결성된 조선학술원에 참여했으며, 과학기술자동맹, 조선교육자협회, 조선문화단체총연맹 등 진보적 문화단체에서 중추적인 역할을 맡고 있었다.[4]

대학당국은 이런 도상록이 학교의 공금을 유용했다고 밝혔다. 당시 언론에 보도된 사건의 경위는 이렇다.[5] 경성대학 이공학부 운전수 외 1명이 "解放後 混亂期를 惡用해서" 학교 소유의 트럭 1대와 상당량의 수은을 44,000원에 매각했다가 1945년 11월에 검거됐다. 4만여 원의 매각자금은 일단 이공학부로 회수되었는데, 이공학부 교수회는 이 돈을 "鮮人총장이 임명될 때까지" 교수회가 보관하고 유용한 곳에 사용하기로 결정하였다. 마침 1945년 "작년 12월 하순 朝鮮에 信託統治問題가 발생되자 同校에서는 전학총회를 개최하여 反託鬪爭委員會를 결성하고 위원장으로 都相祿氏가

---

3) 도상록의 이력과 일제 시기의 구체적인 연구 활동에 대해서는 임정혁, 「식민지시기 물리학자 도상록의 연구 활동에 대하여」, 『한국과학사학회지』 제27권 1호, 2005를 참조할 것.

4) 도상록은 조선학술원에서는 자연과학을 대표해서 理學部長을 맡았으며, 과학기술 자동맹에서는 위원장으로, 조선교육자협회와 조선문화단체총연맹에서는 각각 공동의장, 임시의상으로 피선되었다. 민주주의민족전선, 즉 민전에서는 24인의 준비위원장 중 한 사람이었고, 민전의 교육급문화대책연구회위원을 역임하였다.

5) 이른바 공금유용사건의 경위에 관해서는 「公金橫領의 陋名을 쓰고, 理工學部 都相祿教授 罷免」, 『朝鮮人民報』1946. 6. 4. 및 「都教授에 책임없다!-이공학부교수 단서 재고요망」, 『獨立新報』1946. 6. 20. 등의 기사를 재구성하였다. 이 사건은 미군정청 보고 자료에도 남아있는데, 「Summary for the Week Ending 1 June 1946」, 이길상 편, 『해방전후사자료집Ⅱ: 미군정교육정책』, 원주문화사, 1992, 149~153쪽 을 참조.

被選되었다. 그리고 반탁투쟁경비로 약 6천원을 투쟁위원의 이름으로 사용"하였다. 대학당국의 입장에서는 학교의 자산을 미국인 총장이 있던 대학본부에 보고하지도 않고 정치적 시위에 사용하고, "되돌려놓지 않았"기 때문에 도상록을 공금횡령으로 파면했던 것이다.

이런 학교의 조치에 대해 이공학부의 교수회와 학생들은 횡령 혐의를 '누명'으로 간주하고 즉각 반발하였다. 이공학부 교수 중 4명이 사건이 알려진 당일 군정청 학무국을 방문하여 도상록의 유임을 진정하는 한편, 6월 7일에는 이공학부 교수회의 명의로 성명을 발표하였다. 공금의 사용은 이공학부 교수회에서 공식적으로 결정된 것인 만큼 정당한 것이며, 당국의 조치가 "朝鮮 大學建設의 根本的 要望인 自由와 自治"를 훼손했다는 점을 비판하였다. 즉, 학사운영과 교수의 임면은 교수회의 권한이며 '學園自治'에 있음을 분명히 하고자 했던 것이다. 이에 대해 당국의 입장은 명확하였다. 대학운영의 권한은 대학이사회의 결정사항이겠지만, 이사회가 없는 현 상황에서는 군정장관, 학무국장, 미국인 총장, 한국인 학부장으로 이어지는 행정명령의 계통을 따라야 하며 교수들은 학부장의 결정에 대해 필요한 제안을 제출할 수 있을 뿐이다. 즉 도상록 교수의 행위를 '공금유용'으로 규정하고 해임 처분한 대학당국의 조치는 타당하다는 것이다.[6] 결국 복직이 거부된 도상록은 자신을 따르는 후배, 제자들과 함께 평양으로 건너가 김일성대학 창립에 참여한다. "조선 물리학계의 중심축을 북으로 옮겨버"린 월북이었다.[7]

이 '공금횡령' 사건은 지금껏 주목받지 못했던 해방공간의 교육을 둘러싼 쟁점 중 하나를 새롭게 끄집어 올린다. 당시 언론에서 하루가 멀다고 보도되었던 대학운영의 자율성, '자치'를 둘러싼 갈등이 그것이다. 교수를

---

6) 김기석, 「국립서울대학교의 창설에 관한 일 연구」, 『一卵性 雙生兒의 탄생, 1946: 국립서울대학교와 김일성종합대학의 창설』, 여연, 2008, 14~15쪽.

7) 강호제, 「도상록, 인민과학자 칭호를 받은 北 핵물리학의 아버지」, 『민족21』 111, 2010, 39쪽.

비롯한 대학 구성원들의 자율적인 대학운영은 자율적이고 민주적인 교육개혁의 출발점인가, 아니면 배타적인 특권의식에 불과한 것인가? 그리고 이것은 당시 해방공간에서는 단순한 대학 거버넌스(governance)를 둘러싼 갈등을 넘어서, 식민유산의 청산, 탈식민의 과제와 직결되는 문제이기도 하였다.

가령 이강국은 "文敎官僚의 一悲一笑에 그 進退가 달려 있어서야 硏究의 自由가 어찌 保藏되며, 硏究의 自由가 없는 곳에 學問의 發展이 있을 수 있으랴" 개탄하면서, 당국의 조치를 "事物을 批判的으로 觀察하면 非國民이라 糾彈되었고 思想의 自由가 要求되면 不逞鮮人으로 彈壓되던" 식민통치와 다름없는 "學園自由의 蹂躪"으로 보았다.8) 도상록의 파면을 비판했던 이들은 '대학자치'가 '學의 獨立'이라는 대학의 존재방식과 직결되는 문제이며, 당국의 "官治的 行政"이야말로 "日本帝國主義 殘滓의 肅淸"을 저해하는 행위라고 간주했던 것이다. 반면에 당국의 입장에서는 이러한 대학자치의 요구야말로 식민잔재였다. 해방공간에서 고등교육의 개혁을 주도했던 오천석은 대학 자치회의 활동이 "기관의 재산을 지키는 공로"는 있었지만, '일제에 의해 남겨진 잘못된 기득권을 지키려는' 배타적 특권의식에 불과한 것으로 이해하였다.9) 과연 대학자치는 일제 식민교육의 유산인가? 아니면 이른바 대학 본연의 성질이므로 지켜야 할 전통인가? 이른바 국대안(國大案) 사태를 비롯해서 해방공간에서 고등교육의 개편을 둘러싸고 전개된 일련의 사건들이 단순한 좌우 이념대립의 결과가 아니라 해방 이후 자율적 교육개혁에서 나타난 시각 차이가 갈등으로 표출된 산물이며, 여기서 쟁점이 된 것 중 하나가 "제국대학에 확립된 대학자치의 관행의 합법성 여부"였다는 김기석의 지적은 이런 점에서 주목할 필요가 있다.10) 도상록의 파면을

---

8) 李康國, 「大學合同問題와 文敎政策」, 『朝鮮人民報』 1946. 7. 9.
9) 오천석, 『외로운 성주』, 광명출판사, 1975, 91쪽. 미군정 관료들이 식민지 고등교육 청산에 대해서 어떤 인식을 가지고 있었는지에 대해서는 강명숙, 「미군정기 고등교육 연구」, 서울대학교 박사논문, 2002, 24~27쪽을 참조.
10) 김기석, 앞의 논문, 2008, 15쪽.

반대했던 이들이 생각했던 '학원자치'란 일본의 제국대학에서 확립된 '대학자치'의 관행이었으며, 식민통치 하에서 이들이 체험했던 본토와 식민지의 제국대학과 밀접히 관련이 있었기 때문이다.

그렇다면, 식민지의 공간에서 유일한 제국대학이었던 경성제대에는 '대학자치'라는 것이 가능했었는가. 혹시 가능했다면 어떤 특징을 가졌던 것일까. 더 나아가 경성제대라는 식민지 제국대학의 존재방식은 어떠했을까. 글이 주목하는 것이 바로 이 지점이다.

많은 이들이 비판하고 있듯이, 경성제대는 교육의 관점에서는 일본인들을 위한 일개 학교에 불과하였다. 대부분의 교원과 70% 이상의 학생이 일본인이었고, 조선인 졸업생은 700명이 채 되지 않았다. 식민대학이 식민통치에 친화적인 현지민 엘리트를 창출하는 데 있다고 한다면, 경성제대는 그리 효율적이지 못했던 것은 분명하다.[11] 하지만 다른 관점에서 보면 경성제대는 하나의 식민지 교육기관을 넘어서는 어떤 것이기도 하였다. 경성제대는 일본의 특권 대학인 제국대학을 모델로 했을 뿐만 아니라, 식민모국의 제국대학과 제도와 위상에서 큰 차이가 없는 제국대학 그 자체였기 때문이다. 식민모국의 제국대학이 누리던 모든 것은 최소한 1930년대까지는 식민지의 제국대학에도 그대로 관철되었다. 그 중의 하나가 '대학자치'였다.[12] 언뜻 모순되어 보일지는 모르지만, 경성제대 또한

---

11) 이것은 영국, 프랑스, 미국 등이 아시아 식민지에 설립한 식민대학들과 확연히 구별되는 점이다. 서구열강의 식민대학은 모국의 대학을 모델로 했지만, 보다 많은 현지민 엘리트 자제에게 고등교육의 혜택을 제공하는데 초점을 맞추었다. 자세한 것은 정준영, 「식민통치와 지식/권력: 日本型 식민대학의 비교사회학」, 『한림일본학』 18집, 2011을 참조할 것.

12) 학원자치 및 민주화의 문제는 한국의 대학사회를 이해하는데 있어서 중요한 키워드 중 하나였음에도 불구하고, 대학자치에 초점을 맞춰 한국의 대학형성과정을 역사적으로 분석한 기존 연구는 쉽게 찾아보기 어렵다. 이광주, 이석우 등 서양사 연구자들에 의해 유럽대학에서 대학자치의 역사가 소개되었지만, 한국학계에서 대학자치 문제는 법학과 교육정책학 분야에서 주로 구체적인 정책현안의 문제로 다루어지는 경향이 강하였다. 이러한 상황에서 앞서 언급한 김기석의 연구는 해방공간의 대학사회에서 전개된 갈등의 양상을 단순히 좌우이념의 배후

식민지라는 특수 상황 속에서도 대학자치가 시도되었던 것이다. 그렇다면 경성제대의 모델이 되는 제국대학 특유의 대학자치란 어떤 것이며, 실제로 식민지 공간에서 이런 대학자치가 어떤 양상으로 전개되었을까?

II. 일본 제국대학의 대학자치: 제도와 관행

우선 일본 제국대학 특유의 대학자치란 무엇인지에 대해서 검토해 보자. 메이지 유신 이후 일본이 서구열강을 단기간에 받아들이는 방안으로 교육에 역점을 두었다는 것은 주지의 사실이다. 특히 국가지도자들은 대학의 필요성을 강조했는데, 서양의 학문지식과 기술을 몸에 익힌 국가엘리트들을 단기간에 양성하지 못하면 서양의 식민지로 전락할지도 모른다는 위기감 때문이었다. 당시 동원 가능한 자원이 부족했던 메이지 정부가 일종의 '선택과 집중'이라는 방식으로 모든 자원을 모아 만든 것이 바로 제국대학이었다. 1886년 도쿄에 설립된 제국대학은 이후 일본 대학의 원형(原型)이 되었다.[13] 국가지도자들은 제국대학을 설립하는 과정에서 서양의 다양한

에 있는 대학자치의 문제로 포착하고 있다는 점에서 주목할 필요가 있다. 다만, 이 연구는 일본 대학의 자치에 대한 체계적인 이해를 결여하고 있다는 점에 아쉬움이 없지 않다. 이광주, 『대학사』, 민음사, 1997 ; 이석우, 『대학의 역사』, 한길사, 1998 ; 김배원, 「대학의 자치와 국립대학 법인화」, 『헌법학연구』 13(1), 2007 ; 김백유, 「대학의 자유」, 『헌법학연구』 9(2), 2003 ; 김선택, 「대학자치의 헌법적 보장과 구체화 입법」, 『헌법학연구』 11(3), 2005 ; 이시우, 「대학의 자율성과 고등교육법상의 대학평의회 및 교무위원회 구성문제」, 『한국교육법연구』 5, 1999 ; 김기석, 앞의 논문, 2008 등. 한편, 일본에서 대학자치의 역사적인 전개과정에 관해서는 일본학계에서 상당한 연구 성과가 축적되어 왔는데, 그 중에서 寺崎昌男와 石川健次의 논의는 이 글과 관련해서 특히 중요하다. 寺崎昌男이 일본 대학의 원형이 되었던 제국대학에서 대학자치의 제도와 관행이 출현하는 과정을 분석하고 있다면, 石川健次는 독일형 대학과 일본형 대학의 대학자치를 비교하면서 경성제대의 존재방식에 대해서도 대학자치의 관점에서 문제를 제기한다. 寺崎昌男, 『日本における大學自治制度の成立』, 評論社, 2000 ; 石川健次, 『自由と特權の距離』, 日本評論社, 2007.

13) 1945년 이전 일본 대학의 특징에 대한 간략한 소개 글로는 寺崎昌男, 「旧制大學總論」,

대학 모델을 참조하였다. 대학의 이념은 비스마르크 치하 프로이센의 대학을 많이 참고했지만, 대학을 국가기관으로 설립하는 방식은 프랑스를, 농학, 공학 등 실용적 학문의 수용은 미국을 본받았다. 제국대학은 보통 독일대학을 모델로 했다고들 말하지만, 실제로는 서구 대학에 대한 윈도우 쇼핑 식 취사선택[14]의 결과물이었으며, 일본 대학 특유의 발전경로의 산물이었다. 이것은 대학자치의 확립과정에서도 마찬가지였다.

대체로 서양에서 대학자치는 칙허(charter)에 의해 보장받는 경우가 대부분이다. '대학(university)'이라는 말이 원래 칙허를 통해 자치권을 부여받은 '동업조합'을 의미하는 일반명사였던 것에서도 알 수 있듯이,[15] 대학인의 신분보장과 학문적 자율성은 모두 칙허에 의해 법인격으로써 권리능력을 행사하게 되면서 가능하였다. 다시 말해 서양의 대학은 '칙허'라는 형식으로 국가의 통제를 받았지만 대학운영은 법인격으로써 자율성을 보장받았고, 대학인들의 신분 또한 대학의 법인격에 의해 규정되었기 때문에 국가의 공복(公僕)이 아니라 자율적인 신분으로 활동할 수 있었던 것이다.[16] 대학인의 신분과 (연구)활동은 기본적으로는 국가에 의해 부여된 자치권을 통해서

『旧制大學の青春』, ノーベル書房, 1984가 유용하다. 일본은 1919년 「대학령」 선포 이전까지 도쿄제국대학 및 지방에 설립된 일부 제국대학만을 '대학'으로 인정하였다. 이후 일본정부는 다른 관공립, 사립학교에 '대학'의 문호를 개방했지만, 국가의 대학관(觀), 대학통제 정책은 이들 학교에도 변경 없이 관철되었으며, 이들 학교 또한 정부의 통제를 수용해야만 하였다. 寺崎昌男이 패전이전 일본 대학의 원형이 제국대학, 그 중에서도 도쿄제국대학이었다고 지적하고 있는 것은 이 때문이었다. 이러한 사정은 대학자치 문제와 관련해서도 크게 다르지 않았다.

14) Nakayama, "Independence and choice: Western impact on Japanese higher education," *Higher Education*, vol. 18, 1989.

15) E. Durkheim, *The Evolution of Educational Thought: Lectures on the formation and development of secondary education in France*, trans. by Peter Collins. Routledge & Kegan Paul, 1977, pp.63~88.

16) 石川健治, 「コスモス: 京城學派公法學の光芒」, 酒井哲哉(編), 『帝國日本の學知Ⅰ: 「帝國」編成の系譜』, 岩波書店, 2006, 190~191쪽 및 Paulsen, Friedrich, *The German Universities and University Study*. trans. by F. Thilly. and W. Elwang. Longmans, Greem, and Co, 1906을 참조.

보장되는 형태였다.

그런데 일본 제국대학의 경우는 서양의 대학과는 근본적으로 사정이 달랐다. 법인격을 가진 서양의 대학과는 달리, 일본의 제국대학은 근본적으로는 천황에 의해 설립된 '영조물(營造物)', 즉 국가기관이었기 때문이다. 따라서 대학인은 당연히 국가의 공복(公僕)으로 규정되었고, 국가기관의 자치란 법률논리 상 불가능한 것이기 때문에 대학자치를 제도적으로 보장하는 것도 불가능하였다. 대학인의 신분과 (연구)활동의 보장이 국법에 의해 별도로 규정되고, 대학자치는 제도의 수준이 아니라 문화적 관행의 수준에서 정착되는 일본 특유의 대학자치 방식은 여기에서 비롯된 것이라고 할 수 있다.

우선, 대학인의 신분보장은 철저하게 국가 관료라는 차원에서 이루어졌다. 가령 제국대학의 교원은 크게 3가지 직위로 나뉘지는데, "각 學部에 分屬되어 講座를 擔任하고 學生들을 敎授하며 그 硏究를 指導"하는 교수와 "교수를 도와 授業 및 實驗에 從事"하는 조교수, 그리고 "교수 및 조교수의 지도를 받아 學術에 관한 직무를 수행"하는 조수가 그것이다.[17] 다른 관료사회와 마찬가지로 이들 직위는 철저하게 위계적이라고 할 수 있는데, 직위의 정점을 차지하는 것이 '교수'였다.

교수의 관등은 최소 6등 주임관에서 최대 1등 칙임관까지 가능했는데, 당시 고등문관시험에 합격한 자가 처음으로 부여받는 관등이 6등이었다는 점에서도 알 수 있듯이 고문시험에 합격한 고등문관과 같은 관등과 봉급을 받았다.[18] 한편 조교수의 대우는 교수에 비해 현격하게 떨어지는데 최소

---

17) 「京城帝國大學官制」(1924년, 칙령 제103호)의 3조, 4조, 8조의 규정에서 따왔다. 이런 직무규정은 다른 제국대학 관제와 동일하다. 교수와 조교수, 조수 이외에 강사가 있는데, 다른 직위와는 달리 총장에 의해 정원이 규정되는 '촉탁'이었다.
18) 따라서 경성제대 교수들에 대한 회고담에서 교수가 총독부 학무국장에게 모욕을 주었다는 식의 회상은 실제 현실에서도 가능하였다. 당시 학무국장의 관등은 1~2등으로 규정되어 있었기 때문에 실제로 교수는 1등1급인데 학무국장은 2등3급인 경우가 있었다.

7등에서 최대 3등 주임관으로 전문학교 교수와 기본적으로 대우가 같았다. 결론적으로 제국대학의 교원은 국가의 고급관료에 준하는 신분과 보수를 보장받았던 것을 알 수 있다. 하지만 이러한 신분보장은 어디까지나 관료로서의 신분보장이기 때문에, 자유로운 연구 활동 및 사회 활동을 보장하는 것은 아니었다.

따라서 대학인의 연구 활동을 보장하는 별도의 규정이 필요했는데 강좌제가 그것이었다. 강좌제도는 1893년 독일대학을 본 따 도입되었는데, 도입 배경에는 다음과 같은 사정이 있었다.[19] 첫째, 일본 대학의 수준이 이제 단순히 서양지식을 수입하는 단계에서 벗어나 전문분야의 본격적인 연구자를 양성해야 할 필요성이 제기되었다. 둘째, 기존의 제국대학 조직을 개별 학문연구 분야를 단위로 재구성해서 교수와 전문분야의 대응관계를 명확히 하고 이를 통해 대학의 교육과 연구의 책임체제를 명확히 할 필요도 있었다. 셋째, 불안한 지위 탓에 관청 및 기업으로 유출되는 경우가 적지 않았던 교원들에 대한 경제적 처우개선도 필요하였다. 이제 대학에서 가르치고 연구해야 할 전공분야와 교수정원이 칙령으로 정해졌고, 교수는 본봉(本俸) 이외에 강좌봉(講座俸)을 받아 안정적으로 연구 활동에 종사할 수 있게 된 것이다. 결과적으로 강좌제의 도입을 통해 교수들은 대학 내에서는 자기 학문 분야의 이름을 내건 독립영역을 보장받게 되었고, 대학 밖에서는 국가관료 이상의 사회적 위상을 가지게 되었다.

하지만 학문적 자율성이 단지 교수의 신분보장 및 경제적 보상에 의해 자동적으로 확보되는 것은 아니라는 점을 감안해보면, 제도로서 강좌제의 한계도 분명하였다. 실제로 강좌제는 강좌교수들을 특권적인 '학력귀족' 집단으로 만들어 내는 등 폐해가 적지 않았다. 강좌교수들은 대학 내부에서는 학문 분야 사이의 분파와 파벌을 조장했고, 대학 외부에서는 제국대학 출신자들이 대부분이었던 국가관료 및 재벌기업과 결탁하여 학벌지배구조

---

19) 강좌제에 대해서는 寺崎昌男, 「「講座制」の歴史的研究序説」(1)·(2), 『大學論集』 1·2, 1974를 참조하였다.

의 폐해를 야기하기도 했던 것이다. 특히 강좌조직은 기본적으로 강좌교수들의 '신성불가침 영역'이라는 점, 따라서 교수가 독단적 행위를 했을 경우 강좌 내에서는 이를 견제할 어떠한 제어수단도 없었다는 점이 이런 폐해의 위험을 가중시켰다. 결과적으로 국가에 의한 대학인의 신분과 연구 활동의 보장은, 바로 이 국가에 의해 대학인의 신분과 활동이 위협을 받을 경우에는 이를 제어할 수단이 없는 점에서 한계가 명확했던 것이다.

제국대학의 대학인들은 이후 국가의 학사개입과 인사개입에 적극적으로 저항하면서 대학자치를 일종의 관행으로 확립해 나갔다.[20] 제국대학 교수들이 국가권력의 대학개입에 집단적으로 저항했던 사례는 1907년 러일전쟁 직전의 '칠박사사건(七博士事件)'에까지 거슬러 올라갈 수 있지만, 대학자치의 관행이 확립되는데 있어서 결정적인 계기는 1913년 교토제대에서 일어난 이른바 '사와야니기사건(澤柳事件)'이었다. 교토제대 총장 사와야나기 마사타로(澤柳政太郎)가 문부대신의 명령을 받아 총장 직권으로 교수 7인의 사표를 수리하려고 한 것에서 촉발된 이 사건은 교수들의 집단적 저항을 야기하였다. 당시 교토제대 교수들은 대학총장의 직권행사를 '대학자치'를 침해하는 것으로 규정하여 크게 반발했는데, 특히 법과대학은 교수, 조교수 전원이 사표를 제출하였다. 결국 이 사건은 중재역할로 나섰던 도쿄제대 교수 호즈미 노부시게(穗積陳重), 도미이 마사아키라(富井政章) 등이 문부대신과 담판하여 "교관의 임면에 대해 총장이 그 직권을 운용하는데 교수회와 협의하는 것은 지장 없으며 또 타당하다."라는 각서를 받아내고 사건 당사자인 사와야나기 총장을 물러나게 하는 것으로 일단락되었다.

하지만 사건의 파장은 여기에서 끝나지 않았는데, 대학의 총장을 교수들

---

20) 정준영, 「경성제국대학과 식민지헤게모니」, 서울대 박사논문, 2009, 143~144쪽. 물론 당시 일본 대학사회에서 자치와 자유의 문제는 제국대학에 국한되었던 것은 아니었다. 다만, 당시 일본에서 대학자치의 像 자체가 제국대학에서 출발했다는 점, 일본정부 또는 제국대학정책의 연장선상에서 사립, 관립대학을 통제했다는 점, 그리고 이 글이 경성제대의 대학자치관을 추적하려 한다는 점을 감안해, 여기에서는 주로 제국대학을 중심으로 대학자치 관행을 살펴본다.

이 뽑아야 한다는 주장으로 확산되었고, 단과대학 수준에 머물러 있었던 대학자치의 전통과 관행을 대학 수준으로 확대해야 한다는 당시 대학인들의 상황인식과도 긴밀히 맞물리게 되었다. 그리고 실제로 1915년 도쿄제대를 시작으로 투표에 의한 총장선거가 제국대학에서 실시되기 시작하였다. 이전까지 "문부대신의 대행자"로서 국가개입을 상징했던 대학총장이 이제는 교수들의 선거를 통해 대학의 대표로 선출되는 대학자치의 상징으로 거듭나게 되었던 것이다.[21]

다만 교수와 총장이 모두 천황에 의해 칙령으로 임명되는 칙임관 또는 친히 임명되는 친임관이었던 만큼, 총장선거는 철저하게 비공식적인 관행이 될 수밖에 없었다. 교수전원을 대상으로 하는 총장선거는 공식적으로는 '추천'으로 표현되었고 실제 선거를 공개하는 경우가 드물었다. 선거가 대중의 주목을 받을 경우 자칫 정치적 개입을 초래할 수도 있기 때문에 선거 이전에 철저한 사전조율을 거치는 경우가 많았고, 관련 기록 자료를 남기는 경우도 흔치 않았다. 따라서 총장선거의 절차와 방법도 현재 남겨진 몇 가지 사료의 편린을 통해 추측해 볼 수 있을 따름이다.[22] 가령 1918년 도쿄제대의 제국대학조사위원회가 총장을 경유하여 문부대신에게 상신한 「총장 추천의 건」이라는 사료에는 교수 전체에 의한 직접 선거가 규정되어 있으며, 1919년 도쿄제대의 「총장선거 내규」라는 사료에는 선거의 절차가 다음과 같이 제시되었다: 각 학부에서 3명의 협의원을 선출하여 협의회를 구성한다. 이 협의회에서 총장후보자 3명을 선정한다. 교수 전원을 대상으로 무기명 투표를 실시한다. 그 결과를 총장에게 보고한다. 이렇게 추천된 총장후보를 천황이 직접 지명한다. 이 내규는 당시 도쿄제대뿐만 아니라 경성제대를 비롯한 제국대학 총장선출의 기준이 되었던 것으로 추측된다.

21) 제국대학의 총장, 특히 경성제대 총장에 대해서는 박명규, 「경성제대 총장과 식민지대학像」, 『식민권력과 근대지식: 경성제국대학연구』, 서울대규장각한국학연구원 워크숍자료집, 2006을 참조.

22) 寺崎昌男, 『プロムナード東京大學史』, 東京大學出版會, 1992, 115쪽 참조.

이처럼 일본 제국대학의 대학자치는 서양의 대학과는 달리 어디까지나 관행의 형태로 정착해 있었다. 제국대학이 국가기관으로 남아 있는 한, 대학자치를 공식화하는 것은 불가능했던 것이다. 대신에 대학인들의 신분과 활동은 국가에 의해 보장된다. 이들은 이러한 특권적 지위를 이용하여 단과대학(학부) 수준, 더 나아가 대학 수준에서 학사운영의 자치를 대체로 확보할 수 있었던 것이다.

그런데 이렇게 정착한 일본의 대학자치는 두 가지 점에서 한계가 뚜렷하였다. 첫째, 대학인의 활동이 국가의 이해관계와 대립할 경우, 이들을 적절하게 보호할 수 있는 장치가 부재하였다. 대학이 어디까지나 국가의 영조물(營造物)이고 대학인이 국가의 공복(公僕)인 한에서는, 대학인은 국익(國益)이라는 문제에 결코 자유로울 수 없었던 것이다. 둘째, 대학인들 사이의 대립과 알력이 발생했을 경우, 이러한 알력을 조정할 장치도 부재하였다. 이러한 문제는 국가가 이들 제대 교원들에게 위계적인 특권을 부여하고 있는 상황 때문에 더욱 악화되었는데, 이러한 교수의 신분보장이 도리어 학계의 분파주의와 파벌주의를 조장할 가능성도 높았다. 당시 제대교수들은 칙령으로 규정된 자신의 강좌를 중심으로 독립적인 소(小)영주처럼 군림했는데, 이들 영주들의 분파와 파벌이 극한적으로 대립할 경우, 외부개입을 스스로 초래할 가능성마저 생겨날 수 있었다. 교수회 내부의 장기간에 걸친 극한 대립이 대학 외부의 극우적 정치세력과의 연계로 이어져 결국에는 대학 외부의 정치적 개입을 초래했던 1939년의 가와이 에이지로 사건(河合榮次郎事件)이 그런 경우였다.23)

---

23) 가와이 에이지로를 둘러싸고 도쿄제대 경제학부에서 벌어졌던 일련의 사태에 대해 역사사회학적 분석을 시도한 흥미로운 작업으로는 竹內洋, 『大學という疾病』, 中央公論社, 2007이 있다. 사건의 자세한 경위에 대해서는 이 책을 참조할 것.

III. 식민지에서의 대학자치와 그 특징

이러한 제국대학 특유의 대학자치 관행은 식민지의 제국대학에서는 어떻게 관철되었을까? 결론부터 미리 말하자면, 식민지라는 공간의 특수성에도 불구하고 경성제대에서도 대체로 제대 특유의 대학자치와 학문적 자율성은 관철되었던 것으로 보인다. 그렇다면 식민지의 제국대학인 경성제대에서 어떻게 대학자치가 가능했으며, 어떠한 방식으로 대학자치가 추구되었을까?

사실 경성제대는 설립 당시부터 결정적인 태생적 한계를 가지고 있었다. 원래 경성제대의 설립은 식민지 통치정책의 일환으로 조선총독부에 의해 적극적으로 추진되었다. 당시 조선사회에서는 조선인 유지들을 중심으로 민립대학설립운동이 빠르게 확산되고 있었다. 조선총독부는 하루빨리 대학 설립을 확정지음으로써 조선인들의 독자적인 대학 설립의 움직임을 차단하는 한편, '내지준거(內地準據)'의 (식민지)교육체제가 대학 설립에 이르러 비로소 완성되었다는 것을 안팎에 과시할 필요가 있었다. 조선총독부 내의 대학추진세력이 학부설립에 앞서 먼저 '예과'설립을 주도했다는 점,[24] 관제(官制)가 확정되지도 않았던 1924년 3월의 시점에 이미 예과학생을 선발해 놓고 있었다는 점,[25] 대학의 위상을 둘러싼 논란 때문에 대학추진

---

24) 조선총독부가 고등학교가 아닌 대학예과의 설치를 서둘렀던 것은, 대학예과를 설치하게 되면 먼저 대학 설립을 법적으로 보장받을 수 있었기 때문인 것으로 추측된다. 즉 豫科설치의 단계에서 미리 대학의 설치도 확정할 수 있기 때문에 豫科設置 이후 별도로 대학 설립을 추진할 필요가 없게 된다. 조선총독부는 1924년 예과 설치의 시점에서 이미 대학 설립을 확정할 수 있었고, 조선인들의 민립대학설립운동과의 대학설립경쟁에서도 결정적인 우위를 차지할 수 있었다. 실제로 민립대학설립운동은 경성제대 설립이 확정된 것을 계기로 점차 수그러들었다. 한편, 예과는 식민지인들이 內地나 아메리카 등으로 유학하여 '不穩'사상에 물드는 것을 막는 수단이 되기를 기대하였다. 정준영, 앞의 논문, 2009, 107~112쪽.

25) 조선총독부는 1924년 3월 31일 시험을 통해 예과입학예정자 170명을 확정하였는데, 당시는 경성제대 官制案이 아직 法制局과 협의 중에 있었다. 이것은 나중에 樞密院에서 문제가 되었다. 최종적으로 官制는 5월 2일자로 公布되었다. 이에 대한 자세한 상황은 『紺碧遙かに』, 10~13쪽 및 정규영, 「경성제국대학의 설립과

이 지연되자 '제국대학'의 위상을 포기하고서라도 대학 설립을 서둘렀다는 점26) 등을 고려한다면, 경성제대의 '제국대학'은 일종의 명분('建前」)이었을 뿐, 총독부의 식민지지배를 위한 '식민지대학'으로서 건설되었다고 보는 것이 옳을 것이다.

하지만 일단 '제국대학'으로 설립된 이상, 경성제대는 총장 및 제대교수의 신분, 강좌제 및 교수평의회 등 제국대학의 특징적 측면을 제도적으로 보장해야 하였다. 더욱이 경성제대의 교수들은 이런 제도적인 장치를 갖추는 것에 그치지 않고, 다른 제국대학과 마찬가지로 帝大 특유의 전통과 문화가 식민지의 대학에서도 확립되기를 원하였다.

1. 대학자치의 조건과 리버럴리즘

1930년대 들어 경성제대의 대학인들이 제국대학 특유의 '대학자치' 관행과 자치지향의 문화를 식민지에 정착시키는데 본격적으로 매진했던 것도 이 때문이었다. 일본의 제국대학은 국가엘리트의 양성이라는 국가적 목표에 의해 육성된 특권적 기관으로 출발했지만, 교육과 연구에서의 이런 특권적 위상을 활용해서 점차 근대대학의 면모도 갖추기 시작하였다. 대표적인 것이 제국대학 특유의 학원(學園)문화였다. 다이쇼시기를 거치면서 제국대학 교수들이 대학자치의 문화적 관행을 확립하는데 성공했다면, 서양의 문화적 조류에 민감했던 학생들은 최소한 학원(學園) 내부에다 교양주의를 바탕으로 사회적 금기와 세속적 가치에서 벗어나 이상주의적인 보편가치를 지향하는 특유의 문화를 만들어 냈다. 대학운

정」, 『청주교육대학논집』 35, 1998 참조.
26) 『京城日報』 1924년 4월 24일 참조. 法制局이 前例가 없다는 이유로 식민지에 제국대학을 설립하는 것을 반대하자, 대학 설립을 추진했던 小田省吾는 "대학의 내용이 가진 실질에 있어서 所期의 것과 털끝만큼도 변함이 없을 거라 믿어 의심치 않는다," 정무총감은 "우리 입장에서는 實績 여하가 중요하지 방법, 수단, 법규에 대해서는 문제되지 않는다"라는 견해를 표명하며, '제국대학'이 아니더라도 가급적 빨리 대학 설립을 확정짓기를 원하였다.

영의 자율성이 관행적으로 자리 잡아 감에 따라 학문 내적으로도 외부권력을 배제하고 자유로운 학문을 지향하는 문화적 모색이 활기를 띠게 되었다. 국가주의적 대학상(像)을 넘어서 '보편적인' 근대대학에 대한 지향이 나타났던 것이다.

경성제대의 교수 및 학생들 사이에 창설 직후부터 초미의 관심사로 부각되었던 것도 바로 이런 대학으로서의 보편적 기준이었다. 제국대학의 제도와 조직이 식민지에 그대로 이식되는 형태로 대학이 설립되기는 했지만, 특정 교수들에 대한 총독부의 노골적인 인사개입이 계속적으로 자행되는 한, 경성제대는 이름뿐인 제국대학, 이름뿐인 대학에 불과한 존재가 되기 때문이다. 그리고 이것은 식민사회로부터의 비판 이전에, 교수 스스로의 입장에서도 용납할 수가 없는 민감한 사안이었다. 경성제대 교수진 중 상당수가 '제국대학교수'가 될 기회를 얻기 위해 조선에 건너온 일본인들이었기 때문이다.

게다가 경성제대 교수사회는 의외로 자유주의적 성향이 강하였다. 이것은 경성제대가 탄생되는 과정에서 실질적인 산파(産婆)의 역할을 했던 초대 대학총장 핫토리 우노키치(服部宇之吉)의 의향과 밀접한 관련이 있다. 그는 학부를 창설하는 과정에서 계속 조선총독부와 불편한 관계에 있었는데,[27] 따라서 조선의 신설대학이 제국 전역에서 '제국대학'으로 인정받기 위해서는 총독부의 노골적인 '대학개입'을 어느 정도 제어할 필요가 있다고 생각했던 것 같다. 이른바 '자유주의자' 철학자들이 교수로 대거 영입될 수 있었던 것도 이러한 사정과 관련이 있었던 것으로 보인다. 그는 대학 설립이 확정될 당시부터 계속되어 왔던 조선총독부의 노골적인 '대학개입'을 최대한 저지하는 동시에, 교수진의 수준을 제국대학에 걸맞은 최소한도

---

27) 핫토리가 총장이 되기 전부터 식민지의 언론에는 총독부와 핫토리 사이의 불협화음이 적지 않으며, 그가 자리에서 물러날 것이라는 기사가 심심치 않게 보도되었다. 그는 결국 1926년 경성제대 총장에 취임하지만 1년 6개월 만에 자리에서 물러난다. 이것은 대만의 台北제대 초대총장 시데하라 타이라(幣原坦)가 7년 넘게 자리를 유지했던 것과 대비된다.

의 수준을 최소한 확보하는 데에 역점을 두었던 것이다.

그런데 핫토리 그 자신은 당시 일본의 사상적 지형에서 평가했을 때 오히려 '보수'로 분류될 수 있는 사람이었다. 정치적 성향은 국가주의가 강했고, 대학행정가의 입장에서도 메이지시기에 확립된 정통적인 국가이데올로기의 맥락에서 제국대학을 규정하였다. 그랬던 그가 경성제대의 설립과정에서 이와 같은 태도를 보였던 것은 개인의 입장이 변했다기보다는 식민지라는 특수한 사정과 무관하지 않았다. 이런 특수한 사정을 단적으로 보여주는 것이 그의 교수인선 권한에서 사실상 벗어나 있었던 총독부 관료출신 교수들의 존재였다.

법문학부 초대강좌교수 중에서는 「조선사학 제2강좌」의 오다 쇼고(小田省吾, 1871년생), 「조선어·조선어문학 제1강좌」의 다카하시 도루(高橋亨, 1878년생), 「조선어·조선어문학 제2강좌」의 오쿠라 신페이(小倉進平, 1882년생)가 조선총독부 학무국의 관료였고, 「형법·형사소송법제1강좌」의 하나무라 요시키(花村美樹, 1894년생)는 경성지방법원판사를 역임한 총독부 사법 관료였다. 이후에도 아소 이소지(麻生磯次, 「국어학·국문학 제1강좌」), 후지타 료사쿠(藤田亮策, 「조선사학 제1강좌」), 스에마쓰 야스키즈(末松保和, 「조선사학 제2강좌」) 등 3명의 총독부 학무국 관료출신이 강좌를 승계하여 교수가 되었다. 그리고 총독부관료는 아니었지만 1910년대 이래 총독부 촉탁을 맡아 고적조사 및 '반도사(半島史)' 편찬 작업 등에 참여했고 총독부 고적조사위원을 역임했던 「조선사학 제1강좌」의 이마니시 류(今西龍)도 있었다.

이들은 경력 면에서 몇 가지 공통점이 발견된다. ① 대부분이 경성제대 설립 이전에 조선에 건너와 식민관료로서 활동했다는 점,[28] ② 하나무라

---

28) 이들 중 다카하시(1905년)와 오다(1908년)는 통감부시기에 이미 조선에 건너와 활동했던 인물들이며, 오쿠라(1911년), 이마니시(1914년), 하나무라(1918년)는 1910년대 총독부관료 또는 촉탁으로 조선과 인연을 맺은 인물들이다. 아소(1920년), 후지타(1923년), 스에마쓰(1928년)는 1920년대 조선에 건너와 관료가 되었는데, 1927년 도쿄제대를 졸업하고 조선사편수회 편수관補가 된 스에마쓰만이

요시키(花村美樹)를 제외한 대부분이 조선총독부 학무국, 그 중에서도 편집 과에 소속되거나 연관되어 종교조사, 도서조사, 고적조사, 방언조사, 반도사 (半島史) 편찬 등 다양한 조사사업 및 문교정책에 참여하거나 지휘해 왔다는 점,29) ③ 이들의 전공분야 또한 조선사, 조선문학, 조선어학, 조선형법사, 조선종교사 등 '조선학' 분야에 집중되어 있었다는 점 등이 그것이다. 특히 이들 중 오다 쇼고(小田省吾)와 다카하시 도루(高橋亨)는 경성제대의 설립과정에서도 핵심적인 역할을 수행하였다.

물론 이들의 숫자는 법문학부 전체의 교수사회에서 결코 많다고 할 수는 없다. 하지만, 이들은 다른 교수들과는 달리 조선 현지사정에 밝았고, 총독부 및 재조일본인사회와 밀접한 관계를 맺고 있었으며, 연령 및 학벌로 보아도 교수진 내부에서도 고참 교수에 속하였다.30) 따라서 '내지(內地)'에 서 건너온 다른 교수들에 비해 대학 안팎으로 발언권이 강했음은 물론이다. 당시의 일본어 언론은 이들을 "재래종(在來種)"으로 부르면서 핫토리가 본토에서 뽑아온 "수입조(輸入組)"에 대비시켰는데, 식민지에 대학 설립이 필요한가에 대해 비난여론이 비등했던 상황 속에서도 경성제대 설립이

경성제대 설립 이후에 조선에 건너온 경우였다.

29) 오다 쇼고는 1910년부터 1924년까지 학무국편집과장을 맡아 학무국이 관할하는 조사업무를 지휘했고, 1922년부터는 편집과로부터 분리된 고적조사과 과장을 겸임했다(~1924). 그리고 오쿠라 신페이는 편집과의 편수서기(1911~19), 편수관 (1919~26)로서 오다의 지휘 하에서 조사사업의 실무를 수행하는 한편, 자신의 연구관심인 방언조사의 결과를 논문으로 발표하였다. 安田敏明, 『「言語」の構築－ 小倉進平と植民地朝鮮』, 三元社, 1999. 다카하시 도루는 경성고보 교유의 신분으로 1910년부터 종교조사촉탁, 조선도서촉탁을 맡아 광범위한 조사를 수행했으며, 1924년부터는 학무국시학관, 조선제국대학창립위원회 간사등을 역임하였다. 鄭 圭永, 「京城帝國大學に見る戰前日本の高等教育と國家」, 東京大學博士論文, 1995, 147~178쪽. 이마니시 류는 京都제대 강사신분으로 총독부의 고적조사촉탁 (1914~16)을 맡은 이래, 조선총독부의 후원 하에 각종 조사 및 연구작업을 수행하였 다.

30) 연령으로 보았을 때, 오다 쇼고(小田省吾, 1871년생), 이마니시 류(今西龍, 1875년생), 다카하시 도루(高橋亨, 1878년생), 오쿠라 신페이(小倉進平, 1882년생)는 법문학부 초대강좌교수 49명 중에서도 전체 서열이 각각 2위, 4위, 6위, 11위였다.

강행된 것은 이들 "일부 조선연구자들이 자신들의 便益을 위해 立案했던" 결과가 아닌가 의구심을 제기하기도 하였다.31) 이 정도로 이들의 사회적 발언이 가지는 영향력은 막강했으며, 실제로 이런 영향력을 바탕으로 경성제대 법문학부의 조선연구강좌를 사실상 독점하고 있었다.32)

보수적인 핫토리가 당시 일본학계 내부에서도 '리버럴'한 성향으로 유명했던 일부 철학자들을 직접 교수로 뽑았던 것은 이러한 상황과 무관하지 않았다. 「철학·철학사 제1강좌」의 아베 요시시게(安倍能成, 1883년생), 「심리학 제1강좌」의 하야미 히로시(速水滉, 1876년생), 「미학·미술사학 제1강좌」의 우에노 나오테루(上野直昭, 1882년생), 「철학·철학사 제2강좌」의 미야모토 와키치(宮本和吉, 1883년생) 등은 당시 일본학계에서는 '이와나미 철학자'로 불리고 있었는데, 이와나미쇼텐(岩波書店)의 「철학총서」를 중심으로 활발한 활동을 전개하고 있었다. 이들은 대체로 서양철학 및 사상을 일본학계에 소개하면서 이를 통해 학문적 보편성과 자율성, 문화와 인격을 강조했던 '리버럴리스트'라는 공통점이 있었을 뿐만 아니라, 제일고 등학교와 도쿄제국대학 문학부 철학과라는 학연으로 밀착되어 있었다.33) 이들 철학자는 국가주의 성향이 강했던 메이지 후기의 제국대학 교수들과는 달리 '교양주의 문화'를 선도했던 다이쇼 초기의 세대였고, 대학관(大學觀)에 있어서도 유럽의 근대대학 모델을 바탕으로, 대학의 자율성과 학문의 보편성, 그리고 '연구본위'를 강조하였다.

---

31) 江間俊太郎, 「京城大學論」, 『朝鮮及滿洲』 1932. 11.

32) 경성제대 법문학부에는 「조선어·조선문학 제1강좌」, 「조선어·조선문학 제2강좌」, 「조선사학 제1강좌」, 「조선사학 제2강좌」 등 4개의 조선학 강좌가 개설되어 있었는데, 역대 교수들은 모두 조선총독부의 관료 또는 촉탁 출신이었다.

33) 아베 요시시게(安倍能成, 1883년생)는 우에노 나오테루(上野直昭)와는 제1고등학교 1년 후배의 관계였고, 미야모토(宮本和吉)와는 동급생이었다. 특히 미야모토와는 아베의 여동생과 결혼했을 정도로 막역한 사이였다. 이들은 같은 시기 제1고등학교를 다녔던 이와나미 시게오(岩波茂雄, 1881년생)와 절친한 사이였다는데 이것이 철학총서 출간의 모태가 되었다. 이들보다 연배가 위였던 하야미 히로시(速水滉)는 이들의 직계 선배로서 아베에게 제1고등학교 강사 자리를 마련해주는 등 친분이 있었다.

따라서 이들의 발탁은 교수사회 내부의 세력 견제와 균형의 의미를 가지게 되었다. 이들은 비록 기성 학계에 대한 비판적 성향과 메이지 말기의 '취업난'의 영향으로 '아카데믹 커리어'로부터 이탈하고 말았지만, 다이쇼데모크라시의 물결 속에서 당시 학계 안팎의 주목을 받는 존재였고 학문적 경력과 명망의 면에서도 일본 내의 제대 교수로 손색이 없었다. 그리고 입장은 달랐지만, 대학 외부의 정치적 개입이 제국대학의 위상을 훼손시킬 수 있다는 상황인식에 있어서도 핫토리와 일치하는 측면이 있었다. 핫토리가 식민권력과 그 대행자인 '재래종' 교수들의 대학 개입과 발언력을 최소화하기 위해, 이들을 적극 임용하고 활동에 힘을 실어주었던 것도 이 때문이었다. 실제로도 아베(安倍能成)와 하야미(速水滉)는 핫토리 총장 하에서 법문학부장을 역임했고, 아베의 회고에 따르면 심지어 핫토리는 아베에서 장래 대학총장직을 맡길 의향을 드러내기도 했다고 한다. 그리고 이와 같은 '식민주의'와 '리버럴리즘'의 세력균형은 1930년대 말까지도 경성제대, 특히 법문학부 교수집단의 특징이 되었다.

2. 대학자치의 전개와 '총장선거'

　이러한 세력균형적인 기반을 바탕으로, 경성제대 교수회는 창설 초기부터 총독부의 인사개입에 민감하게 반응하면서, 대학자치의 확보에 주력하였다. 가령 교수회는, 총독부가 1928년 『外交時報』에 발표한 「조선을 어떻게 할 것인가」라는 논문을 문제 삼아 「국제공법강좌」의 이즈미 아키라(泉哲)에 대해 징계를 요구하자 이를 거부했고, 1934년 학생들의 반제동맹 활동이 문제가 되었을 때에도 관련된 '진보성향'의 교수들을 문제 삼지 않았다. 심지어 공산주의자 이재유 은닉사건으로 「재정학강좌」의 미야케 시카노스케(三宅鹿之助)가 구속되는 사건이 일어났을 때에도 총독부는 미야케를 교수로 천거했던 「경제학 제1강좌」의 시카타 히로시(四方博)까지 문제를 삼았지만, 교수회는 그를 적극 두둔하였다.

하지만 대학의 자율성이 더욱 확고하게 정착되기 위해서는 총독부로부터 대학자치를 인정한다는 보다 확실한 증거를 보장받을 필요가 있었다. 즉 대학운영을 '총독(統督)'하고 때에 따라서는 교수를 비롯한 대학직원의 '진퇴(進退)'에 영향을 미칠 수 있는[34] 경성제대 총장직을 어떻게 선출할 것인가의 문제가 쟁점으로 부각되었던 것이다.

실제로 총독부와 갈등을 겪었던 초대 총장 핫토리가 1년 6개월이 못 돼 총장직에서 물러난 것에서도 알 수 있듯이, 경성제대의 총장직은 대학 안팎의 여러 이해관계가 직접 충돌하는 미묘한 자리였다. 경성제대에는 일제패망까지 모두 10명의 총장이 부임하였다. 그 중 3명은 학부가 개설되기 이전 정무총감이 총장사무취체를 맡은 것으로, 이를 제외하면 실질적인 대학총장은 7명이었다. 이들의 평균 부임기간은 2년 9개월 남짓이었다. 총장임기에 대한 명문화된 규정은 없지만, 대부분의 제국대학 총장의 임기가 대체로 4년이었던 점을 고려해보면, 이것은 대부분의 경성제대 총장이 임기를 마치지 못한 채 사실상 물러났다는 것을 의미한다. 7명의 총장 중에서 4년의 임기를 채운 것은 4대 야마다 사부로(山田三良)와 5대 하야미 히로시(速水滉) 뿐이었다. 하지만 하야미(速水滉)의 경우 연임이 확실했던 상황에서 식민당국과의 마찰로 연임을 포기했던 것이라 실제 임기를 다한 것은 야마다 뿐이었다. 이처럼 경성제대 총장의 평균임기가 짧았고 더욱이 큰 무리 없이 총장이 교체된 예가 드물었다는 것은 식민당국의 대학개입 강도가 얼마만큼 강했는지를 반증한다. 그리고 대학 총장의 독립성이 대학자치의 결정적인 조건이라는 것도 보여준다.

경성제대 교수들의 자치실현 노력이 총장선거제의 확립을 통해 실질적인 성과를 거두었던 것은 4대 대학 총장의 선출과정부터였다. 이때부터 경성제대는 교수들에 의한 선거를 통해 총장을 선출할 수 있게 되었는데, 실제로 4대 야마다(재임: 1931. 10~1936. 1)와 5대 하야미(재임: 1936.

---

34) 「경성제대총장직무규정」(1926년 총독부내훈 4호), 『京城帝國大學例規』 1937. 6.

10~1940. 7)는 이런 절차로 선출된 총장들이었다. 특히 5대 하야미는 핫토리가 직접 인선한 '이와나미 철학자'의 한 사람이었고, 평교수에서 총장이 되었다는 점에서 경성제대의 '대학자치'와 자율성을 대표하는 상징적 인물이었다.

그렇다면 이 하야미는 어떻게 경성제대 총장으로 '선출'될 수 있었을까. 앞서 도쿄제대의 총장선거 「내규」를 살펴보았지만, 경성제대의 경우에도 그 절차는 크게 다르지 않았던 것으로 보인다. 彩雲學人에 따르면, 경성제대의 총장선거는 대체로 다음과 같은 절차로 이루어졌다.

> 경성제대에 대해 말하자면, 城大에는 평의원회가 있는데 이 평의원회가 전 교수회의 대의기관이 되며 이를 통해 총장투표가 행해지는 것이다. 그런데 평의원회는 물론 학내교수들 중에서 임명되는 것으로 정원은 11명, 그 구성은 의학부에서 6명, 법문학부에서 5명의 비율로 할당된다.[35]

도쿄제대 사례와 비교해보면, 경성제대의 총장선거 절차는 크게 2가지 점에서 차이가 있었다. 첫째, 총장투표가 평의원회를 중심으로 진행된다는 점이다. 학부별로 공식적인 투표를 실시하여 최다득표자를 선출하는 도쿄제대의 방식과는 달리, 경성제대는 평의원들이 평의원회에서 투표를 실시하였다. 둘째, 투표는 항상 만장일치의 결과로 나타난다는 점이다. 학부별로 투표를 실시하여 그 결과를 취합하는 도쿄제대의 방식과는 달리, 경성제대에서는 우선 법문학부 및 의학부 내에서 의견을 수렴하여 단일한 입장을 확정한 뒤, 학부를 대표하는 평의원들이 다른 학부의 평의원들과의 의견조율을 거쳐 결과적으로는 만장일치의 방식으로 총장을 선출하였다.

하야미(速水滉)가 총장이 되었던 것도 이런 과정을 통해서였다. 그가 '자유주의자'라는 평판에도 불구하고 총장직의 물망에 오를 수 있었던 것은 그의 전력과 관련이 있었다. 그는 경성에 부임하기 이전에 17년

---

35) 彩雲學人, 「城大醫學部の横顔(2)」, 總長更迭の經緯, 『朝鮮及滿洲』 1935. 12, 45쪽.

가까이나 일본 최고의 엘리트교육기관인 제일고등학교 교수로 있었다. 도쿄에 소재한 제일고등학교는 도쿄제국대학과 더불어 제국일본의 핵심적인 학력엘리트 코스였다. 실제로 하야미의 제자들은 政, 官, 學界에 진출하여 중요한 포스트에서 활동하고 있었는데, 조선총독부의 고위관료 중에서도 여러 명이 그의 제자였다. 이런 상황은 경성제대도 마찬가지였다. 법문학부의 법학과에는 특히 그의 제자가 많았다.[36] 「민법·민사소송법 제2강좌」의 교수였던 마쓰자카 사이치(松板佐一)의 증언에 따르면, 법학계열의 교수들 중에서는 유독 제일고등학교 출신들이 많았는데, 마쓰자카 사이치(松板佐一) 자신을 포함해서 기요미야 시로(淸宮四郎), 하세가와 리에(長谷川理衛), 도자와 데쓰히코(戶澤鐵彦), 하나무라(花村美樹), 마쓰오카 슈타로(松岡修太郎), 후나타 고지(船田亨二), 오쿠다히라 다케히코(奧平武彦), 후지모토 나오시(藤本直), 후와 다케오(不破武夫), 오다카 도모(尾高朝雄) 등 11명이었다. 그리고 이들은 대체로 1922년부터 1925년 사이에 도쿄제국대학 법학부를 졸업한 동년배 집단이었다.[37] 이들 모두는 사실상 하야미(速水)와 사제관계에 있었다. 세간(世間)의 평가처럼 그는 이른바 "先生級 敎授"였던 것이다.[38] 그가 총장후보에까지 오를 수 있었던 것은 이런 사제(師弟)의 학연에 기초한 '사회관계자본' 덕분이었다.

하지만 이런 '관계자본'만으로 총장에 오르는 것은 당연히 불가능하다. 실제로 당시 총장 후보는 3명이 추천되었는데, 하야미는 이들 중 당선 확률이 가장 낮은 후보였다. 당시 가장 유력한 후보는 의학부가 추천한 다카야마 마사오(高山正雄) 나가사키(長崎)의과대학 학장이었다. 의학부 교수들은 11석의 평의원회 정원 중 6석을 차지하고 있을 뿐 아니라, '현 총장이 법문학부 쪽이기 때문에 이번에는 의학부다'라는 명분도 있었다. 2순위는 현 총장인 야마다 사부로(山田三良)였다. 법문학부의 일부 교수들

---

36) 彩雲學人, 위의 글, 1935, 45~46쪽.
37) 橫越英一, 「恩師訪問: 松板佐一先生」, 『紺碧』 69, 1980, 2쪽.
38) 春秋子, 「城大敎授物語(五)」, 『朝鮮及滿洲』 1931. 5, 79~80쪽.

은 다카야마의 취임을 반대하기 위해 현 총장의 재임을 시도하였다. 이처럼 총장선거가 법학부와 의학부의 힘겨루기 양상으로 진행되고 있었기 때문에 하야미를 주목하는 경우는 거의 없었다.[39] 그런데 의학부와 법문학부의 사이의 갈등이 진정되어 다카야마(高山正雄)의 추대가 확정되자, 이번에는 조선총독부가 다카야마(高山)의 총장취임을 반대하기 시작하였다. 일본본 토의 문부성은 다카야마(高山)의 총장취임을 찬성하고 있었기 때문에, 다카 야마의 총장취임 문제를 둘러싸고 조선총독부와 문부성이 갈등하는 양상이 다시 전개되었다.[40] 이런 혼란의 와중에서 문부성이 지지한 1순위의 다카야 마는 총장수락 의사를 번복했고, 총독부가 지지한 2순위의 야마다 현 총장은 유임을 고사하였다. 어부지리로 제5대 총장이 되었던 것은 3순위의 하야미였다.

이처럼 그의 총장선출 경위는 일본식 대학자치의 실상을 생생하게 보여 주는 사례이다. 그가 총장이 될 수 있었던 것은 무엇보다도 총장선거를 둘러싸고 경성제대 내부에서는 의학부와 법문학부, 외부에서는 문부성과 조선총독부가 격렬히 대립했기 때문이다. 총장선거가 제국대학에서 '대학 자치'의 상징이라는 점을 고려해 본다면, 총장선거를 기점으로 오히려 교수들 사이의 파벌대립이 심화될 뿐만 아니라, 이들 파벌이 총독부나 문부성과 같은 외부세력의 개입을 요청하는 실상은 다소 의외라고 할 지 모르겠다.

하지만 앞서도 언급했지만 제국대학의 자치전통이 기본적으로 교수의 신분보장과 대학거버넌스의 자율성에 맞추어져 있을 뿐, 이것이 자동적으

---

39) 彩雲學人,「城大總長更迭の經緯: 去った山田總長と後任の速水博士」,『朝鮮及滿洲』 1936. 1.
40) 『동아일보』 1935년 11월 29일. "경성제대 산전총장의 임기가 만기된 것을 기회로 문부성에서는 장기의대학장 고산박사를 적극적으로 그 후임에 추천하는 반면에 총독부에서는 법문방면의 학자를 총장으로 하겠다는 기정방침을 끝까지 주장하 야 결국 산전총장의 재임을 지지하야 갈수록 문부성과의 갈등이 격화되는 모양이 라 한다."

로 '학문적 자율성'을 보장하는 것은 아니라는 사실을 고려했을 때, 총장선거마다 교수들의 파벌투쟁이 만연했던 것도 어쩌면 당연한 것일지도 모른다. 더욱이 아베(安倍)나 하야미(速水) 등 이른바 '리버럴리스트'들 조차도 '학문적 자율성'이 강조될 뿐, 이것이 어떻게 달성될 수 있으며 그 과정에서 어떤 어려움을 겪을 수 있는지에 대한 질문을 결여하고 있었다. 아베는 경성제대의 설립 당시 대학의 이상을 말하면서, 경성제대가 대학의 본령인 연구에 충실하려면 "實情과 方便을 가급적 배제"할 필요가 있으며, 총독부나 대학당국처럼 "時勢의 要求에도 應하고, 社會와도 접촉하며 또 世間에 적극적으로 對處"하려고 하면 할수록 오히려 "內地대학의 出張所"로 전락하거나, "半島의 子弟를 기쁘게 하는데 대학이란 헛된 이름을 사용하는 곳"이 되고 말지 모른다고 경계하였다.[41] 하지만 이런 관점은 조선총독부와 대학당국을 비판하는 데에는 적절할지 몰라도, 식민 상황의 특수성과 경성제대가 지닌 식민대학으로서의 태생적 한계를 성찰하는 발언이라고 보기는 어렵다. 1930년대 경성제대의 대학자치 시도가 '제국보편'을 넘어서 '대학보편'의 기준을 경성제대에 적용하려 했다는 점에서 가시적인 성과를 거둔 듯 보이지만, 실제로는 식민사회의 현실을 외면하는 것 이상의 의미를 가지지 못했던 것도 이 때문이다.

3. 식민지인들이 본 대학자치

사실 이런 한계는 또 하나의 대학 외부, 즉 식민지 조선의 입장에서는 너무나 명백한 것이기도 하였다. 경성제대가 설립되는 과정을 냉담하게 지켜봤던 식민지의 지식인들은 이미 설립 당시부터 제국대학이 표방했던 학문적 자율성과 자치의 한계를 비교적 객관적으로 파악하고 있었다.

장덕수는 1924년 4월 동아일보에 게재한 「米國의 大學」이라는 글을 통해 제국대학 체제의 한계를 명확하게 지적한 바 있다. 그는 처음부터

---

41) 安倍能成, 「京城帝國大學に寄する希望」, 『文敎の朝鮮』 10, 1926, 17쪽.

총독부가 설립한 대학이 실제로 대학으로서의 성과를 거둘 수 있을지에 대해서 대단히 회의적이었다. 대학 설립 의도의 측면에서 보았을 때 식민당국은 종전의 우민정책을 버리고 경성제대를 설립하려고 하지만, 이것은 오히려 "學의 隸屬"을 바탕으로 보다 적극적으로 조선인들에게 노예의식을 주입하려는데 있는 것에 불과하였다.[42] 또한 그는 식민당국이 역점을 두고 선전했던 '종합대학'이라는 것도 문제가 없지 않다고 보았다. 일본의 대학교육이 철저히 분과주의에 기반하고 있다는 사실을 감안한다면, 제국대학을 모델로 하는 식민지의 대학이 근대대학에서 볼 수 있는 "종합의 장점"을 살리기를 기대하기는 어렵다. 더 나아가 장덕수는 서구의 근대대학과 비교해 보았을 때 일본의 대학 자체가 대학본연의 모습과 거리가 멀다고 보았다. 일본의 대학 또한 다른 근대대학들과 마찬가지로 연구의 자유, 학습의 자유 등 독일 훔볼트대학의 이념을 강조하고 있지만, 실제로는 주입식 강의를 기계적으로 암기하는 방식에 머물러 있기 때문이다. 따라서 식민지의 대학이 온전히 내지(內地)의 제국대학을 본받는다고 해도 이런 방식으로는 자립적인 사유를 하며 자신의 능력을 온전히 발휘할 수 있는 시민을 양성하기는커녕 국가권위에 기계적으로 복종하는 신민을 양성하는데 불과하다고 보았던 것이다.

장덕수를 포함한 식민지의 지식인들이 '민립대학' 설립을 주창하면서 '學의 獨立', 다시 말해 일본의 대학자치와는 다른 방식의 학문적 자율성과 정신적인 독립을 강조했던 것도 이러한 문제의식에 입각해서였다.

> 惟컨대, 學의 獨立은 民族의 榮譽와 實地生活에 極重極大한 關係를 有하나
> 니 政治的 隸屬은 時代의 變遷과 大勢의 推移에 依하야 免할수 잇스며,
> 經濟的 從屬이 亦 同一한 關係를 有하되, 精神的 隸屬, 그 屈服에 至하야는
> 單히 一時的 屈服에 止하지 아니하며 單히 一時的 服從에 休하지 아니하고
> 永久히 隨伴을 脫하기 難하며 單히 形式的 表面的 束縛에 不過하는 것이

---

42) 張德秀, 「米國의 大學」, 『동아일보』 1924년 4월 24일~5월 7일, 14회 연재.

아니라 核心 骨髓에까지 拘束을 當하나니. … 비록 政治的 自由가 存하고 經濟的 獨立이 在한다 할지라도 그 學에 關하야 獨立을 得하지 못할 것 갓흐면 그 實은 一靜一動과 一進一退에 自由가 無하고 權威가 無할 것이라.[43]

얼핏 보면 이들이 민립대학의 정신을 "學의 獨立"으로 설정한 것은 다소 추상적이라는 인상이 강하다. 하지만 이런 "學의 獨立" 주장은 식민당국이 추진하고 있는 현실의 "官立大學"에 대한 비판의 근거로 설정되어 있다는 점에서 현실성을 획득한다. 다시 말해 식민사회의 조선인 엘리트들은 "學의 獨立"이라는 기준을 통해 경성제대 설립이라는 식민당국의 헤게모니 기획이 조선인들의 종속화, 예속화를 심화시키는 또 다른 의미의 폭력이라는 사실을 보여주고자 했던 것이다.[44] 이들에 따르면, 학문적, 정신적 예속상태는 정치적 혹은 경제적 예속에 비해 예속상태를 영구화한다는 점에서 훨씬 더 문제가 된다고 할 수 있는데, 식민당국이 문화통치의 기치를 내걸고 관립대학을 설립하려는 진정한 이유도 여기에 있다고 보았다.

경성제대의 설립에 의해 민립대학이 사실상 좌절된 이후에도 이들 엘리트들은 조선인 자녀들이 새로운 교육기회를 부여받은 것은 축하할 일이지만, 경성제대가 조선사회의 발전방향을 제시해주는 나침반의 역할을 할 수 없을 것이며, 총독부의 관립대학으로 존재하는 이상 '學의 獨立', '硏究의 自由'의 확보는 애초부터 불가능하다고 보았다.

그런 의미에서 경성제대 일본인 재학생이 쓴 것으로 보이는 다음의 글은 당시 식민사회에서 경성제대가 어떻게 자리매김 되고 있었는지를 잘 드러내고 있다.

물가도 비싸고, 하숙비도 비싸고, 심지어 잡지까지도 外地정가를 메기는

---

43) 사설 「民立大學의 必要를 提唱하노라: 富豪의 一考를 促함」, 『동아일보』 1922년 2월 3일.
44) 정준영, 앞의 논문, 2009, 101~106쪽.

이 땅의 학생생활은 시대적 고민, '숙명적 煩悶'이 있다. 학생은 일단 교실을 나가면 모든 장소에서 '그저 길 지나가는 사람[路傍の人]'일 뿐이다. 대학의 창립이 지방민의 열의에 의해 생겨난 것이 아니라 '하늘에서 떨어진 대학'이라는 사실 때문인지, 시민들과의 조화를 결여하고 있으며 점점 더 명랑함도 잃어간다. 시마키 겐사쿠(島木健作)씨의 말을 빌리면, "경성은 우선은 대충 무어라도 갖추고 있지만, 그럼에도 아무 것도 없는 곳"인 모양이다. 이 말은 그대로 京城帝大의 現狀에 대해서도 타당할지 모르겠다.[45]

이 글에서 보듯이, 경성제대와 대학인은 1940년이 되어서도 식민사회 내에서는 여전히 '하늘에서 떨어진 대학'과 '길 지나는 사람'에 불과하였다. 여기서 '하늘에서 떨어졌다'라는 표현은 다카하시, 오쿠라 등 총독부관료 출신들이 교수로 낙하산으로 '영전'했던 세태를 비꼬았던 당시의 여론을 반영하며, '그저 길을 가는' 사람이라는 말은 식민사회와는 전혀 섞이지 못했던 당시 대학인의 상황을 드러낸다. 즉, 이것은 경성제대가 식민사회의 열의가 수반되지 않은 채 철저하게 조선총독부에 의해 만들어진 대학이고, 따라서 "市民들과의 調和"를 근본적으로 결여하고 있기 때문에 여전히 고립되어 있다는 것을 압축적으로 나타내고 있다. 더욱이 이러한 '고립'은 식민지 특유의 강압적 분위기와 맞물려 "半島인텔리", 즉 대학인들을 더욱 고민하게 만들었다. 만주사변 이후 경성제국대학이 "新東亞建設로의 進軍에 卽應해서 大陸開發의 文化使命"을 지닌 "大陸唯一의 綜合大學"으로 부상하고 있다고는 하지만, 실상은 '얼핏 무어라도 다 갖춘 듯 보이지만 실제로는 어느 하나 제대로 갖춘 것이 없는' 허울에 불과하다는 지적은 당시 경성제대의 상황을 적확(的確)하게 드러내고 있는 것이다. 그리고 식민지의 엘리트들은 '대학자치'를 둘러싸고 대학 안팎에서 전개된 사건들을 한두 줄의 기사 이외에는 철저하게 무시하였다. 이들의 입장에서 볼 때, 식민지의

---

45) 帝國大學新聞社 編, 「なやむ路傍の人」, 『帝國大學入學案內』, 帝國大學新聞社, 1941, 147쪽.

학문적 자율성을 둘러싼 일련의 '소동'은 조선과는 무관한 '낙하산[天降り]' 대학에서 일어난 한갓 '찻잔 속의 폭풍'에 불과했던 것이다.

IV. '대학자치'의 붕괴 이후

그런데 이런 '찻잔 속의 폭풍'마저도 전시체제가 본격화되면서 종언을 고하였다. 1939년을 전후해서 조선총독부는 본격적으로 경성제대에 정치적 개입을 시도하였다. 총독부는 앞서 언급했던 '가와이 에이지로 사건'이 야기했던 대학 외부의 개입방식, 즉 '히라가(平賀)숙학'을 개입의 모델로 삼았는데, 이것이 결과적으로 하야미 총장을 퇴진으로 몰아갔다. 전시체제 하에서 더 이상 현재의 방식으로 대학을 운영하기 어렵다고 판단한 조선총독부는 이 사건을 기점으로 경성제대를 전면적으로 개편하는 작업에 착수하였다. 경성제대의 존재이유는 "忠良한 皇國臣民의 鍊成"으로 새롭게 규정됐다. 1930년대 확립된 대학자치의 시도와 학문적 자율성 주장은 이 과정에서 사실상 완전히 붕괴하였다. 이후 경성제대는 식민통치기관으로서의 역할을 제외하는 사실상 형해화(形骸化)되었던 것이다.

그런데 이런 붕괴의 과정은 한 가지 의문을 남긴다. 학문적 자율성을 부르짖고 대학자치 관행을 확립하는데 불철주야 애썼던 대학인들은 도대체 어디로 사라진 것일까. 모든 것이 무너지는 상황에서 그들은 왜 적극적으로 대항하기를 포기했던 것일까. 일본 제국대학의 대학자치가 처음부터 국가와의 관계설정이 모호하다는 약점을 안고 있다는 것은 이미 지적한 바다. 하지만 그렇다고 해도 일본 본토의 대학인들이 자치 훼손에 대해 저항을 완전히 포기했던 것은 아니었다. 그런데 식민지는 상황이 달랐다. 외부의 정치적 개입에 대해서 저항하지 않았을 뿐만 아니라 이후에도 철저하게 침묵하는 양상을 보였던 것이다. 여기에서 일본식 대학자치 모델의 한계에 더해 식민지적 상황의 한계에 대한 고민이 필요해진다.

경성제대 교수 야스다 미키타(安田幹太)에 따르면, 1939년 '만춘(晩春)', 총독부는 가와이 에이지로 사건을 교범 삼아 본격적인 '성대정벌(城大征伐)'에 나섰다.[46] 당시 대표적인 '리버럴리스트' 교수였던 아베(安倍能成)가 쓴 글 중 하나를 '반군적(反軍的)'이란 혐의를 씌웠고, 이것을 빌미로 대학총장 하야미(速水滉)에게도 압박을 가하였다. 일본에 머물던 아베는 경성에 돌아오지 않은 채 그대로 제일고등학교 교장으로 자리를 옮겼고, 아베 대신에 학무국으로부터 고초를 당했던 하야미 총장은 사실상 확정된 연임을 포기한 채 이듬해 학교를 퇴직하였다. 그리고 야스다(安田幹太)는 교수직을 버리고 조선에서 변호사 사무소를 개업하였다. 이 사건에 대해 야스다는 시종일관 무력했던 교수회에 회의를 느껴 스스로 그만두었다고 훗날 술회하였다.

하지만 이 사건을 증언했던 것은 야스다뿐으로, 정작 사건의 당사자들은 당시에도 이후에도 침묵하였다. 아베는 자신이 연루된 '필화사건' 자체를 언급하지 않았다. 그는 경성을 떠날 당시를 회고하면서 하야미 총장이 시오바라 도키사부로(鹽原時三郎) 학무국장에게 고초를 겪고 있을 때, 달려가 도와주지 못했으며 이 때문에 당시에도 비난을 받았다는 것을 썼을 뿐이다.[47] 이것은 하야미도 마찬가지여서, 그는 경성제대 교직원들에게 퇴임인사를 하는 자리에 "최근 時局의 변화에 의해 … 大學의 受難時代라 할 만한 것이 출현"했으며, "여기에서 자세하게 말씀드릴 수 없지만 아주 복잡한 사정이 있었"[48]다는 것을 암시하는 수준에 머물렀다.

물론 이들의 침묵과 회피는 본토보다 훨씬 억압적인 식민공간이었다는 사정을 감안해야 할 것이다. 하지만 아베가 1926년 경성제대 학부개설 당시 총독부가 표방했던 공식적인 대학이념에 대해 공개적으로 문제를

---

46) 安田幹太, 「城大の憶い出」, 『紺碧遙かに』, 京城帝國大學創立五十周年記念誌, 1974, 114쪽.
47) 安倍能成, 「あの頃のこと」, 『靑丘』 6, 1952, 1쪽.
48) 「退官挨拶」, 『京城帝國大學學報』 161, 1940년 8월 5일.

제기했을 정도의 인물이었으며, 1940년대 일본에 돌아간 이후에도 제일고 등학교 교장으로서 학생보호에 진력했다는 증언이 있기 때문에, 당시 리버럴리스트들의 침묵은 단순히 '훼절', '순응'으로만 간주하기 어려운 측면이 있다. 더 근본적으로 이들의 지향했던 경성제대의 '대학자치'가 식민권력과의 관계에서, 그리고 식민사회와의 관계에서 한계에 봉착했던 것은 아니었을까. 일본에서 확립된 제국대학의 대학자치 관행이 여러 가지 문제점, 특히 국가와 관련해서 한계를 가진다는 것은 이미 지적한 대로다. 그리고 학문의 자율성과 보편성을 강조하고 이를 위해 대학의 자율성을 주장했던 아베 등 경성제대의 리버럴리스트들도 이런 한계에서 예외일 수 없었다. 이들은 대학의 자율성을 보존하기 위해서는 정치권력의 노골적인 개입으로부터 '거리두기'가 필요하다고 주장했지만, 제국대학 자체가 국가의 기관이며 교수의 신분을 보장해주는 것도, 관행으로 대학자 치를 허용하는 것도 국가라고 했을 때 대학과 국가가 극한 대립으로 치달을 경우에 어떻게 할 것인지에 대해서는 충분히 사유하지 못했던 것이다.[49]

더욱이 이들은 자율성을 확보하기 위해서 대학은 국가뿐 아니라 사회에 대해서도 '거리두기'가 필요하다고 주장하였다. 즉 대학은 사회의 모든 요구를 거부하고 스스로를 '상아의 탑'속에 가둘 필요는 없지만, 사회의 요구에 일일이 호응하게 되면 대학의 자율적인 연구 및 교육기반을 상실해 버릴 위험성이 있다고 보았던 것이다. 따라서 대학이 사회의 단기적이고 변덕스런 요구와 거리를 두고, 보다 장기적이고 보편적인 관점에 서야하는 것은 이들에 게는 당연하였다. 하지만 이들의 입장은 '거리를 두어야 할' 사회가 식민공간이 라는 점에서 애초부터 딜레마를 안고 있었다. 사회와의 거리를 유지하는 대학의 태도는 식민사회의 현실을 외면하는 것으로 받아들여 질 수밖에

---

49) 하야미는 경성대학의 장래에 대해 "國策의 線을 따르면서도 大學의 品位威信을 잃지 않고, 연구기관으로서의 本領을 발휘할 것"이라는 낙관적인 전망을 제시했던 것도 이런 한계와 무관하지 않다. 「退官挨拶」, 『京城帝國大學學報』 161, 1940년 8월 5일.

없었고, 실제로도 식민지의 현실에 무관심한 일본인 교수들의 입장을 은폐하는 수단으로 활용되기도 했던 것이다. 결국 대부분의 경성제대의 이른바 자유주의자들이 식민당국의 대학개입에 맞서는 대신 사실상 피해버린 것은 이들이 일본인이며, 따라서 자신이 몸담고 있는 이 대학이 같은 일본인들에게 폭력적 지배를 받고 있는 식민사회 위에 뿌리박고 있다는 현실을 외면하고 있었던 데 비롯된 필연적 귀결이었던 것이다.

V. 맺음말

식민지 지식인들의 대학체험, 특히 경성제대의 대학체험은 식민 상황 속에서 해방되어 '민족국가' 건설이라는 지상과제 아래에서 온갖 탈식민의 상상들이 들끓던 해방공간 속에서는 어떻게 재구성되었을까. 1930년 경성제대를 졸업했으며 도상록 사건이 일어났을 당시 민전 사무국장을 맡고 있던 이강국은 경성대학 동창회장이란 직함으로 다음과 같은 글을『조선인민보』에 게재하였다.

新朝鮮 建設과 自主獨立 完遂에 있어서 日本 帝國主義 殘滓의 肅淸이 先決的으로 要請되는 것이라면, 이 任務의 遂行은 어느 곳보다 먼저 學園에서 實踐되어야 할 것이다. 왜 그러냐 하면 첫째, 學園은 將來 朝鮮建設의 일꾼을 양성하는 곳이기 때문이며, 둘째로 學園이 日本的 害毒을 가장 심하게 받아왔기 때문이다. 學園에 있어서 萬一 批判의 情神이 沒却되고 想像의 自由가 禁止되며, 硏究의 自由가 保藏되지 않는다면, 씩씩하고 활발하여야 할 朝鮮의 新建設을 庶幾할 수 없을 뿐만 아니라 日本的 ○○의 繼承을 憂慮하지 않을 수 없다. 大學自治는 日本帝國主義도 最後 순간인 戰爭强行에 이르는 直前까지 保藏하려던 自由이다.[50]

---

50) 李康國,「大學合同問題와 文敎政策」,『朝鮮人民報』 1946년 7월 9일.

이 글에도 잘 나와 있지만, 해방공간에서 '학원', 즉 대학문제는 식민청산
과 "新朝鮮 建設"의 핵심과제였다. 새로운 사회 건설을 위해서는 인재를
양성하는 대학의 재건이 중요했지만, 고등교육은 "日本的 害毒"이 가장
심하게 남아 있는 지점이기도 하였다. 식민유산의 청산과 단절이 가장
절실했던 분야였던 것이다. 그리고 일제시기에 '제국대학'을 체험했던
많은 지식인들이 새로운 대학의 모델로 삼았던 것이 대학구성원들의 자율
적 운영에 바탕을 둔 대학거버넌스의 구축, 즉 대학자치였다. 일본의 제국대
학, 특히 식민지 제국대학의 온갖 폐해를 지적하면서도 '대학자치'만큼은
일본제국주의도 최후까지 보장하려 했던 자유였고, 대학의 본질로 파악하
였다.[51] 하지만 이러한 관점은 미국의 대학생활을 체험했고, 식민통치
당시에는 기독교계 사립전문학교에 봉직하다 해방공간에서는 '교육개혁'
의 주도권을 장악했던 오천석, 백낙준 등의 지식인들과 첨예하게 대립하는
것이기도 하였다. 이들은 대학인은 대학에 고용된 이상 시민적 자유 외에
특권을 향유할 수는 없지만, 전문적 직능이기 때문에 진리탐구라는 직능의
실현에 필요한 자유요구에 따라 신분을 보장받으며, 대학이사회도 이를
존중하여 대학인의 의견에 귀 기울여야 한다는 미국 대학 특유의 자치관에
입각해 있었다.[52] 이들에게 기존의 대학자치가 식민유산에게 기인한 배타

---

51) 이러한 견해는 교토제대 출신의 경제학자 朴克采의 논설에서도 나타난다. 朴克采,
「民主主義學園의 確立을 爲하여(下)」,『朝鮮人民報』1946. 7. 17. "現代文明의 建設에
있어서 科學의 重要性이 深大한 까닭에 民主主義聯合國은 勿論이려니와 팟쇼化의
一路를 밟은 日本에서까지라도 大學에 있어서의 硏究의 自由, 學問의 自由, 學生의
自治, 敎授任命辭任의 敎授會에 의한 決定 등은 最近까지 確立되어 있었으며 …
日本에서까지라도 大學의 民主主義的 運用이 堅固한 傳統을 가지고 있었다는
進步的인 一面이 있었다."
52) 미국 대학의 자치관에 대해서는 박종일,「대학의 자치와 대학 법제에 관한 헌법적
고찰」, 연세대 법학과 석사논문, 2006, 16~22쪽 참조. 도상록 해임철회를 요구하는
경성대학 교수회의 요구에 대해 현재 대학운영의 행정명령권은 계통에 따라야
하고 다만 교수들은 학부장의 결정에 대해 필요한 제안을 제출할 권리가 있다고
대응했던 것은 이러한 입장을 단적으로 보여준다. 김기석, 앞의 논문, 2008, 23쪽.
그리고 국립서울대학교의 설립과 더불어 교수의 임면권은 이사회에 이관되었다.

적 특권의식으로 비춰졌던 것도 이 때문이었다. 결국 국대안 파동으로 폭발했던 대학을 둘러싼 갈등의 배후에는 식민교육체제의 청산과 단절을 둘러싼 입장 차이가 있었고, "新朝鮮 建設"에 필요한 대학이란 어떤 것이며 '대학자치'를 어떻게 설정할 것인가를 둘러싸고 치열한 경합이 존재했던 것이다.

다만 이들이 지향했던 대학자치의 이상이 식민경험을 통해 체험된 대학상에 대한 철저한 성찰에 바탕하고 있었는지에 대해서는 의문의 여지가 있다. 대학은 국가의 개입과 시민사회의 요구에 대해서 어떤 관계를 맺어야 하며, 이를 관행이 아닌 제도로 어떻게 정착시킬 것인가. 종전까지 철저하게 배제해왔던 학생들의 자치 참여요구를 얼마만큼 받아들여 대학내부의 권위적이고 파벌적인 구조를 타파해나갈 것인가에 대한 고민과 성찰이 바로 그것이다. 하지만 일본 제국대학의 대학자치, 경성제대의 대학자치가 안고 있는 이런 문제점에 대한 성찰은 정치적인 급박함 속에서 실종되었으며, 이를 받아들이느냐, 거부하느냐의 양자선택으로 단순화되었다.[53] 더욱이 1945년 10월 백낙준의 법문학부장 임명을 둘러싼 갈등 이래, 대학자치를 둘러싼 인식의 차이는 점차 좌우대립으로 치환되기 시작하였다.[54] 이렇게

---

53) 이런 점에서 "1948년 정부수립까지의 '대학교'를 둘러싼 갈등은 경성대학이라는 식민지 遺制 위에 탈식민화의 욕망과 상상력을 덧씌우는 싸움의 하나"였지만, 식민제도의 관성 속에서 상상력의 한계를 드러냈다는 박광현의 지적은 음미할 만하다. 박광현, 「탈식민의 욕망과 상상력의 결여: 해방기 '경성대학'을 중심으로」, 『한국문학연구』 40집, 2011.

54) 백낙준은 조선교육위원회의 추천을 받아 1945년 10월 16일 경성대학 법문학부장에 임명되었다. 하지만 경성대학 자치위원회는 그의 친일경력을 문제 삼아 격렬한 반대운동을 전개하였다. 미국인관리들의 조사결과, 백낙준의 친일반미행위가 명백하게 드러나게 되자, 미군관리들과 자치위원회 사이에는 학부장 임명취소에 대한 양해가 이루어지기도 하였다. 하지만 백낙준이 퇴임을 요구한 학생들이 조선공산당과 연계되어있다고 미 군정청에 고소하면서 상황은 역전되었는데, 조선교육위원회의 권유 속에 미 군정청은 해임결정을 번복하고, 자치위원회가 반대를 계속할 경우 대학을 해산하겠다고 경고하였다. 이 사건을 계기로 친일청산의 과제와 대학민주화의 과제는 좌우대립의 정치이데올로기 국면 속에서 파편화되는 양상을 보이게 된다. 이 사건의 간략한 경위에 대해서는 이길상, 『20세기 한국교육사』, 집문당, 2007, 203~208쪽 및 김기석, 앞의 논문, 2008, 19~21쪽을

본다면, 국대안의 진짜 실패는 격화된 좌우 이념의 대립에 의해 대학의 존재방식과 관련해 보다 진전된 논의의 가능성을 질식시키고 유예시킨 데에 있을지도 모른다. 지금까지 우리 대학사회가 자신들의 존재조건이라고 할 수 있는 대학자치, 학문적 자율성에 대한 진지한 성찰을 외면하고 있게 된 것도 이 때문은 아닐까.

참조.

2부

해방 후 대학에서 인문학의 분과학문화, 그리고 '국학'

학과제(Academic Department)의 도입과 대학사회

정준영

I. 머리말: 교육과 연구, 현대사회에서 대학의 의미

현대사회에서 대학은 교육, 즉 지식의 분배뿐만 아니라 학술, 즉 지식의 생산에 있어서도 가장 강력한 제도로 존재해 왔다. 거의 대부분의 국가에서 대학, 즉 유니버시티는 고등교육기관으로서 국가교육체제의 정점에 위치하며, 자유전문직을 중심으로 소위 '고급한 전문 인력'을 양성하는 핵심적 기관이 되어왔다. 1980년대 이후, 대학교육이 대중화를 넘어서 보편화되는 경향이 전 세계로 확장됨에 따라 종전까지 대학이 가지고 있던 '엘리트적' 성격이 약화되고, 오늘날 '지식사회'에 부합하는 '시민'양성이 강조되고 있지만, 대학이 그 사회에서 가장 높은 수준의 지식과 기술을 가르치는 곳이라는 사회적 공감대는 여전히 중요한 의미를 가진다.[1]

---

* 이 글은 『한국근현대사연구』 67집(2013)에 실린 논문을 고쳐 수록한 것이다.

[1] 사회학자 트로(M. Trow)에 따르면, 제2차 세계대전 이후 지구적인 수준에서 전개된 중등교육의 팽창 및 대학진학의 확장에 의해 대학의 성격 또한 '엘리트'적인 성격을 탈각하고 '대중적인' 성격, 더 나아가 '보편적인' 성격을 획득하게 된다 (Martin Trow, 天野郁夫·喜多村和之 譯, 『高學歷社會の大學』, 東京大學出版會, 1976, 188~195쪽). 특히, 대학이 '보편화'된 최근 상황에서는 대학의 역할 또한 점차 '지식사회'에 부응하는 시민의 양성으로 초점이 바뀌고 있다(D. Frank and John W. Meyer, "University expansion and the knowledge society," *Theory and Society* 36-3, 2007).

한편 오늘날 대학은 전문적인 학문 분야의 연구개발을 수행하고, 이를 담당하는 연구 인력을 양성하는 데 있어서도 중심적인 역할을 맡고 있다. 대학은 고도로 세밀화·전문화되어가는 학술지식의 제도화, 즉 분과학문체계의 확립에 결정적으로 기여했을 뿐만 아니라, 전문분야의 연구 인력들이 안정적으로 자기분야의 연구에 몰두할 수 있는 환경을 제공하였다.2) 인문사회 분야에 한정해 보아도, '근대'라는 이름으로 이루어진 '전대미문'의 거대한 사회변화 속에서 수많은 신생학문들이 출현해서 명멸을 거듭해왔지만, 이들 중 현재까지 기성(established) 분과학문으로 살아남은 것들은 모두 대학에서 제도화된 것들이었으며, 직업인으로서 과학자 및 학자가 하나의 사회집단으로서 출현할 수 있었던 것도 대학 모델의 정착과 확산이 결정적인 계기가 되었다.3) 결국 오늘날 대학은 한 사회의 학술지식을 생산하는 데 가장 중심적인 장소(locus)일 뿐만 아니라, 개별 국가 단위를 넘어서 전문분야를 중심으로 한 숯지구적인 학술·연구교류의 결절점이 되고 있다고 해도 과언이 아니다.4)

최근 들어 지식의 사회적 중요성이 더욱 커지고, 일반 시민들의 대학 접근이 용이해지면서 연구와 교육 이외에도 대학의 다양한 사회적 역할이 더욱 부각되고 있지만,5) 그럼에도 불구하고 연구와 교육은 여전히 대학의

---

2) 학술지식 생산에 있어서 대학의 역할을 체계적으로 정리하고 이를 일본 대학의 사례에 적용한 연구로는 山崎博敏, 『大學の學問研究の社會學』, 東洋館出版社, 1995 를 참조할 수 있다.

3) 서구 과학 및 학문의 제도화 과정에서 대학의 역할을 개괄한 것으로 오진곤, 『과학사입문: 과학의 사회사적 접근』, 전파과학사, 1997, 제2부를 참조할 수 있다. 사회학자 벤 다비드와 랜달 콜린스의 고전적인 연구에서는 심리학을 사례로 들어 신생학문이 기성 분과학문으로 정착하는 과정에서 중요한 역할을 했던 사회적 요인을 분석하고 있다. Joseph Ben-David and Randall Collins, "Social Factors in the Origins of a New Science: The Case of Psychology," *American Sociological Review* 31-4, 1966.

4) G. Delanty, *Challenging Knowledge: The University in the Knowledge Society*, Open University Press, 2002, pp.1~11.

5) 일찍이 커(Kerr)는 대학의 '대중화' 현상이 현저했던 미국 대학의 사례를 바탕으로 '멀티버시티(multiversity)'라는 개념을 제시한 바 있다(C. Kerr, *The Uses of the*

고유한 가치와 기능으로 남아있는 듯이 보인다. 따라서 최근의 한국사회처럼 대학이 새로운 사회적 조건 속에서 전환의 필요성에 직면할 때마다 대학의 위기를 우려하는 논자들은, 연구와 교육이라는 대학 본연의 역할로 되돌아가 그 보편적, 인문적 가치를 재확인하고, 연구와 교육이라는 대학의 양대 기능이 새로운 사회적 환경 속에서 어떻게 포지티브 섬(positive sum)의 관계를 다시 정립할 수 있을 것인가를 논의하곤 한다.

물론 이러한 논의들은 위기의 시대에 대학의 가치를 되돌아보고 이를 통해 대학인들 자신이 발 딛고 있는 기반 그 자체를 비판적으로 성찰해보는 계기가 될 수 있다는 점에서 의미가 없지 않다. 하지만 대학제도를 애초부터 미리 주어진 전제로 상정하곤 하는 기존의 대학론이 과연 현재의 위기에 대해서 적절한 해답을 제시해줄 수 있을까, 오히려 공허한 논의를 되풀이하면서 대학에 대한 사회의 불신과 냉소를 증폭시키는 것은 아닌가 하는 의문과 회의가 제기되는 것도 사실이다.[6]

가령 연구와 교육은 정말로 대학의 본질적인 기능이라 할 수 있을까? 장기간에 걸쳐 탄생과 사멸, 재생과 이식, 그리고 증식을 거쳐 오늘날까지 이어온 '유니버시티(university)'의 역사를 검토해 보면, 정말로 연구와 교육이 대학의 고유한 기능이라 할 수 있을지 의심스러운 부분이 없지 않다. 대학이 학문연구의 기관이라는 인식이 만들어지는 계기가 된 것은 19세기 훔볼트대학의 설립으로, 12세기부터 출발하는 대학제도의 역사를 생각하면 그렇게 오래된 일이라고 할 수 없다.[7] 그 이전까지 지식의 생산, 즉

University, Harvard University Press, 1963). 대학이 사회의 요구를 적극 수용하여 다양한 역할을 수행하게 된 결과, 대학 내부의 다양성이 증가하여 같은 캠퍼스에 위치한다는 것 외에는 어떤 공통점을 찾기 어려워질 것이라는 커의 분석은 20세기 말이래 지구화의 국면 속에서 구체화되고 있는 듯이 보인다.

6) 최근 위기 때마다 반복적으로 제기되곤 하는 '대학위기론'들에 대해 문제를 제기하면서 서구와 일본의 대학사에 대한 비판적 고찰을 통해 '대학'이란 개념 그 자체에 대한 재정의 또는 새로운 문제설정의 필요성을 제안하는 일본 사회학자 요시미 순야(吉見俊哉)의 제안은 이 글의 문제의식과 상통하는 부분이 많다. 吉見俊哉, 『大學とは何か』, 岩波新書 1318, 2011.

학문연구는 주로 대학의 밖에서 이루어졌고, 심지어 대학에 대항해서 이루어지는 경우가 더 많았다. 근대 이전 대학은 교육의 기능이 주를 이루었고, 심지어 '대학'이 교육기관의 역할을 하지 않은 경우도 심심치 않게 발견된다. 게다가 "연구와 교육의 결합"이라는 훔볼트대학의 구상이 19세기 후반 이래 근대대학의 이념으로 광범위하게 파급된 이후에도, 일부 국가를 제외하고는 대학이 연구기능을 갖추는 형태의 지식-교육체제를 형성하는 경우는 많지 않았던 것이다.

더욱이 대학이 연구와 교육의 기능을 온전히 갖춘다고 하더라도 이것이 당연히 '시너지' 효과를 거둘 것이라 속단하는 것도 곤란하다. 개별 연구자의 뛰어난 연구역량이 곧 훌륭한 교육시스템과 후진양성을 보장하는 것이 아니듯이, 연구기반을 잘 갖춘 대학이 필연적으로 교육프로그램이 우수한 대학이 되리라 보장할 수 없다. 아카데미체계의 형성에 대한 벤 다비드 (Ben-David)의 고전적 연구에서도 지적되고 있듯이, "지식을 가르치는 능력은 지식을 개발하는 능력과 반드시 같이 가는 것은 아니며, 연구와 교육은 서로 다른 조직을 요구"하기 때문이다.8) 사실 이 문제는 모든 사회에서 대학을 향해 던져지는 질문 중 하나라고도 볼 수 있다. 어느 사회에서나 대학이 교육에 치우쳐 있을 경우에는 연구를 무시한다는 비판이, 연구에 치우쳐 있을 경우에는 교육적 측면에서 효율적이지 못하다는 비판이 제기되기 마련인 것이다.

이렇게 본다면 연구와 교육은 대학의 본질적인 두 가지 기능으로 미리 전제할 것이 아니라, 양자의 결합방식 자체를 문제 삼고 이것이 특정 사회에서 대학의 사회적 존재방식에 어떻게 영향을 미쳤는지 따져 볼 필요가 생긴다. 다시 말해 개별 대학의 연대기적 역사를 다루는 일반적인 대학사(大學史)를 넘어서 대학의 '학사구조'(學事構造, academic structure)에

---

7) Joseph Ben-David, *The Centers of Learning*, Transaction Publishers, 1992, pp.9~28.

8) Joseph Ben-David and A. Zloczower, "University and Academic Systems in Modern Societies." *Archives Européennes de Sociologie* 3-1, 1962, p.8.

초점을 맞추어 대학사회의 역사적인 형성과정과 구조적 특징을 분석할 필요가 있는 것이다.[9]

이 글에서 미국식 '학과제' 또는 '학과중심제(academic department)'의 도입이 가지는 역사적 의미에 주목하는 이유도 여기에 있다. 오늘날 한국 대학사회에서 학과 중심의 조직형태는 너무 친숙해서 어느 대학이라도 당연히 존재하는 보편적인 학사구조(學事構造)로 생각하기 쉽지만, 실제로는 1820년대 미국의 동부 사립대학에서 처음 만들어져 확산되면서 미국 대학 모델의 중요한 특징 중 하나로 자리 잡았던 것이 학과제였다. 그리고 1945년 이후에야 미국 이외의 세계, 특히 냉전체제 하의 자유주의 세계에 급속하게 파급되기 시작하였다. 본문에서 살펴보겠지만, 미국식 학과제는 기본적으로는 하나의 분과학문(the discipline)을 대학의 기본적인 조직단위로 삼는 형태로, 유럽과도 차별화되는 미국 대학 특유의 역사적 산물이었다. 그리고 이러한 학과제 중심의 대학편제는 1945년 해방 이후 한국의 대학사회에도 최소한 제도의 형태로는 본격적으로 도입되기 시작했는데, 엄밀하게 따지면 이것은 세부전공(speciality)별로 조직되어 교육보다는 연구에 중점을 두었던 강좌(chair) 중심의 경성제국대학이나 직업별 분과조직을 단위로 전문 직업 인력을 창출하는 것을 목표로 했던 전문학교 등 일제시기의 고등교육과는 원리를 달리 한다는 점에서 주의할 필요가 있다. 다시 말해, 미국식 학과제의 도입은 처음에는 단순히 대학 내부의 조직을 바꾸었다

---

9) 강명구·김지현에 따르면, 學事構造란 대학원−분과대학(학부)−학과의 종류와 구성, 그리고 여기서 제공하는 학위수여과정, 전공과정의 종류와 이수형식 등 대학의 제도적 조직을 의미하는데, 이 제도적 조직은 직간접적으로 대학이 실현하고자 하는 목적을 반영하고 있어서 그것이 어떤 체제를 형성하고 있느냐에 따라 실제 대학에서 진행되는 연구와 교육의 종류와 질이 달라질 수 있다. 역사적으로도 대학은 시대에 따라, 나라에 따라 상이한 학사구조를 가지게 되는데, 근대 이후 대학은 대체로 학부제(이것은 다시 전문학부제(faculty)와 교양학부제(college)로 나눌 수 있다), 학과제(academic department), 강좌제(chair-holding)로 일별할 수 있다. 강명구·김지현, 「한국 대학의 학사구조 변화와 기초교양교육의 정체성 확립의 과제」, 『아시아교육연구』 11-2, 2010, 328쪽.

는 사실 이상을 의미하지는 않았겠지만, 대학과 학문의 관계, 나아가 대학의
사회적 역할에 대해서 이전과는 다른 이상과 원리를 전제하고 있기 때문에
이후에 전개되는 한국사회의 대학 형성과정, 그리고 분과학문의 발전과정을
이해하는 데 있어서 중요한 참조점이 될 수 있는 것이다.

　이 글은 이러한 관점에서 1945년 직후 새롭게 출발하는 대학사회에서
학과제 도입이 가지는 역사사회학적 의미를 검토하고자 한다. 근대 이후
'학문의 중심(centers of learning)'으로 군림했던 서구사회의 흥망성쇠 과정
을 대학 모델, 즉 대학의 특정한 조직구조와 관련 지워 역사사회학적인
설명을 시도하는 작업이나, 각 대학 모델에 대한 비교사회학적 고찰을
통해 교육과 연구에 있어 최적화된 대학의 사회적 기능을 밝히려는 연구는
1970년대까지만 하더라도 사회학 및 고등교육사 분야에서는 주목받는
연구주제 중 하나였고, 최근 들어서는 '新고등교육의 사회학'이라는 제목
하에서 사회학 분과에서 다시 부활하는 조짐도 보이고 있다.10) 하지만
우리의 대학사회를 이러한 접근방식으로 분석한 연구는 아시아 비교고등교
육의 맥락에서 한국 근대대학의 성립 및 전개과정을 분석한 비교교육학자
우마코시 도오루(馬越徹)의 작업을 제외하고는 거의 없다시피 하다.11) 보다
진전된 논의를 전개하기에는 축적된 연구의 부재 및 자료의 한계가 너무나
명백한 것이 현실이다. 따라서 이 글은 학과제와 같은 학사구조에 착목하여
우리 사회의 대학 형성 및 근대학술 형성의 다른 측면들을 환기시키는
일종의 '문제제기'로서 그 역할을 한정하고자 한다. 구체적으로는 해방

---

10) 대표적인 연구를 하나씩만 들자면, 서구 각국에서 독특하게 등장하는 대학 모델의
　　형성과정을 역사제도주의의 관점에서 분석한 벤 다비드의 연구(Joseph Ben-David,
　　The Scientist's Role in Society: A comparative Study, Pritence-Hall, 1972), 대학 모델에
　　대한 광범위한 비교고찰을 통해 학술조직으로서 고등교육체계의 사회적 기능을
　　체계적으로 분석한 버튼 클락의 연구(Burton R. Clark, *The Higher Education System:*
　　Academic Organization in Cross-National Perspective, University of California Press, 1984)가
　　대표적이다.
11) 馬越徹, 『韓國近代大學の成立と展開: 大學モデルの伝播研究』, 名古屋大學出版會,
　　1997.

직후 한국 대학사회에 학과제가 도입되었다는 사실에 주목하여, 이른바 미국식 학과제가 어떤 것이며, 일제시기에 형성되었던 식민지의 고등교육 및 학술 형성과는 어떻게 차별화되었는지를 살펴보겠다. 그리고 해방 직후 미국식 학과제가 제도적인 차원에서 도입되었던 양상을 검토하면서, 이러한 도입이 해방을 전후해 어떠한 연속과 단절을 드러내고 있는지를 따져 보겠다. 본문에서 살펴보겠지만, 학과제 도입의 실질적 효과는 분과학문마다 차이는 있지만 미국유학 세대가 대학사회에 대거 정착하는 60년대 후반 이후 본격화된다. 따라서 1940년대 말에 주목하는 이 글의 한계는 분명하다. 하지만 이 시기는 동시에 한국 대학사회 형성의 초기 국면을 형성하며, 미국의 맥락과는 반드시 일치하지 않는 한국식 학과제의 출발점을 이룬다는 점에서 이와 같은 분석이 전혀 무의미하지는 않을 것 같다. 결론에서는 이런 상황을 염두에 두고 한국식 학과제 형성의 경로 의존적 특징 및 향후 연구의 과제를 제시하고자 시도한다.

II. 미국 대학의 역사적 변천과 학과제의 형성

학과제란 하나의 분과학문이 대학의 기본적인 조직단위가 되는 학사구조의 형태를 의미하며, 이것은 유럽의 대학과도 다른 미국 대학 특유의 역사적 변천이 낳은 산물이라는 사실은 이미 머리말에서 간단히 언급하였다. 미국의 대학, 특히 대형 연구대학(research university)에서 교육과 연구가 이루어지는 실질적인 조직단위로서 학과제를 주목했던 사회학자 트로(M. Trow)는 서구 대학의 역사 전체를 보았을 때 학과제는 비교적 뒤늦게 발전했으며 그것도 19세기 후반 미국에서 일어나기 시작한 고등교육과 학문의 전반적인 혁신의 산물로 볼 필요가 있다고 주장하였다.[12) 19세기의

---

12) M. Trow, "The American Academic Department as a Context for Learning," *Studies in Higher Education* 1-1, 1979, pp.11~12.

미국 대학 이전에도, 대학이 기능적 전문화에 입각해서 몇 개의 분과조직으로 나뉘어 있는 학사구조의 형태는 중세 이래 유럽 대학의 역사에서 어렵지 않게 찾을 수 있다. 가령 최초의 대학 중 하나였던 파리 대학은 자유학예를 가르치는 교양학부 이외에 (교회)법학부, 의학부, 신학부로 편제된 상급의 전문학부(faculty)를 두고 있었다. 대학사의 고전으로 저명한 라쉬달(H. Rashdall)의 연구에서는 이러한 편제를 '학과(department)'로 표현하고 있지만,13) 엄밀하게 말하면 이들 전문학부는 자유전문직을 양산하는데 필요한 각종 지식을 가르치고 자격(學士)을 부여한다는 점에서 오늘날의 학과보다는 미국식 전문대학원(professional school)에 가깝다고 할 수 있다.14) 제2차 세계대전 이후 미국 대학의 학문적·교육적 전통이 냉전체제 하 '자유세계' 가 따라야 할 모델로 정착하기 시작했고, 특히 최근에는 학과제의 형성에 결정적인 역할을 한 미국의 연구대학(research university)들이 세계대학의 신자유주의적 개편에서 사실상의 규정기관(defining Institutions)으로 자리 잡음에 따라, 미국 대학 특유의 학사구조를 서구 대학의 일반적 편제로 생각하는 경향이 강해졌다. 하지만 엄밀히 말한다면 학과를 중심으로 하는 현재 한국 대학의 조직 및 편제는 이와 같은 미국 대학 특유의 학문적·교육적 전통의 역사적 형성과 무관하지 않으며, 따라서 이를 이해하기 위해서는 우선 미국의 대학이 영국, 프랑스, 독일 등 서유럽의 전통과 어떻게 차별화되며 나아가 왜 학과제가 미국 대학의 학사구조에서 특징적 측면의 하나가 될 수 있었는지를 추적해 볼 필요가 있을 것 같다.

1. 미국의 고등교육과 대학: 역사적 배경

오늘날 미국의 대학, 특히 대형 연구대학(research university)이 세계의

---

13) H. Rashdall, *The Universities of Europe in the Middle Ages*, vol. 1, Oxford University Press, 1958, p.323.
14) P. Dressel & D. Reichard, "The University Department: Retrospect and Prospect," *The Journal of Higher Education* 41-5, 1970, pp.387~388.

고등교육 및 연구를 주도하는 가장 선진적인 모델이 되고 있다는 것은 누구나 알고 있는 사실이지만, 세계 대학사의 전체 흐름 속에서 보면 이처럼 미국 대학이 주목받게 된 것은 비교적 최근이고, 오히려 19세기 후반까지는 유럽의 대학에 비해 발전과 수준이 훨씬 뒤처져 있었다는 사실을 알고 있는 이는 의외로 드물다. 미국에서 대학의 기원은 영국의 식민지로 있던 17세기 중반까지 거슬러 올라가는데, 당시 식민대학(colonial college)들은 대체로 영국의 영향력 하에서 영국계 이주민들에 의해 설립되는 형태였다. 따라서 미국의 대학교육은 영국으로부터 독립한 이후에도 대체로 잉글랜드 대학 모델과 거의 흡사한 상태로 유지되었다.15)

당시 잉글랜드 대학 모델은 프랑스나 독일 등 다른 유럽국가에 비해서도 중세대학의 색채가 농후하게 남아있었던 것이 특징이었다. 옥스퍼드와 캠브리지로 대표되는 잉글랜드의 대학은 근대에 들어서도 중세의 '동업조합'과 마찬가지로 재정과 운영에 있어서는 국가권력에 자율적인 성격이 강하였다. 다만, 중세대학의 전형적 조직 중 하나라고 할 수 있는 상급 전문학부(faculty)가 쇠퇴하고, 대신에 교양학부가 발달하는 경향이 현저하였다. 이 교양학부의 교육은 영국에서는 기숙학교의 형태인 칼리지에서 주로 이루어졌기 때문에, 잉글랜드의 대학은 기부 등을 통해 풍부한 재정적 기반을 가진 칼리지들로 구성되는 양상을 보였다. 이른바 칼리지 중심의 대학 모델이었다. 이 칼리지에서는 교사와 학생이 수도원적인 공동체를 이루어 숙식을 같이 하면서 젠틀맨으로서의 일반적인 교양과 가치를 개인 교습의 형태로 함양하는 방식을 택하였다.16) 전문직에 필요한 직업교육보다는 교양인으로서의 일반적 가치를 강조하는 잉글랜드 특유의 전통적 대학이념은 사실 잉글랜드 대학 모델의 형성과정과 밀접한 연관을 가졌던 것이다. 잉글랜드의 식민지였던 미국도 기본적으로는 잉글랜드의 대학

---

15) E. Ashby, *Universities: British, Indian, African. A Study in the Ecology of Higher Education*, Harvard University Press, 1966, pp.11~18.
16) E. Ashby, *Universities*, pp.23~32.

모델을 따르고 있었다.

하지만 실질적인 교육여건과 교육수준에서 잉글랜드와 미국은 상당한 차이가 있었다. 역사적 전통을 기반으로 독립적인 재정기반이 강했던 잉글랜드의 칼리지들과 달리, 미국의 칼리지는 개인이나 종교단체가 설립한 것이 대부분으로 재정적 토대가 매우 취약하였다.[17] 또한 종교기관이 대학 설립을 하는 경우가 많았기 때문에, 대학의 교육 또한 기본적으로 경건한 중산층 시민의 교양교육에 집중되는 양상을 보였다. 당시 미국은 학문적 중심지였던 서유럽에서 멀리 벗어나 있어서 전문적인 학문적 수련을 받은 교수인력을 확보하기 어려웠기 때문에 교육 수준이 형편없는 경우도 적지 않았다. 따라서 보다 전문적인 학문을 공부하기 위해서는 유럽 유학이 불가피한 상태였다. 미국인의 유럽 유학은 19세기부터 꾸준히 증가해서 1910년대 절정을 이루었는데, 이때 미국인 유학생들에게 큰 영향을 미쳤던 것이 바로 "연구와 교육의 일치"를 모토로 했던 독일 대학 모델이었다.[18] 당시 독일은 대학의 급격한 발전을 통해 학문연구의 중심지로 부상하고 있었는데, 훔볼트대학의 이념은 근대대학의 모델로서 당시 미국뿐 아니라, 독일, 영국, 프랑스를 비롯한 유럽 각국에 큰 영향력을 행사하고 있었던 것이다.

독일의 대학은 여러 가지 측면에서 중세대학의 색채가 농후한 잉글랜드 대학과 프랑스 혁명을 통해 중세대학과 완전히 결별한 프랑스 대학의 중간 형태에 속하였다. 혁명을 겪은 프랑스에서 대학은 중세의 잔재로 간주되어 해체되었는데, 대학의 조직 중 교양학부는 완전히 쇠퇴했던 반면 법률, 의학 등의 자유전문직(professions)을 양성하는 전문학부(faculty)들은, 근대적 직업훈련을 실시하고 엄격한 성적부여를 통해 '직업면허'를

---

17) 潮木守一, 『アメリカの大學』, 講談社, 2004, 24~36쪽.
18) 당시 미국인 유학생들 사이에는 독일 유학이 일종의 '붐(boom)'을 형성하고 있었다. 1914년 당시 1만 명 이상의 미국인들이 독일의 대학에서 공부를 하고 있었다. Trow, "The American Academic Department as a Context for Learning," p.11.

발급해주는 교육기관으로 살아남게 되었다.[19] 프랑스에서 전통적인 대학은 사라졌고 남은 교육기관들은 완전히 자유전문직과 근대직종에 대한 직업훈련의 기관으로 탈바꿈했던 것이다. 특히 나폴레옹 시기 프랑스는 중국의 과거제도를 학교교육에 적용한 제수이트(Jesuit)의 교육체제를 모방하여, 엄격한 시험을 통해 학생의 우열을 판가름하고, 또 이에 따라 졸업 후의 사회적 대우를 달리하는 성과주의 교육체제를 확립하였다.[20] 한편 지식의 생산, 학문연구에 대해서도 프랑스는 철저하게 국가주도형이었는데, 학부와 전문학교와는 별도의 연구기관, 즉 아카데미와 연구소가 설립되었고, 여기에서는 국가의 감독 하에서 조사와 연구가 수행되었다. 이들 전문학교와 아카데미는 일정한 자치의 권한을 부여하는 '우니베르시타스'와는 달리 철저하게 국가의 기관이었다. 따라서 제3공화국 이후 다시 '대학'이 부활하기는 했지만, 프랑스의 대학은 전문교육 및 직업교육을 실시하는 전문학부의 느슨한 결합의 형태로 유지되었고, 여기에는 여전히 국가의 통제력이 강하게 작용하였다.[21]

독일 대학은 국가기관이라는 점, 일반적인 교양교육보다는 실질적인 전문지식의 교육에 역점을 두고 있다는 점에서는 잉글랜드보다는, 위에서 살펴본 프랑스 모델에 가까웠다. 하지만 중세대학과 마찬가지로 교수인사의 자치를 포함한 대학운영의 자율권을 가지고 있다는 점에서는 잉글랜드 모델과도 유사한 측면도 있었다. 그런데 학사구조라는 측면에서 보면,

---

19) 프랑스에서 중세대학의 특징 및 프랑스혁명 이후의 급진적 변화에 대한 개괄적인 소개로는 Charle and Verger, 김정인 역, 『대학의 역사』, 한길크세주, 1999, 115~122쪽 참조.

20) 이미 많은 연구들이 지적하고 있듯이, 유럽의 교육에서 '능력주의(meritocracy)'가 제도적으로 정착하는 과정에는 선교사들이 동아시아문명권에서 관찰했던 과거제도의 영향이 적지 않았던 것으로 보인다. 상세한 것은 天野郁夫, 석태종·차갑부 역, 『교육과 선발』, 良書院, 1992, 4장을 참조.

21) 혁명 이후 프랑스의 교육제도의 변화에 관해서는 이미 많은 연구들이 제출되어 있다. 개괄적인 흐름을 정리한 것으로는 世界教育史研究會 編, 『大學史 1』, 世界教育史大系, 講談社, 1974, 154~163쪽을 참조.

독일의 대학은 잉글랜드 및 프랑스와 결정적으로 차별화된 특징을 가지고 있었는데, 강좌(chair) 중심의 대학 편제가 그것이다. 훔볼트의 이념 이래 독일의 대학은 가장 뛰어난 연구자가 가장 뛰어난 교육자일 수 있으며, 대학은 연구자가 연구진행의 현재 상황을 학생들에게 가르침으로써 이들을 연구자로 양성할 수 있다는 이념에 기반으로 하고 있었는데, 그 결과 전문적인 연구자를 세부전공(speciality)의 강좌교수로 임명하고, 이들에게 신분보장 및 강좌운영의 자율권을 부여하는 방식으로 발전해갔다. 이들 교수들이 자기 연구를 수행하는 과정에서 자연스럽게 교육이 이루어질수록 실험실, 제미나르(Seminar)와 같은 제도도 고안되었는데, 이와 같은 연구중심의 교육시스템은 전문적인 연구자들의 사회적 지위와 연구 환경을 보장하는 중요한 장치가 되었다.[22] 더욱이 당시 독일지역은 지역 제후국들이 난립하여 국민국가의 형성이 상대적으로 늦어진 상태였는데, 이들 제후국들은 중상주의적인 경쟁상황 속에서도 다른 제후국들에게 뒤처지지 않기 위해 자기 영토 내에 존재하는 대학을 적극 후원하는 정책을 실시하고 있었다. 독일의 대학생들은 하나의 대학에 소속되지 않고 원한다면 자유롭게 이동하여 강의를 듣고 학위를 받을 수 있었기 때문에, 대학의 입장에서 우수한 연구자의 확보는 곧 우수한 대학생들의 확보를 의미하였다. 결국 지역 제후국들을 대신해서 상호 경합했던 독일지역의 대학들은 보다 우수한 교수인원을 확보하고 학생들을 유치하기 위해 애쓸 수밖에 없었던 것이다. 이러한 치열한 대학 간 경쟁의 상황에서 새로운 전문분야의 개척 및 고도의 학문적 혁신이 가능할 수 있었다고도 할 수 있다.[23]

미국에서 유럽유학이 쇄도했던 19세기 중반에서 20세기 초반까지의 시기는 훔볼트이념과 독일 대학의 영향력이 서유럽에서 최고조에 이르렀던

---

22) B. Clark ed., 고용 외 역, 『연구중심대학의 형성과 발전』, 문음사, 1999, 29~78쪽.
23) 世界教育史研究會 編, 앞의 책, 1974, 103~121쪽 ; Joseph Ben-David, *The Scientist's Role in Society*, pp.108~137 ; 潮木守一, 『近代大學の形成と変容: 一九世紀ドイツ大學の社會的構造』, 東京大學出版會, 1973.

시기이기도 하였다. 많은 미국인 유학생들은 독일식 고등교육에 큰 인상을 받고 이를 '낙후된' 미국에 이식할 필요가 있다는 주장을 개진했으며, 실제로 이들이 미국으로 돌아가 대학교수로 자리잡는 19세기 후반부터는 본격적으로 대학개혁을 시도하였다. 그리고 1876년 독일식 대학을 표방했던 존스홉킨스 대학의 설립을 계기로 미국에서 독일 대학 모델의 도입이 점차 본격화되는 양상을 보인다. 물론 이것은 독일 대학 모델 그대로가 이식된 형태는 아니었고 당시 미국 고등교육의 상황 속에서 변형되는 과정을 밟게 되었는데 여기서 창안된 것이 미국 대학의 대표적인 특징, 즉 대학원과 학과제였다.

2. 미국 연구대학 모델의 특징 : 대학원과 학과제

그렇다면 미국에서 독일 대학 모델은 왜 대학원이라는 원래와는 다른 형태로 도입될 수밖에 없었을까. 그 이유는 당시 미국의 고등교육이 이미 잉글랜드 대학 모델에 근간해서 교양교육 중심으로 확고하게 뿌리내리고 있었던 상황과 무관하지 않았다. 사립이 대부분인 기존의 고등교육기관을, 국가의 개입 없이 독일식 대학으로 체계적으로 전환한다는 것은 사실상 불가능하였다. 설령 체계적인 전환이 가능하다고 해도 유럽에 비해서 높지 않았던 당시 미국의 중등교육 상황을 감안한다면 이들 중등교육 수료자들에게 곧바로 연구와 교육의 일치를 지향하는 독일식 교육을 실시하기도 어려웠다. 따라서 존스홉킨스 대학은 칼리지 중심의 기존 교육체계를 그대로 두고, 그 상위의 교육기관으로 독일식 대학교육을 위치지웠던 것이다.[24] 이른바 대학원 중심의 연구대학의 탄생이었다.

더불어 교양교육이 중심이었던 기존의 대학교육도 분과학문을 전공으로 가르쳐서 대학원에서의 연구자 양성을 대비할 수 있도록 바뀌어 갔다. 일부 주요 대학들을 중심으로 학년별로 일률적으로 정해졌던 단일교과과정

---

24) Joseph Ben-David, *The Scientist's Role in Society*, pp.138~169.

대신에 전문화된 지식체계를 학습할 수 있도록 선택과목제(elective system)가 실시되었고, 이것은 곧 주변의 다른 대학으로 확산되기 시작하였다.[25] 이러한 조치에 의해 대학들은 교과과정을 신축적으로 운영할 수 있게 되었을 뿐만 아니라 대학 밖의 새로운 학문적 성과를 교과과정에 도입하는 것도 손쉬워졌다. 기존의 교양교육과 선택과목이 중심이 되는 새로운 전문화된 코스워크(coursework)가 하나의 대학교육 과정 속에 공존할 수 있게 된 것이다.

이렇게 확립된 코스워크는 분과학문(the discipline)을 단위로 하는 학과로 발전하게 된다. 당시 미국의 지식인들은 이미 17세기 후반부터 유럽의 과학자조직을 본받아 다양한 자율적 조직, 즉 학회들을 설립하고 있었는데,[26] 이런 학술적 조직은 주요 대학이 학과제로 재편됨에 따라 대학 학과에 자기 분과학문의 연구자 및 교육자를 제공하는 인적 풀(pool)로 기능하기 시작하였다. 대학 학과는 이러한 학회를 활용해서 필요로 하는 교육 및 연구 인력을 선별·확보할 수 있었고, 연구자들은 자신들의 세부전공(speciality)과는 별도로, 분과학문의 차원에서 대학의 종신직 또는 비종신직 교수로 채용될 수 있었다.[27] 탁월한 연구 성과를 통해 연구자금을 대학에 끌어올 수 있는 역량 있는 연구자를 확보하기 위해서 경합하는 대학들, 더 나은 보수와 신분보장, 그리고 연구 환경을 찾아 이동하는 연구자들, 양자를 연결시키는 '시장'의 역할을 하면서 자기 분과학문의 영향력 증대를 꾀하는 학회들. 이들 사이의 역동적인 상호작용 속에서 미국에서 분과학문은 점차 대학과 밀착하여 제도화되어갔다. 그리고 대학의 학과는 이렇게 채용된 다양한 세부전공의 연구자 및 교육자를 동일한 분과학문의 틀

---

25) 윤종희, 「현대 자유주의적 교육개혁의 역사와 지식권의 제도화-세계 헤게모니 국가의 교육제도를 중심으로」, 서울대학교 박사학위논문, 2010, 59~63쪽.

26) James Finch, "Engineering and Science: A Historical Review and Appraisal," *Technology and Culture* 2-4, 1961, p.323.

27) Hugh Davis Graham & Nancy Diamond, *The rise of American research universities: elites and challengers in the postwar era*, Johns Hopkins University Press, 1997, pp.1~8.

안으로 실질적으로 묶어주는 제도적 기반으로 작용한다. 독일 대학 모델의 영향력을 가장 많이 받았던 것이 미국의 연구대학이었지만, 이들 대학은 정작 독일 대학 특유의 강좌제와 다른 방향으로 발전해갔던 것이다.

미국의 연구대학에서 강좌제가 아닌 학과제가 교육과 연구의 중심이 된 이유에 대해서 사회학자 트로(Trow)는 강좌제 특유의 권위적인 성격이 미국인의 평등주의적 지향과 맞지 않아서라는 견해를 제시하고 있다.[28] 하지만 이에 관련해서는 이미 19세기 말부터 강좌제가 안고 있던 문제점이 독일의 지성계 내부에서도 논란이 되고 있었다는 역사적 사실과, 재정이 취약할 수밖에 없었고 따라서 탄력적인 대학운영이 불가피했던 당시 미국 고등교육 특유의 구조적인 조건이 훨씬 결정적이었던 것으로 판단된다.

사실 독일의 학문적 발전을 이끌었던 강좌제 중심의 학사구조는 독일 대학의 양적 팽창이 한계에 봉착하자 곧바로 발전을 가로막는 장벽으로 작동하기 시작하였다. 독일 대학에서 강좌제는 전문영역의 연구자가 대학에서 자율적인 연구를 수행하도록 하는 제도적 장치로서, 독일 대학이 부상했던 초기 국면에서는 대학 밖에서 심지어 대학에 대항해서 이루어졌던 새로운 과학과 학문의 흐름을 대학 안으로 끌어들여 독일 대학의 성공을 이끄는 견인차 역할을 하였다.[29] 하지만 독일 대학이 팽창을 멈추고 한정된 강좌에 비해 전문 연구자의 수는 넘쳐나게 된 20세기 초반이 되면, 강좌제는 오히려 새로운 연구의 흐름이 대학에 정착하는 데 장벽이 되었다. 강좌가 부여하는 신분보장과 자율성은 치열한 자리경쟁이 벌어지는 상황에서는 오히려 기존 강좌교수의 분권적이고 폐쇄적인 권한을 강화시키는 결과를 낳았다. 신진 연구자들은 강좌교수들에 대해 더욱 종속적 입장에 처하게

---

28) Trow, "The American Academic Department as a Context for Learning," p.12.

29) 19세기 독일 대학의 '성공'과 전지구적인 확산이라는 주제는 이미 당시 유럽의 학계에서도 주목의 대상이었고, 그 원인을 검토하는 수많은 연구들이 존재했었다. 이에 대한 고전적인 분석으로는 Friedrich Paulsen, *The German Universities and University Study*, trans. by F. Thilly. and W. Elwang, Longmans, Greem, and Co., 1906 ; Joseph Ben-David, *Centers of learning.*

될 가능성이 커졌으며, "나는 '요행'이 그 정도로 큰 역할을 하고 있는 직업경력이 이 세상에 또 어디 있을까 싶습니다."30)라고 베버가 한탄했을 정도로 연구기반의 예측가능성과 안정성도 크게 떨어지게 되었던 것이다. 그리고 이러한 독일 대학의 문제점을 당시 미국의 지식인들도 모르지 않았다.

게다가 당시 미국의 고등교육 상황은 독일과는 상당히 달랐다. 사립대학이 주가 되는 미국의 대학은 독일처럼 확고한 후원자(국가)가 없었기 때문에 한정된 재원을 둘러싸고 대학들 사이의 경쟁이 치열하게 이루어졌고, 개별 대학은 이런 '시장' 상황에 맞춰서 탄력적 운영이 불가피하였다. 이미 '시장경쟁' 상황에 있었던 미국의 대학들은 공적 연구자금 및 후원금을 끌어 모을 가능성이 높은 학과를 전략적으로 육성하거나 반대로 연구와 교육의 실적이 떨어지는 학과를 축소·폐지하는 방식으로 대학들 사이의 경쟁을 이겨낼 필요가 있었던 것이다. 이러한 상황에서는 종신적 권한을 가진 분권적인 강좌교수들을 두는 것보다 유사한 세부 전공자들을 학과로 끌어 모으고, 종신직을 줄여 상황에 따라 학과의 규모와 조직을 탄력적으로 운용하는 편이 유리하였다.31)

결과적으로 미국 대학의 학과제는 대학과 전공학문(discipline)을 연결하는 핵심적인 고리로 작동하게 되었다. 강좌제가 학문을 끊임없이 세부전공(speciality)으로 분화시키는 경향이 있다고 한다면, 학과제는 세부전공의 연구자를 대학마다 제도화되어 있는 분과학문(discipline)으로 다시 묶어주는 역할을 하였다. 그리고 제도화에 성공한 분과학문들은 대학들 사이의

---

30) Max Weber, 전성우 역, 『직업으로서의 학문』,나남, 2006, 26쪽. 따라서 베버는 학문의 길을 가려는 젊은이가 조언을 구하러 오면 그의 양심에 대고 다음과 같이 묻지 않으면 안 된다고 주장한다. "당신은 평범한 인재들이 해마다 당신보다 앞서 승진하는 것을 보고도 내적 비탄이나 파멸 없이 견딜 수 있다고 생각하느냐?" 물론 이런 질문을 하면 대부분은 "물론입니다"라고 대답할 것이다. 하지만 베버는 실제로 내적 상처를 입지 않고 참아내는 사람은 극소수에 불과하다는 것도 잘 알고 있었음에 분명하다(Weber, 2006: 32~33).

31) 世界教育史研究會 編, 앞의 책, 1974, 223쪽.

기능적이고 횡적인 구조를 강화시켜주는 역할을 하였다. 대학 외부에 존재했던 분과학문의 조직, 즉 학회는 각 대학 해당 학과의 연구자들을 연결해주어 분과학문의 제도적 정착을 강화시켜주는데 결정적인 역할을 하게 되었다. 앞서 언급했듯이 독일의 대학이 강좌제를 통해 대학 밖에 있었던 학술적인 지식생산을 대학이라는 제도 안으로 끌어들였다면, 미국의 대학은 학과제를 통해 대학의 학과구분을 기반으로 분과학문의 분류체계를 확립하는데 기여하였다. 20세기 중반 이후 미국 대학의 부상이 현저해짐에 따라 이제 학술지식의 생산은 대학이라는 제도 속에서만 정당성을 획득하고 의미를 부여받게 되는 상황이 확립되어 갔던 것이다.

대학교육이라는 차원에서도 독일과 미국의 차이는 현저해졌다. 연구와 교육의 일체성을 표방했던 독일 대학에서는 뛰어난 연구자 밑에 연구자를 지망하는 제자들이 모여드는, 즉 연구에 종속되는 방식으로 대학교육이 이루어졌다. 학생들은 강좌교수의 실험실 또는 '제미나르'에서 연구에 부분적으로 참여함으로써 독립 연구자로서 필요한 이론과 방법, 경험을 배우게 된다. 기본적으로는 도제식 수업으로, 소수 엘리트 지향의 교육이라는 특징을 가진다. 반면에 미국 대학의 학과제에서는 분과학문의 코스워크를 바탕으로 다양한 세부전공의 연구자 또는 교육자가 학과교수로 충원되는 구조이기 때문에, 교육을 중심으로 연구와 교육이 결합되는 측면이 강하다. 대학원 이전 단계에서는 분과학문의 기초적인 교육, 대학원 단계에서는 분과학문의 전문적인 이론과 방법이 수준과 단계에 맞추어 가르쳐지기 때문에, 학부에서는 '예비' 연구자들, 대학원에서는 신진 연구자들이 비교적 체계적이고 대규모로 양성될 수 있는 가능성이 열리게 된다. 독일과 비교했을 때, 미국 대학의 학과제는 학문후속세대의 '대량생산' 시대를 여는 계기가 되었던 것이다.

이처럼 오늘날 미국을 넘어 지구적 차원에서도 대학조직의 기본이 되고 있는 학과제는 미국의 대학들이 직면했던 역사적 조건과 고유한 지향 속에서 역사적 변천과정을 거쳐 확립되었다. 그리고 실제로 학과제는 비교적 최근까지도 유럽의 대학에서는 찾아보기 어려운 학사구조였다. 이렇게 역사 속에서 특정하게 형성되어 왔던 학사구조는 단순히 대학조직의 발달이라는 문제를 넘어서, 대학이 학문과 맺는 관계, 학문의 제도적 형식과 사회적 기능, 대학에서 교육과 연구의 관계 등에서의 실질적인 의미변화를 반영한다. 따라서 한국의 대학사회 형성과정에서 학과제 도입의 의미를 묻는 것은 학과제의 도입이 어떻게 대학조직의 변화를 초래했는지 따지는 것에 그치지 않는다. 나아가 학과제가 한국 사회의 분과학문 형성에 미친 영향을 따지는 것이기도 하다. 즉 여기서 '제도로서의 학문'이라는 관점이 요청될 수 있는 것이다.

III. 식민지 고등교육의 이원구조: 제국대학의 강좌제와 전문학교의 직업별 분과

그렇다면 한국 대학사회에서 학과제 도입이 가지는 역사사회학적 함의는 무엇이었을까? 이를 해명하기 위해서는 학과제 도입 이전의 상황을 먼저 검토해 보아야 한다. 즉 식민지 조선의 고등교육이 가졌던 구조적 특징은 무엇이었으며, 당시 고등교육기관의 조직적 편제와 학문의 제도화 방식은 학과제와 어떻게 달랐는지를 질문할 필요가 있는 것이다. 주지하다시피 우리 사회는 서유럽에서 기원한 대학, 즉 '유니버시티'라는 제도가 도입되기 훨씬 이전부터 독자적인 고등교육의 전통을 가지고 있었으며, '개항'에 의해 근대세계체제에 편입된 이후에는 서구적 근대지식을 적극적으로 수용하기 위해 다양한 방식으로 서구의 모델인 '대학'의 설립을 모색하기도 하였다. 하지만 오늘날 한국 대학사회의 제도적 기원은, 현실적으로는 식민지배 아래에서 설립, 운영되었던 고등교육기관에서 연유한다는 사실도 분명하다. 그런데 일제시기 고등교육의 상황을 미국의 영향이 컸던 해방 이후의 대학사회와 비교해 보면, 생각보다 존재방식의 차이가 적지 않다는 사실이 드러났다. 식민지의 고등교육은 식민모국 일본의 영향을 당연히 강하게 받을 수밖에 없었는데, 일본의 고등교육 혹은 대학 모델은 미국의 대학 모델과는 다른 형태와 특징을 가지고 있기 때문이다. 그렇다면 일본의 고등교육은 어떤 특징을 가지고 있으며, 식민지라는 특유의 상황 속에서 굴절을 겪으면서 어떻게 식민지 고등교육의 특징으로 드러나게 되었을까.

1. 일본의 제국대학 모델과 식민지 제국대학

잘 알려져 있듯이, 조선총독부는 조선인의 고등교육을 억압하는 정책으로 일관하였다. 일제시기 전 기간을 통틀어 식민지조선에서 고등교육기관으로 인정받아 운영되었던 학교는 많이 잡아도 22개, 제국대학 1곳과 전문학교 21곳 정도에 불과하였다.[32] 이것은 1941년의 시점에 제국대학 7곳, 대학 42곳, 전문학교 220곳이 피라미드 구조를 형성하고 있었던 식민모국 일본의 상황과도 대비된다. 이들 식민지 고등교육기관 중에서 교육과 연구의 기능을 갖춘 '근대' 대학에 가까운 것은 "國家의 須要에 應해서 學術技藝를 敎授하고 그 蘊奧를 攻究"(「제국대학령」 1조)한다는 취지로 1926년(예과는 1924년) 설립되었던 경성제국대학, 단 한 곳뿐이었다. 나머지 학교들은 "高等한 學術技芸를 敎授하는 곳", 다시 말해 "高遠한 學理"나 "실제 필요치 않은 難解의 문장", "繁多한 사항"을 가르치는 것을 최대한 피하고, "簡明을 主旨로 해서 有用한 日新의 지식, 기능을 가르치는"[33]

---

32) 정재철, 「日帝下의 高等敎育」, 『敎育問題硏究所論文集』, 중앙대학교 교육문제연구소, 1989, 10쪽.

33) 이러한 전문학교의 세부지침은 개별학교의 규칙에서 더욱 선명하게 확인된다. 전문학교 교육의 특징에 대해서는 일본의 교육사회학자 天野郁夫의 논의를 참조할 것. 天野郁夫, 『旧制專門學校論』, 玉川大學出版部, 1993 ; 天野郁夫, 『學歷の社會史: 敎育と日本の近代』, 平凡社, 2005. 참고로 인용한 문장은 1916년 설립된 경성의학전문학교의 규칙에서 따온 것인데, 이러한 취지는 비슷한 시기에 전문학교로 인가받은 세브란스의학전문학교의 규칙에서도 마찬가지로 발견된다.

전문학교였다. 이처럼 연구와 교육을 이원화해서 제국대학과 같은 특권적 엘리트기관에 연구를 독점시키고, 그 밖의 고등교육기관에게는 철저히 실과적(實科的)인 직업교육에 종사하도록 하는 고등교육의 형태는 식민지 조선에 국한되는 것은 아니었다. 그것은 식민모국 일본의 대학과 고등교육 의 특징이기도 하였다.

당시 일본 대학은 '제국대학'으로 대표되었는데, 도쿄제대(1886년 설립) 를 위시한 제국대학이 일본의 위계적인 고등교육체계에서 정점(頂點)을 차지하고 있었다. 일본 정부는 1919년까지는 제국대학을 제외하고는 어떠 한 고등교육 기관도 '대학'으로 공식적으로 인정하지 않았는데, '대학의 문호(門戶)'를 개방한 이후에도 대학승격을 원하는 학교에게 존재의의와 교육목표로 제국대학의 모델을 따르기를 요구하였다. 다시 말해 제국대학 은 하나의 특정한 대학 모델을 넘어 전전(戰前) 일본 대학의 원형이 되고 있었던 것이다.

그렇다면 일본의 제국대학은 어떤 성격의 대학이었을까. 한때 일본의 대학사 연구자들 사이에서도 제국대학의 성격과 기원은 논란의 대상이었 다.[34] 표면적으로만 보면 제국대학은 조직과 이념의 측면에서 독일 대학의 영향이 절대적인 것으로 평가하기 쉽지만, 실제 제국대학이 일본의 최고학 부로 확립되어가는 과정을 고찰해보면 간단치 않은 측면들이 발견되기 때문이다.

제국대학의 원형이 되는 도쿄제국대학을 설립했을 당시, 일본 메이지정 부의 구상은 서구의 학술체계를 체계적으로 습득하는 데는 많은 시간과 재원이 투여되기 때문에, 당시 일본의 사회상황에 즉시 활용할 수 있는 실용적인 응용지식을 선별·교육하여 단기간에 전문 인력을 창출하자는 것이었다. 그리고 이들의 축적을 기반으로 보다 본격적인 대학의 설립도

---

34) 일본의 대학 모델의 성립과정 및 특징에 대해서는 天野郁夫, 『高等敎育の日本的構造』, 玉川大學出版部, 1986, 23〜59쪽 및 潮木守一, 『世界の大學危機: 新しい大學像を求めて』, 中央公論新社, 2004를 참조.

모색되었다.[35] 따라서 도쿄제국대학의 초기 모습은 '연구'를 지향하는 독일 대학이 아니라, 국가의 철저한 관리 아래에서 관료, 법률가, 의사, 엔지니어, 테크노크라트 등 근대적인 전문직업인을 양성하는 프랑스의 대학 모델-전문학부(faculty) 중심의-에 가까웠다. 엄격한 시험을 통해 학생의 우열을 판가름하고, 성적에 따라 졸업 후의 사회적 대우를 달리하는 성과주의 교육체제를 채택하고 있었다는 점에서도 그랬다.[36] 독일 특유의 강좌제는 아직 도입되지 않았고 대학의 학사구조는 거의 독립적이었던 개별 '분과대학'이 중심이었다. 물론 분과대학에는 '학과'와 '전공' 같은 하위조직이 있었다. 하지만 이런 하위조직들은, 분야마다 다소 차이는 있지만 거의 자율성이 부여되지 않았다. 기본적으로 교원의 인사 및 학사의 운영은 분과대학에서 이루어지고 있었던 것이다.

이와 같은 제국대학의 분권적인 속성은 사실 도쿄제국대학이 체계를 갖추는 과정에서도 이미 예견되었던 특징이었다. 애초에 도쿄제국대학의 분과대학은 직업적 전문교육을 실시했던 별개의 학교들에서 기원하고 있었다. 공부성(工部省)의 공부(工部)대학교가 공과대학, 사법성의 법학교가 법과대학, 농상성의 도쿄농림학교가 농학부의 모태였다. 제국대학 설립의 모태가 되었던 문부성의 개성학교(문과대학과 이과대학의 전신)와 의학교(의과대학의 전신)는 제국대학의 설립 이전에 이미 도쿄대학이라는 이름으로 하나의 학교가 되어 있었지만, 별도의 총장을 두었을 정도로 사실상 여전히 독립적인 학교였다. 일본의 교육사회학자 아마노 이쿠오(天野郁夫)가 적절하게 지적하고 있듯이, 사실 도쿄제국대학을 구성했던 분과대학들은 그 태생부터 전문학교(faculty)였던 것이다.[37] 1893년 도입된 강좌제가 실질적으로 정착하기 이전까지 제국대학은 여전히 할거성이 강하고 학교시

35) 寺崎昌男, 「旧制大學總論」, 『寫眞集: 旧制大學の靑春』, ノーベル書房柱式會社, 1984를 참조.
36) 中山茂, 『帝國大學の誕生: 國際比較の中での東大』, 中央公論社, 1978, 99~128쪽 참조.
37) 天野郁夫, 앞의 책, 1986, 23~61쪽.

험 성적에 목을 매는 전문학교의 집합에 다름 아니었다.

하지만 주입식 강의, 기계적 암기에 급급한 직업교육 기관의 성격을 탈피하여, 제국대학을 세부전공(speciality)의 전문적 학술지식을 양산해내는 연구기관으로 전환시키려는 시도도 1890년대부터 모색되었다. 원래 강좌제가 도입된 배경에는 서양이론의 수입에만 머물렀던 당시 제국대학의 조직을 개편하여 전문 연구자를 체계적으로 양성하겠다는 의도가 포함되어 있었다.[38] 즉 기존의 제국대학 조직을 개별 학문 연구의 분야단위로 해체하여 교수와 전문분야의 대응관계를 명확히 하고 이를 통해 대학의 교육과 연구에 있어서 책임체제를 확고히 하겠다는 것이었다. 여기에는 불안한 지위 탓에 관청 및 기업으로 유출되는 경우가 적지 않았던 교수들에 대한 경제적 처우개선도 덧붙여졌다.

실제로도 강좌제의 도입은 제국대학 교수들이 대학 내에서 자기 학문 분야의 이름을 내건 독립영역을 보장받는 계기가 되었다. 그리고 20세기에 들어 일본이 서양의 학문을 수용하는데 급급했던 단계를 벗어나게 되자, 강좌제는 학술연구를 독점했던 제국대학에서 중요한 지식생산의 제도적 단위로 정착하였다. 제국대학의 학사구조라는 측면에서 보면, 분과대학의 단위에서는 교수회를 중심으로 인사와 학사운영 등에서 자율적 거버넌스(governance)를 행사하고, 강좌제의 차원에서는 교수 각자가 세부전공(speciality)의 전문가로서 신분과 연구의 자율성을 보장받는 이중 구조가 점차 확립되기 시작한 것이다. 그리고 이러한 학사구조의 특징은 일본이 패전하기까지 제국대학에서는 기본적인 학사구조(academic structure)로 작동하였다. 독일의 강좌제와 비교하면, 한 사람 씩 앉을 수 있는 의자(chair) 여러 개가 놓인 것이 아니라 분과대학의 단위에서 서로 불가침한 지위를 가진 교수들이 나란히 도열할 수 있는 소파(sofa)가 놓여 있는 그런 유형의 강좌제가 제국대학의 학사구조로 정착한 것이다.[39]

---

38) 일본 강좌제 도입과정 및 특징에 대해서는 寺崎昌男, 「「講座制」の歴史的研究序説」 (1)・(2), 『大學論集』 1・2号, 廣島大學大學教育研究センター, 1974를 참조.
39) 학사구조의 측면에서 일본의 강좌제를 독일식 강좌제와 비교·검토한 연구로는

이러한 제국대학 특유의 학사구조는 1926년 식민지에 세워진 첫 제국대학인 경성제국대학에도 그대로 적용되었다.[40] 법문학부와 의학부, 2개의 학부(단과대학의 명칭변경)로 출발하여 이공학부를 더한 경성제국대학도 학사구조는 기본적으로 학부제와 강좌제가 중심이었다. 가령 법문학부에는 법률계통의 법학과와 문과계통의 철학과, 사학과, 문학과 등 4개의 '학과'가 있었다. 하지만 이 '학과'는 앞서 검토했던 미국의 학과제와는 상당히 성격을 달랐다. <표 1>은 법문학부의 세부적인 학사구조를 정리한 것이다.[41]

〈표 1〉 경성제국대학 법문학부의 학사구조

학과	전공분류	학과	전공분류
법학과	1류 2류 3류	사학과	국사학전공 조선사학전공 동양사학전공
철학과	철학(·철학사)전공 윤리학전공 종교학(·종교사)전공 미학·미술사전공 교육학전공 지나(支那)철학전공	문학과	국어·국문학전공 조선어·조선문학전공 지나어·지나문학전공 영어·영문학전공

우선 법과계열을 살펴보면, 경성제국대학 법문학부는 창설 당시인 1926

山崎博敏, 앞의 책, 1995를 참조.

40) 식민지의 대학인 경성제국대학에 본국 最高學府인 제국대학의 형식이 그대로 적용된 배경에 대해서는 여러 가지 이유를 들 수 있겠지만, 무엇보다도 1910년대 중반 이래 조선인들의 대학 설립 요구가 거셌고, 1920년대 들어서면서는 서양 선교사들에 의해, 혹은 '민립대학' 설립을 추진했던 조선인 '有志'들에 의해 대학 설립이 실제로 '실현'될 가능성이 강해졌다는 상황과 밀접한 연관이 있는 것으로 보인다. 즉 조선총독부의 입장에서는 이러한 '도전'을 물리치고 장래에도 대학 설립의 시도들을 물리치기 위해서는 압도적인 대학형식이 필요했던 것이다. 그리고 이러한 '최고학부'의 설립을 통해 '동화주의'라는 식민통치 이데올로기가 현실에서도 실현되고 있음을 과시할 필요도 있었음은 물론이다. 상세한 것은 정준영, 「경성제국대학과 식민지 헤게모니」, 서울대학교 박사학위논문, 2009를 참조.

41) <표 1>은 『경성제국대학일람』 각년도 판을 참조.

년 법률학과와 정치학과가 설치되었다가 다음해인 1927년 학부규칙의
전면 개정에 의해 법학과로 통합되었다. 애초 법문학부의 구상이 일본에서
는 제국대학이 안고 있는 분과대학들 간의 분권주의적인 폐해를 시정하겠
다는 취지에서 비롯된 측면이 있고,42) 식민지의 대학에 정치학과를 둔다는
것에 식민당국이 부담을 느끼고 있었던 점43)도 고려된 조치였다. 대신
법학과의 학생들은 3개의 코스로 나누어진 교과과정을 이수하도록 규정되
었는데, 이를 도쿄, 교토 등의 제국대학 법학부 편제와 비교해보면 대체로
'1류'는 법률학과, '2류'는 정치학과에 해당되었다. 원칙적이라면 3류는
경제학과와 관련되어야 할 터이지만, 경성제국대학 법문학부가 일본 내의
다른 제국대학에 비해 경제학 관련 강좌개설이 적었기 때문에 '3류'는
경제학 및 정책학 강의를 중심으로 법학 및 정치학의 기본적인 과목들을
이수하는 코스가 되었다.44) 그리고 이런 코스를 이수한 학생들에게는
코스의 내용과 상관없이 '법학사'라는 학위가 부여되었다.

　이러한 법문학부 법과계열의 학사구조에 대해서는, '1류' 및 '2류'가
각각 고등문관시험 사법과 및 행정과의 수험지정과목에 대응하는 것에
주목해서 경성제국대학의 법과계열 교육이 철저하게 관료양성 교육을
지향하고 있다는 지적도 있다.45) 하지만, 사실 다른 대부분 제국대학의
법과교육이 기본적으로는 관료시험을 지향하는 이른바 '고시법학'에 기반
을 두고 있었기 때문에 이를 식민지 제국대학만의 특성으로 한정짓는
것은 다소 무리가 있어 보인다.46) 애초에 제국대학의 법과대학 혹은 법학부

---

42) 정규영, 「경성제국대학의 설립과정」, 『청주교육대학 논문집』 35, 1998을 참조.
43) 「京城帝國大學ニ關スル件」, 『樞密院會議筆記』 大正十三年四月三十日, 『樞密院會議文
　　書』를 참조.
44) 鄭圭永, 「京城帝國大學に見る戰前日本の高等教育と國家」, 東京大學教育學研究科博
　　士論文, 2005, 93~99쪽.
45) 通堂あゆみ, 「京城帝國大學法文學部の再檢討: 法科系學科の組織·人事·學生動向を中
　　心に」, 『史學雜誌』 117-2, 2008, 73쪽.
46) 일본의 '고시법학'이 가지는 특징에 대해서는 上山安敏, 「知の資格制: 法學部の思
　　想」, 『中央公論』 96-5, 中央公論新社, 1981 및 竹内洋, 『學歷貴族の榮光と挫折』, 日本の

자체가 국가엘리트의 양성에 목표를 두는 경향이 강했으며 따라서 법학자들의 연구 활동과는 별도로 법과계열의 교육은 일본 내에서도 고등문관시험 합격이라는 성과에 의해 평가되는 경우가 많았기 때문이다.[47] 이런 법학교육의 폐해—특히, 도쿄제국대학 법과대학 중심의—를 지적하면서 독일 대학을 모델로 교육과 연구의 결합을 모색했던 초창기 교토제국대학의 시도가, 결과적으로는 고등문관시험 합격률이 상대적으로 많이 뒤처지게 되고 이에 따라 학생들이 입학을 꺼려하는 성향이 커지면서 실패로 돌아갔던 것은 당시 일본 법학교육의 성격을 단적으로 보여주는 사례이다.[48]

요컨대 제국대학 법과대학의 학사구조는 연구와 교육이 사실상 목적을 달리하면서 이원화되어 있었던 것이 특징적이었다. 즉, 한편으로 법학, 정치학, 행정학, 경제학, 정책학 등 법과대학과 연관되는 학문 연구는 신분을 보장받은 강좌교수들과 그들에게 '연구자가 되는 것을 허락받은' 소수의 제자들을 중심으로 세부전공(speciality)의 수준에서 정밀하게 공구(攻究)되었고, 다른 한편으로 이것과는 별도로 법과대학의 교육은 국가 관료 및 법률전문인의 창출이라는 현실적 목표에 철저하게 부응하는 방식으로 이루어졌던 것이다. 따라서 제국대학 법과대학에 설치되었던 법률학과, 정치학과 등의 이른바 '학과'는 명칭만 동일했을 뿐, 분과학문을 조직구성의 원리로 삼는 미국식 학과제와는 성격을 달리 하였다. 지금의 관점에서 보면 프로페셔널 스쿨(professional school), 즉 전문학부에 가까웠던 것이다.

전체적으로 보았을 때, 법과대학의 '학과'는 연구와는 상관없이 교육의 내용에 초점을 두고 학생들을 분류하는 단위이며, 실질적인 학사운영에서 중심은 '학과'가 아니라 '강좌'에 의해 지위를 보장 받은 교수들이 '분과대학' 단위로 모인 교수회였다. 그리고 이러한 특징은 식민지의 경성제국대학에서 더욱 선명히

近代 12, 中央公論新社, 1999, 143~191쪽.

47) 竹内洋,『敎養主義の沒落—変りゆくエリート學生文化』, 中央公論新社, 2003, 3장을 참조.

48) 초기 교토제국대학의 개혁시도와 좌절에 대해서는 潮木守一,『京都帝國大學の挑戰』, 講談社, 1997의 논의가 자세하다.

나타났다. 제국대학 법과대학의 학과들은 그래도 명칭을 통해 최소한 관련된 분과학문을 대학조직과 연결시켜주고 있지만, 경성제국대학에서 다양한 분과학문들은 법학과라는 하나의 조직단위에 묶이고 만다.

그리고 이러한 법학과의 특징은 다소 완화된 형태이기는 하지만 경성제국대학의 문과계열의 학과에서도 마찬가지로 나타난다. <표 1>에서도 알 수 있듯이, 경성제국대학은 법문학부 문과계열에 철학과, 문학과, 사학과 등 3개의 학과를 두고 있었다. 그런데 이들 학과는 다시 몇 개의 전공영역으로 나뉘는데, 학생들은 이들 전공영역 중 하나를 선택하여 학칙이 요구하는 단위 이상의 수업을 마치고 학위논문을 써야 '문학사'라는 학위를 받을 수 있었다. 문과계열 학과의 수업은 법과계열처럼 국가 관료와 법률전문인의 양성이라는 직업적 목표를 가지고 있지 않은 만큼, 각 전공영역의 교과과정은 대체로 개별 분과학문의 코스워크 형태를 취하고 있었다. 더욱이 경성제국대학 학교당국은 학문의 분권주의를 극복한다는 법문학부의 취지를 살리기 위해, 각 전공영역의 코스워크를 이수하는 데 필요한 '전공과목' 이외에도 학과 공통의 필수과목인 '공통과목'과 법문학부 내의 다른 학과 강의 중에서 자유롭게 선택하는 '수의과목'을 두는 등 교과과정에서 개별 분과학문의 전문성 및 분과학문들 간의 상호교류에 역점을 두고 있었다.[49] 하지만 문과계열의 실제 교육은 다른 제국대학 문과대학 또는 문학부와 마찬가지로 이러한 '공식적인' 교과과정보다는, 개별 강좌를 기반으로 만들어진 '연구실'에서 도제식으로 이루어지는 비공식적인 교육의 영향력이 더욱 컸다. 애초에 실용적 성격이 강했던 제국대학의 분과대학들과 달리, 제국대학의 문과대학은 "진리 그 자체를 위해 진리 그 자체를 연구"한다는 다분히 훔볼트적인 이념에 입각해서 설치되었지만, 현실적으로는 비(非) 법과계열의 여러 '순수' 인문학 분야를 집결해 놓은 형태로 자리를 잡아갔다.[50] 이들 인문학 분야는 일본 재래의 국학전통과 아시아

---

49) 鄭圭永, 앞의 논문, 2005, 93쪽.
50) 제국대학 문학부의 형성과정 및 특징에 대해서는 橋本鑛市, 「近代日本における「文學

특유의 한학전통, 그리고 서구로부터 수용한 사상·철학·문학 등 서로 다른 학문적 계보와 사회적 효용을 가지고 있었기 때문에 같은 분과대학 내에서도 최소한의 공통성을 찾기도 쉽지 않았다. 특히 강좌제가 제국대학에 정착된 이후에는 이러한 분산적 성격은 학문적 전문성이라는 이름으로 더욱 강화되었는데, 강좌에 기반한 '연구실'은 세부전공(speciality)의 연구가 창출되는 제도적 장치가 되었을 뿐 아니라 폐쇄적인 도제식 교육으로 '예비' 연구자를 양성하는, 비공식적이지만 실질적인 기반이 되었다. 강의를 듣고 도서관에서 공부하는 것이 일반적이었던 법과대학의 학생들과 달리, 문과대학 학생들은 대체로 전공영역을 선택하면 강좌교수의 연구실에 들어가 교수 및 선배들의 연구 활동에 참여함으로써 세부전공(speciality)의 연구자가 되기 위한 수련을 쌓게 된다. 결과적으로 문과대학의 학과 또는 전공과정은 이러한 세부전공의 강좌들 또는 연구실의 '합(合)'에 불과했던 것이다.

이러한 문과대학의 특징은 경성제국대학 문과계열 학생들에게도 그대로 이어졌는데, 이들도 학과보다는 전공과정, 실제로는 개별 강좌의 연구실에서 실질적인 소속감을 부여받았다.[51] 따라서 법문학부 문과계열의 학과들도 기본적으로는 미국식 학과제와 다른 것이었다. 학과들의 명칭인 '철학', '사학', '문학'은 하나의 제도화된 분과학문을 지칭하는 것이라기보다는 인문학적 지식체계의 전통적인 분류체계, 예컨대 아시아 지성계의 맥락에서 보면 오랫동안 통용되어 왔단 인문지식의 범주체제인 '문·사·철(文史哲)'을 적용한 데에 불과하였다. 실질적인 연구와 교육은 전문적인 개별 세부전공(speciality)의 강좌와 연구실에서 훨씬 더 '전통적'인 방식으로 이루어지는 것이 일반적이었던 것이다.

이처럼 식민지의 경성제국대학도 일본 본토의 제국대학과 마찬가지로

部」の 機能と構造 - 帝國大學文學部を中心に」, 『教育社會學研究』 59, 1996를 참조.
51) 정근식 외 공저, 『식민권력과 근대지식: 경성제국대학 연구』, 서울대학교출판문화원, 2011, 325~332쪽.

세부전공(speciality)의 강좌와 분권주의적인 학부(분과대학)가 중심적이었다. 그리고 학사구조의 측면에서 보면 교육과 연구가 철저하게 이원화되어 있거나 아니면 교육보다는 연구에 중심을 두고 있었다. 따라서 실제로 대만의 타이후쿠(台北)제국대학 문정학부(文政學部)-경성제국대학의 법문학부와 같은 법과·문과계열의 학부-의 사례에서 볼 수 있듯이, 제국대학은 학생이 전혀 없는 극단적인 경우에도 강좌와 학부를 반으로 운영이 가능한 대학 모델이었다. 그리고 일본의 최고학부였던 만큼 일제시기에 성장하고 교육받은 지식층의 입장에서는 '대학이란 무엇일까'라는 질문을 받을 때 가장 먼저 떠올릴 수밖에 없는 대학상(像)이기도 하였다.

2. 일본의 전문학교 모델과 식민지의 사립전문학교

그런데 여기서 한 가지 주의할 것이 있다. 당시 일본의 대학이라면 앞서 검토한 대로 제국대학을 떠올리기 쉽지만, 실제로는 제국대학이 그 당시 일본의 고등교육의 대부분을 차지하지 않았을 뿐더러 심지어 지배적인 특성도 결코 아니었다는 사실이다. 오히려 일본의 고등교육 전체를 염두에 두었을 때 지배적이었던 것은 제국대학의 반대편에 있었던 '전문학교' 모델이었다. 제국대학이 강좌제가 본격적으로 정착하기 이전까지는 오히려 전문학교에 가까운 성격을 띠었다는 점은 이미 설명한 바가 있지만, 당시 일본이 서구의 발달된 학술과 지식을 선별해서 가급적 단기간에 집중적으로 받아들이고, 이를 통해 자기 사회를 '근대적'으로 변모시키는 것이 당면한 과제였다는 점을 감안하면 새로운 고등교육의 모델이 전문학교의 형태를 갖춘 것은 실은 당연한 일이기도 하였다. 그러나 제국대학이 서구 지식의 수입에 급급했던 상황에서 탈피하고 국가주의 이념에 입각해서 국가엘리트의 창출과 학술지식의 생산을 독점하면서 일본의 고등교육은 점차 제국대학과 전문학교라는 이원적인 구조로 바뀌어 나갔다.

사실 일본의 '근대적' 고등교육은 설립의 배경 및 주체, 건학이념 및 교육지향 등의 측면에서 보았을 때 매우 이질적인 형태의 기관들이 난립하는 형태로 출발하였다.[52] 특히 일부 사학(私學)들은 일본정부의 고등교육방침과는 별개로 다른 모델에 입각해서 대학 설립 및 승격을 지향하고 있었다. 하지만 제국대학을 설립한 일본 정부는 이들 학교를 '대학'으로 인정하지 않는 정책을 고수하였다. 몇 개의 공인된 '제국대학'을 제외하고 매우 다양한 수준과 지향을 가진 고등교육기관들이 모두 '전문학교'에 머물러 있었다.[53] 이런 의미에서 1918년 「대학령(大學令)」의 공포는 일본의 고등교육사에서 결정적인 분기점 중 하나가 되는 사건이었다. 대학의 문호가 개방되면서 이전까지 대학으로 인정받지 못하고 전문학교에 머물렀던 사학들이 대거 사립대학으로 승격된 것이다. 물론 이러한 승격은 일본정부의 요구, 즉 제국대학이 표방했던 국가주의적 이념을 대학승격의 요건으로 이들 학교들이 받아들인 결과이기도 하였다.

더불어 남은 전문학교들의 기능적, 실용적 성격은 한층 강화되었다. 「대학령」 이전까지 일부 유력 사립전문학교들은 일반 교양교육(general education)을 교과과정에 유지하는 등 당시 일본 정부의 전문학교 정책과는 별도로 대안적인 대학교육의 가능성을 모색하기도 하였다. 그런데 이들 학교들이 대체로 1920년대 들어 대학승격에 성공하자, 전문학교로는 대학 승격에 실패한 일부 종교계 학교를 제외하고는 의약업, 농림업, 광공업, 상업, 수산업, 예술 등 '실업(實業) 교육' 기관이 대부분 남게 되었다.

이들 '실업' 전문학교는 학사구조의 측면에서 보면 학년별로 단일한 교과과정에 따라 교육이 진행되는 것이 일반적이었다. 이들 학교도 몇 개의 분과(分科)를 두는 경우가 있었다. 하지만 이것은 분과학문(discipline)에 따른 분류라기보다는 전문적인 직업 또는 직무의 종류에 입각한 것이었다. 이공농(理工農)계열의 전문학교의 경우, 응용화학과(應用化學科), 야금학과

---

52) 鄭圭永, 앞의 논문, 2005, 16~17쪽.
53) 일부 사립 전문학교들은 일본 정부로부터 '대학'이라는 명칭을 쓸 수 있도록 허락 받았지만 실제 대학의 위상까지 인정받았던 것은 아니었다.

등 실용적 분과학문을 분과의 명칭으로 한 과도 있지만 이때에도 "高遠한 學理"를 가르치는 것을 최대한 피하고, "簡明을 主旨로 해서 有用한 日新의 지식, 기능을 가르칠" 것을 요구받았다. 대체로 전문학교의 분과는 법학과, 경제학과, 농학과가 아니라 '법과', '상과', '농과' 등의 명칭을 사용했는데, 이것은 단순히 명칭에서 '학(學)'이라는 글자가 빠진 것 이상을 의미하였다. 실업교육을 지향하는 고등교육기관인 전문학교에서 분과(分科)라는 것은 '학과(academic department)'라기보다는 '직업상의 분야구분(section)'이었기 때문이다.

이러한 전문학교의 학사구조는 식민지의 고등교육에서도 예외는 아니었다. 식민당국은 1926년 설립한 경성제국대학을 제외하고는 '대학'을 인정하지 않았다. 따라서 식민지의 고등교육은 경성제국대학과 그 부속기관인 경성제국대학예과를 제외하고는 철저하게 실업교육 지향의 전문학교로 규정되었다. 식민지 공간에서 그마나 '고등교육 수준'의 학교를 유지하기 위해서는 이런 전문학교의 기준을 따를 수밖에 없었다는 의미이다. 전문학교의 지향은 조선총독부가 설립한 관립전문학교들이 명확히 구현하고 있었다. <표 2>는 관립전문학교의 분과체계를 개괄한 것이다.[54]

〈표 2〉 관립전문학교의 편제

형태	교명	설립년도	분과	비고
관립	경성의학전문학교	16	의과	
	경성법학전문학교	16	법과	→경성경제전문학교(41)
	경성고등공업학교	16	염직과, 응용화학과, 잠업과, 토목과, 건축과, 광산과	
	수원고등농업학교	18	농학과, 임학과, 수의축산과	
	경성고등상업학교	22	상과	→경성경제전문(41)
	경성광산전문학교	39	채광학과, 야금과, 광산기계과	
	부산고등수산학교	41	수산과	
공립	대구의학전문학교	33	의과	
	평양의학전문학교	33	의과	

54) <표 2>는 정재철, 앞의 논문, 1989 및 총독부 관보 등을 참조.

조선총독부는 <표 2>에서 보듯이 '병탄' 이후 5년이 지난 1915년부터 관립전문학교를 설립하여 운영하였다. 식민통치의 초기 국면에서는 식민지 조선의 "時勢와 民度"가 전문학교 설립 수준에도 이르지 못했다고 판단했기 때문이다. 하지만 조선인들이 고등교육에 관한 열망이 강력했고 이런 열망에 근간하여 외국인 선교사들이 기독교 '칼리지'를 설립하려는 실질적인 시도가 이루어지면서 조선총독부도 식민지에 전문학교의 문호를 개방해야 할 상황에 직면하였다.[55] 식민당국은 서둘러 관립전문학교를 개설하는 한편, '체제' 밖에서 이루어진 고등교육기관 설립의 시도를 '전문학교'라는 체계의 틀 속에 흡수하려 했던 것이다. 총독부의 관립전문학교가 의학, 법학, 공업, 상업, 수산 등 식민통치에 필요한 각 분야의 중간수준 전문직업인 창출에 역점을 두었던 것도 식민체제 유지에 위협이 될 수 있는 高遠한 學理의 교육이 고등교육기관에서 이루어지는 것을 최대한 피하고자하는 당국의 의도가 반영되어 있었다.[56] 요컨대 당시 일본의 고등교육이 제국대학과 전문학교의 이원구조라고 한다면, 식민지에서는 전문학교의 일원구조로 고등교육에 대한 통제력을 강화하려 했던 것이다.

　그런데 이 지점에서 식민지의 고등교육에서 관찰되는 또 하나의 특징적인 양상을 주목할 필요가 있다. 바로 사립전문학교의 존재가 그것이다.

---

55) 정준영, 「1910년대 조선총독부의 식민지교육정책과 미션스쿨: 중·고등교육의 경우」, 『사회와 역사』 72, 2006, 224~226쪽.
56) 여기서 흥미로운 것은 이공계 및 의학계의 직업교육뿐만 아니라, 오늘날 경제학, 경영학에 해당하는 '商學'도 당시에는 실업전문교육에 해당되었다는 사실이다. 일본에서 근대 경제학은 처음부터 합리적인 영리행위와 직업적 비즈니스를 위해 필요한 전문적이고도 실용적인 직업지식체계로서 수용되는 경향이 강했으며, '학문'으로서의 경제학은 오히려 국가를 운영하는데 필요한 국가학 또는 관방학의 일부로 간주되었다. 따라서 제국대학에서 경제학은 정치학의 일부로써 법과대학 내에서 다루어지는 한편, 영리행위에 관련된 각종 경제학 이론과 실제는 오히려 도쿄고등상업학교(1919년 도쿄상과대학, 현재의 히토쓰바시대학)에서 다루어졌다. 당시 일본에서는 인문사회계열 학문 중에서 경제학(과 상학)이 가장 실용적인 지식체계로 간주되었던 것이다. 이것은 실업교육체계에서 중등학교 수준의 상업학교, 전문학교 수준의 고등상업학교, 그리고 대학 수준의 상과대학 등으로 상업-경제 교육이 계통화되어 있는 것에서도 확인할 수 있다.

일제시기 식민지조선에서 설립·운영되었던 사립전문학교는 대략 12곳 정도이었는데, 이들 학교 중에서 경성약학전문학교, 경성치과의학전문학교, 경성여자의학전문학교 등을 제외한 9곳의 설립주체는 조선인 또는 선교사들이었다. 이 수치만으로는 대단치 않아 보이지만, 일본의 다른 식민지와 비교해 보면 이것은 매우 차별화되는 특징이었다.

〈표 3〉 일본이 식민지 및 점령지에 설치한 고등교육기관

대학 / 고등학교	전문학교		
		관립/공립	사립	
대만 총독부 57)	台北제국대학 (28) 台北고등학교 (25)	台南고등공업학교(31) 台北고등상업학교(19) 台南고등상업학교(19→29) 대만총독부의학전문학교 (19→36) 台北고등농림학교(22→28)	-	대학 1 고교 1 관립전문5
조선 총독부	경성제국대학 (26) [경성제대예과 (24)]	경성의학전문학교(16) 경성법학전문학교(16) 경성고등공업학교(16) 수원고등농림학교(18) 경성고등상업학교(22) 경성광산전문학교(39) 부산고등수산학교(41) 대구의학전문학교(公, 33) 평양의학전문학교(公, 33)	세브란스의학전문학교(17) 연희전문학교(17) 보성전문학교(22) 숭실전문학교(25→39) 이화여자전문학교(25→43) 경성약학전문학교(29) 경성치과의학전문학교(30) 중앙불교전문(30→혜화전 문40→44) 명륜전문학교(42→43) 경성여자의학전문학교(38) 숙명여자전문학교(39→43) 대동공업전문학교(38)	대학 1 관립전문7 공립전문2 사립전문 12
관동주	만주의과대학 (私,22) 旅順공과대학 (22) 旅順고등학교 (40)	大連고등상업학교(36)	만주교육전문학교(24→31)	대학 2 고교 1 전문 2
카라후 토청		樺太의학전문학교(44)	-	전문 1
기타	동아동문서원대 학(上海, 私, 39)	-	-	대학 1

57) 대만총독부의 고등교육기관 중에서 台南고등상업학교는 1929년 台北고등상업학

<표 3>에서 알 수 있듯이, 식민지조선을 제외하고 일본이 식민지나 점령지에 설립을 허용한 사립고등교육기관은 모두 3곳이었다. 그중에서 관동주의 만주의대와 만주교육전문학교는 설립주체가 남만주철도주식회사로, 성격상 사립학교라고 보기 어려운 것들이었다. 식민지의 규모를 생각해보면 조선에 학교가 많은 것은 당연해 보일 수도 있다. 하지만 식민지 조선에만 유독 사립전문학교가 높은 비중을 차지하는 것은 식민지의 규모만으로 설명되기 어려운 측면이 많았다.58)

그렇다면 왜 이처럼 식민지 조선에만 유독 사립전문학교가 많았을까. 이와 관련해서 1920년대 초반까지 총독부의 인가를 받은 사립전문학교들이 대체로 미션계 학교라는 점을 주목할 필요가 있을 것 같다. 고등교육에 억압적이었던 조선총독부가 식민교육체제 외부로부터 고등교육기관의 설립이라는 도전에 직면했고 이에 대응할 수밖에 없었다는 사실은 이미 언급했지만, 이들 미션계 사립전문학교들은 이러한 도전의 결과물이었다. 1925년 전문학교로 인가받은 숭실전문학교는 이미 식민화되기 이전에 한국정부로부터 '대학' 인가를 받았던 기독교계 고등교육기관이었고, 1917년 인가받은 연희전문학교도 비(非)신도까지를 포함해서 기독교적 교양교육을 실시하려 했던 선교사들의 '조선기독교칼리지' 설립시도가 전문학교의 형식으로 현실화된 학교였다.59) 세브란스의학전문학교, 이화여자전문학교, 보성전문학교 또한 총독부의 정책적 의도와는 별도로 칼리지 또는 대학 설립을 시도했던 경험을 가지고 있었다. 결과적으로 이들 사립전문학교들은 식민지교육체제 하에서 전문학교로 남았지만 사실은 대학을 지향했던 학교들이었던 것이다.

교에 통합되었으며, 대만의학전문학교와 台北고등농업학교는 각각 1936년과 1928년에 台北제국대학 부속 전문부로 통합되었다. 따라서 설립년도의 추적과는 별도로 실재 대만에 있었던 관립전문의 수는 많지 않았다.
58) 그 밖에 중국 상하이에 설립된 동아동문서원대학도 설립주체인 동아동문서원이 사실상 반관반민의 단체였기 때문에, 조선의 사립학교들과 성격을 달리하였다.
59) 정준영, 앞의 논문, 2006, 234~238쪽.

이러한 특징은 이들 학교의 학사구조에도 일정정도 남아있었다. 연희전문학교와 숭실전문학교, 그리고 이화여자전문학교에 설치했던 '문과(文科)'라는 존재가 그것이다. 대개의 사립전문학교들이 식민당국에게 전문학교의 인가를 받으면서 '실업전문교육'의 편제를 따라야 하였다.[60] 더군다나 전문학교 문과는 1918년 「대학령」의 공포 이후에는 일본 본토에서도 쉽게 찾아보기 어려웠다. 일본 본토에서조차 이공계열 학교를 중시하고 있는 상황에서 식민지의 사립학교에 설치된 문과는 그만큼 매우 이례적인 존재였던 셈이다.[61]

〈표 4〉 사립전문학교의 편제

형태	교명	인가년	학교편제(분과)	비고
사립	세브란스의학전문학교	17	의과	旭의전(42)
	연희전문학교	17	문과, 상과, 농과(폐), 신학과(폐), 數物과, 응용화학과(폐)	경성공업경영(44)
	보성전문학교	22	법과, 상과	경성척식경제(44)
	숭실전문학교	25	문과, 농과(31)	폐지(39)
	이화여자전문학교	25	문과, 음악과, 가사과	청년연성소(43)
	경성약학전문학교	29	약과	
	경성치의학전문학교	30	치과	
	중앙불전(→혜화전문)	30(40)	불교과(40), 興亞과(40)	폐쇄(44)
	명륜전문학교	42		청년연성소(43)
	경성여자의학전문학교	38	의과	
	숙명여자전문학교	39		청년연성소(43)
	대동공업전문학교	38		

그렇다면 어떻게 식민지의 사립전문학교에 '문과'가 설치될 수 있었을까. 이 질문과 관련해서 가장 먼저 눈에 띄는 것은, 앞서도 언급했지만 이들 학교가 공통적으로 외국인 선교사들이 설립한 미션계 전문학교라는 점이다. 이들 학교는 대체로 선교 사업을 목적으로 설립되었는데, 전문학교로

---

60) 물론 전문학교의 문과가 직업적 전망이 전혀 없는 것은 아니었다. 전문학교 문과졸업자는 기본적으로는 사립학교 교원자격(예컨대, 영어, 한문, 조선어)이 부여되었고, 제국대학 등 상급학교에 결원이 생겼을 경우 전형시험을 거쳐 진학할 수 있는 자격도 얻을 수 있었다.

61) <표 4>는 정재철, 앞의 논문, 1989 등을 참조로 정리한 것이다.

인가 받은 이후에도 실업계 전문학교로서 총독부의 교육취지를 따르는 것과는 별도로 "종교정신의 함양", "기독교적 정신", "사회적 지도자의 양성" 등 미션학교로서 설립목적을 상정하고 있었다. 애초에 이들 학교는 일본의 관공립 고등교육기관과는 그 취지와 기원이 달랐던 것이다. 식민지 교육체제에 편입되기 이전에 평양의 숭실학교는 장래에 토착적인 교회공동체를 이끌어 갈 "하나님의 일꾼"을 만들어 내는 것을 지향하고 있었고, 서울의 연희학교는 비(非)기독교인까지를 포함하여 조선인의 자제들에게 '자유학예(liberal arts)'를 가르쳐 기독교적 교양을 갖춘 중산층을 양성하는 것을 지향하고 있었다. 연구대학이 본격화되기 이전 미국의 전통적인 칼리지교육, 즉 숭실학교는 종파(宗派) 칼리지, 연희학교는 리버럴 아츠 칼리지(liberal arts college)를 모델로 했던 것이다.62) 하지만 조선총독부는 세속적 공교육의 이념을 들어 미션계 고등교육기관이 종교교육을 계속하는 것을 반대했으며, 1915년 사립학교규칙 개정을 통해 유예기간을 두어 종교교육을 사실상 금지시켰다. 이러한 상황에서 최소한 기독교적인 소양을 가르치는 '자유학예'마저도 허용되지 않는다면, 미션계 전문학교로서 최소한의 특징도 사라져 버린다는 문제가 발생한다. 총독부가 이들 학교에 '문과'를 허용했던 것은, 기독교의 선교 사업을 탄압했다는 국제사회의 비판을 피하면서도 선교교육의 종교적 성격을 최소화하기를 바랐던 당시 식민당국의 불가피했던 상황을 반영한 것이기도 하였다.

따라서 이들 학교의 '문과'란 '자유학예', 다시 말해 일반교육(general education)이 이루어지는 교양 분과를 의미하는 것이었다. 실제 교과과정을 보아도 이들 학교의 문과는 어학, 문학, 인문학 뿐 아니라, 사회과학, 자연과학, 음악, 미술 등 학문 전영역의 교양을 포괄하였다. 물론 각 사립전문학교의 문과들 사이에서도 약간의 차이는 있었다. 가령 연희전문학교 문과는 조선어, 한문 등 '국학' 관련 과목과 역사학 관련 과목, 그리고 영어 과목에

---

62) Horace H. Underwood, *Modern education in Korea*, International press, 1926, pp.126~131.

역점을 두었다.[63] 그리고 이러한 교육의 실례에 근간해서 연희전문 문과는 '문학' 전공과 '역사학' 전공을 설정하여 연구자 양성을 지향했다는 지적도 있다.[64] 학문연구의 토대가 되는 일반 교양교육이 식민지 공간에서 극도로 제한되어 있었다는 것을 감안하면, 이들 문과가 연구를 독점하는 경성제국 대학 중심의 식민지 관학(官學)에 대항하여 대안적인 의미에서 아카데미즘 을 추구했다는 사실은 당연히 각별한 의미를 지닐 것이다.[65]

하지만 이들 문과들이 직면했던 전문학교라는 제도적 제약도 상당하였 다. 전문학교의 성격상 선택과목의 설정에 제약이 많았기 때문에 정해진 교과과정을 넘어서는 심화된 교과목은 개설되기 어려웠다. 따라서 개설교 과목의 이름은 그대로 두고 실제로는 보다 심화된 교육을 실시하거나 아예 과외로 학생들과 따로 수업을 하는 경우도 있었다.[66] 전문학교의 교원들도 사실은 이름뿐인 '교수'였다. 경성제국대학이 연구자로서 교수의 신분적 보장을 칙령으로 명확히 규정하고, 더 나아가 교수의 구체적인 세부전공(speciality)을 핵심적인 대학조직으로 정착시켜 여기서 연구와 교육이 이루어질 수 있도록 제도적으로 보장했던 것과 달리,[67] 전문학교의 교수는 제도적으로 그 역할이 전문교육의 실시로 한정되어 있었다. 1920년 대 후반 이후, 사립전문학교 교수들이 중심이 되어 경성제국대학의 관학아 카데미즘에 대항하는 조선인 중심의 대안적 아카데미즘이 모색되었고, 구체적으로 교수인선, 교과과정에도 '전문 직업교육'을 탈피하고 연구본위 를 강조하려는 경향이 현저하게 나타났다고는 하지만,[68] 이러한 경향은

---

63) 『延禧專門學校一覽』, 1939년도 참조.
64) 정선이, 「연희전문 문과의 교육」, 『근대학문의 형성과 연희전문』, 연세대학교 출판부, 2005를 참조.
65) 정종현, 「신남철과 '대학' 제도의 안과 밖 : 식민지 '학지(學知)'의 연속과 비연속」, 『한국어문학연구』 54, 2010을 참조.
66) 정선이, 앞의 논문, 2005, 86~87쪽.
67) 정근식 외 공저, 앞의 책, 2011, 309~314쪽.
68) 정종현, 앞의 논문, 2010 및 장신, 「일제하 조선에서 법학의 교육과 연구」, 『향토서울』 85, 2013을 참조.

한편으로는 경성제국대학이 가진 일본인 위주의 편향적 시각을 문제 삼으면서도 다른 한편으로는 제국대학 모델의 학사구조가 가진 제도적 권위와 학문적 헤게모니를 그대로 받아들이고 모방하는 이중적 태도에 입각해 있는 것이기도 하였다.[69]

경성제국대학을 수석 입학한 '기대주' 유진오가 바라던 경성제국대학의 학문적 커리어를 사실상 단념하고 사립전문학교인 보성전문 교수로 자리를 옮겼을 때, 교주(校主) 김성수에게 요구했던 세 가지 조건은 그런 의미에서 함의하는 바가 크다.[70] 유진오는 교수에게 개인 연구실을 부여해 줄 것과 도서관을 만들 것, 그리고 학회지를 만들 것을 조건으로 내걸었다. 이런 조건들은 제국대학 모델의 특징 중 하나로, 연구자가 자기 세부전공에 대한 역량을 강화할 수 있는 조건을 마련해 줄 것을 주장하는 것이라고 할 수 있다. 하지만 여기에는 학문 후속세대를 어떻게 체계적으로 만들어 낼 방안은 들어 있지 않았다. 사립 전문학교를 중심으로 대안적 아카데미즘을 꿈꾸었던 이들에게도 대학의 기준은 근본적으로는 경성제국대학, 즉 제국대학 모델에서 벗어나지 못했던 것이다.

IV. 해방 전후 고등교육의 조직변화와 학과제 도입의 의미

이상에서 살펴 본 바와 같이 식민지의 고등교육은 강좌제의 제국대학과 직업별 분과구조의 전문학교가 극단적인 이원구조를 형성하고 있었다. 경성제국대학 예과와 일부 사립전문학교의 문과를 제외하고는 '자유학예', 즉 일반 교양교육이 극단적으로 억압되어 있었음은 물론이다. 1920년대 후반 들어 고등교육을 받은 조선인 지식인들이 제국대학의 외부에 대안적 아카데미즘의 가능성을 모색하기도 했지만, 이들의 학문과 교육의 지향은

---

69) 정준영, 앞의 논문, 2009, 214~223쪽.
70) 유진오, 『젊음이 깃 칠 때』, 휘문출판사, 1975, 105쪽.

제국대학의 자장(磁場) 안에 있었다.

그런데 1945년 '해방'은 한국 대학사회에서도 커다란 전기가 된 사건이었다. 억눌려 왔던 한국인들의 '고등교육'에 대한 욕망이 폭발적으로 터져 나왔고, 식민지배 하에서는 불가능했던 '대학'에 대한 다양한 가능성과 상상력 또한 각종 언론매체를 통해 분출되었던 것이다.71) 1945년 8월 당시 경성제국대학 단 1곳뿐이었던 대학은 2년 남짓 지난 1947년 12월이 되면 "남조선의 대학은 정규대학이 20교, 대학인가 신청 중에 있는 것이 3교, 그 밖에 '대학령에 準한 각종학교'라는 것 즉 '準대학'이 5교, 도합 28교"로 늘었고, "여기에는 서울, 연희, 고려, 이화, 부산 등 종합대학이 포함되어 있기 때문에 이를 분과대학 별로 풀어 계산하면 현재 남조선의 대학 총수는 무려 40여 개라는 놀라운 숫자"가 될 정도였다.72) 전시체제 속에서 폐지되는 운명을 겪었던 혜화전문학교, '연성소'로 전락했던 이화여자전문학교와 명륜전문학교, 선교재단이 추방되면서 사실상 일본인의 관할이 되어 명칭과 교육내용이 완전히 바뀌었던 연희전문학교와 세브란스 의학전문학교, 그리고 보성전문학교가 해방된 지 채 두 달이 되지 않아서 모두 원상태로 복원되어 수업을 개시했고, 새로운 시대를 맞이해서 '종합대학'으로 승격할 준비를 갖춰갔다.

이렇게 대학이 폭발적으로 증가하는 상황 속에서, 대학의 기능과 역할에 대한 정책적 입장도 미군정의 등장, 분단의 고착 등과 더불어 급속히 바뀌어 갔다. 종전까지 고등교육을 포함한 교육정책의 모델이 되어왔던 일본의 영향력이 '식민지의 폐해'로 비판받는 가운데, 미국의 대중교육 모델이 우리 사회에 도입되기 시작한 것이다.73) 이러한 미국의 영향력은 대학사회의 경우에도 마찬가지였다.

---

71) 박광현, 「'문리과대학'의 출현과 탈식민의 욕망」, 김재현·김현주·나종석·박광현·박지영·서은주·신주백·최기숙, 『한국인문학의 형성 – 대학인문교육의 제도화과정과 문제의식』, 한길사, 2011, 339~341쪽.

72) 유진오, 「大學의 危機」, 『朝鮮敎育』 1948. 2. 참조.

73) 馬越徹, 앞의 책, 1997, 5장 및 6장을 참조.

우선, 고등교육의 극단적인 이원구조는 미군정 당국에 의해 4년제 대학으로 일원화가 모색되었다. 이것은 초등·중등 학교체계의 개혁과 연동되는 것이기 때문에 일거에 변환되기는 어려웠는데, 일단 1946년 9월부터 4년제 신제(新制)대학을 출범시켰지만, 과도적으로 2년제의 대학예과, 3년제의 전문부(專門部)를 신제대학에 둘 수 있게 하였다.[74] 학교체계의 전반적인 개혁으로 인해 생겨날 수 있는 교육년수(敎育年數)의 차이 문제를 해결하려는 임시 조치였다. 물론 이와 같은 일원화 조치에 대해 일제시기까지 위계를 달리 했던 고등교육기관들 사이의 갈등과 불만이 적지 않았다. 1946년 8월 국립서울대학교 신설을 둘러싸고 대학의 안팎에서 전개되었던 이른바 '국대안 투쟁'의 배후에는 이처럼 이질적인 수준의 고등교육기관을 신제대학 체제로 일괄적으로 묶는 과정에서 비롯된 갈등도 한 몫을 하였다.[75]

둘째, 신제대학의 출범은 대학을 비롯한 고등교육 부문의 급격한 팽창을 가져왔다. 일제 시기 전문학교에 머물러 있었던 주요 사학들, 예컨대 보성전문학교, 이화여자전문학교, 연희전문학교가 신제대학의 발족과 동시에 사립종합대학으로 새로 출범했고, 기존의 중등·고등 수준의 교육기관을 모태로 종합대학 또는 단과대학으로 개편·승격하는 사례도 많았다. 1948년 대한민국 정부가 수립될 무렵에는 한국의 고등교육기관 총수는 모두 42개에 이르렀고, 교원의 수는 1,265명, 재학생수는 24,000명을 헤아렸다. 구체적으로 보면 42개 고등교육기관 중에 종합대학이 4곳, 단과대학이 23곳이었는데, 이 중 사립대학이 19곳이었다.[76] 이것은 경성제국대학과 관립전문학교들, 즉 관학(官學)이 중심이었던 일제 시기와는 차별화되는 상황으로, 사립대학이 수와 양의 측면에서 국공립대학을 훨씬 능가하는 한국 대학사회의 특징이 이때부터 현저하게

---

74) 김종철, 『한국고등교육연구』, 배영사, 1979, 52~53쪽.

75) 정준영, 「식민지 제국대학의 존재방식: 경성제대와 식민지의 '대학자치론'」, 『역사문제연구』 26, 2011, 9~13쪽.

76) 문교부, 『문교월보』 41, 1958. 9, 70쪽.

나타나기 시작하였다. 사립대학이 고등교육 부문의 중심을 이루는 것은 특히 미국 고등교육의 특징 중 하나였다.

셋째, 그런데 이렇게 출범한 대학들의 학사구조는 일제시기의 고등교육 기관과는 성격을 달리하였다. 연세나 이화처럼 대학승격 직후 독자적인 대학편제, 학사구조를 일시적으로 시도하는 경우도 있었지만, 이후 신제대학으로 새롭게 출범한 대학들은 거의 대부분 비슷한 학사구조에 입각하였다. 종합대학은 복수의 단과대학으로 구성되며, 단과대학은 다시 복수의 학과로 구성되는 방식이 그것이다. 여기서 학과는 식민지에서처럼 '文·史·哲'식의 학문 일반의 성격에 대한 포괄적인 분류에 입각한 것도 아니었고, 구체적인 직업적 전망을 염두에 둔 전문 지식의 분류에 입각한 것도 아니었다. 정치학, 경제학, 사회학, 역사학, 국문학 등 구체적인 분과학문(discipline)이 단과대학 내부의 학사구조에서 중요한 기준이 된 것이다. 미국식 학과제(academic department)가 최소한 제도적으로는 도입되어 해방 이후 한국 대학사회의 핵심 부분으로 부상하였다.

넷째, 대부분의 대학에서 문과대학 또는 문리과대학과 해당 학과들은 학사구조에서 가장 기본적인 구성단위로 등장한다. 1954년 당시 대학의 현황을 보면 종합대학의 대부분은 문(리)과대학이나 문(이)학부를 두고 있었음을 확인할 수 있다.77) 이들 단과대학은 대체로 전문적인 학술연구의 기반을 이루는 문과와 이과계열의 주요 분과학문을 학과의 조직단위로 하고 있으면서 전체적으로는 '일반교육'을 표방하고 있었다. 일제 시기의 고등교육이 전문적인 연구나 직업적 훈련을 강조했고 따라서 일반교육이 극도로 억압되었다는 사실은 이미 설명했지만,78) 해방 이후의 대학사회에

---

77) 강명숙, 「해방 직후 학술여건과 대학」, 『해방후 한국사회에서 한국 인문사회과학의 분과학문화』, 연세대학교 국학연구원 HK학술대회 발표문, 2013, 9쪽.

78) 사실 대학에서 문과계열을 천시하는 경향은 전문학교에만 국한되는 현상은 아니었다. 제국대학의 경우에도 문과대학 또는 문학부의 정책적 위상은 낮았으며 실용, 기술학문의 지향이 훨씬 더 강하였다. 문학부가 설치된 것은 초기 제국대학인 도쿄와 교토뿐이며, 이후 설립된 대학이 대체로 법학부와 문학부를 합쳐 한

서는 오히려 '일반교육'이 대학교육의 근간을 이루며 이런 '일반교육'의 차원에서 개별 분과학문에 대한 교육과 연구가 배치되는 양상을 보였던 것이다. 즉 미국식 학과제가 한국의 대학사회에서는, '자유학예(liberal arts)' 교육에 입각하여 교양 있는 시민계층을 양성한다는 미국 고등교육의 또 다른 특징과 결합한 형태로 한국의 대학제도로 정착하게 되었다. 일제 시기에는 대학 편제의 말석을 차지했던 문과대학 또는 문리과대학이 해방 이후의 대학사회에서는 오히려, 서울대학교 문리과대학에서 그랬던 것처럼 "大學 중의 大學"이라 주장할 정도로 상황이 바뀌었던 것이다. 대학의 제도적 편제만을 보면, 미국의 대학 모델, 그 중에도 학과제가 기존의 제국대학의 학부-강좌 체제, 전문학교의 분과(分科) 체제를 대체하여 빠르게 정착한 것으로도 보일 수 있겠다.

그런데 학과제가 단순히 제도적인 조직편제의 문제를 떠나 실제 대학에서 연구와 교육의 기반으로 자리 잡았는지를 면밀히 검토해 보면, 표면적인 양상과는 다른 광경이 펼쳐진다. 당시 한국의 대학은 대학의 편제 또는 학사구조를 재빨리 바꿈으로써 "탈식민의 강렬한 욕망"을 드러냈지만, 실제로는 기존의 대학경험, 대학 이해로부터 벗어나지 못하는 등 "상상력의 결여"에 빠져 있었던 상황이 드러난다.[79] 즉, 제도의 형태는 미국식 학과제의 학사구조를 갖춘 듯이 보이지만 실제 운용에 있어서는 일제 시기의 강좌제의 상상력을 그대로 답습하는 양상이 나타난 것이다. 이를 잘 보여주는 국립서울대학교의 문리과대학의 사례이다.

다른 대학의 학사구조에도 큰 영향을 미친 서울대학교의 문리과대학은 1946년 7월 13일 언론에 공표된 국립서울대학교 설립안(일명 「국대안」)에서 처음 등장하였다. 그런데 애초 서울대학교를 설립하는 과정에서 처음부터 문리과대학이 구상되었던 것은 아니었다. 경성제국대학(당시 경성대학)

개의 학부로 운영되었고, 심지어 30년대 후반에 설립된 나고야, 오사카의 제국대학은 문과계열 학부가 아예 없기도 하였다.
79) 박광현, 앞의 논문, 2011, 352쪽.

을 중심으로 총독부가 설립한 대부분의 관립전문학교와 일부 사립전문학교, 그리고 중등교육기관이었던 경성사범학교를 통합하는 '국대안'과는 달리, 1945년 12월 단계에서 모색했던 계획은 다른 학교는 그대로 두고 법문학부, 의학부, 이공학부 편제의 경성대학을 확대하여 7개 단과대학(법과대학, 의과대학, 문과대학, 사범대학, 이과대학, 공과대학, 농과대학)과 대학원으로 구성되는 종합대학으로 개편하는 방안(일명 「종대안」)이었다.[80] 「국대안」이 나오기 불과 1년 전만 해도 문과와 이과를 하나로 통합한다는 문과대학의 구상은 전혀 나타나지 않았던 것이다.

그런데 국립서울대학교는 실제로는 기초학문과 응용학문, 직업전문교육을 포괄하는 9개의 단과대학과 대학원으로 출범하게 되었다. 그리고 각 단과대학은 다시 학과단위로 나뉘었다. 최소한 제도적으로는 단과대학-학과제라는 해방 후 대학 학사구조의 기본구조가 확립되었던 것이다. 그리고 이러한 단과대학 중 하나인 문리과대학은 다시 문학부와 이학부로 나뉘어 문학부 14개 학과, 이학부 6개 학과가 배치되었다. 초대 문리과대학의 학장은 경성대학 이공학부 교수였던 화학자 이태규가 맡았는데, 그는 교토제국대학 화학과 출신으로 1938년 교토제국대학 조교수를 거쳐 1943년부터 강좌교수를 역임했던 인물이었다.[81] 조선인으로서는 제국대학 교수까지 올랐던 인물로는 이태규 이외에는 바닐론의 발명으로 유명했던 교토제국대학 응용화학과 교수 리승기가 유일했는데, 이 두 사람은 해방 이후 경성대학 이공학부를 실질적으로 주도하였다. 문리과대학은 기존 경성대학 법문학부의 강좌, 이공학부의 이학계 강좌, 그리고 경성제국대학 예과의 주요 과목들을 기반으로 학과를 설치했는데, 초대 학장 이태규는 "우리 문리과대학은 직업교육을 하지 않는다. 인간의 본성을 추구하는 문학을 비롯하여 대자연의 신비를 탐구하는 자연과학에 이르기까지 모든 학문의 바탕이 되는 순수한 기초학문을 가르치고 연구"함으로써 "진리를

---

80) History of Bureau of Education: From 11 September 1945 to 28 February 1946, 28쪽.
81) 대한화학회 편저, 『나는 과학자이다』, 양문사, 2008, 73~97쪽.

탐구하여 조국문화를 앙양하는 사회지도자를 양성하는 것이 우리대학의 사명이다."[82]라고 해서 다른 단과대학과 성격을 달리 하는 문리과대학의 특징을 강조하였다. 즉 문리과대학은 순수한 기초학문의 연구와 보편적 교양을 갖춘 사회지도자의 양성을 목표로 한다는 점에서 다른 대학과는 차별화되는 '大學의 大學'이라는 것이다.

하지만 문리과대학의 사례에서 보듯이 국립서울대학교는 '단과대학-학과제'의 학사구조를 제도적으로 갖추어 출범했고, 처음부터 전문·실업 교육보다는 일반 교양교육을 특별히 강조하는 양상을 보였다. 하지만 이것이 곧바로 식민지의 고등교육으로부터 단절을 의미하는 것은 아니었다. 학과제가 제도적으로 구축되는 과정, 문리과대학이 일반 교양교육을 강조했던 상황 등은 오히려 일제시기의 고등교육, 구체적으로는 경성제국대학으로 대표되는 대학상(像)과 무관하지 않았기 때문이다.

우선 당시에 출현한 학과제라는 것은 표면적으로는 개별 분과학문(discipline)에 대응하고 있는 것처럼 보이지만, 실제로는 경성대학 시절 충원했던 강좌제의 방식을 학과제라는 형태로 느슨하게 묶은 것에 다름 아니었다. 잘 알려져 있듯이 경성제국대학은 해방 직후 조선인 학생 및 교직원들에 의해 곧바로 접수되었는데, 우여곡절을 겪은 후인 1945년 12월 일본인 교수들이 떠나 공석으로 남은 의학부와 법문학부 교수직에 한국인 학자들을 충원하였다.[83] 일제 시기 경성제국대학은 조선인들을 교수직에서 철저히 배제했기 때문에, 한국인 교수의 충원은 사실상 대학의 새로운 출발을 의미하는 것이기도 하였다. 법문학부의 경우, 임명사령 56호에 의해 26명의 교수, 조교수가 확정되었다.

그런데 당시 한국인 교수의 발령은 "○○學 교수"라는 전공교수의 형태로 이루어졌다. 이러한 발령형태는 공식적으로 '강좌'라고 표현하고 있지는 않지만 실제 강좌교수의 충원방식을 답습한 것이었다. 실제로 여기에

---

82) 서울대학교 편, 『서울대학교 30년사』, 서울대학교 출판부, 1976, 35쪽.
83) 『동아일보』 1945년 12월 28일. 미군정 임명사령 제69호.

적시된 전공 명칭은 모두 경성제국대학에서 강좌로 존재하고 있는 것들이며 '농업정책'처럼 강좌는 아니더라고 항상 담당 조교수를 두고 있는 분야였다. 그리고 이러한 방식은 '국대안' 논란으로 교수사회 내부에 갈등이 격화되고 이로 인한 교수의 이탈과 충원이 거듭되는 상황에서도 계속되었다. 결국 실현된 단과대학의 학과란 몇 명의 "○○學 교수"를 묶거나, 한 명의 "○○學 교수"를 기반으로 "○○學科"로 만든 것에 지나지 않았던 것이다. 학과교수들의 개별 세부전공(speciality)의 집합을 넘어 분과학문(discipline)의 코스워크(course work)도 아직은 불가능했거나 이름뿐이었다. 마틴 트로(Trow)가 미국 학과제의 중요한 특징 중 하나로 강조했던 학과 단위의 인사, 운영의 자치도 아직은 요원한 상태였다. 대학의 운영 또한 일제 시기와 마찬가지로 여전히 단과대학 위주였던 것이다. 당시 신문을 보면, 단과대학 학장의 자리를 둘러싸고 교수사회 내부에서 치열한 경합이 벌어지는 사태가 심심치 않게 발견되는데, 이는 당시 대학사회에서 단과대학의 수장이 가질 수 있는 권한을 여실히 드러낸다.

게다가 국립서울대학은 하나의 종합대학으로 통합 이후에도 기존의 교사(校舍)를 그대로 활용하는 형태로 운영되었다. 공과대학은 경성제국대학 이공학부가 소재했던 공덕리 교사에, 농과대학은 수원의 수원고등농업학교 교사에, 법과대학은 청량리의 경성법학전문학교 교사에, 사범대학은 을지로 5가의 경성사범학교 교사에, 상과대학은 종암동 경성고등상업학교 교사에, 의과대학은 경성제국대학 의학부가 있던 혜화동 교사, 치과대학은 소공동 경성치과전문학교 교사에 각각 자리 잡았다. 신설된 예술대학의 경우 음악부는 옛 경성음악학교 교사에서 미술부는 동숭동 법문학부 교사에서 첫 수업을 시작하였다. 하나의 대학이 되었지만 국립서울대학교의 각 단과대학은 모태가 되었던 일제 시기 고등교육기관의 장소성을 여전히 간직하고 있었고, '국립서울대학교'라는 정체성보다는 모태가 되는 학교의 전통을 잇는 양상이 강하게 나타났던 것이다. 일반 교양교육을 표방하면서 '대학 중의 대학'을 자부했던 문리과대학의 지향 또한 일제 시기와는 달라진 대학교육의 양상을 반영한 것이었지만, 동시에 일제 시기로부터 이어지는 제국대학의 특권의식과 연관되는 것이기도 하였다. 문리과대학은 경성제대 법문학부가 있던 동숭동의 교사(校舍)와 청량리의 경성제대예과 교사를 계승했기 때문이다. 1948년 제2대 총장 이춘호의 사임까지 초래했던 법과대학과 문리과대학 사이의 '유명했던' 갈등이 실은 동숭동의 강의실 사용을 둘러싼 충돌이었다는 사실은 이런 점에서 시사하는 바가 크다. 동숭동의 강의실이 문제가 된 것은 그것이 단순히 수업의 편의 문제가 아니라 단과대학의 정체성을 둘러싼 갈등이었음을 단적으로 드러내고 있기 때문이다.[84]

V. 맺음말

이처럼 해방 이후 미국식 대학 모델의 도입은 우리 고등교육 부문의 외관을 크게 바꾸어 놓았다. 특히 학과제의 도입은 대학의 이념, 학문의 의미라는 점에서 해방공간의 대학사회가 식민지의 상황과는 달라졌다는 사실을 제도적으로 구현하고 있다는 점에서 의미가 적지 않았다. 하지만 대학제도 내부에 초점을 맞추어 실제의 상황을 검토해보면, 대학의 이념과 학문의 의미를 둘러싼 갈등이 만만치 않았음을 확인할 수 있다. 오히려 실제의 운용에 있어서는 여전히 '전문적인 학술연구'를 강조하는 제국대학 모델의 추상적인 지향과, 교양교육의 전통이 단절된 채 직업교육 위주로 전문학교를 운용해 왔던 현실의 고등교육 경험이 여전히 해방 이후 일정기간 동안 한국 대학사회의 현실에 '경로 의존적으로(path-dependent)' 영향을 미치게 되었다. 형식적으로는 분과학문에 바탕을 둔 학과제의 모습을 취했지만, 실질적으로는 제국대학의 강좌제처럼 혹은 전문학교의 직업적

---

84) 서울대학교법과대학, 『서울대법과대학백년사』, 서울대학교법과대학, 1995, 235~236쪽.

분과처럼 운영되었을 여지가 많았던 것이다.

더군다나 도입된 미국식 학과제는 해방 이후 한국 대학사회의 특유한 맥락들과 맞물려서 미국과는 다른 특징과 양상을 가지게 된다. 본문에서 설명했지만, 학과제는 연구지향의 독일 대학이 미국의 고등교육에 도입되는 과정에서 미국 대학 특유의 학사구조로 성립되었다. 분과학문의 전문적인 연구자 및 교육자를 양성하는 대학원이 미국의 고등교육에서 최상위 조직으로 자리 잡으면서 대체로 학부단계에서 이런 학문후속세대 양성을 위한 코스워크가 전통적인 일반 교양교육과 더불어 학사구조의 단위로 자리 잡은 것이 학과제였다. 다시 말해, 학과제란 대학원의 현실적인 운용을 염두에 둔 학사구조였던 것이다. 그런데 한국의 경우, 대학원은 신제대학의 발족 당시부터 설치되었지만 실질적으로 분과학문의 코스워크에 입각하여 학위를 부여한 것은 1970년대 이후부터였다.[85] '신제박사'가 본격적으로 등장하기 이전까지는 대학원은 오히려 교수와 학생의 인격적 관계에 근거해 도제식으로 수업이 이루어지는 제국대학의 강좌제와 유사하게 운영되었다. 다시 말해 한국사회에서 학과제는 대학원 교육과의 체계적인 연관이 없는 상태에서 제도적으로 정착했던 것이다. 대학에서의 분과학문 교육이 학문후속세대 양성을 준비하는 것이 아니라, 졸업 이후 곧바로 사회에서 활동하는 엘리트를 배출하는 데 집중될 수밖에 없는 것도 당연하였다. 한국 대학의 분과학문 편제는 곧바로 이들 학문에 대한 사회적 필요성과 직면하게 되었던 것인데, 이것이 역으로 분과학문의 사회적 위계를 창출해내는 계기로도 작용했던 것이다.

이 논문은 대학사회에서 학과제의 도입이 가지는 역사사회학적 함의를 개괄했지만, 실제로 한국 대학사회에서 학과제의 정착과정을 실질적으로 분석하는 데까지는 이르지 못하였다. 사실 한국 대학의 역사 자체가 우리 학계에서는 주요한 연구관심사가 되지 못했던 현실을 생각하면 개인 연구

---

85) 민두기, 「동아시아의 대학과 그 학문적 전통―학위제·대학원」, 『시간과의 경쟁』, 연세대학교 출판부, 143~163쪽.

자로서는 힘에 겨운 과제가 되는 것도 사실이다. 따라서 우리 사회에서 학과제가 실질적인 대학교육과 학문연구의 제도적 중심으로 정착하는 과정에 대한 면밀한 고찰은 향후의 과제로 남겨두고자 한다. 이러한 고찰은 분과학문의 표준화된 지식분류 체계가 대학교육의 교과과정에 체계적으로 반영되는 경위, 대학에서 학과 운영의 부분적 자율성, 즉 거버넌스가 확립되는 시기, 그리고 이러한 대학의 학과편제가 대학 밖의 분과학문의 '학회(學會)'와 연동되는 과정 등을 포함하고 있기 때문에, 우리 학문형성 과정을 '제도로서의 학문'이라는 차원에서 고찰하는 하나의 계기도 될 수 있으리라 기대한다.

대학 인문학의 제도적 기반과 학술 여건

강 명 숙

I. 머리말

대학은 교육의 장이자 대표적인 학술 연구의 장이다. 식민지기 대표적인 학술 연구의 장은 경성제국대학, 전문학교로 제한되어 있었고, 위계적으로 제도화되어 있었다. 연구결사체도 다양하지 못하였고, 언론사, 중등학교 등으로 공간적으로 외연을 뻗어나갔으나 학술 연구가 주요 목적인 장은 아니었다. 해방 후 학술 연구를 하나의 목적으로 하는 대학이 증설되어 연구의 장이 확대되고, 그 장을 한국인들이 전유할 수 있었다는 점은 학술 연구의 물적 기반의 커다란 변화였다.

이 글에서는 해방부터 1950년대 중반까지의 고등교육[1] 특히 대학을 중심으로, 학술 연구 장으로서의 대학의 물적 기반, 제도적 기반의 정비를 살펴보고자 한다. 우선 해방 직후 대학의 규모 파악과 대학의 양적 확대라는 물적 기반을 검토하고자 한다. 대학의 양적 팽창은 사립대학 중심, 서울소재 대학 중심, 특정 학과 중심으로 이루어졌는데, 이러한 양상이 학술 활동에

---

* 이 글은 『한국근현대사연구』 제67집(2013)에 실린 논문을 재수록한 것이다.
1) 중등후 교육(post secondary education), 제3단계교육(tertiary education), 고등교육 (higher education) 등 고등교육을 지칭하는 용어가 다양할 수 있는데, 여기서는 우리나라의 4년제 대학 교육을 염두에 두고 대학, 고등교육기관이라는 용어를 혼재하여 사용하고자 한다.

미친 영향을 살펴보는 것이 필요하다. 둘째 인문 사회과학 분야를 중심으로 특정 학문 분야가 대학의 학과로 제도화 되는 과정에서 근대 학문단위의 분류와 조직이 어떻게 되는지 정리하고자 한다. 대학제도 안에서 교육 연구 단위들이 분류되고 조직되는 방식의 한국적 특성을 파악할 수 있을 것이다. 대학교-대학-학부-과의 조직체계의 성립, 문리과대학이라는 독특한 조직 방식의 등장, 학과 분류와 조직의 무원칙이 분과학문의 성장을 지체하는 조건이 될 수 있음을 논의할 것이다. 그리고 몇몇 학문 분야의 교육과정 편성 특징을 분석하여 학문 내부의 지식 조직의 특징을 파악하고자 한다. 셋째로 교수의 권한 및 임용 등과 관련하여 대학의 거버넌스 제도 및 관행을 파악하고자 한다. 이는 학술 연구자들의 이동과 학문 활동의 제도적 조건을 이해하는데 도움이 될 것이다.

1950년대 중반으로 시기를 한정한 것은 1950년대 중반 이후에는 1955년 대학설치기준령 제정을 비롯해 국가의 적극적인 고등교육 개입 정책이 시작되고, 또 미국의 고등교육 원조가 본격화되기 때문이다. 학술활동의 여건으로서 대학을 고찰하는 데 있어 국가 정책 요인과 외부의 인적 물적 지원체계 요인 변화는 중요한 의미를 지니므로 별도의 고찰이 필요하다.

해방 직후부터 1950년대 중반까지의 고등교육에 대해 다룬 연구는 적지 않다. 하지만 미군정기의 고등교육, 혹은 국립서울대학교 설립과 관련된 연구[2]들이 주류를 이루고, 해방 후부터 약 10년간의 시기를 다룬 연구로는 한국고등교육 전반에 대해 다룬 연구[3]나, 교육 전반을 다루면서 고등교육을

---

2) 대표적으로 이희수, 「미군정기 국립서울대학교 설립과정에 관한 교육사회학적 분석」, 중앙대학교 석사학위논문, 1986 ; 최혜월, 「국대안의 이념적 성격에 관한 교육사회학적 접근」, 연세대학교 석사학위논문, 1986 ; 김기석, 「해방후 분단 교육체제의 형성, 1945~1948: 국립서울대학교와 김일성종합대학의 등장을 중심으로」,『서울대학교 사대논총』53, 1996 ; 정환규, 「미군정기 국립서울대학교 설립에 관한 연구」, 연세대학교 박사학위논문, 1998 ; 강명숙, 「미군정기 고등교육 연구」, 서울대학교 박사학위논문, 2002 등이 있다.

3) 김종철 외,『한국고등교육의 역사적 변천에 관한 연구』, 대학교육협의회, 1988 ; 馬越徹,『韓國近代大學の成立と展開』, 名古屋大學出版會, 1997 ; 김기석,『한국고등교

한 부분으로 다루는 연구[4]가 대부분이다. 다른 한편으로 최근 들어 대학과 학문 활동을 연관시켜 인문학의 각 분과학문이 대학에서 제도화되는 과정과 제도화된 학문의 정체성에 대한 논의가 활발하게 진행되고 있다.[5] 주로 교육과정 편제나 교수의 교육 연구 활동의 업적과 특성을 분석한 것으로 학술 연구 활동의 물적, 제도적 기반으로서의 대학에 대한 접근은 드물다.

물적 제도적 기반 혹은 여건이 직접적으로 학술행위의 형식과 내용을 좌우하는 것은 아니지만 학술장에서 연구자의 활동 반경이나 행위 규칙에 영향을 주는 틀이라는 측면에서 접근할 필요가 있다. 그러나 제도와 학술 행위를 연결하는 지점이나 행위 주체 즉 대학인, 연구자의 활동 내용 및 특성에 대한 분석으로 나아가지 못한 점은 이 글의 한계이다. 하지만 적어도 어떠한 물적 제도적 여건에서 학술활동이 이루어지고 있었는지는 살펴볼 수 있다.

II. 대학, 학술 연구 공간의 양적 확대와 인문계의 확대

고등교육기관은 고등교육 자원의 특성상 다른 교육기관에 비해 단시간에 학생이나 교수, 시설 등이 확장되기 어려운 측면이 있다. 그러나 해방 직후 고등교육은 양적으로 급속히 팽창되었다. 학술연구의 장이 공간적으

육연구』, 교육과학사, 2008.

4) 이광호, 「한국 교육체제 재편의 구조적 특성에 관한 연구: 1945-1955」, 연세대학교 박사학위논문, 1990 ; 이길상, 「고등교육」, 안귀덕 외, 『한국 근현대 교육사』, 한국 정신문화연구원, 1995.

5) 김정인, 「1950년대 대학교육과 미국식 학문 기반의 형성」, 『교육연구』 28-2, 춘천교대, 2010 ; 신주백, 「역사학의 3분과제도 형성과 역사연구」, 김재현·김현주·나종석·박광현·박지영·서은주·신주백·최기숙, 『한국 인문학의 형성』, 한길사, 2011 ; 김재현, 「철학의 제도화, 해방 전후의 연속성과 단절」, 위의 책 ; 최기숙, 「국어국문학 과목 편제와 고전강독 강좌」, 위의 책, 2011.

로 획기적으로 늘어난 것 자체가 학술 여건 변화의 가장 중요한 특징으로 볼 수 있다. 학술연구 공간의 확대가 학술활동에 미친 영향을 살펴보기 위해서는 해방 전후의 15년간의 고등교육 확대 규모를 정리하는 것이 필요하다. 우선 해방 직전의 고등교육 규모를 살펴보면 <표 1>과 같다.

〈표 1〉 일제 말기 고등교육 현황(1942)[6]

구분		학교수	학급수	교직원 수		학생 수	
				전체	조선인	전체	조선인
학교급별	경성제국대학	1	100	781	282	817	395
	대학 예과	1	16	60	8	643	201
	전문학교	20	143	805	404	6,547	3,909
설립별	관립	9	178	1,235	429	3,614	1,176
	공립	2	8	42	16	588	211
	사립	11	73	369	249	3,805	3,118
지역별	서울 경기	19	248	1,583	664	7,189	4,109
	평양	2	7	30	14	542	304
	대구	1	4	33	16	276	92
합계		22	259	1,646	694	8,007	4,505

일제시대의 고등교육은 1942년을 기준으로 보면, 1개의 대학과 20개의 전문학교로 구성되었다. 전체 259개의 학급 혹은 강좌가 개설되어 있었고 교직원 1600여 명, 학생 8000여 명 정도의 고등교육 규모였다. 대학과 전문학교라는 복선적 구조에서 20개 전문학교 전체의 학급 수, 직원 수가 1개의 대학 학급 수, 교직원 수와 비슷하여, 1개의 대학의 교육규모와 여건이 20개의 전문학교 교육규모와 여건과 맞먹는 수준이었다. 그러나 전문학교 학생 수는 전체 학생수의 4배 이상이었으며, 조선인으로 한정하면 6.5배 이상이었다.

설립별 현황을 살펴보면 관공립과 사립은 각각 11개교로 동일하지만,

---

6) 조선총독부, 『조선총독부 통계연보』, 1942, 222~225쪽. 경성제국대학의 학급 수는 강좌 수이며, 직원은 본부 교직원을 포함한 숫자이다. 학급 및 학생 수 산정의 필요상 경성제국대학과 예과를 별도의 학교로 간주하고 설립별 및 지역별 에서 관립, 경기지역으로 계산하였다.

학급 수에서 관공립이 사립보다 2.5배 많고, 교직원 수는 3.5배 이상이다. 학생 수는 관공립과 사립이 비슷한 규모였으나 조선인 학생 수는 사립이 1.5배 정도 많았다.

지역별 편차는 더욱 커서 전체 학교 수의 86%, 학급 수의 95%, 교직원 수의 96%, 학생 수의 90%, 조선인 학생수의 91%가 서울 경기 지역의 고등교육기관에 재학하고 있었다.

조선인 직원은 전체 직원의 42%로, 694명이었다. 조선인 직원의 62%가 관립학교에 재직했으며, 96%가 서울 경기 지역에 집중되어 있었다. 조선인 학생은 4505명으로 전체 학생의 56% 정도였고, 조선인 학생의 91%가 서울 경기지역의 학교에, 87%가 전문학교에 다녔으며, 69%가 사립 전문학교에 다녔다.

정리하면 해방 직전 고등교육 규모는 22기관에서 1600여 명의 교직원이 8천여 명의 학생을 가르치고 있었는데, 이중 조선인은 700명의 교직원과 4천여 명의 학생 규모였다. 학술연구의 물적 기반이 되는 고등교육기관에서 교육과 연구 활동에 종사하는 조선인의 인적 규모는 700여 명에 지나지 않았고 매년 약 1300명의 고등교육기관 졸업자가 배출되는 상황이었다.

해방 직후 미군정의 지배와 한국전쟁을 거치는 동안에도 지속적으로 고등교육 기회는 확대되어 해방 10년이 지난 1954년 시점에서의 고등교육 규모는 <표 2>와 같이 확대되었다.

1954년 기준 남한의 고등교육 규모는 51개의 기관에서 3,965명의 교원이 62,388명의 학생을 가르치는 규모로 팽창되었다. 고등교육기관 수는 1942년 대비 2.3배 늘어났고, 학과 수는 1.7배 늘어났다. 교원 수는 2.4배 늘어나고 학생 수는 7.8배 규모로 늘어났다. 해방으로 인해 고등교육기관에서 조선인 교원 수는 5.7배 늘어났으며 학생 수는 13.8배 늘어났다.

<표 2> 1950년대 중반 고등교육 현황(1954년 12월 말 기준)[7]

		학교 수	학과 수	교원 수	학생 수
학교급별	대학교	15	267	2661	42144
	대학	30	161	1207	19183
	초급대학	6	29	97	1061
공사립별	국립	8	164	1823	26214
	공립	5	47	311	2906
	사립	38	246	1831	33268
소재지별	서울 경기	30	270		31,258
	강원 제주	2	12		1,240
	충청권	4	28		4,600
	호남권	5	59		9,900
	영남권	10	88		15,390
합계		51	457	3965	62,388

단과대학의 비율이 전체 고등교육기관 수의 58.8%, 사립의 비율이 74%이고, 서울 경기 지역의 학교가 58.8%로 서울 경기 지역의 사립 단과대학 중심으로 고등교육기관이 늘어났다. 일제시대와 비교하면 종합대학교가 많이 생겨났고, 지역 소재 대학이 늘어났고, 사립대학의 비율이 많이 높아졌다. 학생은 종합대학교 학생이 67.5%, 사립이 53%, 서울 경기 지역이 50%를 차지하였다. 교원의 경우 종합대학교의 교원이 67%이고 국공립학교의 교원이 53.8%를 차지하였다. 교원은 종합대학교 재직과 국공립 재직 비율이 높았다.

고등교육기관 교원을 주요한 학술 연구 인력 자원으로 간주한다면, 해방 전후 15년에 걸쳐 교원 즉 학술 활동 인력의 규모는 700여 명에서 4천여 명의 규모로 확대되었다. 그리고 학생 즉 예비 학술 활동 인력 규모는 4천 5백여 명에서 6만 2천명의 수준으로 늘어났다. 고등교육 기관수 및 교원 및 학생의 증대라는 물적 조건의 획기적 증대는 해방 후의 학술활동의 여건, 분과학문 제도화의 기본적인 바탕이 되었다. 즉 학술 활동의 장으로서 대학이 양적으로 성장하고, 일제패망 후 조선인이 그 장을 독점적

---

7) 문교부, 『단기 4287년 12월 31일 현재 교육기관통계』, 1954, 2쪽.

으로 점유할 수 있었다는 것은 학술 연구 활동에는 유래 없던 호조건이었다.

학문 분야는 해방 직후 자연계통 중심으로 학생 수를 늘리고자[8] 하였으나 <표 3>과 같이 인문계통 중심으로 늘어났다. 전체적으로 보면 인문계통의 학생 수가 전체 학생 수의 54.3%로 이과계통의 학생 수 45.7% 보다 약 9% 많았다.

〈표 3〉 1950년대 중반 계열별 학과 수 및 학생 정원 수 현황(1955년 3월 말 기준)[9]

구분	계열	인문계					자연계						총계
		어학문학	예술	기타인문과학	사회과학	계	이학	공학	의약학	농림학	수산학	계	
학과수	대학교	31	10	46	49	136	63	32	18	25		75	211
	대학	28	6	12	38	84	19	17	9	14	4	44	128
	초급대학	6	2	2	1	11	4			5	3	12	23
	계	65	18	60	88	231	86	49	27	44	7	213	444
	(%)	14.6	4.0	13.5	19.8	52.0	19.4	11.0	6.0	10.0	1.5	48	100
학생수	대학교	3,820	1,120	5,400	13,400	23,740	7,340	5,000	4,960	4,320		21,680	45,420
	대학	4,560	640	1,480	8,440	15,120	3,120	2,640	1,820	2,480	800	10,860	25,780
	초급대학	760	200	200	120	1,280	480			400	300	1,180	2,460
	계	9,140	1,960	7,080	21,960	40,140	10,940	7,700	6,780	7,200	1,100	33,720	73,860
	(%)	12.4	2.6	9.6	29.7	54.3	14.8	10.4	9.2	9.7	1.5	45.7	100

자세히 살펴보면 사회과학계열의 학생이 전체 대학생 수의 약 30%를 차지하고, 다음으로 이학계열이 14.8%, 어학계열이 12.4%, 공학계열이 10.4%를 차지하였다. 다음으로 기타 인문과학계열, 농림학계열과 의약학계열이 9% 이상을 차지하였다. 여기서 나아가 구체적으로 인문계통의 학과 설치 현황을 살펴보면 <표 4>와 같다.

---

8) 미군정기 조선교육심의회 고등교육분과에서는 "향후의 고등교육시설 확충은 문과계통 졸업자수 대 이과계통 졸업자수를 3대 7로 한다는 것을 근본 원칙으로 하여 의학, 이공, 농학, 수산, 법, 문학, 사범의 학교 수를 증설할 터이다(『조선일보』 1946년 2월 9일자)"라고 하여 이과 계통의 늘릴 것을 계획하였다.

9) 문교부, 『단기 4287년 12월 31일 현재 교육기관통계』, 1954, 232쪽. 이 통계자료에서 고등교육 관련 통계는 1955년 3월을 기준으로 작성되어 있으며, 통계표마다 학과 수, 학생 수 등에서 약간의 차이가 발견되나 원자료를 그대로 사용하였다.

〈표 4〉 1950년대 중반 인문계통 학과 수 및 학생 수 현황(1955년 3월 말 기준)10)

어문

학과명	(국어)국문	(중어)중문	(영어)영문	(불어)불문	(독어)독문	언어학과	기타어문학과	노어학과	계
학과수	33	2	23	3	2	1	3	1	68
학생수	3941	68	2791	144	97	46	632	28	7427

인문과학

학과명	사학과	사회학과	철학	불교학과	보육학과	신학과	지리과	(교육)심리학과	교육학과	교육행정학과	사회(생활)과	종교학과	신문학과	사회사업학과	계
학과수	16	3	13	1	2	3	1	5	9	1	2	2	1	1	60
학생수	1760	320	1260	120	200	480	120	520	1400	60	500	120	120	300	7280

사회과학

학과명	정치학과	법학과	행정학과	경제학과	상학과	무역학과	정치외교학과	농업경제학과	정법학과	정경학과	수산경제학과	계
학과수	16	29	4	18	12	2	3	1	1	5	1	92
학생수	3520	7160	1480	4400	3120	560	640	160	280	1200	240	22760

어문계열에는 국문과와 영문과의 설치가 압도적으로 많은데, 전체 어문계열 학과 수 65개 학과 중에서 56에 달하였다. 인문과학계열에는 사학과, 철학과, 교육학과 위주로 과가 설치 운영되었다. 그리고 사회과학계열에는 법학과, 경제학과, 정치학과, 상학과 중심으로 설치 운영되었는데 법학과가 학과 수 및 학생 수에서 압도적으로 많았다.

해방 후 대학교육 기회는 인문계 중심으로 늘어났으되 국문, 영문, 사학, 철학, 교육, 법, 상경, 정치학과 등의 몇몇 학문 분야의 학과 중심으로 편중되어 확대되었다. 이들 학과 위주로 설치가 편중된 것은 시대적 특수성이 반영된 것으로 볼 수 있다. 해방 후 신국가 건설에 필요한 인력에

---

10) 문교부, 『단기 4287년 12월 31일 현재 교육기관통계』, 1954.

대해 형성된 사회적 기대가 반영된 것이다. 특히 국어국문학과의 설치가 주목되는데, 법학과보다 국문학과가 더 많이 설치되었으며, 국문과 학생 수가 정치학과나 경제학과 학생 수 규모와 맞먹었다. 해방 후 일본어 대신 우리말과 글을 사용하게 되자 이에 대한 학문적 연구 및 교육에 대한 관심과 일자리에 대한 기대가 증대했기 때문이었다. 사학과의 설치 운영 또한 비슷한 맥락에서 이루어졌을 것이다.

III. 학문 단위의 분류 및 조직 방식으로서 문리과대학의 등장

1. 대학의 학문 분류 및 인문계 학과의 편제

분과학문의 제도화는 해당 분과학문 영역이 고등교육기관의 강좌, 학과, 학부 등의 형태로 교육과 연구의 기본 단위로 분류되고, 구조화되는 과정을 거친다. 학문영역간, 학과간, 교과간의 구분이나 경계를 엄격히 하는 분류 (Classification)의 과정과 학문영역이나 학과, 교과 내의 지식이나 내용 조직의 정도를 꽉 짜여지도록 하는 구조화(Framing)의 과정을 거쳐 하나의 학문 분과로서의 정체성을 확보하게 된다.11) 개인의 학술활동도 특별한 경우를 제외하면 이러한 제도적 틀 안에서 규정되기 마련이다. 따라서 해방 후의 대학 편제 즉 대학마다 학문 단위를 분류하고 조직하는 방식을 살펴보고, 일제의 학문분류 방식과 비교를 통해 특징을 살펴보는 것이 필요하다.

일제 후기 대학 및 전문학교의 학문 단위 구분 및 단위 학문의 조직방식을 살펴보면 경성제국대학은 법문학부, 의학부, 이공학부의 세 학부와 예과로 구성되었다. 그리고 법문학부의 경우 법학과와 문학과의 두 과로 나누고 법학과에는 법학, 정치학의 두 전공으로 나누었다. 1943년에는 법학 전공으

---

11) 김신일, 『교육사회학』 제4판, 교육과학사, 2009, 415~416쪽.

로 단일화하고, 이수 전공과목의 구성에 따라 제1류, 제2류, 제3류로 나누었다. 문학과에는 1943년의 경우 국사학 전공, 국어국문학 전공, 조선사학 전공, 조선어조선문학 전공, 지나철학 전공, 지나어 지나문학 전공, 동양사학 전공, 영어영문학 전공, 철학 철학사 전공, 심리학 전공, 윤리학 전공, 교육학 전공, 종교학 종교사 전공, 사회학 전공, 미학 미술사 전공으로 15개의 전공12)을 두었다. 기본적으로 부−과−전공으로 체계화된 편제구조를 갖추고 있었고, 전공별 이수과목을 보면 대학은 세밀하게 분류되고 영역간 경계가 강한 강좌제를 바탕으로 운영되었다.

해방이 되자 대학의 학과 편제는 약간의 변화가 일어난다. 일제말기의 편제를 기본적으로 이어받지만 경성대학은 문학부(문학과, 철학과, 사학과), 법학부(법과, 정치과), 경제학부(상과, 경제과), 의학부, 이공학부의 5학부로 늘어났다. 연희전문학교는 문학원(국문, 영문, 사학, 철학), 상경학원(정치, 경제, 상), 이학원(수학, 물리, 화학), 신학원(신학)의 4개 '학원'으로 조직을 편제하였다. 보성전문학교는 법학부(법, 경제), 경제학부(경제, 상), 문학부(국문, 영문, 철학, 사학)의 3학부로 편제하였고, 이화전문학교는 한림원(문과, 가사, 교육, 체육, 법정), 예림원(음악, 미술), 행림원(의학, 약학)이라는 독특한 명칭으로 각 과를 편제하는 방식을 취하였다.13) 이러한 편제는 종합대학 승격을 준비하면서 조직한 것이다. 미군정의 종합대학 승격 정책에 따라 종합대학이 되기 위해서는 2개 이상의 학부가 있어야 했기 때문이다.

해방 직후 미군정기 고등교육에 관한 정책 준비는 1945년 11월 14일부터 활동을 시작한 조선교육심의회 고등교육분과에서 이루어졌다. 고등교육분과에서 대학은 4년 이상의 수업과정을 설치한 교육기관으로 하되, 종합대

---

12) 경성제국대학, 『경성제국대학일람 소화17년』, 소화18년(1943).
13) 이는 1946년 5월 기준으로 작성된 것이다. 민주주의민족전선, 『조선해방연보』, 1946: 이길상·오만석 공편, 『한국교육사료집성−미군정기편Ⅱ』, 한국정신문화연구원, 1997, 516~517쪽.

학은 2개 이상의 학부가 있는 대학이고, 단과대학은 1개의 학부가 있는 대학으로 규정하고, 종합대학은 대학교로, 단과대학은 대학으로 명칭하기로 하였다. 그리고 국립 종합대학의 학부 종류는 국가원수의 명령으로 정하며 각 대학에는 참의원을 두어 내부 규정을 정하기로 제안하였다.[14]

조선교육심의회 고등교육분과의 제안사항을 실현하기 위해 1946년 4월에 결성된 문교부 고등교육분과위원회는 4월과 6월 두 차례에 걸쳐 고등교육에 관한 임시조치안을 발표하여 입학시험, 대학승격 기준 등을 제시하였다. 이에 따라 1946년 8월 15일 이화여자대학교, 연희대학교, 고려대학교가 종합대학교로 승격하였다.[15] 이후 1946년 12월 3일 교수자격 표준, 대학 명칭, 재정규모의 3부분으로 구성된 대학승격과 설립인가 기준에 대한 임시조치안이 발표[16]되었고, 이는 1955년 8월 대학설치기준령 공포 이전까지 적용되었다.

1949년 12월 31일 제정 공포된 교육법 109조에서는 대학의 종류를 대학은 초급대학, 대학(단과), 대학교(종합)의 3종으로 하고, 대학교에는 3개 이상의 단과대학과 대학원을 두며, 단과대학에도 대학원을 둘 수 있다고 규정하였다. 이렇게 하여 종합대학교는 단과대학 수의 규모에 의해 결정되었다.[17] 이처럼 해방이후 고등교육정책에서 법적으로는 대학의 설치 학과 및 학문 단위의 분류 및 조직에 관한 기준이나 조건이 없었다. 학과 개설 및 학문 단위의 분류와 조직은 관행적으로 그리고 무원칙적으로 이루어질 수밖에 없었다.

근대학문의 도입이라는 관점에서 보면 경성제국대학의 학과 및 전공

---

14) 강명숙, 「미군정기 고등교육 연구」, 서울대학교 박사학위논문, 2002, 32쪽, 42쪽.
15) 종합대학교 승격시 연희대학교는 문학원(국문과, 영문과, 사학과, 철학과, 교육과, 정치외교과), 상학원(상학과, 경제과), 리학원(수학과, 물리기상과, 화학과), 신학원(신학과)으로 구성하였다(연세대학교백년사편찬위원회, 『연세대학교 백년사』 2, 1985, 358쪽).
16) 『조선일보』 1946년 12월 3일.
17) 1952년 4월 교육법시행령에서 종합대학교의 단과대학 중 적어도 하나는 자연과학계라야 한다고 규정하였다.

구성은 근대 학문의 여러 분야를 포괄하기보다 특정 분야를 배제하고
또 강화하였다. 일제 시기 전문학교는 관립의 경우 주로 공업, 농업 등의
전문 일과 중심의 단과제고, 사립전문학교는 여러 과를 가르치는 종합형이
지만, 문과, 법과, 상과, 신과 등의 학문 분야로 다소 편중되어 있었다.[18]

해방 직후 연희대학교와 고려대학교는 각각 문, 상, 이, 신과 법, 상,
문으로, 그리고 이화여자대학교는 굳이 분류하면 문, 예, 의의 계열로 구성되
었다. 그리고 서울대학교는 1946년 8월 국립서울대학교설치령에 의해 문리
과대학, 사범대학, 법과대학, 상과대학, 공과대학, 의과대학, 치과대학, 농과
대학, 예술대학의 9개 단과대학과 대학원으로 구성되었다. 1954년에는
수의과대학, 약학대학이 추가되고 예술대학이 미술대학과 음악대학으로
나뉘어져 12개의 단과대학으로 늘어났다. '학부'에서 '단과대학'으로 명칭
이 바뀐 것은 조선교육심의회에서 유억겸이 단과대학이라는 용어를 제안하
고, 문교부 고등교육분과위원회에서 1946년 6월 발표한 임시조치안에서
법제화함으로서 이루어졌다.

1950년대 중반 들어 대부분의 학교에서 대학-과로 교육연구 단위를
분류하고 묶는 조직 방식이 일반화되었다. 그리고 문리과대학이라는 명칭
의 독특한 조직 방식이 나타나 특정 학문 단위를 조직하는 중간단계의
분류체계로 널리 사용되었다. 또 사범대학과 문리과대학은 다시 학부라는
하위 단위를 두는 독특한 구조를 지니게 되었다. 1950년대 중반의 13개
종합대학교와 5개 대학의 학과편제실태를 정리하면 <표 5>와 같다. 각
학교의 문리과 대학 부분은 고딕체로 표시하였다.

---

18) 1918년 대학령 공포 이전의 일본의 전문학교도 전문 1과로 구성된 단과 전문학교와
   전문 여러 과로 구성된 종합형이 혼재되어 있었다. 1915년 당시 와세다는 법,
   정경, 상, 문, 고사, 이공으로 구성되어 있었고, 게이오는 법, 정, 리재, 문으로,
   메이지는 법, 정, 상으로, 도시샤는 정경, 문, 신으로 구성되어 있었다(天野郁夫,
   『近代日本高等教育研究』, 玉川大學出版部, 1989, 221쪽).

〈표 5〉 대학별 설치 학과 및 편제 방식(1954년 12월 말 기준)[19]

대학교명	대학 편제 및 문리대 설치 학과
서울대학교	공과대학, 농과대학, 수의과대학, 문리대학(문학부-국어국문과, 중국어중국문학과, 영어영문학과, 불어불문학과, 독어독문학과, 언어학과, 사학과, 철학과, 사회학과, 미학과, 종교학과, 정치학과, 심리학과, 지리학과/ 이학부-수학과, 물리학과, 화학과, 생물학과, 지질학과, 천문기상학과) 법과대학(법학과, 행정학과), 사범대학(교육학부-교육학과, 교육심리과, 교육행정과/ 문학부-국어과, 외국어과, 사회과/ 리학부-수학과, 물리과, 화학과, 생물과, 가정과, 체육과), 상과대학(상학과, 경제학과), 약학대학, 미술대학, 음악대학, 의과대학, 치과대학
전북대학교	공과대학, 농과대학, 문리과대학(문학부-국문학과, 사학과, 영문학과, 철학과/ 리학부-수학과, 물리학과, 화학과), 법정대학(법학과, 정치학과), 상과대학(상학과, 경제학과)
전남대학교	공과대학, 농과대학, 문리과대학(문학부-문학과, 철학과, 사학과, 정치학과/ 리학부-수학과, 물리학과, 화학과, 의예과), 상과대학(상학과, 경제학과, 무역학과), 의과대학, 법과대학(법학과, 행정학과)
경북대학교	농과대학, 문리과대학(문학부-국문학과, 영문학과, 사학과, 철학과, 사회학과/ 리학부-수학과, 물리학과, 화학과, 생물학과, 의예과), 법정대학(법학과, 정치학과, 경제학과), 사범대학(문학부-교육학과, 국문학과, 영문학과, 사회학과, 사학과, 지리학과/ 리학부-수학과, 물리학과, 화학과, 생물학과, 체육학과, 가정학과), 의과대학
부산대학교	공과대학, 문리과대학(문리학부-국문학과, 영문학과, 사학과, 철학과, 정치학과, 경제학과, 교육학과, 가정학과, 수물학과, 화학과, 생물학과, 지리지질학과, 의예과), 법과대학(법학과, 행정학과), 상과대학(상학과, 무역학과), 약학대학, 의과대학
충남대학교	문리과대학(국문학과, 사학과, 철학과, 영문학과, 수학과, 물리학과, 화학과, 법학과), 농과대학, 공과대학
연희대학교	문과대학(국문과, 영문과, 철학과, 사학과, 교육과), 상경대학(상학과, 경제학과), 리공대학(수학과, 물리기상학과, 화학과, 생물학과, 전기공학과, 공업화학과, 의예과), 신과대학, 정치대학(정치외교과, 법률과)
이화여자대학교	문리과대학(국어국문학과, 영어영문학과, 사회사업과, 가정학과, 체육학과), 예술대학, 의학대학, 사범대학(교육학과, 심리학과, 사회생활과, 수학과, 물리학과, 화학과, 생물학과), 법과대학(법률학과, 정치외교학과), 약학대학
고려대학교	문리과대학(문학부-국문학과, 영문학과, 철학과, 사학과/리학부-수학과, 물리학과, 화학과, 생물학과), 정법대학(정치학과, 물리학과), 경상대학(경제학과, 상학과), 농림대학(농학과, 임학과)
동국대학교	문리과대학(국어국문학과, 영어영문학과, 사학과, 수학과, 물리학과, 화학과, 생물학과), 불교대학(불교학과, 철학과), 법정대학(법학과, 정치학과, 경제학과), 농림대학
성균관대학교	문리과대학(문학과, 사학과, 동양철학과, 교육학과, 심리학과, 수학과, 물리학과, 화학과, 생물학과), 법정대학(법률학과, 정치학과, 경제학과), 약학대학
중앙대학교	문리과대학(문학부-국어국문학과, 영어영문학과, 철학과, 교육학과, 심리학과/ 리학부-물리학과, 화학과, 생물학과), 법정대학(법학과, 정치학과), 경상대학(경제학과, 상학과), 약학대학

19) 문교부, 『단기 4287년 12월 31일 현재 교육기관통계』, 1954.

조선대학교	법정대학(법학과, 정치학과, 경제학과), **문리과대학(문학과, 사학과, 예술학과, 수물학과, 화학과, 약학과, 체육과)**, 공과대학
숙명여자대학	**문학부(국문학과, 영문학과, 음악학과, 정경학과), 리학부(약학과, 가정학과)**
청주대학	**문리학부(문학과, 수물학과)**, 상학부(상학과,경제학과), 법학부(법학과, 정치학과)
동아대학	법정학부(법률학과, 정치경제학과), **문리학부(문학과, 수학과, 물리학과)** 농학부(농학과, 농공학과,원예학과)
홍익대학	**문학부(국문학과, 영문학과, 사학과, 신문학과)**, 예술학부, 법정학부(법률학과, 정경학과), **리학부(물리학과, 화학과)**

종합대학교 가운데 오직 연희대학교는 독특하게 1950년 5월 인가받은 학칙을 보면, 문과대학(국문과, 영문과, 사학과, 철학과, 교육과, 정치외교과, 법학과), 상경대학(상학과, 경제과), 리공과대학(수학과, 물리기상과, 화학과, 생물학과, 전기공학과, 공업화학과, 의예과), 신과대학(신학과)으로 중간단위를 조직[20]하여 'ㅇㅇ대학'이라는 용어를 사용하여 분과대학 체제를 구성하였다. 그리고 이학원을 문과대학으로 합류시키기보다는 이공대학으로 확대 개편하였다.[21]

법적으로는 대학교와 대학만을 규정하고 있지만, 해방이후 교육과 연구의 단위로 대학교-대학-(부)-과로 편제되는 대학 조직체계가 하나의 관행으로 자리잡아 가고 있다. 즉 강좌제가 폐기되고 학과제가 성립되었다.[22]

해방이후 학부, 학원, 림원이라는 다양한 용어로 대학의 교육 연구 단위를

---

20) 연세대학교백년사편찬위원회, 『연세대학교 백년사』 2, 1985, 358쪽.
21) 참고로 고려대학교는 1946년 종합대학교로 승격되면서 정법대학, 경상대학, 문과대학으로 명칭을 바꾸었다. 1952년 수물학과, 화학과, 생물학과를 창설하면서 문과대학을 문리과대학으로 개편하였고, 1954년 2월 문리과대학 안에 문학부와 이학부를 구분하였다. 1963년 12월 문리과대학이 문과대학과 이공대학으로 나뉘어지고, 1977년 이공대학이 이과대학과 공과대학으로 분리되었다. 이화여자대학교는 1947년 9월 한림원 아래 인문학부(국어국문학과, 영어영문학과, 기독교사회사업학과), 가정학부(가정학과, 의류학과, 영양학과), 체육부, 교육부의 네 부를 두고, 학과를 두는 체제로 바꾸었다. 1951년 각각 문리대학, 예술대학, 의약대학으로 개편하였다.
22) 학과제의 도입에 관한 논의는 강명숙, 앞의 논문, 2002, 129~131쪽 참고.

묶는 중간단계를 표현하고자 시도가 있었다. school, college, department, faculty 등의 조직 단위를 일제시대에 학부, 분과대학으로 표현했던 것을 벗어나고자 하는 노력으로 이해할 수 있다. 그러나 이는 단순히 명칭의 문제가 아니다. 명칭에 내포된 대학의 역사와 개념, 관행의 문제이다.

일본에서 여러 학과를 종합하여 한 단계 상위의 범주로서 '학부'라는 용어를 사용한 것은 1877년 이후로, 도쿄대학 성립기에 법제국에서 급조한 용어였다.[23] 학부마다 학부장을 두어 대학 총리의 명을 받아 학부의 사무를 관장하도록 하여, 학부는 통일적이고 체계적인 관리조직에서 하나의 사무 집행단위 역할을 하였다. 그런데 1886년 제국대학령을 제정하면서 '학부' 대신 '분과대학'[24]이라는 직제를 처음으로 만들었다. 분과대학을 두어 분과대학에 직원을 배치함으로써, 제국대학 직원이 아니라 분과대학 직원이 된 것이다. 법규상으로는 제국대학 교수라는 신분은 없고, 문과대학 교수, 이과대학 교수 등으로 존재하였다. 이는 직원의 채용, 승진, 이동이 분과대학 안에서 이루어진다는 것으로 대학의 할거성을 강화시키고, 학부장과는 다른 차원의 권한을 분과대학장이 가진다는 것을 의미한다. 그리고 1894년 제국대학령 개정으로 분과대학 교수회와 강좌제를 법제화하였다. 이러한 조치는 분과대학의 독립성, 자치성을 보장하는 큰 제도적 기반이 되었다.[25] 그리고 1918년 대학령을 제정하면서 분과대학제를 폐지하고, 교원을 대학으로 귀속시키고 학부를 부활시켰다. 비록 분과대학이라는 중간 조직 단위의 인사에 대한 재량권은 제한되었지만, 교수회와 강좌제를 바탕으로 한 교육연구의 독립성과 자치 관행은 지속되고 있었다.

연희와 이화의 경우 일제시대 전문학교로 운영되었으나 대학승격을 준비하고 있는 단계에서 예를 들어 문학부, 문과대학이라는 용어를 피하고

---

23) 寺崎昌男, 『日本における大學自治制度の成立』, 評論社, 1979, 40쪽.
24) '분과대학'이라는 용어는 당시인들에는 다소 이상하게 들렸으나 university, college, faculty를 구별할 적당한 조어를 만들다 대학이라는 말이 들어간 숙어를 택했다고 한다(寺崎昌男, 『日本における大學自治制度の成立』, 133쪽).
25) 寺崎昌男, 앞의 책, 1979, 132쪽.

자 한 것은 식민 잔재를 청산하려고 하는 '탈식민의 욕망'으로 이해할 수 있다. 그러나 조선교육심의회와 문교부에서 분과대학과 분과대학을 종합한 종합대학교와 단과대학으로 조직과 명칭을 정리하고, 교육연구 단위이자 학문 단위 조직방식을 대학교-대학-(부)-과로 획일적으로 편제하면서 탈식민의 욕망을 얼마나 의식했는지, 나아가 명칭에 상응하는 대학의 운영 및 관리 방식에 대한 고민이 있었는지는 의문이다. 학위 명, 대학운영이나 교육 연구단위의 안정성 확보, 교육 연구행위의 특수성 등에 대한 고려없이, 규모의 크기와 행정편의만 고려된 이름뿐인 변경에 지나지 않았기 때문이다. 아무튼 분과대학 체제는 의도했던 의도하지 않았던 할거성을 강화하는 조직방식임에는 주목할 필요가 있다.

2. 문리과 대학의 등장

해방후 대학의 독특한 편제 방식으로 등장한 것이 문리과 대학이다. 문리과대학이라는 표현이 처음으로 등장한 것은 1946년 7월 13일 신문지상에 발표된 국립서울대학교 설립안(약칭 국대안)에서 부터이다.[26] 국대안이 나오기 전에 1945년 12월 이미 경성대학을 7개 대학과 대학원으로 구성하는 종합대학으로 개편하려는 계획[27]이 있었다. 여기서는 법과대학, 의과대학, 문과대학, 사범대학, 이과대학, 공과대학, 농과대학 및 대학원으로 할 것을 제안하고 있어, 문과대학과 이과대학을 하나로 통합하는 사고는 나타나지 않았다.

문리과대학의 출현은 다양한 해석이 가능하다. 첫째, 문과의 상대적 지위 약화이다. 법문학부에서 법과대학과 분리됨으로써 초래된 수적 열세와 그에 따른 위세의 약화를 우려하여 이과계열과 통합하여 하나의 분과대

---

26) 서울대학교의 경우 문리과대학은 1968년 '서울대학교 종합 10개년 계획'에 의해 해체되어 인문대학, 사회과학대학, 자연과학대학으로 분리되었다.

27) "History of Bureau of Education: From 11 September 1945 to 28 February", 1946, 28쪽.

학을 만들었다고 보는 견해[28]도 가능하지만, 이는 어쨌든 문과의 지위나 권위가 약화된 것을 자인하는 것이다.

사실 대학의 역사에서 문과와 전문과는 대별되면서 발전해왔다. 오랫동안 문과는 법학, 의학, 신학의 전문과를 이수하기 이전의 기초 단계로 인식되는 경향이 있었다.[29] 그리고 문리과대학은 영어로 표기하면 College of Humanities and Sciences, 혹은 College of Arts and Sciences로 표현가능한데, 이는 오늘날 교양교육(general education)을 담당하는 교양학부로 이해될 수 있는 것이다. 전문학과를 교육 연구하는 곳이 대학이라고 한다면, 문리과대학이라는 명칭은 자칫하면 문리과대학에 포함된 제 학과의 학문적 정체성 지체, 전문성 미흡 혹은 전문학이라기보다는 교양학으로서의 지위를 드러내는 것이 될 가능성이 있다. 아닌게 아니라 초대 문리과대학 학장이었던 이태규는 취임사에서 "우리 문리과대학은 직업교육을 하지 않는다. … 진리를 탐구하여 조국문화를 앙양하는 사회지도자를 양성하는 것이 우리 대학의 사명이다. … 우리 대학이 이러한 사명을 가지고 있기 때문에 직업교육을 주로 하는 타 대학에서도 1·2학년 교육을 주로 우리 대학에 일임하고 있는 것이다"[30]라고 교양학 부서로서의 지위를 언급하였다. 문리과대학에 소속된 각 학문 분야의 교육과 연구가 전문학보다는 교양학을 추구하려는 것으로 비추어질 수 있다.

둘째, 문리과대학이라는 용어에 함의된 학문관이다. 문리과대학의 학과 구성을 살펴보면 신설되는 학과의 수용소 역할을 하고 있다. 즉 문리과대학에 포함되어할 학문 분야와 그렇지 않는 분야 사이의 경계가 없이 문,

---

28) 박광현, 「'문리과대학'의 출현과 탈식민의 욕망」, 김재현·김현주·나종석·박광현·박지영·서은주·신주백·최기숙, 앞의 책, 383쪽.
29) 문학과 경시 경향은 도쿄제국대학의 전신인 도쿄개성학교에서부터 나타났는데, 문학과는 독립된 과를 구성하지 못하고 법학과의 예과 과목으로 편성되어 있었다 (이계황, 「일본근대의 국가와 대학−제국대학령에서 대학령」, 『아시아의 근대화와 대학의 역할』, 한림대학교 아시아문화연구소, 2000, 99쪽).
30) 서울대학교30년사편찬위원회, 『서울대학교30년사』, 1976, 35쪽.

예, 체, 교육 등 여러 영역이 혼합되어 있다. 이는 특정 학문 분야가 고유한 문제의식과 방법을 견지하면서 근대적 학문으로 성립되고 제도화되는데 장단점이 있다. 특정 학문 분야가 대학의 학과로 자리잡는 진입과정을 용이하게 하는 장점은 있으나 학문적 정체성에 대한 고민이나 축적이 부족하여 학문적 정체성을 확보하고 발전하는 데에는 어려움으로 작용할 수 있다. 그리고 학과로의 진입과 정체성 형성이 학문외적 요소에 의해 영향을 받기 쉽다. 이는 결과적으로 학문의 경계 불명확과 인문학의 정체성 혼란을 초래할 가능성이 있다. 또 스스로 인문학뿐만 아니라 상대적으로 자연과학과 사회과학 영역의 학문 분화가 지체되는 계기로 작용할 수 있다.

셋째, 문리과대학의 교원 양성 기능이다. 사범대학이 있는 대학의 경우 사범대학의 학과 구성과 문리과대학의 학과 구성이 유사하고, 편제도 두 단과대학이 독특하게 문학부와 이학부를 하위에 두는 편제를 취하고 있다. 또 여러 학문 분야를 포괄하기보다 초중등학교의 교과 분류와 상응하는 학과 편제이다. 문리과, 문리학부, 문리과대학은 일본에서도 전후인 1949년 신제대학 발족 시 지방관공립대학에서 나타나고 발달한 편제 방식이다. 대개 구제 고등학교나 고등사범학교를 이어받거나 통합하여 대학으로 발족한 경우에 하나의 학부로 나타났다. 문리과대학과 사범대학의 편제 유사성 및 중복성으로 인해 1960년대 대학정비시 국가권력에 의해 사범대학을 문리과대학으로 통합하려는 시도가 나타날 정도였다. 문리과대학에 학문 연구 기능 못지않게 교원 양성 기능 수행을 사회적으로 기대하고 있었던 것이다.[31]

넷째, 문리과대학 뿐만 아니라 다른 분과대학에서도 나타나지만 학과의 지나친 세분화와 통합화가 동시에 존재하였다. 세분화된 곳은 서울대학교처럼 강좌제의 전통이 강한 영향을 미친 결과이며, 통합화는 신설대학에서

---

31) <표 8>에 나타나 있듯이 1955년 서울대학교 철학과의 교육과정에서 30개 전공과목 중에서 6개 과목이 교육학 관련 과목이었다.

나타났다.

다섯째, 문학부가 법학부와 분리되고 이공학부의 이학부와 합쳐져 문리과대학으로 통합된 계기에는 이학부의 사용 공간 문제도 한몫했을 것이다. 경성대학의 이공학부 건물을 미군이 점령하고 있어, 이공학부는 경성대학에서 가장 늦게인 1946년 3월에 개학하려 하였다. 그러나 실질적인 개학이 이루어지지 않아 어쩔 수 없이 공학부는 신공덕동에서, 이학부는 법문학부 건물에서 개학을 하였다. 이러한 사정이 문학부와 이학부의 결합을 용이하게 했을 것이다.

마지막으로 국대안에서부터 문리과대학이라는 독특한 편제 방식이 출현했다는 점을 주의깊게 살펴볼 필요가 있다. 조선교육심의회 고등교육분과의 의견이 수렴된 1946년 2월 「학무국사」에서 언급된 문과대학이, 문교부 고등교육분과위원회가 활동하던 1946년 7월 국대안에서 문리과대학으로 바뀌게 된 배경에는 모임을 주도했던 세력의 변화와 그 영향력을 가정해볼 수 있다.32) "학술계의 대동단결"을 위해 1945년 8월 조직된 조선학술원은 이학부, 약학부, 공학부, 농림부, 수산학부, 의학부, 경제학 법학부, 역사학 철학부, 문학 언어학부, 기술총본부로 부서를 조직하였다. 부서조직은 학술 분야의 분류에 대한 당시인의 인식이 내포되어 있다. 즉 당시 학술계는 학문 분류를 문학 언어, 역사 철학, 경제 법학, 이학, 공학 등으로 나누어야 한다는 인식이 퍼져있었다.33) 국대안에서 등장한 문리과대학은 당시인의

---

32) 분과 모임의 의견이 정리된 무렵인 1945년 12월, 「학무국사」에 언급된 종대안 계획과는 달리, 한국인교육위원회 멤버인 유억겸, 김성수, 최규동 등이 참여하여 종합대학 창립과 학자 양성 기관 설립을 목적으로 조선건국대학(가칭) 기성운동을 전개하며, 학교 부지를 둘러본다는 등의 기사가 2~3차례 언론에 실렸다(『자유신문』 1945년 12월 12일자). 이후 조선건국대학에 대한 언급은 찾아보기는 어렵다. 분과 모임에서 경성대학을 종대안으로 재편하려는 의견이 주도적이자, 의견을 주도한 세력과는 다른 쪽에서 조선건국대학이라는 종합대학을 설립하려고 발의한 것이 아닌가 한다. 그리고 그 세력들이 문교부 고등교육분과위원회에서 국대안 발의와 추진으로 선회한 것으로 추측할 여지가 있다.

33) 조선학술원은 연구와 학술 요원 양성을 목적으로 결성한 단체이지만, 교육에 관한 의견을 담은 '학교교육임시조치요강안'에는 고등교육에 대한 안이 빠져있다.

일반적 인식과는 거리가 있었던 것이다.

특정 학문이 대학에서 분과학문으로 자리잡기 위해서는 우선 대학의 학과로 설치되어야 한다. 다음으로 교육과정 편성을 통해 학문적 정체성을 구축해야 한다. 따라서 분과학문의 학문적 정체성 구축과정을 살펴보기 위해 교육과정 편성의 특징을 살펴볼 필요가 있다. 해방 직후의 서울대학교 문리과대학의 교육과정을 사례[34]로 들어, 문리과대학의 몇몇 학과의 교육과정 편성을 비교해 보면 <표 6>과 같다.

교육과정 구성의 특징을 살펴보면 우선 단위제에서 학점제로 이동하는 과도기의 면모가 드러나고 있음을 볼 수 있다. 학점제는 매주 1시간, 1학기 15주간의 수업을 1단위로 하여 학점을 부과하는 방식으로, 교육내용과 교육 성취를 시간 단위로 분할하여 재는 방법이다.

1946년 교육과정의 경우 사학과, 정치학과는 대부분의 과목이 3학점으로 학점제를 선도적으로 도입하고 있으며 특히 사학과는 교육내용의 영역을 세분화하여 38개의 교과목을 만들고 교과목당 일률적으로 3학점을 배분하고 있다. 반면 사회학과는 교과목을 세분화하지 않았으며, 모든 과목을 5학점으로 배분하고 있다. 과목당 2, 3, 4, 5의 다양한 학점이 배분되며, 교과목이 과도하게 세분화되거나 미분화되지 않은 상태가 혼재하고 있다. 또 졸업에 필요한 전공학점 80학점 이상 이수의 조건을 충족하기 어려운 수준으로 교과목을 편성하고 있는 학과도 적지 않다.

그리고 경제학 법학부, 역사학 철학부, 문학 언어학부에 각각 6분과, 7분과, 5분과를 둔다고 했으나 분과명은 기재하지 않았다. 따라서 아쉽게도 이 글의 관심인 대학과 학문 분류 및 조직과 관련하여 조선학술원의 입장을 파악하기는 어렵다.

34) 분과학문의 성립, 분과학문의 제도화, 학술 제도와 관행에서 서울대학교가 우리나라 대학의 교육연구 조직 편제에서 규정기관 역할을 하고 있음에 주목하여 가능하면 서울대학교의 사례를 중심적으로 논의하고자 한다. 규정기관이란 학교의 형성, 제도화 과정에서 전범이 되는 기관으로, 그 기관에 그렇게 하면 다른 기관들도 따라 함으로 인해 하나의 제도나 관행이 생기게 됨을 설명하는 용어이다.

〈표 6〉국립서울대학교 문리대학 교육과정 계획표(1946학년도)35)

학년	국문과 과목	학점	사학과 과목	학점	사회학과 과목	학점	정치학과 과목	학점	철학과 과목	학점
1학년	국어(강독,문법,작문)	4	문화사	2	사회학개론	5	정치학개론	3	철학사개론	2
	변론	2	사학개론	2	농촌사회	5	현재정치서론	3	논리학	2
			조선사학개설	3	도시사회	5	정당 및 선거	3	윤리학개론	3
			중국사학개설	3	사회인류학	5	조선정치사상	3		
			서양사학개설	3						
2학년	현대국문학강독	4	조선고대사	3	사회문제	3	국가원론	5	철학개론	3
	국문학사개론	3	조선중세사	3	사회기구	3	국제관계	5	중국철학사개설	3
	국어학개론	3	중국고대사	3			여론 및 선전	3	서양고대철학사	2
	고전문학(강독, 감상)	4	중국중세사	3			행정원론	3	인도철학	3
			서양사(1500~1815)	3			헌법	3		
			서양사(1815~1914)	3						
			서양사(1914~)	3						
			세계사의 조류	3						
			미국사 개설	3						
			사적해제	?						
3학년	국문학개론	3	근대동양사	3	범죄 및 형벌학	5	국제정치	5	형이상학	2
	국어사개설	3	서양과동양의관계사	3	가족제도	3	비교정부		인식론	4
	조선의 시가	4	조선근대사	4	교통통신	3	태평양지역문제	5	논어	3
	조선의 소설	4	중국근대사	4	인종 및 국적	3	조선정치사	?	유교윤리학	2
	조선어 음운론	4	영국사	3	사회통계학	3	현대조선정치	?	중용	4
	고대 조선어	4	불국사	4					송대철학	4
			독일사	3					근대철학사	4
			이태리사	3					철학연습	3
			로서아사	3					종교철학	3
			스페인사	3					미학	3
			화란 및 백의이사	3					교육철학	3
			스칸디나비아사	3						
			인도사	3						
			몽고사	3						
			서양고대사	3						
			서양중세사	3						
			조선사상사	3						
			조선제도사	3						
4학년	국문학 연습	4	동서양의 정치발전	3	사회연구재료	5	외교정책원론	3	현대철학의 기본과제	3
	국어학 연습	4	사학연구법	4	모집방법	3	국제조직	3	현대철학의 체계	3
	현대국문학개설	4	조선사연습	4	후생, 행정조직	5			철학특수강의	2
	창작과 평론	4	서양사연습	4	및방법	3			철학연습	4
					개인조사	5				
계	14과목 58학점		38과목 112+?학점		14과목 60+?학점		16과목 48학점		32과목 66학점	

35)『국립서울대학교 문리과대학 교과내용』1946학년도(추정), 서울대학교 기록관 소장.

교육과정의 실제 운영은 학과에 따라 차이가 있겠지만 교과목을 세분화하여 편성한 경우 편성과 실제 운영이 괴리되었을 가능성이 높다. 교수진의 인적 구성의 특징에 따라 특정 분야 중심으로 운영되었을 것이다. 세분화되지 않은 교육과정의 경우 편성대로 실제 운영되었을 가능성이 높으나 경성제국대학 및 강좌제의 관행이 지속되고 있는 형편이었을 것이다.

분과학문의 제도화와 학문적 정체성 형성 과정은 학과별 교육과정 편성이 어떻게 변화하는지를 통해서도 파악할 수 있을 것이다. 학과별 교육과정 편성의 변천을 정리하면 <표 7>과 같다.

⟨표 7⟩ 서울대학교 문리과대학 학과별 교과목 구성 변화36)

학과	경성제국대학(1943년)	국립서울대학교(1946년)	서울대학교(1955년)
사학과 (조선사학)	조선사학 강의 및 연습(7) 조선사학, 동양사학, 서양사학 (각 1단위 이상, 합 7단위) 사학개론(1) 고고학(1) 지리학(1) 문학과 과목(3)	문화사, 사학개론, 조선사학개설, 중국사학개설, 서양사학개설, 조선고대사, 조선중세사, 중국고대사, 중국중세사, 세계사의 조류, 서양사(1500~1815), 서양사(1815~1914), 서양사(1914~), 미국사 개설, 사적해제 근대동양사,서양과 동양의 관계사, 조선근대사, 중국근대사 영국사, 불국사, 독일사, 이태리사, 로서아사, 스페인사, 화란 및 백의이사, 스칸디나비아사, 인도사, 몽고사, 서양고대사, 서양중세사, 조선사상사, 조선제도사, 동서양의 정치발전, 사학연구법, 조선사연습, 동양사연습	문화사, 사학개론, 국사개설, 동양사개설, 서양사개설, 한국시대사, 동양시대사, 서양시대사, 미국사개설, 한국문화사, 고고학개론, 한국고고학, 인류학개론, 인문지리학, 외국사, 한국제도사, 한국미술사, 한국사상사, 중국사상사, 구주사상사, 대외교섭사, 국사연습, 동양사연습, 서양사연습, 국사특강, 동양사특강, 서양사특강, 동서교섭사, 사적해제, 사학사
국어국문학과 (조선어학 조선문학 전공)	조선어학 조선문학 강의 및 연습(7) 언어학(1) 문학개론(1) 문학과 과목(11) 조선어 이수 필요자 조선어(3)	국어(강독,문법, 작문), 변론, 현대국어학강독, 국문학사 개설, 국어학개론, 고전문학(강독, 감상), 조선의 시가, 조선의 소설, 조선어 음운론, 고대 조선어, 국문학 연습, 국어학 연습, 현대국문학 개설, 창작 및 평론	국어학개론, 국문학개론, 국어학사, 국문학사, 국어음성학, 국어법론, 국어학강독, 문학개론, 국문학사조, 시조론, 국문학강독, 국식한문, 국어계통론, 국어방언학, 소설론, 민요연구, 국문비평, 국문학특강, 국어형태론, 한자음연구, 국어문장론, 국어학연습, 국어학특수강의, 고대시가연구, 영정시대의 국문학연구, 신문학사, 국문학연습
철학과 (철학철학사 전공)	철학 철학사 강의 및 연습(9) 희랍어, 라전어 중(1) 문학과 과목(10)	철학사연습, 논리학, 윤리학개론, 철학개론, 중국철학사개설, 서양고대철학사, 인도철학, 형이상학, 인식론, 논어, 유교윤리학, 중용, 송대철학, 근대철학사(헤겔까지), 철학연습, 종교철학, 미학, 교육철학,	철학개론, 논리학, 윤리학개론, 서양고대철학사, 서양중세철학사, 인식론, 형이상학, 서양근세철학사, 서양윤리학사개설, 중국철학사, 미학, 철학연습, 교육학원론, 영미철학, 현대철학, 인도철학, 윤리학연습,

36) 경성제국대학, 『경성제국대학일람 소화17년』, 소화18년(1943) ; 『국립서울대학교 문리과대학 교과내용』 1946학년도(추정) ; 서울대학교, 『서울대학교일람』, 단기4288년(1955).

		현대철학의 기본과제, 현대철학의 체계, 철학 특수 강의, 철학연습	중국철학강독, 교육사개설, 수학적 논리학, 과학철학, 교육방법론, 윤리학특수강의, 중국철학연습, 교육학연습, 교육학특수강의, 중국철학특수강의, 인도철학특수강의, 교육행정, 현대윤리학
사 회 학 과 (사회학 전공)	사회학 강의 및 연습(8) 문학과 과목(12, 이중 3 단위는 법학과 과목으로 가능)	사회학개론, 농촌사회, 도시사회, 사회인류학, 사회문제(제도, 빈곤, 정신적 육체적 결함, 사회사업), 사회기구(현대아세아의 사회기구, 국가, 교육, 산업, 종교, 사회사업 등의 구조), 범죄학 및 형벌학, 가족제도(사회기관으로서의 가정과 그 발전 및 직능), 교통통신(특히 라디오 신문 및 활동사진 등의 사회에 끼치는 영향, 통신의 기계화에 일어나는 제문제), 인종 및 국적, 사회통계학, 사회연구 재료 모집 방법, 후생 행정 조직 및 방법, 다음 중 하나의 개인 담임 조사(공동사회, 사회병리학, 인구 및 생태학 인종 및 문화접촉)	사회학개론, 사회학사, 사회심리학, 가족, 사회경제사, 사회사상사, 문화인류학, 사회통계학, 사회사, 근대사회, 사회집단론, 사회변동론, 사회의식론, 사회조사론, 농촌사회학, 도시사회학, 문화인류학, 사회생태학, 매스컴뮤니케이션, 사회사업, 사회정책, 사회학방법론, 사회문제, 사회계획, 사회병리학, 사회조사연습, 영문사회학강독, 제2외국어사회학강독, 특수사회학설, 사회학특수연습

( ) 안의 숫자는 단위 수

해방 직후에는 대학의 수업 연한이 3년에서 4년으로 늘어남에 따라 3년제 교육과정을 4년제 교육과정으로 확대 개편하는 과정에서 학습할 내용의 분량 조정 및 세분화가 이루어지고 교과목이 대폭 늘어났다. 교과목 편성의 특징을 보면 우선 학과를 불문하고 공통적으로 강의, 연습, 특강, 강독의 교과목이 여전히 많은 비중을 차지하고 있다.[37] 다음으로 개론과 개설, 원론 등의 입문적이고 종합적인 성격의 교과목이 적지 않다. 또 분과학문 내의 하위 영역 분류 체제가 아직 일관성있게 경향성을 나타내지 않는다. 사학과의 경우 해방 직후 동양사를 중국사로 명칭을 바꾸고 각국사 교과목을 대량 편성하는 등 식민지 시대의 방식을 벗어나려는 노력이 엿보인다. 1955년의 교육과정에서는 다시 중국사가 동양사로 바뀌고 사상사, 제도사, 문화사, 교섭사 등의 문제사적 관점에서 편성한 교과목이 늘어났다. 국어국문학과의 경우 문학 교과목이 늘어나는 경향이 있으나

---

37) 강독 교과목이 지니는 의미는 최기숙의 연구(「국어국문학 과목 편제와 고전강독 강좌」, 김재현·김현주·나종석·박광현·박지영·서은주·신주백·최기숙, 앞의 책, 2011)를 참조할 수 있다.

현대문학 관련 교과목이 두드러지지 않았다. 철학과의 경우 1955년의 교육과정에서는 윤리학과 교육학 교과목이 각각 5과목, 6과목으로 두드러지게 늘어났다. 전반적인 경향으로 보면 분과학문의 지식 체계 구성에서 전문성이 강하고 영역간의 경계가 강한 교육과정 편성은 아니다. 학문적 정체성이 강하고, 분과학문 내 하위 영역 분류 체제의 분화와 정착이 뚜렷하다고 해석하기 어렵다. 이 점은 추후 교육과정의 실제 운영과 비교하여 더욱 논의되어야 할 부분이다.

IV. 대학 거버넌스 제도와 관행

해방이 되자 그간 배제되어왔던 대학운영에서 한국인이 주도적 역할을 하게 되었다. 그러나 대학운영에 관한 제도적 정비는 미비하고, 대학운영의 경험이 충분하지 않은 상태에서 관행에 의존하여 운영할 수밖에 없었다. 이 과정에서 대학운영을 둘러싼 여러 세력들간의 갈등과 오해는 예정되어 있는 문제였다. 대학 거버넌스 제도와 관행이 어떻게 정책되는지, 이것이 교육 및 학술 연구 활동이나 연구 인력에게 미치는 영향을 살펴볼 필요가 있다.

해방이 되고 미군이 진주하기 전에 각 전문학교 및 대학에서는 교직원과 학생들이 자치회를 조직하여 교육시설을 확보하고 있었다. 미군정은 1945년 9월 28일 중등학교 이상의 학교 개교에 관한 통첩을 발표하였는데 그 내용은 다음과 같다.

> 1) 중등학교 이상의 관공립학교는 10월 1일부터 재개함. 2) 중등학교 교원 희망자는 희망교, 희망 담임학과를 상세히 기록하여 교원 채용 희망서에 이력서와 필요한 증명서류를 첨부하여 도학무과에 제출할 것. 3) 전문학교 교수 희망자는 교장에게, 대학 교수 희망자는 각 학부장에게 위와

같은 수속을 하여 지원할 것. 9) 전문학교와 대학은 당분간 그 전의 과정을 참고하여, 교장 혹은 학부장의 지시에 따라 교수함[38]

미군정은 전문학교와 대학의 교수임용과 교육은 교장 혹은 학부장에게 전권을 부여하였다. 이어 1945년 10월 16일 각 학교의 교장 및 각 학부장을 임명하는데, 비로소 교장, 학부장의 책임하에 교수 인선 및 교육의 재개가 본격 시작되었고, 동시에 교장 및 학부장 임명은 미군정청 장관의 권한임을 분명히 하였다.

그런데 미군정이 학부장에게 교수 임용 권한을 부여하는 것은 해방 직후의 과도기적인 조치라고 하더라도 일본 제국대학의 관행을 존중하는 것으로 당시 대학구성원들에게 이해될 수 있었다. 일본 제국대학의 교수 인선 권한은 지난하고 복잡한 과정을 거쳤는데, 일반적으로 학부장이 총장에게 건의 제청하면 총장은 문부성에 임용을 상신하는 시스템이었다. 문부성이 총장의 상신을 거부할 수 있느냐, 총장이 학부장의 건의 제청을 거부할 수 있는 재량권이 있느냐에 따라 인사결정권의 소재를 가늠할 수 있다. 시기에 따라 차이는 있으나 일본 제국대학에서는 거부 권한이 법적으로 인정되나 실제적으로 행사하기 어려운 관행이 성립되어 있었다. 그리고 제국대학령에서 평의회와 교수회, 그리고 학부별 교수회를 법적기구로 만들었으나, 교수회에 교원 임용에 관한 심의를 보장하지는 않았다. 경성제국대학법문학부규정[39]에도 교수회 의논을 거쳐야 하는 것은 정원 초과 신입생 모집, 선발시험의 방법 및 과목, 각 학년의 수업과목 및 시간표라고 정하고 있다. 즉 교수회는 법적 기구이나 교수 인선 권한까지 법적으로 보장하고 있는 것은 아니었다. 하지만 학부장은 관행적으로 교수회의 논의[40]를 거쳤고, 교수회와 협의하지 않는 교수 임면은 무효화되었다.[41]

---

38) 『매일신보』 1945년 9월 30일.
39) 1926년 4월 1일 조선총독부 인가 제정.
40) 학부장이 교수회의 의견을 무시하고 전횡권을 행사한 경우, 1946년 5월 사학과

그 결과 교수회의 논의를 심의 의결로 이해하고 있는 형편이었다.

그런데 교수회를 법적기구로 인정하려는 움직임이 국대안 이전에 있었다. 1946년 2월의 「학무국사」 자료에는 종합대학을 구상하면서 대학의 거버넌스에 대해 행정위원회와 교수회를 둘 것을 언급하였다. "단과대학의 행정은 학장이 맡고, 각 학장은 또한 부총장이 수반인 행정위원회의 위원이 된다. 총장은 교무위원회를 직접 관할한다. 교수회는 각 단과대학의 대표들을 포함하며 자문기능을 갖는다"고 하여 학장회의, 평의회와 유사한 행정위원회, 총장 관할의 교무위원회, 자문기능의 교수회를 대학의 4대 거버넌스 기구로 기획하고 있었다.

하지만 국대안을 계기로 평의회, 교수회를 무시하고, 이사회 중심의 새로운 거버넌스 체제를 민주적인 제도라며 선보임으로써 일대 파장을 몰고 왔다. 국대안 파동에 대한 다양한 설명이 가능하지만, 국대안 반대 운동에 교수들의 적극 참여가 가능했던 것은 이사회 중심의 새로운 거버넌스가 대학의 이상과 전통을 해친다는 문제의식이 한 몫을 하였다.

국대안 이후 국립서울대학교 설치에 관한 법령 제102호에서는 이사회 설치 및 임무를 규정하여, 학사, 교무, 행정 일체에 대해 즉 대학운영의 전권을 행사하도록 규정하였다.

1. 국립서울대학교 이사회를 이에 설치한다.

본 이사회는 문교부장(직권으로), 국립서울대학교 총장(직권으로), 및 동 대학교를 구성하는 각 대학에 대하여 1대학 1명의 비례로 문교부의 추천으로 군정장관에 의하여 임명된 이사로서 구성된다.

전항의 규정에 불구하고 잠정적으로 군정기간 중에는 군정장관에 의하여 임명되고 군정장관이 임의로 정하는 기간 중 시무하는 임시 이사를 둔다. 이 임시 이사회는 문교부장, 한국인 문교부장, 문교부 차장, 한국인

18교수단 사건처럼 교수들의 저항에 부딪혔다.

41) 김기석, 「해방후 분단국가교육체제의 형성, 1945-1948: 국립서울대학교와 김일성종합대학의 등장을 중심으로」, 『서울대학교 사대논총』 53, 1996, 3쪽에서 재인용.

문교부 차장, 문교부 고등교육국장 및 한국인 문교부 고등교육국장으로 구성된다.

2. 국립서울대학교 이사회는 다음 직능과 임무를 가진다.

(1) 국립서울대학교의 전반적 방침을 수립하는 일.

(3) 유자격한 한국인을 국립서울대학교 총장으로 천거하여 서면으로 수락한 시, 정식으로 그 직에 임명됨. 단 군정기간 중에는 조선 군정장관이 이를 임명함.

(4) 기타 학교 및 교육기관(공사립을 불문) 또는 그 부속 시설의 국립서울대학교에의 통합에 관한 결재를 행하고 필요한 시는 문교부장의 동의를 얻어 동 대학교 내에 대학, 학부 및 기타 교육·연구기관을 증설하는 일.

(5) 동 대학교 총장, 교수회원, 행정사무원, 직원 및 기타 사용인의 봉급규정 및 규율을 문교부장에게 제의하는 일.

(8) 동 대학교 총장 감독하에 운용될 학술표준 및 학업규정을 제정하는 일.

(10) 본 대학교 학생이 수학할 학과목 및 과정을 제정하는 일.

(12) 학문연구를 목적으로 하여 본 대학교 총장이 제정하고 감독하는 규정에 의하여 본 대학교의 자금을 본 대학교의 각 대학장 및 교육연구기관의 책임자에 주어 사용케 하는 일. 그 범위는 장학금의 하부(下付) 및 전문 또는 학술 방면의 잡지서적, 논문집 및 단행본의 출판을 포함하며 이 범위를 초월하여도 무방함.

(16) 본 대학교 내에 교사양성에 필요한 학교를 설립, 운영, 유지 및 감독하는 일

(17) 본 이사회의 행사 및 자치에 필요한 규칙을 제정하는 일[42]

대학에서 이사회 관리방식은 미국에서 발달한 제도로, 학내외자에 의한 집단의사를 통해 대학을 경영관리 한다는 것으로 미국 민주주의의 표상

---

42) 『조선일보』 1946년 8월 28일 ; 박일경 감수, 『미군정법령집』, 내무부치안국, 1956, 176~179쪽.

가운데 하나라고 여겨지는 제도이다. 하지만 미국에서도 19세기 전반부터 교수단의 세력이 점차 강해지고 독일로부터 학문의 자유 이념이 널리 수용되면서 이사회 관리방식 내에서 교수임용권만은 교수단이 가지는 교수자치가 도입되고 있었다.[43] 즉 이사회 제도는 학내구성원의 이사회 참여가 가능하고, 또 교수임용 권한은 교수회가 갖는 것을 허용하는 제도이다. 그런데 국대안에서 발표된 이사회 제도는 교수의 이사회 참여 절대 불가, 교수회의 무력화, 임시적이나마 문교부 고위관리로만 구성되는 이사회였다.

이사회 제도에 대한 반대 여론이 거세지고, 대안으로 교수자치 보장을 요구하자, 국대안 입안자들은 반대자들을 기득권 유지,[44] 좌익의 선동으로 몰아붙였다. 교수자치 문제는 사실 국대안 발표 이전부터 교수임용권한을 둘러싸고 논란이 되고 있었다. 교수자치 보장을 요구하며 경성대학 교수 백남운은 "교수자치란 인사결정권은 부장이 가질지라도 그 결의권은 교수회가 갖는 것"[45]이라며 학사와 인사에 대한 교수의 참여와 의결 권한 보장을 주장하였다. 그러자 미군정 학무국장 라카드는 "교수회 자치제는 인사결정권까지 의미하는 것이라면 나는 반대하는 것이나 교수될 인물들의 전문적 실력같은 것을 잘 이해할 수 있다는 점에서 인사문제를 교수회에서 논의하는 것이라면 나도 이해할 수 있소. 다만 교수회의 의견을 듣고 안 듣는 것은 부장의 자유일 것으로 교수회의 구속을 받을 것은 아니오"[46]라며 물러서는 태도를 보였다.

---

43) 대학 관리방식으로서의 이사회의 역사 및 특징은 강명숙, 「미군정기 고등교육 연구」, 114~118쪽 및 高木英明, 『大學の法的地位と自治機構に關する研究』, 多賀出版, 1998, 159쪽 참조.
44) 교수회자치를 요구하며 국대안 반대운동을 펼치는 사람들에 대해 오천석은 담화에서 '지금까지 해 온 반대의 이유는 일고의 가치도 없는 것뿐이다.' '학제의 변동으로 인하여 자기개인의 진로문제에 대하여 불안을 느끼는 데서 나오는 사적 불평에 불구하다'고 말하였다(『조선인민보』 1946년 8월 13일).
45) 『독립신보』 1946년 4월 17일.
46) 『독립신보』 1947년 4월 20일.

그러나 국대안에서는 교수회에 인사권 즉 교수임면에 관한 권한을 전혀 인정하지 않았다. 국립서울대학교설치법에는 "총장 자신의 발의 또는 교내 각 대학 및 교육연구기관 책임자의 추천에 기(基)하여 본 이사회의 동의를 득(得)하여 교수회원 임명에 관한 법률규정에 준하여 교수회원을 임명 또는 결재를 행하는 일"을 총장의 직능 및 임무로 부여하였다. 또 교수의 정직이나 해임 역시 총장이 제의하여 이사회의 동의를 받도록 총장 직무 규정에서 규정하였다. 이사회의 동의가 필요하지만 형식상으로 는 총장 및 학부장에게 교수임면 권한을 부여하고 있다. 즉 총장, 학장, 기관장, 이사회가 인사권을 장악하고 있으며, 교수회는 인사문제에 아무런 권한이 없는 것으로 되어 있었다.

국대안 파동이 지속되자 1947년 2월 국립서울대학교의 미국인 교수 6명이 전원 사임을 발표하고, 1947년 5월 6일 법률1호로 이사회 조항을 재검토하여 한국인으로 이사를 선출하되, 이사의 선출은 입법의원의 비준을 받도록 법률을 개정함으로써 사태를 해결하고자 하였다. 결국 교수회의 권한은 없고, 이사회의 막대한 권한은 그대로 둔 채였다. 법률 개정에 앞서 국립서울대학교 교수들은 입법의원 앞으로 건의서를 제출하여[47] 이사회의 교수참여, 교수평의회의 구성, 교수회의 부활 등 대학운영에 학내구성원이 참여 할 수 있도록 하는 제도적 장치를 마련하려고 최후의 노력을 하였으나 허사였다.

서울대학교의 이사회 제도는 그 후 1955년 4월 교육법 개정으로, 학내구성원의 참여가 가능한 평의회 제도로 바뀌었다. 또 교수회는 1953년 4월 교육공무원법 제정으로 법제화되었다. 교수임용에 관한 권한 역시 1953년

---

47) 건의내용은 다음과 같다. 1) 이사회: 이사회에 대학교수 3·4인을 참가시킬 것 2) 평의회: 각 단과대학에 평의원 2명씩과 학장 1인 합계 27인으로 구성된 평의회를 둘 것 3) 교수회: 각 단과대학의 교수회를 부활시킬 것 4) 교무처, 학생처: 양 부서의 최고책임자는 학교 교수로 하고 그 밑에 조교수와 또 전임사무원을 둘 것 5) 학교 연구비를 각 과에 설정하는 동시에 연구논문, 출판비를 계상할 것(『경향신문』 및 『서울신문』 1947년 2월 23일).

의 교육공무원법에서 1) 총장, 부총장, 학장(대학교의 학장 제외)은 교수회의 동의를 얻어 문교부장관의 제청으로 대통령이 임명하고, 2) 대학원장, 학장(대학교의 학장), 교수, 부교수는 교수회의 동의를 얻어 행하는 총장 또는 학장의 제청으로 문교부장관을 경유하여 대통령이 임명한다고 하여 교수회의 동의, 학장의 제청, 장관 경유 대통령의 임명으로 정리되었다.

1946년 5월 교수자치에 대한 라카드 학무국장의 양보 의사 피력에도 불구하고 1946년 7월의 국대안에서 이사회가 발의되고, 국대안 파동의 진통에도 불구하고 끝까지 고수된 배경에는 교수인사권을 넘어선 다른 요인의 개입이 있었다. 바로 교수의 정치적 활동의 자유 제한과 사상 학문에 대한 검열의 문제이었다. 교수자치를 부정하고 이사회에 의한 거버넌스를 기획한 국대안 자체가 교수자치 즉 교수의 학교운영 참여 제한이라는 의미 못지않게 나아가 교수자치를 주장하는 세력 및 그들의 제반 활동에 대한 제한을 의미하였다. 오천석이 고백[48]하듯이 좌익축출이 숨겨진 목적이고, 표면적으로 이사회 문제로 쟁점화되었을 뿐이다. 결국 국대안을 계기로 교수자치, 대학자치 부정이 교원의 정치 활동의 자유, 나아가 학문 사상의 자유 부정으로 귀결되었다. 이는 국가의 대학과 학술연구에 대한 사상 검열과 통제의 발판이 되었다.

그 후 1947년 입법의회 토론에서 교수자치에 대해서는 "교수회는 학부 교수회와 대학 교수회로 되어 있고, 각각 그 회장이 되는 학부장 및 대학 총장의 자문에 응하여 추천 의견을 제안하는 권한이 있으므로 그 의사가 충분히 반영될 것이다"[49]라고 수용 가능함을 밝혔다. 그러나 학원의 정치활동 허용문제와 관련하여 강경 입장이 우세하면서 수용되지 못하였다. 또 1949년의 교육법 제정에서도 학교에서의 정치적 활동 엄금이 강력한 논리로 대두되어 입법화되었다.

---

48) 오천석, 『외로운 성주』, 광명출판사, 1975, 103쪽.
49) 『경향신문』 1947년 3월 15일.

V. 맺음말

해방이후 약 10년간에 걸쳐 학술공간으로서 대학이 지니는 의미를 살펴보기 위해 고등교육의 양적 확대 규모, 대학의 학문 분류 및 조직체계, 대학의 거버넌스 제도 등을 살펴보았다. 대학에서의 학술활동은 대학이라는 공간의 물적 기반과 제도화된 틀의 영향을 받으며 이루어질 수밖에 없다. 특히 학술연구자의 재직 기관의 규모와 특성, 학과의 개설 여부 및 교육과정, 인사권의 소재와 교수 자치 여부 등은 연구자 개인의 학술활동 반경을 좌우하는 구조적 제약 요인 혹은 촉진 요인이 될 수도 있다.

해방이후 약 10년간 고등교육 규모는 기관 수, 교수 수, 학생 수, 학과 수 등에서 남북한 모두 양적으로 급속도로 확대되었다. 남한의 경우 1954년 기준으로 약 4천여 명의 교원이 50개의 기관에서 6만여 명의 학생을 가르치는 규모로 확대되었다. 고등교육기관의 지역적 분포는 다양해졌으나 종합대학교, 사립, 서울 경기 지역, 특정학과 중심으로 편중되어 확대가 이루어졌다. 고등교육기관의 급속한 양적 확대는 학술 연구자에게 안정적이고 지속적인 학술활동이 가능한 기본적인 조건으로 진입할 기회가 많아지는 것을 의미하였다. 또한 빈번한 이동의 조건이 되기도 하였다. 실제로 학술연구자들이 여러 대학에 출강하거나 겸직하고, 소속 학교를 바꾸는 사례가 빈번하였다. 즉 고등교육 규모의 양적 확대는 학술 연구자들의 남과 북으로의 체제 이동, 관공립과 사립으로의 신분 이동, 서울과 지방으로의 지역 이동, 분과학문 간의 활발한 이동이 가능한 조건이 되었다.

학문 단위의 독특한 조직 방식으로 문리과대학이 국대안에서 제안되어 1946년 8월 국립서울대학교설치령에 의해 서울대학교에 등장하였다. 문리과 대학은 어문학, 인문학, 사회과학, 자연과학 분야의 분과학문을 아우르는 단과대학으로, 대학교-대학-(학부)-과로 제도화된 대학 조직 체계의 중간 조직 단위로 1950년대 중반 거의 모든 고등교육기관에서 일반화되었다. 문리과대학의 등장은 다양한 의미를 지니지만, 문리과대학 소속의 각 분과학문의 교양학적 성격을 강화하고, 신설학과의 집합소와 교원 양성소와 같은 역할을 함으로써, 인문 사회 자연 각 분야의 분과학문의 학문적 정체성이나 전문성 확보에 장애 요인으로 작용하였다. 문리과대학 소속의 각 분과학문의 지식체계 구성을 보여주는 교육과정 편성에서도 이러한 측면이 드러났다. 분과학문의 학문적 정체성 형성이나 보장이 제도적으로 미흡하다면 학술 활동은 제도화된 분과학문의 틀이나 경계와 무관하게 이루어질 가능성이 높다. 다른 한편으로 연구자 개인의 특성이나 개설 학과의 인적 구성에 의존하여 교육 연구 활동이 이루어지게 되어 학문 발전이나 학파 형성은 고등교육 기관 단위로 이루어지기 어려운 조건이 되었다.

해방 직후부터 대학의 거버넌스 구조에 대해 치열한 갈등이 전개되었으나, 결국 이사회에 의한 관리 방식이 도입되었다. 그 결과 교수회는 법적 지위를 보장받지 못하고, 관행적으로 행사하던 인사권에 대한 영향력도 축소되어 교수의 대학운영 참여를 보장하는 교수자치는 무의미해졌다. 교수자치의 부정은 학술 활동의 안정성을 저해하고 결국 학문 사상의 자유, 정치적 활동의 자유 제한으로 연결되어 학술 활동은 국가의 관리와 통제를 받는 상황에 놓였다. 나아가 이러한 상황은 학술 활동에서 자기검열을 강화하는 경향으로 이어졌다.

따라서 해방이후 약 10년 동안 고등교육 규모는 급속히 확대되어 학술 활동의 물리적 기반은 호조건으로 조성되었으나 학문의 질적 발전에 필요한 제도적 기반이나 학문 활동 내부의 자율적 규율 형성은 미흡한 여건이었다.

사학과의 3분과체제와 역사학

신 주 백

I. 머리말

일본의 지배에서 벗어난 한국사회의 핵심 과제는 새로운 국가 건설이었다. 일본이 왜곡하고 말살한 우리 역사를 제대로 아는 노력은 신국가의 방향과 정신을 바로 세우는 지름길의 하나였다. 당시 사람들 사이에서는 "시급히 지난 4천 년의 자랑스러운 역사를 알아 신국가 건설에 정신의 주춧돌을 삼아"야 한다는 공감대가 조성되어 있었다.[1] 이에 따라 조선의 역사에 관한 수많은 책이 해방 직후부터 출판되면서 우리 민족이 걸어온 역사를 알고자 하는 대중의 갈증을 어느 정도 해소해 주었다.

교육의 영역에서는 한글 보급과 보조를 맞추어 한글로 만든 새로운 교재들이 제작되었다. 초중등만이 아니라 대학교육에 맞는 교재를 출판하는 일도 시급하였다. 학교교육용 교재를 출판하는데 참여한 사람들은 대부분 대학에 적을 둔 역사연구자들이었다. 대학 강의 때 사용할 교재는 프린트물 또는 받아쓰기 형식으로 대신해 정식 출판물이 아닌 경우가 많았지만, 출판된 교재들이 사용되는 경우도 있었다.

이 글에서는 해방 직후부터 1950년대 사이에 대학에서 학과체제가 뿌리

---

* 이 글은 『한국근현대사연구』 167호(2013)에 실린 논문을 고쳐 수록한 것이다.
1) 『每日申報』 1945년 10월 4일.

내리면서 인문사회과학의 여러 분야들이 분과학문의 하나로 자리 잡는 과정을 보려는 기획 의도에 맞추어 사학과를 분석 대상으로 삼았다. 필자는 1950년대까지 사학과의 제도화 속에서 역사학이 분과학문의 하나로 정립되어 가는 과정과 특징을 고찰하겠다.

이 글의 연구 목적과 관련한 선행연구는 없다. 때문에 필자는 제도의 측면을 사실적으로 정리하고, 그것이 내포한 함의를 분석하는데 첫 번째 목적을 두겠다. 즉 사학과의 위치와 교과목, 그리고 강의와 연구를 수행한 사학과 교수들은 누구이며, 그들이 재직하고 있던 대학의 학과라는 제도는 어떤 편제를 갖추고 운영되었는지 형식의 측면을 규명하겠다. 필자는 분석을 통해 식민지적 근대 지식체계가 해방 후 어떻게 재편되었고, 역사학이란 분과학문으로서의 정체성이 형성되는 경과를 사학과의 내부를 들여다보며 정리해 보겠다. 두 번째 목적은 교수들이 발행한 대학교재를 통해 그들이 어떤 역사인식을 갖고 있었는지 고찰하겠다. 그런데 역사인식이라고 하면 매우 폭넓은 과제이기 때문에 분석대상이 오히려 애매모호하거나 분석 방향을 상실할 우려가 있다. 그러므로 이 글에서는 사학과가 기본적으로 국사·동양사·서양사라는 3분과체제로 구성되었음을 고려하여 서양에 대비된 동양, 그리고 동양 속의 조선까지를 관통하는 역사인식에 초점을 맞추어 분석하겠다.

이 글에서는 연구 목적을 달성하기 위해 1950년대까지 설립된 모든 사학과를 검토대상으로 하지 않겠다. 당시 사학과를 일찍 신설하고 한국의 역사학을 이끌었던 고려대학교, 서울대학교, 연세대학교와 동국대학교의 사학과를 우선 고찰하겠다. 그리고 필요한 곳에서는 1952년을 전후하여 종합대학으로 승격한 지방의 국립대학들, 곧 부산대학교, 전남대학교, 경북대학교, 전북대학교의 사학과도 함께 언급하겠다. 이하에서는 연세대학교는 연세대처럼 각 대학을 줄여 언급하겠다.

II. 대학에서 사학과의 위치

1. 문리과대학, 학부와 사학과

오늘날 한국의 역사학은 각 대학의 사학과를 거점으로 자기 학문의 독자성과 독립성을 드러내고 있다. '제II장'에서는 사학과의 밖, 곧 문리과대학 및 학부, 그리고 사학과의 안, 곧 학점제를 통해 사학과의 위치를 살펴보겠다.

21세기 현재 한국의 사학과는 4년제 종합대학에 있다. 그런데 해방 당시 인문계통의 4년제 단과대학을 인가받은 학교의 경우 그 성격을 불문하고 국문과, 영어영문과 함께 사학과를 두었다.[2] 물론 예외적인 경우도 있었다. 1946년 9월 혜화불교전문학교가 4년제 단과대학인 동국대로 승격될 때, 그 산하의 大學(문학부, 경제학부)과 專門部(제1부, 제2부)에 각각 사학과가 있었다. 즉 문학부 사학과 학과장은 서울대 사학과에서 동양사를 전공하고 있던 김상기, 전문1부(주간부)의 학과장은 동양사 전공이지만 서양사를 가르친 채희순이 담당하였으며, 전문2부(야간부) 사학과장은 자료에 따라 김상기 또는 연희대학교 교수로 있던 민영규가 담당하였다.[3]

이들 4년제 단과대학이 종합대학으로 승격한 이후 사학과는 문리과대학에 소속되었다. 문리과대학의 설치는 종합대학으로 승격한 국립서울대학교가 처음이었다. 군정법령 제102호로 제정된 「국립서울대학교 설립에 관한 법령」이 1946년 8월 22일자로 시행될 때 제6조에 명기되어 있었다. 서울대 문리과대학은 경성대학의 예과와 문학부, 그리고 이공학부의 일부로 구성되었다.[4] 경성(제국)대학의 유일성을 해체하려는 미군정청의 의도

---

2) 불교대학인 동국대가 4년제 대학으로 인가받을 때는 불교과가 있었고 철학과는 없었다.
3) 동국대학교 90년지 편찬위원회 편, 『동국대학교90년지 I(약사편)』, 동국대학교 교사편찬실, 1998, 78쪽. 뒤의 '<표 1> 4개 대학 전임 교수들'도 참조.
4) 『東亞日報』 1946년 7월 14일.

가 반영된 결과 법문학부의 전통이 상실된 것이다.[5]

종합대학에 문리과대학을 설치하는 움직임은 이후 일반적인 현상이었다. 1950년대 들어 종합대학으로 승격한 지방의 국립대학과 고려대, 동국대와 같은 사립대학들은 '문리과대학' 곧 文科와 理科계통의 학문을 하나의 기구로 묶은 '대학의 대학'을 설치하였기 때문이다. 문리과대학은 "'인간의 본성을 추구하는 문학을 비롯하여 대자연의 신비를 탐구하는 자연과학에 이르기까지 모든 학문의 바탕이 되는 순수기초학문을 가르치고 연구'함으로써 원만한 인격과 넓은 교양을 갖춘 사회의 지도자를 길러낸다"는 취지에서 설치되었다.[6]

그런데 서울대를 국립대학으로 설치한 미군정청의 법령에는 나오지 않지만 1955년도『서울大學校一覽』에 나오는 직원들의 '職名'을 언급하는 부분에서 문리과대학에 문학부와 이학부, 사범대학에 문학부와 이학부, 교육학부가 있음을 확인할 수 있다.[7] 현재까지 필자가 확인한 바에 따르면, 1940년대 후반기~1950년대 초반기 사이의 서울대 학칙을 알 수 있는 자료는 남아 있지 않다. 1946년도 법령에서는 문리과대학에 문학부와 이학부를 둔다는 규정도 없다. 어떤 학과들을 설치한다는 조항이 법령에 없듯이 굳이 '학부' 단위의 조직을 국립대학으로 서울대를 설치하는 법령에서까지 언급할 필요가 없었기 때문일 것이다. 그럼에도 불구하고 어느 때인가 미군정청장관 또는 대학 이사회 등에서 '학칙'과 같은 내규로 학부를 설치한다는 내용을 명기했을 가능성은 있다.[8] 그렇지 않고 서울대의

---

5) 박광현,「'문리과대학'의 출현과 탈식민의 욕망」, 김재현 김현주 나종석 박광현 박지영 서은주 신주백 최기숙,『한국인문학의 형성』, 한길사, 2011, 383쪽. 첨언하자면, 박광현은 위의 논문, 380~385쪽에서 국대안과 연관시켜 문리과대학의 출현과 정과 의미를 언급했지만, 필자는 그것과 더불어 새로운 대학체계 속에서 문리과대학의 위상과 그것이 사학과와 어떤 연관이 있는가에 대해 분석하겠다.

6) 서울대학교50년사편찬위원회 편,『1946-1996 서울대학교 50년사(상)』, 서울대학교, 1996, 19쪽.

7)『서울大學校一覽』, 1955, 20~30쪽.

8) 1948년 9월 醫豫科部가 문리과대학에 편입되었다.

1955년도 '일람'에서 '문학부장' '이학부장'이란 직명과 함께 책임교수의 이름을 언급했을 리 없기 때문이다. 이러한 처리방식은 1953년도 「전남대학 교학칙」에서도 시사받을 수 있다. 학칙 제2조에서는 문리과대학을 비롯해 단과대학들의 이름을 거명하며 이를 설치한다고 규정하고, 제3조에서 각 단과대학의 학부 및 학과의 정원을 명기하면서 문리과대학 960명 정원 가운데 사학과를 포함하여 4개 학과가 있는 문학부에 720명, 이학부의 3개 학과에 240명을 배정한다고 명기하고 있다.[9]

종합대학(University)에 단과대학(College)을 두고 있는데도 여기에 그치지 않고 그 아래에 다시 학부(Faculty), 달리 말하면 학과(department) 위에 문학부를 설치한 이유는 무엇일까. 모든 학문의 토대이자 종합대학의 중심은 인문학과 자연과학 분야의 순수기초학문 분야에 있다는 미국식 대학 편제 방식에 연유한 결과일 것이다. 또한 인문학과 자연과학이란 이질적인 학문 분야의 학과들을 한곳에 모은데 따른 불가피한 결과였을 수도 있다. 인문학과 자연과학의 각 분과학문들이 아직 세분화하지 않아 제도적으로 학과시스템화할 필요가 없는 규모라는 현실과도 무관하지 않았을 것이다.

더구나 일본적 경험의 연속이란 측면도 있었을 것이다. 일본에서 문과와 이과를 제도적으로 분리한 문리과대학의 편제는 1918년 칙령 제389호로 제2차 고등학교령을 발표할 때부터 시행한 문과와 이과를 분리하는 제도, 곧 제국대학을 입학하기 위한 준비학교인 고등학교 고등과를 문과와 이과로 나누었던 데서 유래한다. 식민지 조선에서는 경성제국대학이 3년제의 본과에 진입하기 위한 준비단계로 설치한 예과를 문과와 이과로 나누었던 경험이 있다. 결국 단과대학이 있음에도 불구하고 학과 위에 학부를 두는 편제는 일본적 유제가 미국식 대학제도와 만나 어떻게 잔존했는가를 확인

---

9) 『全南大學校學生要覽』, 1953. 4, 2쪽. 문학부에는 문학과 160명, 사학과 120명, 철학과 120명, 법정학과 320명이 정원이었고, 이학부에는 수학과 80명, 화학과 80명, 물리학과 80명이 정원이었다.

할 수 있는 대목이다.

그렇다고 해방 후 한국의 문리과대학에서 운영한 학부제도가 학과 단위보다 학부 단위에서 학사행정의 실제적인 권한을 갖고 있던 일본식 대학행정시스템과 같았다고 말할 수 없다. 미국식 대학제도의 핵심은 학과시스템별로 분과학문을 구분하고, 학과를 중심으로 대학을 운영하는데 있다. 단과대학은 학과와 대학을 행정적으로 연결하는 고리에 불과하다. 학부도 이런 정도의 역할이었을 것이다.

그런데 당시 대부분의 종합대학이 대학-문리과대학-학부-학과로 계통화했지만, 연희대는 그렇지 않았다. 연희대의 전신인 연희전문학교에는 초기부터 문학과 이외에 신학과, 농학과, 상과, 수학 및 물리학과, 응용학과처럼 인문교육과 이과교육을 구분하였다. 연희대에서도 이를 계승하여 1945년 11월에 문학부와 이학부를 각각 설치하였다. 이후 두 학부는 문학원과 이학원으로 개편되고, 다시 1950년 5월에 설치된 문과대학과 이공과대학으로 바뀐 것처럼 줄곧 별도의 조직체로 운영되었다. 제도적 전통의 차이에서는 오는 식민경험이 해방 후 다른 모습으로 제도화한 것이다.[10] 연세대 사학과는 거의 모든 대학이 문과대학을 인문대학으로 고친 오늘날까지도 문과대학이란 이름의 단과대학 아래 소속되어 있다.[11]

2. 학점제를 통해 본 학과시스템

학과는 미국식 대학 시스템에서 제도의 기초이자 운영의 출발점이다. 학과 단위로 교수와 학생의 정원이 정해지고, 학생의 선발과 졸업에 대한 판정도 학과 단위로 이루어진다. 다른 분과학문과 자신의 학문적 경계를 구분하는 커리큘럼도 학과 단위로 짜인다. 이는 학과보다 강좌제를 중심으로 교수정원이 책정되고 커리큘럼이 운영되며, 학생들의 졸업여부와 인간

10) 같은 미션계 대학으로 문리과대학을 설치한 숭실대학교, 이화여자대학교와도 다른 경험이다.
11) 고려대도 1963년 이래 문과대학이다.

관계까지 규정되는 학사운영 방식과 매우 판이한 시스템이다. 이처럼 대학에서 강좌제와 다른 학과 중심의 시스템을 유지할 수 있게 하는 제도 중의 하나가 학점제이다.

그러면 학점제 방식의 교과운영을 통해 학과시스템에 대해 좀 더 자세히 살펴보자. 강좌제에서는 1년 단위로 커리큘럼을 짠다. 수업을 듣고 시험을 보아 낙제하지 않는 한 한 학년씩 올라갈 수 있는 학년제였기 때문이다. 이에 비해 미국식 학과 중심제에서는 학점제로 교과가 운영된다. 학점제는 오늘날 우리들이 익숙한 시간 단위로 학생의 성과와 능력을 측정하는 제도다. 또한 개인이 자유로이 수강계획을 짜서 대학생활을 해야 하는 제도이기도 하다. 학년의 구분 역시 학점의 이수 정도에 따라 좌우되는 것이 기본이다. 따라서 학점제에서는 학년보다 학기가 더 중요하다. 오늘날 졸업식이 여름에도 거행되는 이유가 여기에 있다. 학점제는 해방 직후 대학들의 통폐합, 승격이란 빈번하고 복잡한 현안들을 효율적으로 추진하면서 단선형 학제를 정착시키고자 했던 미군정에게는 매우 유용한 방안이었다.[12]

학점제로 개설된 사학과의 교과목들은 2, 4, 6, 8학점, 곧 짝수 단위로 설정되는 경우가 많았다. 강좌제에서는 보통 4학점 과목의 경우 2학기 동안 2학점 씩 배정되므로 학생은 1년 동안 동일한 강좌를 들어야하고, 교수는 그에 맞추어 수업을 준비해야 한다. 하지만 학점제는 학기 단위로 운영하므로 한 학기에 4학점이란 고학점을 한 과목에 배정하는 일은 쉽지 않았다. <표 2>의 1946년도 고려대 사학과의 교과목에서도 확인할 수 있듯이, 2학점씩 두 학기에 나누어 개설되었다.

학생들은 4년 동안 180학점을 이수해야 졸업할 수 있었다. 1955년부터는 160학점으로 줄어들기는 했지만, 이즈음까지도 부산대 사학과처럼 한 강좌에 4학점을 이수해야 하는 것이 사학과의 기본적인 학점 배분 방식이었

---

12) 강명숙, 『美軍政期 高等教育 研究』, 서울대학교 대학원 박사학위논문, 2002, 124쪽.

다.13) 물론 전북대 사학과의 경우처럼 사학개론은 2학점, 국사·동양사·서양사의 강독과 연습은 각각 8학점을 배정한 경우도 있었다.14) 결국 한 강좌를 1학기와 2학기로 나누어 각각 4학점씩 배정한 것은 사학과의 교과운영이 학점제에 의거한 것이기는 하지만, 1950년대 중반경에도 1945년 이전 시기 일본의 학사관리 방식인 학년제의 잔재가 여전히 남아 있었음을 의미한다. 대학시스템에서 뿐만 아니라 사학과 운영에서도 일본적 제도, 달리 말하면 식민지 잔재가 그대로 스며들어와 있었던 것이다. 이러한 경우, 곧 미국의 대학시스템이란 형식에 일본식 경험이란 내용이 사학과의 제도와 운영에 뒤섞여 있던 모습은 다음 '제4장'에서도 확인할 수 있다.

그런데 뒤의 <표 3>과 <표 4>에 나오는 서울대의 1946년도와 1959년도 교과목을 비교해 보면, 기본적으로 3학점 중심이었음을 알 수 있다. 특히 1959년도 교과목을 보면 시대사 과목은 3학점 중심이었고, 전공을 불문하고 '특강', '강독' 과목은 6학점, '연습' 과목은 8학점이었다. 학과의 교과목 개설에서 학점제 방식을 일찍부터 받아들이고 있었던 것이다. 그럼에도 불구하고 서울대 사학과도 전북대 사학과처럼 국사·동양사·서양사를 구분하는 전공영역의 심화 과목에 매우 높은 학점 비중을 두어 구별짓기를 하였음을 알 수 있다. 이 역시 학년제의 잔재이기도 하다.

오늘날에는 그 흔적을 찾을 수 없지만, 이처럼 일본제국 시대의 대학 경험인 학부와 학년제가 1950년대까지도 사학과의 밖과 안에 남아 있었다. 이에 비해 뒤의 <표 5>와 <표 6>의 연희대 사학과의 1953년도와 1956년도 교과목을 보면, 일관되게 3학점제이다. 당시 다른 대학 사학과의 학점 배정에서는 쉽게 확인할 수 없는 제도이다. 과목 당 학점 비중이 낮아지고, 학년제 대신에 학점제가 실시되었으며, 문과와 이과를 애초부터 별도의 조직체계에 편제했던 점까지도 연관지어 생각해 보면, 연희대 사학과는

---

13) 부산대학교 사학과 50년 간행위원회 편찬, 『釜山大學校 史學科 50年』, 부산대학교 사학과 동문회·부산대학교 인문대학 사학과, 1998, 20~21쪽.

14) 『全北大學校一覽』, 1955, 51~52쪽.

일찍부터 미국식 학과시스템을 실질적으로 받아들였다고 볼 수 있다.

III. 사학과의 전임 교수들

사학과를 설치한 대학들은 국사·동양사·서양사를 전공한 우수 인재를 확보하고자 경쟁하였다.[15] 그리고 저마다 나름의 색깔을 갖춘 교수진을 갖추기도 하였다. '제III장'에서는 4개 대학 교수진의 약력을 간략히 정리한 뒤의 '<표 1> 4개 대학의 전임교수들'을 좀 더 자세히 분석해 보자.

<표 1>에 따르면 첫째, 4개 대학의 사학과는 일본의 역사학이 제도화한 국사·동양사·서양사라는 3분과제도를 그대로 적용하여 전공을 구분하였다.[16] 똑같이 일본의 식민지를 경험했지만 자국사와 세계사로 구분한 타이완의 대학들과 달리, 한국의 현대 역사학은 출발 때부터 일본이 깔아놓은 학문분류방식이란 레일 위를 달리기 시작한 것이다. 또한 동양사라 하더라도 그것은 일본사가 빠진 중국사라고 보아도 틀림이 없었다. 더 나아가 중국사라 하더라도 경성제국대학에서의 동양사는 滿蒙史나 마찬가지였으므로, 해방 직후 사학과에서 동양사 연구는 한중관계사로부터 출발했다고 보아도 지나치지 않다.[17] 왜냐하면 동양사 전공자로 분류되던 사람들 대부분이 한중관계사라는 맥락에서 중국사를 연구하며 동양사 강의를 담당하였기 때문이다. 김상기의 경우가 대표적인 보기일 것이다.[18] 그는 서울대와 동국대 사학과의 전임으로 재직하며 동양사를 가르치면서도

---

15) 고려대 사학과에서 경성제국대학 출신인 이인영과 김성근을 데려가려 했던 움직임이 그러한 보기일 것이다.

16) 3분과제도의 현황에 관해서는 신주백, 「한국현대역사학의 3분과제도 형성과 역사인식 역사연구방법」, 『東方學誌』 149, 2010 참조.

17) 백영서, 「중국학의 궤적과 비판적 중국연구—한국의 사례」, 『大東文化研究』 80, 2012, 583쪽.

18) 김상기, 『東方文化 交流史 論攷』, 을유문화사, 1948.

고려시대를 연구하였다.

둘째, 4개 대학의 사학과에서는 해방 직후 세 분야의 시대별 전공자를 찾기가 쉽지 않았음에도 불구하고 국사·동양사·서양사라는 역사학의 3분 과제도에 맞추어 교수진을 구성하였다. 손보기나 김정학처럼 고고학 전공 자는 한국고대사 등을 담당하는 한국사 전공자처럼 간주되었다. 다만, 그 이유를 알 수 없지만, 서울대 사학과만이 서양사를 담임한 사람을 두지 않았다. 그 공백은 연희대 또는 연세대의 조의설이 강의를 담당함으로 써 메울 수 있었다.[19]

셋째, 3분과라는 구색에 맞추어 전임 교수진을 충원할 수 있었던 것은 경성제국대학 출신자, 그리고 일본 본토의 제국대학과 와세다대학 같은 사립대학교에서 역사를 전공했던 사람들이 많았기 때문이다. 44명의 전임 교수 가운데 경성제국대학 출신자는 7명으로 가장 많았고, 이어 본토의 제국대학과 와세다대학 출신자가 각각 5명이었다.[20] 그중 도쿄제국대학 출신자도 3명이었다.[21] 이밖에 일본의 다른 대학 졸업자 3명을 추가하면 교수진 44명 중 46%에 해당하는 20명이 일본이 만든 대학에서 배운 사람들 이었다. 1950년대에 들어서면 본교 출신자를 채용하는 경우도 있었음을 고려할 때, 매우 높은 수치라고 말할 수 있다. 특히 서울대 사학과와 사회생활 과의 역사 전공 교수진은 모두 46%에 포함되는 사람들이었다. 현대한국 역사학의 주도권은 제도라는 형식뿐만 아니라 그 제도를 운영하는 사람까

---

19) 조의설에 관해서는 최용찬, 「한국 서양사학의 선구자 조의설(趙義卨)의 역사관」, 『韓國史學史學報』 17, 2008 참조.
20) 뒤의 <표 1>에 의거하면 다음과 같다.
　　경성제국대학 출신: 신석호 김정학 정재각 채희순 이인영 김성칠 유홍렬
　　　　　　　강사: 김종무 김석형
　　와세다대학 출신: 이병도 김학엽 김상기 손진태 김성근
　　도쿄제국대학 출신: 이홍직 조좌호 이능식
　　기타 제국대학 출신: 김성식 조의설
21) 그런데 도쿄제국대학 출신자들은 사학과의 초창기 정착과정에서 3분과 가운데 특정 분야에서 뚜렷한 족적을 남기지 못하였다. 규명해야 할 과제이다.

지 사학과의 태동 단계에서부터 제국의 세례를 받은 사람들이 장악했던 것이다. 이는 새로운 민족국가의 수립에 부응할 수 있는 역사상을 수립하려는 상상력과 연구계획을 애초부터 기대하기 어려웠음을 의미한다.

넷째, 경성대학 사학과의 교수는 설립 당시 4명 가운데 3명이 와세다대학 출신이었다. 연희대 사학과는 연희전문학교 출신자들이 중심이었고, 고려대 사학과는 신석호를 중심으로 경성제국대학 출신자들이 만들었다. 학연의 힘도 학과 결성에 또 하나의 원동력으로 작용했음을 시사받을 수 있다. 학연의 연속성이라는 측면에서 보면 연희대 사학과와 서울대 사학과 및 사회생활과가 뚜렷했으므로 자신만의 학풍을 발 빠르고 확실하게 수립하는 데도 유리했을 것이다.

사학과를 안정화시키는 와중에 '학벌 싸움'이 일어나기도 하였다. 경성대학 사학과는 1945년 11월 당시 4명의 교수들이 있었고, 그들은 진단학회회원이라는 공통분모가 있었지만, 출신학교 간의 갈등이 있었던 것 같다. 신석호가 고려대 사학과의 교수진을 구성하면서 '학벌싸움으로 복잡한' 경성대학 사학과에서 경성제국대학 출신인 이인영과 김종무를 모셔 오려했다는 김성식의 회고에서 이를 시사받을 수 있다.[22]

다섯째, 전임 교수들은 1946년 12월 미군정청 문교부가 정한 직급, 곧 교수-준교수(부교수)-조교수-전임강사로 구분되는 직급에 따라 직위가 정하여졌다. 물론 미군정청이 정한 각 직급의 자격기준이 있기는 했지만, 현실적으로 그대로 적용하기가 어려웠으므로, 서울대의 경우 자체 인사내규에 따라 직급을 정했다고 한다. 서울대 문리과대학의 경우 1946년 발족 당시 조교에 해당하는 '교수조무원'을 포함하여 97명이 전임 교직원이었다.[23]

---

22) 김성식, 「고대 회고담」, 고대사학회 편, 『高麗大學校史學科50年史』, 신유, 1998, 132쪽.
23) 국대안 반대운동과 좌우갈등 등으로 1948년에 이르면 전임 교직원이 87명으로 감소하였다.

전임 교수의 직급은 일본과 확연히 다른 미국식을 적용한 것이었다. 경성제국대학의 교수 직급은 교수-조교수-조수라는 체계였기 때문이다. 그럼에도 미군정청은 1945년 12월 27일 경성대학 법문학부 교수진을 발표할 때 제국대학 시절의 경력 등을 활용하였다. 역사학의 김상기 손진태 이인영, 사회경제사학의 백남운 박극채, 국문학의 조윤제, 철학의 안호상 박종홍 김두헌, 국어학의 이희승, 법학의 유진오를 비롯해 22명의 교수진과 함께 역사학의 이병도, 사회경제사학의 최호진, 사회학의 이상백, 국어학의 이숭녕 등 5명이 조교수로 임명되었다.[24]

여섯째, 어떤 이유에서든 학교를 옮기는 교수들도 많았다. 가령 연희대 사학과 교수진 14명 가운데 정년까지 재직한 사람은 4명이었다. 부산대로 전근한 조좌호를 제외한 초창기 전임 교수 6명 가운데 3명이 한국전쟁 때 학교를 떠났다. 큰 변동이 있기는 동국대 사학과도 마찬가지였다. 전임 교수의 숫자가 기본적으로 취약했던 동국대 사학과는 전쟁이 끝난 후, 1953년에 새로 임명한 황의돈과 조좌호를 중심으로 학과 교수진과 교과과정이 정비됨으로써 사실상 새로 출발했다고 보아도 무리가 없을 정도다. 그런데 이념, 학내 갈등 등으로 교수들이 직장을 옮기는 흐름으로부터 상대적으로 자유로웠던 곳이 고려대 사학과였다. 고려대 사학과의 초창기 교수진은 아무런 변동 없이 1950년대를 지나갔다. 오히려 한국사의 이홍직을 도쿄제국대학 출신임에도 보강하였다.[25]

일곱째, 서울대 사학과의 김상기와 사회생활과의 채희순처럼 다른 대학의 전임 교수직을 겸임하는 교수들이 많았다. 그것은 강사진이 부족한데도 원인이 있었고, 한 학교의 전임 교수만으로는 생활을 유지하기 어려웠던 팍팍한 경제형편과도 무관하지 않았다. 또한 겸임은 하지 않더라도 동국대의 학부 사학과에 출강한 서울대 사학과의 이병도, 손진태처럼

---

24) 『自由新聞』, 1945년 12월 28일. 경력과 논문 등을 고려할 때 이병도가 조교수로 임명된 점은 조금 낯설다. 학문외적인 이유가 고려되었을 가능성도 있다.
25) 이홍직이 연희대에서 고려대로 옮긴 속사정을 확인하지 못하였다.

강사로 뛰는 사람도 있었다. 이러한 현상은 월급이 적었던 연구자들의 일반적인 모습이었다. 그래서 아래와 같은 글처럼 그 불가피한 측면이 있는 실상을 말하며 학자로서의 전문성을 강화하는 문제에 대해 우려를 표명하는 여론이 있었다.

> 해방 후 많은 대학이 기성 미성을 물을 것 없이 1인의 교수가 2, 3교 심하면 4, 5교를 겸임하여야 학교가 경영되고 학자의 사생활이 지탱 될까 말까 하니, 어느 겨를에 새로운 구상을 가다듬어 연구에 정진할 수 있겠는 가.[26)

때문에 1952년 6월 전국의 총학장 회의에서는 교수가 2개 대학에서 전임하는 것을 인정하는 대신, 3개 대학 이상의 겸임은 허락하지 않기로 결정하였다. 이처럼 겸임 자체를 금지하지 못하고 겸임하는 학교 수를 제한한 현실은, 1950년대까지 대학의 대다수 전임이 교육과 더불어 연구를 전담할 수 없었음을 말해준다. 독일이 강좌제를 도입하여 근대적 대학을 창출하고 학문의 세계적인 중심지로 거듭났던 것도, 또 19세기 들어 도쿄제 국대학이 급속히 안정화되어 갔던 것도, 대학 교수의 신분보장과 생활안정 정책을 적극 펼친 결과와 깊은 연관이 있다. 분과학문이 대학의 학과 제도로 정착하여 학문의 핵심적 생산지로 기능하고, 그것이 다시 사회로 확산되어 가는 발산지로서 대학이 기능하는데 반드시 필요했던 것의 하나가 대학 교수의 신분보장과 생활안정이었기 때문이다.[27) 대학에서 분과학문의 내용적 독자성과 독립성은 사회경제적 지위가 보장된 교수진의 앞서고 깊이 있는 연구성과를 바탕으로 수립할 수 있었기 때문이다. 결국 총학장 회의가 겸임을 인정했다는 것은 1950년대까지도 자기 분과학문의 독자적인

---

26) 홍순혁, 「해방 후 국사학계의 동향」, 『新天地』 5-6, 1950. 6, 115쪽.
27) 吉見俊哉, 『大學とは何か』, 岩波書店, 2011, 88~89쪽 ; 天野郁夫, 『大學の誕生(上)』, 中央公論社, 2009, 206~209쪽.

내용을 갖추고 심화시키는 과정에서 사회적으로 발신할 수 있는 핵심적인 조건이 한국 대학에 아직 마련되지 않았음을 의미한다.

여덟째, 교수들이 경제생활을 유지하기 위한 활동이기도 했겠지만 꼭 그렇다고 볼 수도 없는 일 가운데 하나가, 교재를 출판하는 일에 적극적이었다는 점도 주목할 필요가 있다. 4개 대학에 재직하고 있던 교수들은 중고교의 역사교과서와 대학의 교재를 출판했기 때문이다.28) 그들이 집필한 저서는 전문 연구서라기보다 불특정 다수의 대중을 향한 개설서가 대부분이었다. 많은 전임 교수들이 연구가 뒷받침되지 않았음에도 불구하고, 교과서와 개설서 발행에 참가한 데는 조선사(한국사)의 진실을 알려고 하는 대중의 열망, 그렇지만 학교 수업에서조차 참조할 만한 마땅한 역사책이 없는 현실도 큰 이유였다. 이들이 현실과 열망의 거리를 메울 수 있었던 것은, 일본의 연구 성과 또는 일본어로 번역된 서구의 성과를 지적 원천으로 했기 때문이다.29) 일본의 지배로부터 해방되는 순간 그들로부터 몸은 독립했지만, 역사인식은 여전히 크게 의존하고 있었던 것이다.

IV. 사학과의 운영:
역사학의 독자화, 내재화와 3분과체제의 정착

1. 교과목

앞서 언급했듯이, 사학과와 다른 학과를 제도적으로 구분하는 것은 기본적으로 학과 시스템에 연유한다. '제IV장'에서는 이 시스템이 어떻게 운영되었는지 교과목과 역사학 관련 조직들을 중심으로 살펴보자.

학과시스템은 연구와 교육을 일치시켜 대학을 근대적으로 새롭게 탈바

---

28) 자세한 것은 신주백, 「대학에서 교양 역사 강좌로서 '문화사' 교재의 현황과 역사인식(1945-1960)」, 『한국근현대사연구』 53, 2010, 180~181쪽, 187~198쪽.
29) 신주백, 위의 논문, 2010, 196~197쪽.

꿈시킴으로써 대학을 중심으로 학문을 발전시키고 분화시켰던 독일의 대학시스템, 곧 훔볼트형 대학시스템에서 그 원형을 찾을 수 있다.[30] 그리고 학문의 분과화를 제도화하고 성역화한 것은 미국식 학과시스템과 대학원제 도이다.[31] 한국에서도 마찬가지로 대학을 중심으로 학문이 성립하고, 학문의 분과학문화가 진행되었다. 특정 학문의 독립 내지는 다른 학문과의 구별짓기가 가능하도록 보장하는 장치 가운데 하나가 커리큘럼이다. 달리 말하면 사학과를 다른 학과와 구분할 수 있게 하고, 그 안에서 국사·동양사· 서양사 전공을 구분하면서도 역사학이란 분과학문을 하나의 단위로 파악하는 데는 커리큘럼도 매우 중요하다. 필자가 구할 수 있던 사학과의 커리큘럼 가운데 가장 빠른 시기에 짜임새 있는 편성표로 남아 있던 것은 고려대 사학과의 1946년도 교과과정표였다(<표 2>).

이에 따르면, 사학과의 역사수업은 크게 필수과목과 선택과목으로 나뉘어 있었으며, 1학년 때는 槪論과 통사류의 수업을 주로 진행하도록 배치되었다. 사학과에서는 초창기부터 主題史 수업을 많이 개설했는데, 그 과목을 개설하고 학년별로 배치하는 기준이 무엇인지 포착하기는 어려웠다. 特講, 講讀이라 불리는 특화된 교과목도 사학과 초창기부터 전공별로 배치하는 경우가 많았다. 졸업 이수학점이 180학점 또는 160학점이었던 초창기 대학의 현실을 고려할 때, 다양한 주제사 교과목들 또는 특화된 교과목들이 개설될 수밖에 없었을 것이다.

교과목에 따르면 고려대 사학과는 2학년 때부터 국사·동양사·서양사 전공을 구분하였다.[32] 이는 일본식 3분과체제를 그대로 이식한 결과였다.

---

30) 吉見俊哉, 『大學とは何か』, 78~89쪽.
31) 대학원 제도는 본고의 연구 대상이 아니므로 별도의 설명을 생략하겠다.
32) 오늘날 사학과에서 국사·동양사·서양사 과목을 나누어 배치하고, 학생들이 선택하여 듣는다는 것과는 차원을 달리하는 영역 구분이다. 그러나 당시 학생들의 회고에 따르면 학생들이 매우 적어 결과적으로 합동수업의 형식으로 진행되었다고 한다. 2, 3, 4학년에게 전공별 교과목을 강조한 구성방식은 1955년도 교과목표에서도 확인할 수 있다. 고대사학회 편, 앞의 책, 1998, 368~371쪽 참조.

일본식 3분과체제는 도쿄제국대학 사학과에서 제도화하면서 정착되기 시작한 것이고, 이것이 일본의 다른 대학교의 사학과와 경성제국대학에 이식되었다.[33] 해방 후 사학과 전임 대부분이 이들 대학에서 역사를 배운 사람들이었으므로 그것을 그대로 이식한 것은 어찌 보면 자연스러운 과정이라고도 볼 수 있다. 달리 말하면, 식민지 잔재를 그대로 이어 받아 제도화한 것이다.

그런데 고려대 사학과처럼 명확하게 학년 구분이 드러나 있지 않지만, 1946년도 서울대 사학과 교과목에서도 학년별로 교과목을 구성했을 개연성이 있음을 확인할 수 있다(<표 3>). 1학년 때는 문화사와 개설 과목을, 2학년에서는 고중세사 관련 과목을, 3, 4학년 때는 근대사와 각국사, 그리고 연습 과목이 개설되었을 것이다. 다만, 그 이유를 알 수 없지만 서울대 사학과의 교과목명 만을 놓고 보면 동양사보다는 중국사가 더욱 강조되고 있음을 알 수 있다. 그런데 1959년도 서울대 사학과의 교과목에서는 중국사보다는 중국 대륙에 있었던 주요 국가들의 각각의 역사를 개설한 점이 눈에 띈다(<표 4>). 강의 내용을 담보할 수만 있다면, 매우 깊이 있는 내용을 강의하고 학습할 수밖에 없었을 것이다.

이에 비해 1946년 9월부터 1950년 6월까지 실시된 동국대 학부 사학과의 교과목이나, 1946년도 연희대 사학과의 교과목에서는 3분과로 나누는 방식이 눈에 띄지 않는다. 연희대 사학과는 1953년도 커리큘럼에서도 시대사와 주제사 중심으로 교과목을 편성했으며, 특화된 교과목으로서 演習을 이조사연습이란 한 과목만 편성하였다(<표 5>).

그런데 1956년도 연희대 사학과의 교과목을 보면 特講이 3, 4학년에 많이 개설되어 있음을 확인할 수 있다(<표 6>). '특강', '연습'과 같은 특화된 교과목을 3, 4학년을 중심으로 집중 배치하는 교과과정 편성방식은 <표 2>의 1946년도 고려대 사학과의 교과목 구성에서도 이미 확인할

---

33) 신주백, 「한국현대역사학의 3분과제도 형성과 역사인식 역사연구방법」, 『동방학지』 149, 2010 참조.

수 있는 사항인데, 연희대도 1950년대 중반경에 이르면 그러한 방향으로 가고 있었던 것이다. 이는 서울대도 마찬가지였다. 1959년도 교과목을 표시한 <표 4>를 보면 '연습' 과목이 세 개에 불과했던 1946년도와 달리 특강과 연습 과목이 9개나 설정되어 있었다.

특강과 연습 관련 교과목이 늘어난다는 것은 무엇을 의미할까. 특강은 말 그대로 특정 주제에 대한 심화학습이고, 연습은 언어습득을 동반하는 사료강독의 독해력을 높이면서 사료에 대한 서지와 내용까지 분석하는 심화학습이다. 그것은 전공과 관련된 교재에 대한 읽기 능력을 향상시키는 데 학문적 소양을 두고 있음을 의미할 뿐만 아니라, 학문적 전문성을 갖추도록 전공학생들에게 요구하는 것을 의미한다. 결국 특강과 연습은 다른 분과학문과의 경계지점을 분명히 함으로써 차별성을 극대화할 수 있는 과목이자 자기 분과학문의 고유성을 담보한다. 때문에 연구가 심화되는 가운데 특강과 연습이 늘어나는 과정에서 다른 분과학문과의 차별성만이 아니라 역사학 내부, 곧 국사·동양사·서양사 사이의 전공 영역의 경계도 분명해지고, 더 나아가 세 영역이 사실상 각각의 분과학문처럼 존재할 수 있게 함을 의미한다.[34]

이번에는 시대별 전공 교과목에서 대해 살펴보자. 역사의 시기를 구분하여 교과목을 개설하려는 움직임, 곧 고대-중세-근세(고려대, 1955), 고대-중세-근대(서울대, 1946), 고대-중세-근세-최근세(경북대, 1955[35]) ; 서울

---

34) 세 전공 영역이 사실상 독립된 분과학문처럼 존립할 여지가 제도적으로 내장되어 있었던 것이 현실화하기 시작한 때는 1960년대 후반이었다. 서울대 사학과가 분화한 경우가 바로 여기에 해당된다. 또한 오늘날 고려대처럼 한국사학과와 사학과로 나뉜 곳도 있고, 한국사학과만 존립하는 대학교도 있다. 참고로 말하자면, 특강과 연습 교과목이 발달한 국어국문학과에서도 언어와 문학 전공으로 나뉘고, 문학이 다시 고전문학과 현대문학 전공으로 구분되어 사실상 별도의 학과처럼 운영되는 경우가 많은 것은 결코 우연이 아니다. 최기숙, 「국어국문학 과목 편제와 고전강독 강좌」, 김재현 김현주 나종석 박광현 박지영 서은주 신주백 최기숙, 앞의 책, 2011 참조.
35) 『慶北大學校 20年史: 1952-1972』, 경대20년사편찬위원회, 1972, 360쪽.

대 사회생활학과, 1956[36]) ; 서울대 사학과, 1959), 상대-중세(중고)-근세-
최근세(연희대, 1946)처럼 시대를 구분하고, 각 시대를 학년 또는 학기를
달리하며 개설하는 방식은 처음부터 모든 사학과에 정착된 것 같지는 않다.
<표 3>에서처럼 서울대 사학과의 1946년도 교과목에서 고대-중세-근대
를 구분하고, 연희대 사학과도 1946년도 교과목에서 고대-중고-근세-최
근세로 나누어 강의를 개설하려 하였지만, 그렇지 않는 경우도 있었다.
<표 2>의 1946년도 고려대 사학과의 커리큘럼과 1946년 9월부터 개설되었
다는 동국대학의 사학과 강의 개설과목명,[37]) 1955년도 전남대 사학과의
교과목을 보면 시대별 강의명이 없다.[38]) 이처럼 해방 직후 사학과에서 시대사
수업의 존재 여부는 학교에 따라 달랐다. 그렇지만 1950년대 중반을 경과하며
모든 학교에서 시대사 수업이 개설되는 방향으로 교과목이 운영되었다.
이를 바로 위의 특강, 연습 교과목의 증설까지 고려하여 설명하면, 오늘에도
여전히 적용되고 있는 사학과 교과목의 학년별 배치 원리는 1950년대 중반경
에 정착되었다고 볼 수 있다.

사학과를 일본식 3분과체제로 나누고, 다시 시대사, 주제사, 특강과
연습으로 구분할 수 있는 교과목을 편성한 가운데, 그것을 고대부터 현대까
지 시간의 흐름에 따라 학년별로 배치하여 운영하는 방식은 강좌제를
실시한 일본 본토의 제국대학과 경성제국대학의 경험이 아니었다. 경성제
국대학 법문학부 사학과에서도 '조선사 제1강좌' '조선사 제2강좌'로 나누
어 운영한 것을 고려할 때, 사학과의 교과목 구성과는 큰 연관이 없었다.
경성대학 사학과의 창립 교수진 4명 가운데 세 명이 와세다대학 출신이고,
나머지 한 명인 이인영이 강좌제를 실시한 경성제국대학 출신이라는 점을

---

36) 歷史科60年史 編纂委員會 編, 『서울大學校 歷史科60年史』, 歷史敎育學科 同門會,
   2008, 35쪽.
37) 임영정, 「동국사학 60년의 성과」, 『동국사학』 42, 2006, 393쪽.
38) 『전남대학교 사학과 50년사: 1952~2002』, 전남대학교사학과50년사편찬위원회,
   2002, 27쪽(원전:『전남대학교 문리과대학 학생요람(1955)』. 같은 서울대이지만
   사범대학 사회생활과의 교과목 표에는 시대별 강의명이 있다.

고려하면, 경성대학 사학과의 교과목 구성과 운영은 와세다대학 사학과의 경험과 연관이 있을 가능성이 있다. 와세다대학 문학부 사학과(3년제)에서 운영했던 교과목 구성을 통해 이를 검토해보자.39)

1920년대 와세다대학 문학부 사학과(3년제)의 교과목은 기본적으로 국사·동양사·서양사, 곧 전공별로 나누어 개설되었다. 그런데 전공과 학년을 불문하고 '特殊講義'가 개설되었다. 가령 1927년도 사학과 국사 전공의 제1학년 필수과목으로 개설된 '국사특수강의'에는 '1. 일본문화기초사론 2. 일한교통사'가 있어 각각 니시무라 신지(西村眞次)와 쓰다 소키치(津田左右吉)가 담당하였다. 그리고 2학년에 演習이 국사·동양사·서양사로 나누어 개설되었으며, 3분과별 槪論은 오히려 3학년 때 개설되었다.40) 이에 비해 1937년부터 개설된 '전공 공통' 과목은 학년별로 필수와 선택으로 나뉘었다. 시대사 과목도 전공별로 학년과 학기에 따라 고대−중세−근세로 나누어 편성되었다. 또한 1학년 때는 개론 과목을 배우도록 되어 있었으며, 주제사 과목도 시대사 과목과 비슷한 숫자로 편성되었다. 특이한 점은, 1931년까지 그렇게 많이 개설되었던 특수강의는 사라지고 演習이란 과목이 한 과목 개설되는 수준이었다.41)

이러한 커리큘럼의 구성과 배치 방식은 교육보다 연구에 더 중점을 두고 소수의 사람들을 상대로 학술지식을 생산하는 강좌제와 맞지 않는다. 오히려 학과 중심의 학생선발, 학과장 중심의 학과 운영, 학기별 학점제 방식으로 교과를 운영함으로써 다수의 학생들에게 전공지식을 전달하는 미국식 학과 중심 제도에 어울린다. 해방 직후 한국의 대학에서 사학과를

---

39) 당시가 미군정기였으니 미국 대학의 사학과 커리큘럼도 참조하면 좋겠으나, 구체적으로 어느 대학 것을 참조해야 맞는지 확정할 수 없는 상태에서 섣부른 연계 분석은 하지 않느니만 못하다.

40) 이러한 교과목 개설은 1924~1931년도까지 각 년도의「學科配當表」하나하나를 확인한 것이다.

41) 1937년 이후부터의 교과목 개설 상황은 1943년도까지 각 년도의「學科配當表」하나하나를 확인하였다.

조직할 때 커리큘럼의 구성과 배치 방식에서 1930년대 중후반 와세다대학 사학과의 경험이 강좌제를 중심으로 했던 학과의 경험보다 더 유용하게 다가왔을 가능성이 높은 이유 가운데 하나도 여기에서 찾을 수 있을 것이다.

그런데 당시 사학과들에서 편성한 교과목 가운데 흔히 접할 수 없는 수업도 있었다. 연희대의 '실학사상'이 바로 그러한 경우다.[42] 이 수업은 홍이섭이 1953년 4월 연희대에 부임하며 개설된 강의이다.[43] 당시 사학과들의 주제사 관련 교과목의 경우 한국사상사, 한국경제사처럼 특정한 주제의 맥락에서 장기간의 역사적 과정을 파악하려는 교과목이 대부분이었는데, 특정한 시기의 특정한 역사를 탐구하는 강의를 개설한 점이 이채롭다. 남북한 사이의 전쟁을 마무리한 정전협정이 1953년 7월에 체결된 직후인 제2학기에 개설된 교과목이기에 더더욱 주목된다.[44]

전쟁과 냉전의 차가운 분위기가 강력히 남아 있었음에도 불구하고 홍이섭이 실학에 관한 수업을 개설할 수 있었던 데는, 실학연구를 민족주체성 확립의 일환으로 간주하는 그의 역사인식과 무관하지 않을 것이며, 식민지기의 안재홍과 함께 조선학운동에 크게 관여한 정인보 등에게서 역사를 배운 이력과 깊은 연관이 있을 것이다.[45] 당시 다른 대학교 사학과 수업에서는 흔히 접할 수 없었던 홍이섭의 행보는 1954년경 고려대 사학과 학생으로

---

42) 1950년대 한국사 연구의 새로운 특징 가운데 하나가 '내면적' 관점과 태도를 갖고 한국사를 연구한 결과물이 천관우와 김용섭에 의해 제출되었다는데 있다. 이때 두 사람이 관심을 둔 연구 주제 가운데 하나가 '실학'이었다. 필자가 이 교과목명에 주목하는 이유이다. 특기할 사실은, 천관우가 柳馨遠의 실학사상에 관해 석사학위논문을 제출하였다는 점이다. 신주백, 「1950년대 한국사 연구의 새로운 경향과 동북아시아에서 지식의 내면적 교류-관점과 태도로서 '주체적·내재적 발전'의 태동을 중심으로」, 『韓國史研究』 160, 2013, 254~263쪽 참조.

43) 홍이섭의 실학연구에 관해서는 정호훈, 「홍이섭의 실학연구」, 『東方學誌』 130, 2005 참조.

44) 교과목명만 있고, 실제로는 개설되지 않은 경우가 많았던 것이 당시의 현실이었지만, 학생들 스스로가 자신들이 배운 과목을 정리한 '표'에 근거한 것이므로 개설되었음이 분명하다(『學林』 2, 연희대학교 사학과, 1954. 3, 81쪽).

45) 김도형, 「홍이섭의 현실인식과 역사연구」, 『東方學誌』 130, 2005, 15쪽.

그의 수업을 들었던 강만길의 회고에서도 확인할 수 있다. 강만길은 홍이섭의 '국사특강' 수업 때 신채호를 처음 알게 되었다고 회상하고 있다.[46] 식민지기 조선학운동의 주도자 가운데 한 사람이 연희전문의 정인보였고, 그가 운동의 뿌리를 실학에서 찾으려 했던 점, 그리고 대표적 민족주의사학자인 신채호를 강의 속에서 전달하려 했던 점까지 고려한다면, 연희대의 홍이섭은 46%에 해당하는 일본의 제국대학 또는 사립대학 출신자들의 학문적 경험과 구별되는 자신의 학적 명맥을 대학이란 공간에서 유지하고 있었음을 알 수 있다. 이는 웅크린 작은 흐름이지만 조선학의 정신을 계승한 학문이 국학이란 이름으로 대학의 사학과에 터잡기를 시도하고 있었음을 의미한다.

2. 연구활동과 안팎에서의 경계짓기

해방 후 신설된 사학과의 교수진과 학생은 위에서 언급한 4개 대학 이외의 모든 사학과에서도 3분과제도를 기본 축으로 선발되었다. 교수진은 3분과와 전공을 고려하게 되었으며, 학생들도 3분과의 인원 수를 고려하여 선발하였다. 국사·동양사·서양사라는 3분과 사이의 관계를 놓고 보면, 사실상 별도의 학과처럼 수업과 학생활동, 연구발표회를 운영한 서울대 사학과가 조금 색다른 모습을 보여주었다. 국사·동양사·서양사가 각자 독립된 합동연구실을 두고 있었기 때문이다. 학생들도 전공이 다르면 서로 알고 지내기 어려웠다.[47] 국사 전공자의 합동연구실 모습과 면학에 대해서는 아래와 같이 묘사된 글이 있다.

> … 각 과에 공동연구실이 있어 학생이 공부하고 싶으면 얼마라도 공부하게 되어 있다. 일례로 사학과 공동연구실을 보면 이조실록(영인본)을 비롯

---

46) 강만길, 『역사가의 시간』, 창비, 2010, 177쪽.
47) 이기백, 「학문적 고투의 연속」, 『韓國史市民講座』 4, 1989, 168쪽. 이기백이 1946년 9월 제3학년에 입학한 이후의 모습을 회상한 것이다.

하여 고문헌이 어마어마하게 서가에 쌓여 조수의 감독하에 공부를 하고들 있다. 요사이 대학생의 사회적 평가가 낮아졌다고들 하지마는 이 연구실에 들어와 보면 그러한 잡음은 일소될 것이다. 열심한 학생은 그 실력이 놀라워서 이 혼란한 시대에 여기까지 도달하였는가 하면 눈시울이 뜨거워질 적이 있다. 昨夏 졸업생의 졸업논문중 이조의 실학을 연구제목으로쓴 방대한 논문 같은 것은 거리의 大家의 논문이 부럽지 않을 정도이다.[48]

고려대 사학과도 2학년부터는 3분과별 수업을 지향했다는 점을 교과목 <표 2>에서 확인할 수 있다. 최영희의 증언에 따르면, 학생들도 자신이 국사·동양사·서양사 전공이라는 자각을 하면서 학교를 다니기도 하였다.[49] 그럼에도 불구하고 서울대 사학과와 달리 학과 전체가 하나의 단위로 활동하였다. 그 중심에 학과 단위의 연구 모임이 있었다.

연구 모임들은 고려대의 사학회(1948. 9)와 서울대의 사학연구회처럼 학생들만 참여하여 활동한 경우가 있었고, 학생과 교수가 함께 모임에 참가한 연희대의 사학과회(1947. 11)에 이어 결성된 사학연구회(1949. 4)와 동국대 사학과의 동국사학회(1948. 8)의 경우가 있었다. 후자와 같은 유형의 모임에서는 곧바로 잡지를 발행했는데, 연희대 사학연구회는『史學會誌』(1950), 동국대 사학과는『東國史學』(1948)을 간행하였다.[50] 소수의 몇몇 사람들이 결집한 모임도 있었다. 예를 들어 손진태와 이인영을 정점으로 하고 한우근 손보기 등 서울대에서 한국사를 전공하는 일부 학생들이 모여 만든 국사연구회,[51] 또 이인영의 주도 아래 이광린도 참가한『조선왕조

---

48) 心岳,「도하각대학순례기-문리과대학편」,『新天地』5-2, 1950. 2, 173~174쪽. 心岳은 국어학자 李崇寧의 호이다. 여기서 심악이 극찬한 실학 논문이란 1949년 7월 제3회 졸업생인 천관우의「반계 유형원 연구」(『歷史學報』3, 1952)일 것이다. 인용문에 나오는 '사학과 공동연구실'이란 국사 공동연구실을 가리킨다.

49) 최영희,「사학과 학생시절을 회고하며」, 고대사학회 편, 앞의 책, 1998, 184쪽.

50) 하지만 이후 연속 발행되지 못하였다.『史學會誌』는 학술논문지가 아니라 '會誌'였으며,『東國史學』에는 제1호부터 전문 학술논문이 게재되었다. 연세대에서는 이 잡지를 학과의 학술지인『學林』의 제1호로 간주하고 있다.

51) 연구회가 편찬한 책이 서울대학교국사연구회 편찬,『國史槪說』(홍문서관, 1950)이

실록』 강독 모임[52] 등이 그러한 경우이다.

이러한 모임과 활동은 사학과 구성원들의 결속력과 역사학도로서의 정체성을 강화하는데 촉매작용을 했을 것이다. 그 속에서 성장한 사람들은 다시 대학원에서 전문 연구자로서의 훈련과정을 거쳤다. 강좌제 방식과 달리 전문연구자로서의 훈련은 학부의 학과 위에 설치된 대학원이란 별도의 제도 속에서 실시되었다. 미국식 전문가 양성시스템이 제도화한 것이다. 강좌제가 한국의 대학에서 존립할 수 없었던 이유 가운데 하나가 여기에 있었다.

대학원 석사과정을 마친 사람들은 다시 역사학 연구와 교육을 담당하는 전문 조직에서 활동하게 되면서, 역사학이 다른 학문과 구별되는 독자성을 갖추어가고, 내부적으로도 자기만의 정체성과 방법론을 심화시켜 갈 수 있었다. 서울대 사학과는 1947년 7월 국사학, 동양사학을 전공할 대학원생을 처음으로 모집하였고, 연희대와 고려대 사학과는 1950년 6월 사립대학교로서는 처음으로 대학원생을 모집하였다. 동국대 사학과도 1954년에 처음 대학원생을 받았다. 이에 따라 <표 1>에서 확인할 수 있듯이, 1950년대 들어 고려대를 제외한 세 대학의 대학원 졸업생이 모교에 전임으로 자리잡는 경우가 생기기 시작하였다.[53] 학과의 학풍을 이어갈 수 있는 사람이 충원되기 시작한 것이다.

동시에 3분과의 전공을 불문하고 자기 대학의 울타리를 넘어 역사학 전공자들 사이의 교류를 매개할 학술공간도 만들어지기 시작하였다. 『震檀學報』(1934), 역사학회의 『歷史學報』(1952), 역사교육연구회의 『歷史敎育』(1956), 한국사학회의 『史學硏究』(1958)가 발간되면서 학회와 학술지를 매개로 역사학의 전문성을 더욱 폭넓게 심화시켜 갈 수 있게 된 것이다.[54]

다. 이 책은 원래 1948년 『朝鮮史槪說』이란 이름으로 먼저 출판되었다.

52) 이광린, 「나의 학문 편력」, 『韓國史市民講座』 6, 1990, 158쪽.

53) 연희대의 이광린, 서울대학교 사회생활과의 변태섭 김용섭, 사학과의 한우근, 동국대의 이용범 안계현이 이러한 경우이다.

54) 물론 이들 잡지가 1950년대에 정기적으로 꾸준히 나오지 않았다는 점에서, 그리고

역사학의 범위를 넘는 학술공간도 대학의 안과 밖에서 새로 만들어지기 시작하였다. 대학 밖에서는 사회적 의제를 학술 의제화할 담론을 생산하고 있던 『思想界』를 매개로 역사학은 다양한 접촉면을 안정적으로 확보할 수 있었다.55) 대학 안에서는 연구대상을 한국이란 공간을 넘어 '동방', '아세아'를 내세운 『東方學誌』(1954)와 『亞細亞硏究』(1958)가 발행되기 시작하였다.56) 이는 한국전쟁을 전후하여 크게 위축되어 있던 역사학이란 분과학문이 인접 학문 및 사회와의 소통을 통해 국내외적으로 외연을 확장할 수 있는 공간이 넓어지고 있었음을 시사한다. 대학의 교내 신문도 이러한 역할을 하기는 마찬가지였다. 『고대신문』(1947), 『동대신문』(1950), 『연희춘추』(1953), 『대학신문』(1952)과 같은 교내 신문은 정보지이자 교양지였으며, 학술지이기도 하였다.57) 한국사회와 역사연구자들 사이의 네트워크나, 역사연구자들 사이의 학문적 연대는 학내외에서 발행되던 출판물을 매개로 지식을 공유하며 이루어졌다. 출판물이 정례적이고 꾸준히, 그러면서도 다양하게 발행될수록 네트워크와 지적 공유는 강화되었을 것은 자명한데, 1950년대 중후반에 이르면 역사학만의 고유성이 강화되고 다른 분과학문과의 제도적 경계 또한 이 과정에서 더욱 뚜렷해졌던 것이다.

3분과의 합동 기획을 학술지에 반영하는 움직임이 보이지 않았다는 점에서, 아직은 본격적인 교류가 시작되었다고까지는 말하기 무리일 것이다.

55) 그 중 하나가 후진성 담론을 정당해 준 동양특수담론일 것이다. 『思想界』의 동양담론에 관해서는 김주현, 「'사상계' 동양 담론 분석」, 『현대문학의 연구』 16, 2012 참조.

56) 동방학지에 관해서는 김현주, 「'동방학지'와 국학 동방학 연구 – '동방학지'를 통해 본 한국학 종합학술지의 궤적」, 『東方學誌』 150, 2010 참조.

57) 최기숙, 「1950년대 대학생의 인문적 소양과 교양 '知'의 형성: 1953-1960년간 '연희춘추/연세춘추'를 중심으로」, 『현대문학의 연구』 42, 2010.

V. 교재: 동양과 서양, 그리고 한국

일본으로부터 독립하여 한글로 학교교육을 실시할 수 있게 되었지만, 참고할만한 수업 교재가 마땅히 없었던 것은 또 다른 현실이었다. 그래서 대학에 재직 중인 사람들은 대부분 중고등학생용 역사교과서나 대학 교재의 집필에 참여하였다.

대학 교재로는 주로 문화사 관련 교재가 많았다. '문화사'는 교양필수과목이었기 때문이다. 문화사 교재로는 조좌호의『世界文化史』(第二文化社, 1952)와 서울大學校文化史敎材編纂委員會에서 편찬한『世界文化史』(普文閣, 1957. 4)가 대표적이었다. 두 책에서도 그렇지만, 이때의 '세계'란 곧 유럽 중심을 말하는 것이었다. 그 다음으로 많은 수업교재가 개설서였다. 서양사 분야를 대표하는 일반 교재로는 조의설의『西洋史槪說』(同志社, 1950), 김성근의『西洋史槪論』(正音社, 1953)이 있었다.[58] 동양사 관련 책으로는 채희순의『東洋史槪論』(朝洋出版部, 1949)과 조좌호의『東洋史大觀』(第一文化社, 1955) 등이 있었다. 한국사 개설서로는 경성대학 조선사연구회의『朝鮮史槪說』(弘文書館, 1948 ; 서울대국사연구회,『國史槪說』(1950)), 이병도의『朝鮮史大觀』(同志社, 1948 ;『國史大觀』(1949)), 이인영의 『國史要論』(民敎社, 1950), 한우근 김철준의『國史槪論』(明學社, 1954), 이홍직 신석호 한우근 조좌호의『國史新講』(一潮閣, 1958), 김용덕의『國史槪說』(東華文化社, 1958) 등이 대표적이었다.[59] 이들 책은 대학 교재로 활용될 것을 염두에 두고 편찬되기도 했지만, 한편으로는 고시와 대학 본고사를 염두에 둔 개설서이기도 하였다. 하지만 시대사 수업 또는 특강, 연습 과목의 수업 때 활용할 별도의 전문교재는 없는 경우가 대부분이었다.

---

58) 두 책은 서양사 분야에서 널리 읽히며 쌍벽을 이루었다(차하순,『西洋史學의 受容과 發展』, 나남, 1988, 54쪽).

59) 조동걸,「해방후 한국사연구의 발흥과 특징」,『現代 韓國史學史』, 나남, 1998, 338~346, 352~356쪽 참조. 문고본, 교양서라고 언급된 것은 생략하였다.

교재의 학문적 경향을 분류해 보면, 사회경제사학의 입장에서 쓴 책은 없었다. 흔히 현대 한국 역사학의 학문 경향을 문헌고증사학, 민족주의사학, 사회경제사학으로 분류한데 의거하면, 안재홍으로 상징되는 신민족주의 사학의 개설서로 분류할 수 있는 책은 경성대학 조선사연구회의 공동저서와 이인영의 개인 저서를 들 수 있다.[60] 그러나 전쟁을 계기로 사회경제사학과 민족주의사학의 책은 더 이상 유통되지 않았다. 이후 한국사 개설서는 학문의 헤게모니를 장악한 문헌고증사학자들이 집필한 책이 주로 유통되었다. 그것은 서양사와 동양사 개설서에서도 마찬가지였다.

개설서에는 저자의 누적된 연구가 어느 정도 반영되어 있었겠지만, 전체적인 내용은 주로 일본어 책을 참조하였다. 따라서 서양사와 동양사 개설서에도 일본이 소화한 역사관이 많이 반영될 수밖에 없었다. 예를 들어 열등한 동양과 문명화의 모범이자 표준인 서양을 대비하면서 추구해야 할 대상으로 후자를 가리키며 정당화하는 설명방식을 들 수 있다.[61] 여기에 동반되는 문제의식이 동양은 왜 서양에 뒤처졌는가에 대한 역사적 설명이다. 이를 선명하게 확인할 수 있는 교재가 동국대 교수를 거쳐 성균관대학교 교수로 재직중이던 채희순의 『世界文化史』(1950)이다.[62]

채희순의 책은 당시까지 발행된 문화사 관련 교재 가운데 동서양을 한데 아우르며 현대사까지 상세하게 기술한 거의 유일한 한글 단행본이었다. 그는 이 책의 「序言」에서 '地理的 諸條件에 束縛되어 專制 君主制度의 弊害가 오래 계속된 필연적 결과' 東洋文化의 後進性이 발생했다고 보았다.[63] 채희순의 관점은 동양사, 곧 중국사를 시대구분론에 입각해 기술한

---

60) 신민족주의사학의 대표적인 한국사 개설서로는 손진태의 『國史大要』(을유문화사, 1949)를 빼놓을 수 없으나, 조동걸은 이 책을 '교양서'로 분류하였다.
61) 신주백, 앞의 논문, 2010, 201~206쪽.
62) 채희순은 1952년 6월부터 서울대 사범대학 사회생활과 교수로 재직하였다.
63) 채희순, 「서언」, 『世界文化史』, 조양사출판부, 1950, 336쪽. 채희순은 唐의 문화처럼 진보 발전하던 동양문화가 유럽과 달리 지속하지 못한 큰 원인의 하나로 학습하기 매우 곤란한 한자도 들고 있다.

조좌호의『東洋史大觀』에서 더욱 체계적으로 반영되었다. 동국대 사학과 교수로 재직중이던 조좌호는 중국의 역사에서 첫 '중앙집권적 전제주의의 통일제국'인 秦이 성립함으로써 고대가 시작되었으며, 宋에서 淸의 중엽까지의 중세 시기를 군주전제시대 또는 군주독재시대라고 정리하였다.[64] 조좌호가 보기에 '동양의 역사는 정체된 사회 위에 정권만이 교체된' 것이 아니라 '동양사에는 동양사대로의 역사적 발전법칙'이 있었던 것이다.[65] 이와 같은 역사인식을 흔히 아시아적 정체성론이라고 말한다.

동양사회의 정체성 담론은 한국사회가 정체된 역사적 이유를 설명하는 논거이기도 하였다.『國史槪說』의 저자인 중앙대학교 사학과의 김용덕은 국가의 개입을 필요로 하는 치수관개와 토지공유제,[66] 부패와 농민반란 속에서 한국사의 기본 성격인 정체성의 역사적 원인을 찾았다.[67] 정체성에서 한국사회가 후진한 이유를 찾으려는 관점은『國史新講』의 저자 가운데 한 사람인 고려대 사학과의 이홍직에게서도 확인할 수 있다. 그는 한국사회의 '후진성의 요인'을 "국민의 독자적인 힘으로 봉건사회를 지향하고 근대적 민주주의 사회를 이루지 못하였다"는 데서 찾았다.[68]

이처럼 1950년대 한국의 역사학은 동양특수담론을 통해 오리엔탈리즘을 내면화하여 갔으며 정체성론이란 식민사관을 스스로 재생하였다. 정체성론은 후진성 담론과 뒤섞여 학문적 연구주제로 당당히 복귀하였다. 한국사회가 후진적인 이유를 역사적 맥락에서 뚜렷이 하려는 노력은 후진성을 극복하고 경제개발계획에 따라 빈곤에서 벗어나 근대화를 성취하는데 도움이 될 것이라는 인식에 의해 정당화되었기 때문이다.[69]

---

64) 조좌호,『東洋史大觀』, 제일문화사, 1955, 118쪽, 350쪽.

65) 조좌호,「머리말」, 위의 책, 1955, 1~2쪽.

66) 서울대 사학과의 한우근과 김철준은 토지국유제라는 관점을 갖고 있었다(『國史槪論』, 明學社, 1954, 255~256쪽).

67) 김용덕,「국사의 기본성격: 우리 사회의 정체성을 중심으로」,『思想界』1-7, 1953. 11, 53쪽.

68) 이홍직,「후진성 극복의 길」,『讀史餘滴』, 일조각, 1960, 28쪽(원전:『서울신문』 1958년 2월 27일).

그러나 이러한 인식을 갖고는 '아세아인의 아세아연구'라는 구호 아래 '한국 및 아세아의 연구에 집중적 노력을 감행'하더라도 자신을 독자적으로 이해하기는 어려웠다.[70] 달리 말하면 1950년대에는 사학과라는 제도가 정착되고, 그것을 중심으로 학과의 안과 밖에서 역사학이란 분과학문이 사회적으로 유통되어 갔지만, 당시까지 사학과는 한국에서 발신하는 한국의 독자적 역사학의 내용을 담고 있지 못하였다.

VI. 맺음말

이상으로 해방공간에서부터 1950년대까지 한국 인문학의 분과학문화 과정을 해명한다는 취지에 맞추어 미국식 대학제도, 곧 학과시스템에 따라 도입된 사학과의 제도적 위치와 학과운영, 교수진, 커리큘럼, 교재 등을 살펴보았다. 맺음말에서는 인문사회과학의 분과학문화 속에서 역사학의 위치와 의미를 짚어보겠다.

식민지기에 성립한 서구적 근대 지식체계, 그중에서도 문학, 역사학, 철학으로 대표되는 인문학은, 해방공간에서 한국인이 주체적으로 운영하는 대학의 학과제도 속에서 분과학문으로 정착할 수 있는 계기를 맞이하였다. 1950년대에 이르러 한국인에 의한 인문학의 분과학문화는 대학을 중심으로 제도적으로 정착되었다. 분과학문 내 전공 영역의 구분도 이때에 뿌리내렸다. 19세기 독일의 대학개혁으로부터 시작된 대학을 중심으로 한 학문의 체계화는 한국에서도 마찬가지였던 것이다. 그러면서도 그것을 구체화하는 과정에서는, 분과학문별로 학과를 편성하고, 학부와 강좌제를 대신하여 학과를 중심으로 대학을 운영하던 미국식 대학체제라는 형식에, 일본이 습득한 역사학의 구성과 내용, 곧 사학과 내의 3분과체제, 교과목의

---

69) 신주백, 앞의 논문, 2013, '제4장 1절' 참조.
70) 이상은, 「아세아인의 아세아연구-창간사에 대하여」, 『亞細亞研究』 1, 1958.

구성과 운영, 동양특수담론이란 역사인식이 자리를 잡아 갔다. 일본식 대학제도 속에서 성장한 사람이 절반에 육박했던 전임 교수진은 일본식 경험의 형식과 내용을 학과 속에 유입하는 가교였다. 사람을 매개로 사학과의 형식과 내용에 식민지 유산이 많이 스며들어 갔던 것이다.

1950년대까지도 분과학문간 또는 분과학문 내에서 전공 영역간의 경계 또는 구별짓기는 제도적으로 보장되었음에도 불구하고, 그것을 내용적으로 뒷받침해주지는 못하였다. 분과학문의 중심인 교수진의 사회적 지위가 보장되지 않았고 경제적으로도 안정되지 않았기 때문에 그들이 교육과 연구에 몰두 할 수 있는 조건이 마련되지 않았다.

전임 교수를 중심으로 자기 분과학문의 연구를 심화시키고 사회적으로 발신하면서 다른 분과학문과의 차별성을 내용적으로 담보할 수 있게 된 것은 1960년대 중반경을 지나면서였다. 역사학에서 동양특수담론과 그것을 정당화의 매개로 삼은 해방후의 식민사관을 비판적으로 극복하려는 움직임이 본격화한 것도 이즈음부터였다. 이는 역사학이란 분과학문의 결집체이자 발신지인 사학과를 중심으로 한국 역사학의 독자화가 사실상 이즈음부터 시작되었음을 의미한다.

새로운 움직임의 태동은 1950년대였다. 조선학의 전통을 학문적으로 계승하려는 움직임은 실학에 주목하고 민족주의사학을 말하였으며, 국학이란 이름으로 등장하였다. 1950년대라는 시점에서 그것은 매우 제한적인 움직임이었지만, 긴 시간의 학술사적인 측면에서 보면 국학의 등장은 '비판적 한국학'의 명맥이 싹트고 있었음을 의미한다.

〈표 1〉 4개 대학 전임 교수들

대학	학과	전공	성명	재직 기간	담당 과목	학력	활동
고려대	史	韓	申奭鎬	46.9 ~66	국사, 국사학, 조선문화사 (48)	경성제국대학 법문학부 사학과	45년 국학대학 교수 겸 국사관 관장/서울대 사학과 출강/건국실천원양성소 강사(세계사)/49년 국사관 관장과 국학대학 전임강사 겸임/『국사신강』(조좌호 한우근 이홍직 공저, 58)/66년 성균관대로 전근.
고려대	史	韓	金廷鶴	47.6 ~67.2	사학개론, 국사(48)	경성제국대학 법문학부 사학과	고고학/서울대 사범대학 사회생활과 강사/역사학회 간사(48)/영남대 교수겸 박물관장(68-70)/부산대 교수겸박물관장(70-77)
고려대	史	韓	李弘稙	58 ~70.7		도쿄제국대학 문학부 사학과	연세대에서 전근
고려대	史	東洋	鄭在覺	47.2 ~78.2	동양사강독, 동양사개설 (48)	경성제국대학 법문학부 사학과	경성제국대학 법문학부 사학과
고려대	史	東洋	金俊燁	49.9 ~85.8		난징중앙대학교 대학원	게이오대학 문학부 사학과 때 학병, 한국광복군
고려대	史	西洋	金成植	46.9 ~73.8	서양사학, 서양사강독 (48)	구주제국대학 법문학부 사학과	건국실천원양성소 강사(각국 혁명사)
고려대	史	西洋	金學燁	48.8 ~76	서양사, 독어(48)	와세다대학 문학부 사학과	
동국대	전문 1부	西洋	蔡義順	46.9 ~49.3		경성제국대학 법문학부 사학과	전문1부 사학과 주임/경성대학 예과 강사/48년 21일교수단 때 사퇴 표명/48년 성균관대 출강, 이듬해 성균관대학교로 전근/『동양문화사』(48)/서울대 사대 사회생활과 전임(52)

사학과의 3분과체제와 역사학 281

대학	학과	전공	성명	재직기간	담당과목	학력	활동
동국대	전문2부	東洋	閔泳珪	46.9~	중국신사학 청대사 동양특수사 동양사개설	대정대학 문학부 사학과	학교사 자료에 전문2부 사학과 주임/연희대 겸직/연전 문과 졸업/역사학회 간사
동국대	史	東洋	金庠基	46.9~	동양사개설 동양사연습	와세다대학 사학과	*학부사학과주임/ 서울대사학과교수 겸 직*전문2부 주임 겸임으로 나오는 자료도 있음.
동국대	史	西洋	吳鳳淳	46.9 ~50	서양사개설 서양사학사		학부 사학과 주임/50년 전쟁때 사망
동국대	史	韓	黃義敦	53.3 ~62			『조선역사』(23)/해방 직후 문교부편수관/건국실천원양성소강사(고대사)
동국대	史	韓	曺佐鎬	53.3 ~66.6		도쿄제국대학 문학부 사학과	사학과 주임/부산대 →동아대(52)/성균관대(66.7-82.8)/『세계문화사』(52)/ 『동양사대관』(55)/ 『국사신강』(신석호 한우근 이홍직 공저, 58)
동국대	史	韓	安啓賢	59~81		동국대학교 문학부 사학과	불교사
동국대	史	韓	吉玄謨	59 ~63.9		서울대학교 문리대 사학과	서울대 사학과 대우 부교수(59,60)/ 서강대로 전근
동국대	史	東洋	李龍範	58.11 ~86		동국대학교 문학부 사학과	만몽사
동국대	史	西洋	安貞模	58~60		서울대학교 문리대 사학과	도쿄제대 입학중퇴/이화여대→단국대에서 전근/서울대 사학과 출강(중세사)
서울대	史	韓	李丙燾	45.11 ~61.9		와세다대 문학부 사학급사회학과	동국대 출강/『국사교본』(김상기 공저, 46)/『조선사대관』(48)/『국사상으로 본 우리 지도이념』(52)/ 연희대출강(52)

대학	학과	전공	성명	재직기간	담당과목	학력	활동
서울대	史	韓	李仁榮	45.11 ~50.6		경성제국대학 법문학부 사학과	서울대-연희대 겸임
서울대	史	韓	金聖七	48.11 ~51.10.8		경성대학 사학과(46) 48.11~51.10.8	『신동양사』(김상기 김일출 공저, 48)/ 『역사앞에서』(창비, 93)
서울대	史	韓	孫晉泰	45.11 ~50.6		와세다대학 문학부 사학과	46년 동국대학에서 시간강사/ 『조선민족사개론』 (48)/『국사대요』(49)
서울대	史	韓	姜大良	46.10 ~50.5		게이오대학 문학부 사학과	국사연구실 조교 (46.11)/동국대 전문부 출강(46-)/조교 발령 후에는 공대에서도 문화사강의/48년 조교수 승진/改名:강진철/54년 동아대 교수→62년 숙명여대 →67년 고려대
서울대	史	韓	柳洪烈	46.10 ~12 47.7 ~66.8		경성제국대학 법문학부 사학과 46.10~12, 47.7~66.8	『한국문화사』(50)
서울대	史	韓	韓㳓劤	59.7 ~81.2		서울대학교 문리대 사학과	이인영 주도 국사연구회원으로 『국사개설』(공저, 50)/고교 교사 겸 서울대 출강/『국사개론』(김철준 공저, 54)/『국사신강』(신석호 조좌호 이홍직 공저, 58)/홍익대에서 전근 (55-59)/퇴임(81)
서울대	史	東洋	金庠基	45.11 ~62		와세다대학 사학과	동국대 겸직/『신동양사』(김일출 김성칠 공저, 48)/『동방문화교류사논고』(48)/『중국고대사강의』(48)
서울대	史	東洋	金鐘武	46.9 ~48	동양사 개설	경성제국대학 법문학부 사	정부 수립 후 '얼마 안되어서' 경기중 교

대학	학과	전공	성명	재직기간	담당과목	학력	활동
						학과	장으로 전출/48년 1학기 고대사학과에서 문화사개론 강의/건국실천원양성소 강사(아세아와 한국)
서울대	史	東洋	金一出	~50		연희전문학교 문과	45년 47년 48년 역사학회 간사/『신동양사』(김상기 김성칠 공저, 48)/이상백의 신문화연구소 간/월북 후 김일성종합대학 교수/『조선민속놀이연구』(과학원출판사, 58)
서울대	史	東洋	全海宗	47.10 ~68.2		서울대학교 문리대 사학과	서울대학교 문리과대학 사학과
서울대	史	西洋	金在龍	49~50			유급조교→전임강사(49)→50년 전쟁/독일사
서울대	사회생활	韓	柳洪烈	45.10 ~47.7		경성제국대학 법문학부 사학과	경성제국대학 법문학부 사학과
서울대	사회생활	韓	金錫亨	46.3 ~47		경성제국대학 법문학부 사학과	김일성종합대학으로
서울대	사회생활	韓	孫晉泰	49.2 ~50.2		와세다대학 문학부 사학과	
서울대	사회생활	韓	孫寶基	49.5 ~57		서울대학교 문리대 사학과	연희전문 졸업/이인영 주도하는 국사연구회 멤버/『국사개설』(공동 집필, 50)/미국유학/연세대 교수
서울대	사회생활	韓	邊太燮	56.4 ~75.2		서울대학교 사범대 사회생활과	역사전공
서울대	사회생활	韓	金容燮	59.3 ~67.7		서울대학교 사범대 사회생활과	역사전공/고려대 석사(57)/ 연세대 교수

대학	학과	전공	성명	재직 기간	담당 과목	학력	활동
서울대	사회생활	東洋	李能植	45.10 ~50.6		도쿄제국대학 문학부 사학과	학생들과 史學會를 만 듦/『近代史觀研究』 (48)/49년 국학대학 전임강사
서울대	사회생활	東洋	蔡羲順	52.6 ~71	동양사사료 강독/중국정 치/교육제도 사	경성제국대학 법문학부 사학과	한국전쟁 때 이화여 대 교수 겸임/ 자신의 책에 '고등고시위원' 약력을 밝힘/『동양문 화사』(48)/『동양사 개론』(53)/『문화사 대요』(55)
서울대	사회생활	西洋	金聲近	47.8 ~74.2		와세다대학 문학부 사학과	문리과대학 사학과 출강/『서양사개론』 (53)
연세대	史	韓	洪淳赫	45.11 ~50			46년2월 명단에 없 는 경우(『연세대학 교백년사』)/서지학 의 대가/49년 국학대 학 전임강사 겸임
연세대	史	韓	廉殷鉉	45.11 ~50		연희전문학교 문과	45년 47년 역사학회 간사
연세대	史	韓	李仁榮	46 ~50.6		경성제국대학 법문학부 사학과	연희대-서울대 겸직/ 건국실천원양성소 강사(국사개론)/성균 관대 출강(49)/『국사 요론』(50)
연세대	史	韓	李弘稙	47~58		도쿄제국대학 문학부 사학과	서울대박물관진열 과정(48)/49년 국학 대학 전임강사 및 국 립박물관 부관장 겸 임/50년 4월 '강사' 로 나오는 자료도 있 음/『국사신강』(신석 호 조좌호 한우근 공 저, 58)/고려대 전근
연세대	史	韓	洪以燮	53~ 60.12 62.7 ~74		연희전문학교 문과	연희대 오기 전 정음 사→국학대→고려 대 출강/45년 역사학 회 간사/『조선과학 사』(44-일어, 46-한 글)/고려대 출강(국 사특강, 54경)/『정약 용의 정치경제사상 연구』(58)/공백기에

대학	학과	전공	성명	재직기간	담당과목	학력	활동
							숙명여대 근무
연세대	史	韓	李光麟	52~64.2		연희대학교 사학과 석사	서강대로 전근
연세대	史	韓	金哲埈	59~63		서울대학교 문리대 사학과	단국대에서 전근/『국사개론』(한우근 공저, 54)
연세대	史	東洋	閔泳珪	45.11~80.2		대정대학 문학부 사학과	연전 문과/45년 역사학회 간사/학교사에서는 동국대 전문2부 주임 겸직으로 나옴/건국실천원 양성소 강사(국학의 재정립)
연세대	史	東洋/韓	曺佐鎬	45.9~47		도쿄제국대학 문학부 사학과	부산대로 전근
연세대	史	東洋	高柄翊	58.3~62.9		뮌헨대학 (서울대 석사)	『직업으로서의 학문』 번역(59)/동국대로 전근
연세대	史	西洋	趙義卨	39~71		동북제국대학 법문학부 사학과	48년 역사학회 간사/49년 학과장/서울대 사학과 출강/『서양사개설』(50)
연세대	史	西洋	閔錫泓	53~61		서울대학교 문리대 사학과	서울대 사학과 출강(근대사,프랑스사)/서울대 사학과 대우강사(54), 대우부교수 겸임(59,60)/서울대 사학과 전임(61)
연세대	史	西洋	李玉	55~59		연희대학교 사학과 석사	한국사로 전공전환/파리대학으로 옮김
연세대	史	西洋	金正洙	59~92.2		연희대학교 사학과 석사	코넬대학 수학

비고: 담당한 강의 과목은 1946년부터 1959년까지 변동이 매우 심하여 특정하는 것 자체가 더 복잡하다고 생각하여 언급하지 않았다.

〈표 2〉1946년도 고려대학교 사학과 교과목

必須科目

第1學年 教科目	第1學期	第2學期	第2學年 教科目	第1學期	第2學期	第3學年 教科目	第1學期	第2學期	第4學年 教科目	第1學期	第2學期
國語	2	2	國語	2	2	共通科目					
國史	2	2	國史學	2	2	國史學	2	2	國史學	2	2
西洋史	4		東洋史學	2	2	東洋史學	2	2	東洋史學	2	2
東洋史		4	西洋史學	2	2	西洋史學	2	2	西洋史學	2	2
論理學	4		文化學槪論		4	地理學	2	2	地理學	2	2
心理學		4	哲學槪論	4		體育	2	2	體育	2	2
自然科學槪論	2	2	史學槪論		2	國史專攻者學科目					
第一外國語	6	6	朝鮮文化史	2		國史學特講	2	2	國史學特講	2	2
第二外國語	4	4	社會學	4		國史學講讀	2	2	國史學講讀	2	2
體育	2	2	考古學	2	2	朝鮮思想史	2	2	朝鮮漢文學史	2	2
			體育	2	2	國語學史	2	2	中國哲學史	2	2
						國文學史	2	2			
						中國文學史	2	2			
計	26	26	計	22	22	計	20	20	計	18	18
						東洋史學專攻者學科目					
						東洋史學特講	2	2	東洋史學特講	2	2
						東洋史學	2	2	東洋史學講讀	2	2
						中國文學史	2	2	中國論理學史	2	2
						中國哲學史	2	2	朝鮮思想史	2	2
						國語學史 또는 國文學史	2	2			
						計	10	10	計	8	8
						西洋史學專攻者學科目					
						西洋史學特講	2	2	西洋史學特講	2	2
						西洋史學講讀	2	2	西洋史學講讀	2	2
						英語學史 또는 英文學史	2	2	西洋倫理學史槪論	2	2

					西洋哲學史	2	2	政治史	4	
					一般經濟史		4			
					計	8	12	計	10	6

選擇科目

國史專攻者(2·3·4學年)		東洋史專攻者(2·3·4學年)		西洋史專攻者(2·3·4學年)	
朝鮮經濟史	4	國史學特講	4	國史特講	4
朝鮮政治史	4	西洋史學特講	4	東洋史特講	4
朝鮮法制史	4	中國哲學槪論	4	法制史	4
東洋史特講	4	印度佛敎哲學	4	經濟思想史	4
西洋史特講	4	中國論理學特講	4	政治思想史	4
國語學特講	4	中國哲學特講	4	西洋哲學史	4
國文學特講	4	朝鮮經濟史	4	英語學史	4
朝鮮漢文學特講	4	朝鮮政治史	4	英文學史	4
中國論理學史	4	朝鮮漢文學史	4	外國語	4
(16학점 이상)					

출전: 高大史學會 編,『高麗大學校 史學科 五十年史』, 신유, 1998, 363~364쪽.

<표 3> 서울대학교 사학과 교과목(1946)

文化史(일반학생 필수, 2), 史學槪論(2)
朝鮮史學槪說, 中國史學槪說, 西洋史學槪說
朝鮮古代史, 朝鮮中世史 中國古代史, 中國中世史 西洋史(1500~1815), 西洋史(1815~1914), 西洋史(1914~)
史籍解題(2)
近代東洋史, 朝鮮近代史, 中國近代史, 西洋과 東洋과의 關係史
世界史의 潮流, 美國史 槪說, 英國史, 佛國史, 獨逸史, 伊太利史, 露西亞史, 스페인史, 和蘭及白義耳史, 스칸디나비아史, 印度史, 蒙古史
西洋古代史, 西洋中世史
朝鮮思想史, 朝鮮制度史
東西洋의 政治展開
史學硏究法
朝鮮史演習, 東洋史演習, 西洋史演習

비고: ( ): 2학점. ( )이 없는 경우는 모두 3학점. 분류는 필자가 한 것이다.
출전:『국립서울대학교 문리과대학 교과내용』1946학년도(추정), 서울대학교 기록관 소장

<표 4> 1959년도 서울대학교 사학과 교과목

전공 교과구분	교과목 번호	교과목	학점					비고
			1	2	3	4	계	
필수	101~102	國史槪說	3				3	
〃	103~104	東洋史槪說	3				3	
〃	105~106	西洋史槪說	3				3	
〃	107~108	史學槪論	3				3	
〃	109~110	考古學槪論	3				3	2년에서 취득도가
선택	111	人類學槪論	3				3	〃
〃	112	民俗學槪論	3				3	〃
〃	201~202	韓國古代史		3			3	201~212에서 3과 목필수
〃	203~204	韓國中世史		3			3	
〃	205~206	韓國近世史		3			3	
〃	207~208	韓國最近世史		3			3	
〃	209	韓國獨立運動史		3			3	
〃	210	韓國文化史		3			3	
〃	211	韓國考古學		2			2	
〃	212	韓國史籍解題		3			3	
〃	213~214	東洋古代史		3			3	213~224에서 3과 목필수
〃	215	魏晋南北朝史		3			3	
〃	216	唐代史		3			3	
〃	217	宋代史		3			3	
〃	218	元明史		3			3	
〃	219~220	東洋近世史		3			3	
〃	221~222	東洋最近世史		3			3	
〃	223	東洋考古學		2			2	
〃	224	東洋史籍解題		3			3	
〃	225~226	西洋古代史		3			3	225~235에서 3과 목필수
〃	227~228	西洋中世史		3			3	
〃	229~230	西洋近世史		3			3	

전공 교과구분	교과목 번호	교과목	학점					비고
			1	2	3	4	계	
〃	231~232	西洋最近世史	3				3	
〃	233	美國史	3				3	
〃	235	西洋考古學	2				2	
〃	234	英國史	3				3	
〃	236	西洋史籍解題	3				3	
〃	301	韓中交涉史			3		3	
〃	302	東西交涉史			2		2	
〃	303	滿蒙史			2		2	
〃	304	東南亞細亞史			2		2	
〃	305	西域史			2		2	
〃	306	西南亞細亞史			2		2	
〃	307	日本史			3		3	
〃	308	印度史			2		2	
〃	309	獨逸史			2		2	
〃	310	露西亞史			2		2	
〃	311	佛國史			2		2	
〃	312	南亞美利加史			2		2	
〃	314	韓國思想史			3		3	
〃	313	韓國法制史			3		3	
〃	316	韓國金石 및 古文書學			2		2	
〃	315	韓國社會經濟史			3		3	
〃	317	韓國史學史			2		2	
〃	318	東洋文化史			2		2	
〃	320	東洋思想史			3		3	
〃	319	東洋法制史			3		3	
〃	322	東洋金石 및 古文書學			2		2	
〃	321	東洋社會經濟史			3		3	
〃	323	東洋史學史			3		3	
〃	324	西洋文化史			2		2	

전공 교과구분	교과목 번호	교과목	학점					비고
			1	2	3	4	계	
〃	326	西洋思想史			3		3	
〃	325	西洋法制史			3		3	
〃	328	西洋金石 및 古文書學			2		2	
〃	327	西洋社會經濟史			3		3	
〃	330	西洋史學史			3		3	
〃	237~238 331~332 401~402	國史特講		2	2	2	6	6학점 필수
〃	239~240 333~334 403~404	國史講讀		2	2	2	6	
〃	335~336 405~406	國史演習			4	4	8	
〃	241~242 337~338 407~408	東洋史特講		2	2	2	6	6학점 필수
〃	243~244 339~340 409~410	東洋史講讀		2	2	2	6	
〃	341~342 411~412	東洋史演習			4	4	8	
〃	245~246 343~344 413~414	西洋史特講		2	2	2	6	6학점 필수
〃	247~248 345~346 415~416	西洋史講讀		2	2	2	6	
〃	347~348 417~418	西洋史演習			4	4	8	

출전:『서울대학교 일람: 1959~1960』, 1960

〈표 5〉1953년도 연희대학교 사학과 교과목

제1학기 과목	교수명	매주 시간	학점	제2학기 과목	교수명	매주 시간	학점
서양근세사	조의설	3	3	한국사상사	민영규	3	3
서양사특강	〃	3	3	동양중세사	〃	3	3
정치사	〃	2	2	서역사	〃	3	3
구주근대사회경제사*	〃	2	2	고려사	이홍직	3	3
한국사상사	민영규	3	3	한국최근세사	〃	3	3
동양중세사	〃	3	3	한국사학사	〃	3	3
서역사	〃	3	3	동서문화교류사	홍이섭	3	3
고려사	이홍직	3	3	실학사상	〃	3	3
한국최근세사	〃	3	3	한국기독교사	〃	3	3
한국사학사	〃	3	3	고려사연습	이광린	3	3
동서문화교류사	홍이섭	3	3	문화사	〃	3	3
사적해제	〃	3	3	국악사*	이혜구	2	2
한국기독교사	〃	3	3	문화사	민석홍	3	3
薰議通略	이광린	3	3	미국문화사서설	이옥	3	3
문화사	〃	3	3				
國樂史*	이혜구	2	2				
문화사	민석홍	3	3				
미국문화사서설	이옥	3	3				
吏讀*	장지영	3	3				

출전:『學林』2, 연희대학교 사학과, 1954. 3, 81쪽.

<표 6> 1956년도 연희대학교 사학과 교과목

學程番號	科目名	每週時間數	學點	備考	學程番號	科目名	每週時間數	學點	備考
二〇一	國史槪說 I	三	三		三一六	東洋史特講(中世)	三	三	
二〇二	國史槪說 II	三	三		三一七	西洋史(上代)	三	三	
二〇三	東洋史槪說 I	三	三		三一八	西洋史(中世)	三	三	
二〇四	東洋史槪說 II	三	三		三一九	西洋史特講(上代)	三	三	
二〇五	西洋史槪說 I	三	三		三二〇	西洋史特講(中世)	三	三	
二〇六	西洋史槪說 II	三	三		四〇一	國史(近世)	三	三	
三〇一	人文地理	三	三		四〇二	國史(最近世)	三	三	
三〇二	歷史地理	三	三		四〇三	國史特講(近世)	三	三	
三〇三	史學槪論	三	三		四〇四	國史特講(最近世)	三	三	
三〇四	考古學槪論	三	三		四〇五	東洋史(近世)	三	三	
三〇五	社會經濟史	三	三		四〇六	東洋史(最近世)	三	三	
三〇六	國制關係史	三	三		四〇七	東洋史特講(近世)	三	三	
三〇七	韓國思想史	三	三		四〇八	東洋史特講(最近世)	三	三	
三〇八	人類學	三	三		四〇九	西洋史(近世)	三	三	
三〇九	國史(上代)	三	三		四一〇	西洋史(最近世)	三	三	
三一〇	國史(中世)	三	三		四一一	西洋史特講(近世)	三	三	
三一一	國史特講(上代)	三	三		四一二	西洋史特講(最近世)	三	三	
三一二	國史特講(中世)	三	三		四一三	西洋史學史	三	三	
三一三	東洋史(上代)	三	三		五〇一	美術史	三	三	
三一四	東洋史(中世)	三	三		五〇二	西域史	三	三	
三一五	東洋史特講(上代)	三	三		五〇三	佛教史	三	三	

출전: 『延禧大學校學則』, 1956, 19, 24~25쪽.

철학과의 설치와 운영

박 종 린

I. 머리말

해방과 함께 거의 모든 분야에서 새로운 국가를 건설하기 위한 다양한 움직임들이 폭발적으로 전개되었다. 일제시기 대학교를 갖지 못했던 한국인들의 대학교 설립 움직임도 그 가운데 하나였다. 기존의 전문학교를 대학교로 승격시키려는 움직임들이 가시화되었는데, 그 결과 1946년 9월부터 실시되는 새로운 교육 제도에 따라 기준을 충족한 전문학교는 대학교로 승격되었다.[1]

1946년 8월 15일 미군정청은 연희전문학교·보성전문학교·이화여자전문학교의 연희대학교·고려대학교·이화여자대학교로의 승격을 인가하였다. 또한 그 해 8월 22일 '국립서울대학교 설립에 관한 법령'에 의해 서울대학교가 설립되었다. 1948년 대한민국이 수립될 당시 종합대학교는 이들 4개뿐이었는데,[2] 그 가운데 서울대학교·연희대학교·고려대학교에 철학

---

* 이 글은 『한국근현대사연구』 67(2013)에 실린 논문을 고쳐 수록한 것이다.

1) 『自由新聞』 1946년 7월 16일자, 「私立大學도 再編成-從來의 各 專門學校 九月부터 新發足」. 고등교육기관의 명칭과 관련하여 대학은 "인문 혹은 자연과학 계통을 단위로 하는 單科大學"으로, 대학교는 "3개 이상의 分科大學을 종합한 것"으로 규정되었다(『朝鮮日報』 1946년 12월 3일, 「教授等級·大學名稱·經費決定-新設에 一億二百萬圓 必要」).

2) 姜明淑, 『美軍政期 高等教育 研究』, 서울대학교 대학원 교육학과 박사학위논문,

과가 설치되었다. 주지하는 바와 같이 서울대 철학과는 경성제국대학 법문학부 철학과와 밀접한 관계를 갖고 출발하였고, 연희대 철학과와 고려대 철학과도 각각 연희전문학교·보성전문학교와 직·간접적인 관계 속에서 시작되었다. 따라서 이들 세 대학교 철학과에 대한 검토는 한국현대 철학사를 정리하기 위한 가장 기본적인 작업이라 할 것이다.

종래 이와 관련된 선구적인 연구로는 박영식의 연구가 있다.[3] 그는 1900년부터 1965년까지의 철학계를 초창기(1900~1925)·정체기(1925~ 1945)·정돈기(1945~1965)로 구분하고, 전문학교와 대학교에서 이루어진 교육 과정을 분석하여 각 시기별 특징을 정리하였다. 그의 연구는 이후 이기상과 김재현 등에 의해 계승되고 보강되었다. 이기상은 1900년부터 1960년까지 출간된 철학개론서를 매개로 서양철학의 수용과 교수·학습의 변천을 검토하였고,[4] 김재현은 일제시기부터 1950년대까지를 대상으로 철학의 제도화 과정을 학제·인맥·문헌을 매개로 정리하였다.[5] 이를 통해 해방 후부터 1950년대까지 서울대·연희(연세)대·고려대 철학과가 어떻게 운영되었는가에 대한 상당 부분이 해명되었다. 그러나 종래 연구는 교수진 에 대한 개략적인 소개나 교육 과정만을 언급한 한계 또한 갖고 있다.

본고는 종래 연구의 이러한 성과와 한계에 유념하면서 해방 후부터 1950년대까지의 시기를 대상으로, 한국의 철학을 이끌어 온 서울대·연희 (연세)대·고려대 철학과의 설치 과정과 그 운영에 관해 고찰하고자 한다. 이를 위해 먼저 학과의 학풍에 지대한 영향을 미치는 교수진의 구성과

2002, 48쪽.

3) 朴煐植,「人文科學으로서 哲學의 受容 및 그 展開過程: 1900~1965」,『人文科學』 26, 延世大學校 人文科學硏究所, 1972.

4) 이기상,「철학개론서와 교과과정을 통해 본 서양철학의 수용(1900-1960)」,『철학사 상』 5, 서울대학교 철학사상연구소, 1995(이기상,『서양철학의 수용과 한국철학의 모색』, 지식산업사, 2002 所收).

5) 김재현,「철학의 제도화, 해방 전후의 연속과 단절」, 김재현·김현주·나종석·박광현· 박지영·서은주·신주백·최기숙,『한국인문학의 형성: 대학 인문교육의 제도화 과 정과 문제의식』, 한길사, 2011.

그 특징에 대해 검토하고자 한다. 그리고 학사보고서·학칙·명부 등 그동안 이용되지 않았던 새로운 자료들을 발굴·분석하여, 1946년과 1950년대 중반의 편제된 교육 과정뿐만 아니라 실제로 학과에 개설되었던 강좌의 실체와 그 특징에 대해 살펴보고자 한다. 또한 교양교육의 강조에 대응하여 세 학교 철학과가 중심이 되어 펴낸 교양철학 강좌 교재를 분석하여 그 특징을 정리하고자 한다. 서울대·연희(연세)대·고려대 철학과의 설치와 운영에 관한 이러한 이동성(異同性)의 고찰은 해방 후부터 1950년대에 걸쳐 한국에서 전개된 '철학' 그 자체를 이해하기 위한 기초 작업의 하나가 될 것이다.

II. 철학과의 설치와 교수진 구성

1. 연희(연세)대학교

해방이 되자 연희전문학교 관계자들은 1941년 일제에 의해 '경성공업경영전문학교'라고 강제로 변경되었던 교명과 자산을 환수하기 위한 노력을 경주하였다. 그 결과 1945년 9월 23일 동문회 대표(김윤경·이묘묵), 경성공업경영전문학교 교수 대표(조의설), 재단 기부자(김성권), 연희전문학교 교수 대표(백낙준·유억겸·이춘호) 등 7인으로 구성된 연희전문학교 접수위원회가 조직되었다.[6]

연희전문학교 접수위원회는 1945년 10월 6일 간부회의를 개최하고, 대학 승격을 위해 교수진을 확보할 것과 문학부·상학부·이학부·신학부 등 4개 학부를 설치할 것 등을 결정하였다. 그리고 문학부는 국문학과·영문학과·사학과·철학과 등 4개 과로 구성할 것도 결의하였다. 이후 철학과는 김윤경의 적극적인 권유에 의해 정석해가 영입되면서[7] 꼴을 갖추게 되었고,

---

6) 김윤경 엮음, 『연희대학교 연혁』, 1952, 7~8쪽.

그 해 11월까지 고형곤·전원배·성백선 등이 속속 합류하였다.[8]

〈표 1〉 1945~1950년 임용된 연희대학교 철학과 전임 교원 명단[9]

성명	생몰년	재직기간	전공	학 력	경 력
정석해	1899-1996	1945-1961	서양철학	연희전문학교 문과 佛 파리대학교 철학과	해방 후 연희대 교수, 연세대 교수
전원배	1903-1984	1945-1950	서양철학	교토제국대학 문학부 철학과	협성신학교 교수 / 해방 후 연희대 교수, 전북대 교수, 원광대 교수
고형곤	1906-2004	1945-1947	서양철학	경성제국대학 법문학부 철학과 서울대학교 철학박사 (1969)	연희전문 교수 / 해방 후 연희대 교수, 서울대 교수, 전북대 총장, 학술원 회원, 국회의원(6대)
성백선	1914-1984	1945-1948	심리학	와세다대학 문학부 심리학과	해방 후 연희대 교수, 서울대 교수, 성균관대 교수, 고려대 교수
최승만	1897-1984	1948-1951	서양철학	도요(東洋)대학 인도윤리철학과 美 스프링필드대학교	동아일보사 잡지부장 / 해방 후 미군정청 문교부 교화국장, 연희대 교수, 제주대학장, 이화여대 교수 및 부총장, 제주도 지사
이인기	1907-1987	1948-1950	교육학	도쿄제국대학 문학부 교육학과	경성고등상업학교 전임 강사 / 해방 후 서울대 교수 및 대학원장, 연희대 교수, 숙명여대 총장, 영남대 총장, 학술원 회원

정석해는 연희전문학교 문과 출신으로 프랑스 파리대학교 철학과를 졸업한 서양철학 전공자였다. 해방 후 연희전문학교 철학과에 부임한 이래 연희대학교 철학과를 거쳐 연세대학교 철학과에서 퇴직할 때까지 항상 철학과의 중심적인 존재였다.[10] 고형곤은 경성제국대학 법문학부

---

7) 西山鄭錫海刊行委員會 編, 『西山 鄭錫海: 그 人間과 思想』, 延世大學校 出版部, 1989, 115~116쪽.
8) 연세창립80주년 기념사업위원회 편, 『연세대학교사』, 연세대학교 출판부, 1969, 459~462쪽.
9) <표 1>의 전임 교원 명단과 각각의 인물에 대한 정보는 필자가 각종 관련 자료들을 종합하여 정리한 것이다. 따라서 일일이 전거를 제시하지 않고, 본문의 내용과 관련하여 필요한 경우 각주를 통해 그 전거를 밝혔다. 이하 <표 2>·<표 3>의 경우도 동일하다.

철학과에서 서양철학을 전공한 후, 1938년부터 연희전문학교 조교수로 재직하면서 수신·철학개론·심리학·윤리학 등을 담당하였다.[11] 전원배는 일본 교토제국대학 문학부 철학과 출신의 서양철학 전공자로, 일제시기에 는 협성신학교 교수로 재직하였다. 또한 심리학과가 설치되지 않은 당시에 철학과에서 심리학 담당 전임 교원으로 심리학을 강의한 성백선은 와세다 대학 문학부 심리학과 출신이었다.[12]

연희전문학교 철학과 전임 교원 구성의 가장 큰 특징은 출신 학교와 유학한 곳이 상이하여 학연으로 연결되지 않는다는 점이다. 또한 모두 서양철학 전공자라는 점도 특징적이다. 그리고 일제시기 연희전문학교 문과에 재직하고 있던 철학 관련 교수들 가운데 고형곤 만이[13] 철학과장으 로 해방 후 연희전문학교 재건에 참여했다는 사실 또한 특징적이다.

연희전문학교는 1946년 7월 31일자로 미군정청 문교부장에게 4개의 원(문학원·상학원·이학원·신학원)과 11개 과로 구성된 연희대학교의 설립 인가를 신청하였다. 이때 철학과는 국문과·영문과·사학과·정치과·경제과 와 함께 문학원을 구성하였다. 그러나 연희전문학교는 8월 6일 문학원과

---

10) 정석해에 대해서는 西山鄭錫海刊行委員會 編, 앞의 책, 1989 참조.

11) 『延禧專門學校一覽(昭和14年度)』, 延禧專門學校, 1939, 63쪽 ; 『延禧專門學校一覽(昭和15年度)』, 延禧專門學校, 1940, 66쪽 ; 聽松 高亨坤 先生을 기리는 글 간행위원회 편, 『하늘과 인간과 멋: 聽松 高亨坤 先生을 기리는 글』, 고려글방, 2007, 「聽松 高亨坤 박사 약력」 참조.

12) 성백선에 대해서는 一愚成百善敎授華甲記念論叢編輯委員會 編, 『一愚 成百善敎授 華甲記念論叢』, 高麗大學校 文科大學 心理學科, 1974 참조.

13) 일제시기 경성제국대학 법문학부 철학과에서 중국철학을 전공한 민태식은 1937년부 터 연희전문학교의 전임 교원으로 한문과 조선문학을 담당하였고(『延禧專門學校一覽(昭和14年度)』, 63쪽 ; 『延禧專門學校一覽(昭和15年度)』, 67쪽 ; 東喬 閔泰植博士 古稀記念論叢 發刊委員會 編, 『東喬 閔泰植博士 古稀記念 儒敎學論叢』, 東喬閔泰植博士古稀記念論叢發刊委員會, 1972, 4쪽), 연희전문학교 문과 16회 졸업생(『延禧專門學校一覽(昭和14年度)』, 79쪽)으로 규슈(九州)제국대학 법문학부 철학과에서 서양철학을 전공한 박상현은 1939년부터 전임 교원으로 일본어·수신·논리학·심리학·교육학 등을 담당하였다(『延禧專門學校一覽(昭和15年度)』, 67쪽 ; 『延禧專門學校一覽(昭和16年度)』, 延禧專門學校, 1941, 6쪽). 그러나 두 사람 모두 해방 후 연희전문학교를 떠나 서울대학교로 자리를 옮겼다.

상학원의 학과를 재조정하여 4개의 원과 12개 과로 구성된[14] 연희대학교 설립인가 신청서를 다시 제출하였고, 그 해 8월 15일 미군정청 교육부의 인가를 얻어 연희대학교가 설립되었다.[15]

연희대는 정식으로 설립되었지만 1947년부터 전임 교원들이 대거 다른 학교로 이직하면서 철학과는 위기를 맞았다. 고형곤과 성백선이 1947년과 1948년에 각각 서울대 철학과와 심리학과로 자리를 옮겼고, 전원배는 1950년 전북대 철학과로 이동하였다. 또한 도쿄제국대학 문학부 교육학과 출신으로 1948년 교육학 담당 전임 교원으로 부임했던 이인기는 1950년 서울대 철학과로 자리를 옮겼고,[16] 일본 도요(東洋)대학 인도(印度)윤리철학과와 미국 스프링필드 대학 출신으로 1948년 9월 부임했던 최승만도 1951년 제주도 지사로 취임하면서 퇴직하였다.[17]

철학과의 전임 교원 가운데 남은 이는 정석해 뿐이었다. 이러한 상황은 1954년에 조우현과 김형석이 임용되고, 1956년에 안병욱이 전임 교원으로 충원되면서 타개되었다. 조우현(1923~1997)은 연희대 철학과 1회 졸업생 출신으로 모교의 전임 교원이 된 첫 번째 인물이다.[18] 김형석(1920~)과 1959년 숭실대 철학과로 자리를 옮긴 안병욱(1920~2013)은 각각 일본의 죠치(上智)대학 철학과와 와세다대학 문학부 철학과 출신이었다.[19] 이

---

14) '정치과'는 명칭이 '정치외교과'로 변경되었고, '경제과'는 상학원으로 소속이 변경되었다. 대신 '교육과'가 문학원에 증설되었다. 이 과정에 대해서는 연세창립 80주년 기념사업위원회 편, 앞의 책, 1969, 469~472쪽 참조.

15) 문학원의 '교육과'는 인가를 받았지만, 연희대학교의 방침에 따라 1950년부터 신입생을 모집하였다. 따라서 그 사이 기간에는 철학과에 소속된 교육학 담당 전임 교원이 교육학을 강의하였다. 승인된 학과에 대해서는 『延禧大學校學則』, 延禧大學校, 1946. 8, 1쪽 참조.

16) 碧溪 李寅基博士 古稀紀念論文集 刊行委員會 編, 『敎育學論叢: 碧溪 李寅基博士 古稀紀念』, 螢雪出版社, 1976, 13~15쪽.

17) 極態崔承萬文集出版同志會 編, 『極態筆耕: 崔承萬 文集』, 寶晉齋, 1970, 3~4쪽 ; 연세대학교백년사 편찬위원회 편, 『연세대학교 백년사』 4, 연세대학교 출판부, 1985, 470쪽.

18) 조우현에 대해서는 조우현 교수 고희기념 논문집 간행위원회 엮음, 『희랍 철학의 문제들』, 현암사, 1993 참조.

시기 임용된 세 사람은 모두 서양철학 전공자였다.

1950년대 연희대 철학과에는 다양한 이들이 출강하였다. 동양철학과 관련해서는 일제시기 아나키즘 운동에 관여했고 정석해의 권유로[20] 1956 년 연희대 국문학과의 한문 담당 전임 교원으로 임용된 권오돈(1901~1984) 이 중국철학 강좌를 담당하였다.[21] 또한 후술하겠지만 1953년에는 조용욱 이, 1956년부터 1960년까지는 김흥호가[22] 강사로 출강하여 동양철학 강좌 를 강의하였다. 그러나 연세대 철학과의 동양철학 강좌는 경성제국대학 법문학부 철학과 16회 졸업생 출신인 배종호가 1960년 9월 전임 교원으로 부임하면서 본격화되었다.[23]

서양철학과 관련해서는 서울대학교 문리과대학 철학과 2회 졸업생 출신 으로[24] 동 대학원에서 석사학위를 취득한 후 연희대 신학과 교수로 부임한 한철하(1924~)가 출강하여 고대철학사와 독어 강독을 담당하였다.[25] 연희 전문학교 문과 20회 졸업생으로[26] 미국 사우스 캘리포니아 대학교에서 박사학위를 취득하고 1956년부터 연희대학교 신학대학장으로 부임한 김하 태(1916~2007)도 출강하여 철학강독·현대철학강독 등을 담당하였다.[27] 또한 1950년대 중반부터는 연희전문학교 문과 출신으로 미국 콜롬비아

19) 김형석에 대해서는 金亨錫 외, 『人間과 世界에 대한 哲學的 理解: 金亨錫敎授 華甲紀念 論文集』, 三中堂, 1981 참조. 안병욱에 대해서는 서영훈 외, 『島山과 힘의 哲學: 怡堂 安秉煜敎授 停年紀念 興士團 아카데미文集』, 홍사단출판부, 1985 참조.

20) 西山鄭錫海刊行委員會 編, 앞의 책, 1989, 153쪽.

21) 『학사보고서(4288년도)』, 연희대학교 교무처, 1956. 4. 24, 10쪽.

22) 연세대학교백년사 편찬위원회 편, 앞의 책, 1985, 453쪽.

23) 배종호는 1961년 철학과 전공으로 중국상고중세철학사·중국근세철학사·중국철 학강독·도교·한국유학사 등의 강좌를 개설하였다(연세대학교 교무처, 『연세대학 교 요람 1961』, 연세대학교, 1961, 175~177쪽).

24) 『서울大學校 文理科大學同窓會名簿』, 文理科大學同窓會, 1953, 81쪽.

25) 『학사보고서(4286년도)』, 연희대학교 교무처, 1953. 10. 5, 19쪽, 35쪽 ;『학사보고서 (4287년도)』, 연희대학교 교무처, 1955. 4. 14, 12쪽, 19쪽.

26) 『延禧專門學校一覽(昭和14年度)』, 79쪽.

27) 『학사보고서(4288년도)』, 8쪽, 18쪽.

대학교에서 박사학위를 취득한 후 서울대 철학과 교수로 재직 중이던 김준섭과 경성제국대학 법문학부 철학과 출신으로 역시 서울대 철학과 교수로 있던 최재희가 전임대우 교수로 출강하였다.

1950년대까지 연희(연세)대학교 철학과 전임 교원 구성의 가장 큰 특징은 연희전문학교 철학과와 같이 전임 교원 모두가 서양철학 전공자라는 점이다. 또한 연희대 철학과 출신의 전임 교원이 배출된 점도 특징적이다.

2. 고려대학교

해방이 되자 보성전문학교 관계자들은 1945년 9월 25일 재단법인 보성전문학교 이사회를 개최하여 일제가 '경성척식경제전문학교'로 변경되었던 교명을 보성전문학교로 환원하였다.[28] 일제시기 보성전문학교에는 문과가 없었지만 철학 관련 전임 교원으로 안호상이 재직하고 있었고, 박희성·이종우·이상은 등이 강사로 출강하고 있었다. 해방 후 안호상은 경성대학 철학과로 자리를 옮겼고, 그 해 10월 5일에 거행된 보성전문학교 시업식에서 철학과 교수에 취임한 박희성·이종우·이상은 등이 철학과의 틀을 갖추기 위한 노력을 경주하였다.[29]

박희성은 연희전문학교 문과 7회 졸업생 출신으로[30] 1937년 미국 미시간 대학교에서 박사학위를 취득한 후 귀국하여 보성전문학교에서 영어와 심리학을 강의하였다.[31] 일본 교토제국대학 문학부 철학과 출신의 이종우는 경성제국대학 법문학부 대학원에서 헤겔철학을 연구하고[32] 보성전문학교에 출강하고 있었는데, 이들은 모두 서양철학 전공자였다. 이에 비해

---

28) 高麗大學校九十年誌 編纂委員會 編,『高麗大學校 九十年誌: 1905~1995』, 高麗大學校 出版部, 1995, 261쪽.
29) 고려대학교100년사 편찬위원회 편,『고려대학교 100년사』2, 고려대학교 출판부, 2008, 6쪽.
30)『延禧專門學校一覽(昭和14年度)』, 73쪽.
31) 朴希聖,『懷疑와 眞理』, 格巖朴希聖博士遺稿刊行委員會, 1989 참조.
32) 京城帝國大學 編,『京城帝國大學 一覽(昭和14年)』, 京城帝國大學, 1939, 261쪽.

이상은은 중국 베이징대학 철학과에서 동양철학을 전공하고 귀국하여 1933년부터 보성전문학교 강사로 출강하고 있었다.[33]

⟨표 2⟩ 1945~1950년 임용된 고려대학교 철학과 전임 교원 명단

성명	생몰년	재직기간	전공	학력	경력
박희성	1901-1988	1945-1968	서양철학	연희전문학교 문과 美 미시간대학교 대학원 철학박사(1937)	보성전문 강사 / 해방 후 고려대 교수
이종우	1903-1974	1945-1970	서양철학	교토제국대학 문학부 철학과 경성제국대학 대학원	보성전문 강사 / 해방 후 고려대 교수 및 총장, 학술원 회원, 문교부 장관, 국회의원(8대)
이상은	1905-1976	1945-1970	동양철학	베이징대학 철학과	보성전문 강사 / 해방 후 고려대 교수 및 문과대학장, 학술원 회원
김준섭	1913-1968	1947-1954	서양철학	연희전문학교 문과 도호쿠(東北)제국대학 법문학부 철학과 美 컬럼비아대학교 철학박사(1952)	이화여전 교수 / 해방 후 중앙대 교수, 고려대 교수, 서울대 교수
최재희	1914-1984	1947-1954	서양철학	경성제국대학 법문학부 철학과	경성여의전 강사 / 해방 후 고려대 교수, 서울대 교수, 학술원 회원
왕학수	1917-1992	1948-1960	교육학	죠치대학 철학과 죠치대학 대학원 교육철학과	해방 후 고려대 교수, 대구문화방송 사장, 부산일보 사장
김경탁	1906-1970	1949-1970	동양철학	니혼대학 전문부 예술과 中 중국대학 철학교육과 와세다대학 대학원	해방 후 고려대 교수

보성전문학교 철학과 교수진 구성의 가장 큰 특징은 출신 학교와 유학지가 모두 상이했음에도 불구하고 1930년대 중반부터 보성전문학교에 함께 출강했던 경험을 공유했다는 점이다. 또한 서양철학 전공자와 동양철학 전공자가 함께 학과를 구성했다는 점도 특징적이다.

박희성과 이종우는 유진오 등과 함께 대학 승격 준비위원회의 멤버로 활동을 전개하였고, 그 결과 1946년 8월 15일 미군정청 교육부의 인가로 고려대학교가 설립되었다. 설립 당시 고려대학교는 정법대학·경상대학·문과대학 등 3개의 대학과 8개 과로 구성되었는데, 철학과는 국문학과·영문학

---

33) 한국공자학회 편,『현대사상가 이상은 선생과 한국 신유학』, 한울, 2006, 229쪽.

과·사학과와 함께 문과대학을 구성하였다.[34]

이후 고려대 철학과에 전임 교원이 대거 충원되었다. 1947년 서양철학 전공자인 최재희와 김준섭이 임용되었고, 1948년과 1949년에는 교육학 전공자인 왕학수와 동양철학 전공자인 김경탁이 각각 전임 교원으로 충원 되었다.[35] 그리고 1955년에는 서양철학 전공자인 손명현과 심리학 전공자 인 성백선이 합류하였다.

최재희는 경성제국대학 법문학부 철학과 10회 졸업생 출신으로 윤리학 을 전공했는데,[36] 1954년 서울대 철학과로 자리를 옮겼다.[37] 김준섭은 연희전문학교 문과 출신으로 일본 도호쿠(東北)제국대학 법문학부 철학과 를 졸업하고, 1943년 이화여자전문학교 교수를 역임하였다. 고려대 철학과 전임 교원으로 재직 중 도미하여 콜롬비아 대학교에서 박사학위를 취득한 후, 귀국하여 1954년부터 서울대 철학과 교수로 재직하였다.[38] 손명현 (1914~1976)은 와세다대학 문학부 서양철학과를 졸업하고 경성제국대학 법문학부 대학원에서 그리스철학을 연구하였다.[39] 해방 후 성균관대 교수 를 거쳐 고려대로 자리를 옮겼다. 김경탁은 중국의 중국대학 철학교육과와

---

34) 高麗大學校九十年誌 編纂委員會 編, 앞의 책, 1995, 292~293쪽.
35) 「教育會入會의 件」, 1949. 5. 16 ; 「고려대학교 공문서류 1-1949학년도(단기4282)」, 『고려대학교 문서목록』 16, 1949. 5. 27 ; 고려대학교100년사 편찬위원회 편, 앞의 책, 2008, 45~48쪽.
36) 京城帝國大學 編, 앞의 책, 1939, 304쪽.
37) 서울대 철학과의 공식 자료에는 서울대로 자리를 옮긴 해를 1952년으로 기록하고 있다(서울대학교40년사 편찬위원회 편, 『서울대학교 40년사: 1946~1986』, 서울대 학교 출판부, 1986, 732쪽 ; 백종현 편, 『서울대학교 철학과』, 서울대학교 인문대학 철학과, 2003, 20쪽). 그러나 1952년은 겸임 교수가 된 해이고, 전임 교원으로 자리를 옮긴 것은 1954년이다(崔載喜博士 還曆紀念 論文集 發刊委員會 編, 『曙宇 崔載喜 博士 還曆紀念 論文集』, 靑林社, 1975, 「曙宇 崔載喜 博士 略歷」 참조). 1953년 12월 20일 기준의 자료에도 최재희의 현직은 '고려대 교수'로 명기되어 있다(『서울大學校 文理科大學同窓會名簿』, 文理科大學同窓會, 1953, 43쪽).
38) 김준섭에 대해서는 金俊燮 외, 『논리 연구: 玄晏 金俊燮博士 古稀記念』, 文學과 知性社, 1985 참조.
39) 京城帝國大學 編, 앞의 책, 1939, 261쪽 ; 김창래, 「고려대학교 철학과 60년-서양철 학」, 『高麗大學校 哲學科 六十年史』, 고려대학교 철학과, 2006, 7쪽.

일본의 릿쿄(立敎)대학 종교연구과에서 수학하고, 와세다대학 대학원을 졸업한 경력의 동양철학 전공자로 고려대에서 봉직하였다.[40]

왕학수는 일본 죠치대학 철학과를 졸업한 후 동 대학원 교육철학과를 수료하였는데, 고려대 철학과에서 교육학 강좌를 담당하였다.[41] 그리고 전술한 바와 같이 연희대 철학과 교수로 재직하다 서울대 심리학과로 자리를 옮겼던 성백선은 1951년부터 성균관대 교수로 재직하다가 다시 고려대 철학과로 이동하여 심리학 강좌를 담당하였다.[42] 왕학수와 성백선은 1960년 고려대 문리과대학에 교육심리학과가 설치되면서[43] 철학과에서 소속을 변경하였다.[44]

1950년대 고려대 철학과 전임 교원 구성의 가장 큰 특징은 보성전문학교 철학과와 마찬가지로 서양철학 전공자에 편중되지 않고 동양철학 전공자가 함께 포진하여 독특한 학풍을 만들어 냈다는 점이다. 또한 전임 교원의 변동이 매우 적다는 점도[45] 서울대나 연희대와는 구별되는 점이다.

3. 서울대학교

해방이 되자 경성제국대학의 한국인 관계자들은 대학자치위원회를 조직하

---

40) 한국공자학회 편, 『김경탁선생의 신생철학』, 한울, 2007, 288~289쪽.
41) 정재철, 「왕학수 교수님과 나」, 『성숙을 비는 사도의 가을: 夢露 王學洙 교수 유고집』, 왕세창·왕세경·왕세영 엮음, 묵상하는 사람들, 2002, 329쪽.
42) 一愚成百善敎授華甲記念論叢編輯委員會 編, 앞의 책, 1974, 「一愚 成百善 敎授 略歷」 참조.
43) 고려대학교 100년사 편찬위원회 엮음, 『고려대학교 인문사회과학 학술사』, 고려대학교 출판부, 536쪽.
44) '교육심리학과'는 1963년 '교육학과'와 '심리학과'로 각각 분리되었고(고려대학교 100년사 편찬위원회 엮음, 『고려대학교 인문사회과학 학술사』, 539쪽), 왕학수와 성백선은 각각의 학과로 소속을 다시 변경하였다.
45) 이로 인해 이들에게 수학한 제자들이 전임 교원으로 모교에 충원된 것은 1960년대가 되고 나서이다. 최동희(1925~2013)와 신일철(1931~2006)은 각각 1961년과 1963년에 고려대 철학과 전임 교원이 되었다(김창래, 앞의 논문, 2006, 10~12쪽). 김영철(1928~)은 1957년부터 건국대학교 교수로 재직하다 1970년에 고려대 철학과로 자리를 옮겼다.

고 학교를 접수하고자 하였다. 그 과정에서 미군정청에 의해 1945년 10월 17일자로 경성대학이 설립되었다.[46] 이어 미군정청은 1945년 12월 24일 '임명사령 제56호'를 통해 12월 15일자로 임명된 경성대학 법문학부 교수 명단을 발표하였다.[47] 그 가운데 철학 관련 교수는 철학 교수로 임명된 안호상·박종홍과 윤리학 교수로 임명된 김두헌 등 3인이었다.

안호상은 독일 예나대학교에서 철학박사 학위를 받고 귀국한 서양철학 전공자로, 1933년부터 전술한 바와 같이 보성전문학교 교수로 철학 강좌를 담당하였다.[48] 박종홍은 경성제국대학 법문학부 철학과에서 서양철학을 전공한 후, 1937년부터 이화여자전문학교 교수로 재직하였다.[49] 김두헌은 일본 도쿄제국대학 문학부 윤리학과를 졸업한 후, 1930년부터 중앙불교전문학교와 혜화전문학교 교수로 재직하면서 윤리학·논리학·수신·심리학 강좌를 담당하였다.[50]

---

46) 서울대학교50년사 편찬위원회 편, 『서울대학교 50년사』상, 서울대학교 출판부, 1996, 19쪽.

47) 법문학부 교수로는 안호상(철학 교수)·조윤제(조선문학 교수)·최정우(영문학 교수)·최호진(경제사 조교수)·강정택(농업정책 교수)·김두헌(윤리학 교수)·김갑수(국제사법 교수)·김상기(동양사 교수)·백남운(재정학 교수)·박극채(화폐학 교수)·박종홍(철학 교수)·서재원(민법 교수)·손진태(조선사 교수)·황도연(정치학 교수)·이종갑(상법 교수)·이희승(조선어학·문학 교수)·이인영(조선사 조교수)·이본녕(심리학 조교수)·이상백(사회학 교수)·이병도(조선사 교수)·이숭녕(조선문학 조교수)·이태진(행정법 조교수)·이양하(영문학 교수)·유진오(헌법 교수)·윤행중(경제학 교수)·윤동직(형법 교수) 등과 백낙준(서양사 교수, 법문학부장) 등 총 27명이 임명되었다 (「在朝鮮美國陸軍司令部軍政廳 任命辭令 第56號」, 『美軍政廳官報』 1945. 12. 24). 그런데 무슨 이유인지 조선문학 교수인 조윤제만 12월 1일자로 임명되었다.

48) 안호상에 대해서는 안호상, 『한뫼 안호상 20세기 회고록: 하나를 위하여 하나되기 위하여』, 민족문화출판부, 1996 참조.

49) 哲學研究會 編, 『朴鍾鴻博士 還曆紀念 論文集』, 서울大學校 出版部, 1963, 「略歷」; 崔禎鎬 編, 『스승의 길 – 朴鍾鴻博士를 回想한다』, 一志社, 1977, 9~10쪽.

50) 洌東 金斗憲博士 華甲記念 論文集 刊行委員會 編, 『金斗憲博士 華甲記念 論文集』, 語文閣, 1964, 8~9쪽 ; 동대백년사 편찬위원회 편, 『동국대학교 백년사』 1, 동국대학교, 2006, 145쪽, 172쪽.

〈표 3〉 1945~1950년 임용된 경성대학·서울대학교 철학과 전임 교원 명단

성명	생몰년	재직기간	전공	학 력	경 력
안호상	1902-1999	1945-1947	서양철학	中 상해동제대학, 獨 예나대학 철학박사(1929) 경성제국대학 대학원	보성전문 교수/해방후 경성대 교수, 서울대 교수, 학술원 회원, 문교부 장관, 참의원, 대종교 총전교
김두헌	1903-1981	1945-1950	서양철학	도쿄제국대학 문학부 윤리학과, 서울대학교 문학박사(1960)	중앙불교전문 교수, 혜화전문 교수/해방후 경성대 교수, 서울대 교수, 숙명여대 총장, 전북대 총장, 학술원 회원, 문교부 고등교육국장
박종홍	1903-1976	1945-1968	서양철학	경성제국대학 법문학부 철학과, 서울대학교 철학박사(1960)	이화여전 교수/해방후 경성대 교수, 서울대 교수, 성균관대 유학대학장, 학술원 회원
김계숙	1905-1989	1946-1948	서양철학	경성제국대학 법문학부 철학과, 도쿄제국대학 대학원, 서울대학교 철학박사(1960)	해방 후 서울대 교수 및 대학원장
민태식	1903-1981	1946-1950	동양철학	경성제국대학 법문학부 철학과	연희전문 교수/해방후 서울대 교수, 충남대 총장, 성균관대 유학대학장
고형곤	1906-2004	1947-1959	서양철학	경성제국대학 법문학부 철학과, 서울대학교 철학박사(1969)	연희전문 교수/해방후 연희대 교수, 서울대 교수, 전북대 총장, 학술원 회원, 국회의원(6대)
이인기	1907-1987	1950-1968	교육학	도쿄제국대학 문학부 교육학과	경성고등상업학교 전임 강사/해방후 서울대 교수 및 대학원장, 연희대 교수, 숙명여대 총장, 영남대 총장, 학술원 회원

1946년 8월 '국립서울대학교설립에 관한 법령'이 공포되고, 이후 문리과대학 등 9개의 단과대학으로 구성된 국립 서울대학교가 설립되었다. 문리과대학은 17개의 학과로 구성되었는데, 이는 다시 문학부와 이학부로 편제되었다. 철학과는 국어국문학과·영어영문학과·독어독문학과·불어불문학과·중국어중문학과·언어학과·사학과·사회학과·종교학과·심리학과·정치학과 등 다른 11개의 학과들과 함께 문학부에 편제되었다.[51]

한국전쟁 전까지 서울대 철학과에 전임 교원이 대거 충원되었다. 1946년에 서양철학 전공자인 김계숙과 동양철학 전공자인 민태식이 임용되었고, 1947년과 1950년에는 전술한 바와 같이 연희대 철학과 교수였던 서양철학

---

51) 서울대학교50년사 편찬위원회 편, 앞의 책, 1996, 19~20쪽.

전공의 고형곤과 교육학 전공의 이인기가 자리를 옮겼다. 김계숙은 경성제국대학 법문학부 철학과 출신으로 도쿄제국대학 문학부 대학원 철학과를 수료하였고,[52] 민태식은 경성제국대학 법문학부 철학과에서 중국철학을 전공하였다.[53]

교육학을 전공한 도쿄제국대학 출신 이인기를 논외로 한다면, 이 시기 철학과에 임용된 전임 교원들은 모두 경성제국대학 법문학부 철학과 출신 이라는 공통점이 있었다.[54] 연희대나 고려대에서는 볼 수 없는 이러한 경성제국대학 법문학부 철학과 출신의 편중 현상은 1947년 7월 안호상이 퇴직하고, 1950년 6월 김두헌이 문교부 고등교육국장으로 전직하면서 퇴직하자[55] 더욱 심화되었다.

1948년 3월 김계숙이 서울대 사범대로 자리를 옮기고, 1950년 6월 민태식 이 서울대를 퇴직하고 충남대로 자리를 옮겼다. 이로 인해 한국전쟁 전 서울대 철학과의 전임 교원은 박종홍·고형곤·이인기 등 세 명으로 축소되었 다. 이러한 상황은 1954년 김준섭·최재희가 전임 교원으로 충원되고, 1955 년 이후 박홍규가 임용되면서 타개되었다.

김준섭과 최재희는 전술한 바와 같이 연희전문학교 문과와 경성제국대 학 법문학부 철학과 출신으로 함께 고려대 철학과 교수로 재직하다 자리를 옮긴 것이다. 박홍규(1919~1994)는 와세다대학 문학부 철학과에서 서양철 학을 전공하고, 해방 후 서울대에 출강하였다.[56] 새롭게 충원된 이들은

52) 김계숙에 대해서는 서울大學校 師範大學 社會科 同門會·金桂淑 博士 古稀記念論叢刊 行委員會 編, 『金桂淑 博士 古稀記念 論叢』, 서울大學校 出版部, 1975, 「金桂淑 博士 略歷」 참조.
53) 京城帝國大學 編, 앞의 책, 1939, 301쪽. 민태식에 대해서는 민태식, 『민태식박사 문집: 通學古今』, 서정기 편, 한국학술정보, 2009 참조.
54) 김계숙은 1회 졸업생이고, 민태식은 4회 졸업생이며, 고형곤은 박종홍과 함께 5회 졸업생이다(『서울大學校 文理科大學同窓會名簿』, 文理科大學同窓會, 1953, ·26 쪽·28쪽).
55) 서울대학교40년사 편찬위원회 편, 앞의 책, 1986, 1100쪽.
56) 박홍규의 경력에 대해서는 이견이 존재한다. 그의 사후 출간된 전집의 연보에는 박홍규가 '1946년 10월'부터 서울대학교 '문리과대학' 전임 교원이 되었다고

모두 다른 학교 출신이었지만 서양철학 전공자라는 점은 공유하였다.

1950년대 서울대 철학과 전임 교원 구성의 가장 큰 특징은 전술한 바와 같이 경성제국대학 법문학부 철학과 출신들이 다수를 차지했다는 점이다. 또한 민태식을 제외하면 전임 교원 가운데 동양철학 전공자가 전무했는데,[57] 이는 동양철학을 전공한 이가 매우 적었던 것과도 무관하지 않겠지만, 한국 철학계가 서양철학을 중심으로 움직인 현실의 한 단면을 보여 주는 것이다.

III. 교육 과정의 정비와 개설 강좌

1946년 8월 서울대·연희대·고려대에 철학과가 설치되는 과정에서 학과의 틀을 갖추기 위해 교수진을 어떻게 구성할 것인가 하는 문제와 함께 중요했던 점은 교육 과정을 어떻게 정비할 것인가 하는 문제였다. 세 학교 철학과의 전임 교원들이 중심이 되어 정비한 1946년 교육 과정은 <표 4>·<표 5>·<표 6>과 같다.

기록되어 있다(박홍규,『희랍 철학 논고: 박홍규 전집 1』, 민음사, 1995, 309쪽). 서울대 철학과의 공식 자료도 이를 '철학과'의 전임 교원으로 임용된 시기로 기록하고 있으며(백종현 편, 앞의 책, 2003, 40쪽), 최근의 연구도 이를 수용하고 있다(김재현, 앞의 논문, 2011, 127쪽). 최근 박홍규에 대한 연구서를 집필한 최화는 기존의 견해에 대해 '1948년 1월'에 '철학과' 아닌 '불어불문학과'의 전임 교원으로 임용되었다가 '1955년 1월'부터 '철학과'의 교수가 되었다는 다른 견해를 제시하였다(최화,『박홍규의 철학』, 이화여자대학교출판부, 2011, 348~349쪽). 그러나 필자가 조사한 바에 의하면, 박홍규는 '1948년 6월' 현재는 문리과대학의 '강사' 신분이었다(『文理科大學 敎授·卒業生·學生會員 名簿』, 文理科大學學生會, 1948, 1쪽). 그리고 1953년 12월 현재 문리과대학의 어느 과인지는 알 수 없지만 '조교수'가 되었고(『서울大學校 文理科大學同窓會名簿』, 12쪽), '1955년 6월' 현재는 '철학과'의 교수로 재직 중이었다(『檀紀4288年 서울大學校 一覽』, 서울대학교, 1955, 22쪽).

57) 이에 대해 서울대 철학과 교수인 韓荃淑은 "72년에 儒學 전공의 李楠永 교수가 전임으로 부임할 때까지 20여 년 동안 동양철학은 오로지 한 두 분의 시간강사에 의존하게 되어 이 부문의 후진을 제대로 양성하지 못하였다"고 철학과의 역사를 정리하고 있다(서울대학교40년사 편찬위원회 편, 앞의 책, 1986, 733쪽).

<표 4> 서울대학교 철학과 교과 내용

학년	과목명	학점	학년	과목명	학점
1	철학사개론	2*58)		中庸	4
	논리학	2*		송대철학	4
	윤리학개론	3*		근대철학사(헤겔까지)	4
2	철학개론	3*	3	철학연습	3
	중국철학사개설	3*		종교철학	3
	서양고대철학사	2*		미학	3
	인도철학	3*		교육철학	3
3	형이상학	2		현대철학의 기본과제	3
	인식론	4	4	근대철학의 체계	3
	論語	3*		철학특수강의	2*
	유교윤리학	2*		철학연습	4*

자료: 『國立 서울大學校 文理科大學敎科內容』, 서울大學校, 1946(?), 15~16쪽.

<표 5> 연희대학교 철학과 학정표

學程號數	名 稱	敎授年限	每週 敎課 時數	學點
철학 201	철학개론	1	3	6
철학 501	동양철학사(고대·중세)	1	3	6
철학 502	동양철학사(근세)	1	3	6
철학 202	서양철학사(고대·중세)	1	3	6
철학 301	서양철학사(근세)	1	3	6
철학 302	논리학	1	3	6
철학 401	인식론	半	3	3
철학 402	현대철학사조	半	3	3
철학 503	인도철학사	1	3	6
철학 303	철학연습	1	4	8
철학 403	철학연습	1	4	8
철학 504-511	철학특수강의	各 半	各 半	各 3
철학 404	미학개론	1	3	6
철학 405	미술사	1	3	6
철학 203	논리학개론	1	3	6
철학 304	윤리사상사	1	3	6

자료: 『延禧大學校學則』, 延禧大學校, 1946.8, 22~23쪽.

---

58) 학점 뒤의 '*'표는 두 학기를 수강해야 하는 강좌를 표시한 것이다.

〈표 6〉고려대학교 철학과 학과 과정

필수과목

學年	學科目	每週 時數 1	每週 時數 2	學年	學科目	每週 時數 1	每週 時數 2
1	논리학	4		3	윤리학특강		4
1	심리학		4	3	미학		4
1	철학개론	4		3	종교철학	4	
1	서양철학사		4	3	조선사상사	4	
2	중국철학사	4		4	서양철학특강	2	2
2	논리학		4	4	서양철학연습	2	2
2	사회학	4		4	서양철학사특강	3	3
2	서양철학특강	4		4	서양철학사연습	2	2
3	서양철학사특강	3	3	4	인도불교철학	2	2
3	서양철학사연습	2	2	4	윤리학연습	2	2

선택과목

서양철학전공자(3·4학년)		동양철학전공자(3·4학년)	
學科目	學點	學科目	學點
교육학	4	교육학	4
중국철학사특강	4	종교철학	4
		미학	4

자료: 高麗大學校九十年誌 編纂委員會 編,『高麗大學校 九十年誌: 1905~1995』, 高麗大學校 出版部, 1995, 303쪽.

<표 4>·<표 5>·<표 6>으로 정리된 세 학교 철학과의 교육 과정은 일견 매우 복잡하고 상호간에 공통점이 없어 보이기까지 한다. 그러나 경성제국대학 법문학부 철학과의 각 전공별59) 학수 과목을 정리한 <표 7>과 비교해 보면 세 학교 철학과 교육 과정은 대체로 대동소이하다는 것을 알 수 있다.

---

59) 1926년 4월 칙령 제47호로 제정되어 1931년 4월 4차 개정이 이뤄진「京城帝國大學各 學部講座」에 의하면, 강좌제로 운영된 경성제국대학 법문학부 철학과는 철학·철 학사, 윤리학, 심리학, 종교학·종교사, 미학·미술사, 교육학, 지나철학, 사회학 등 8개의 전공이 있었다(京城帝國大學 編,『京城帝國大學 一覽(昭和)8年』, 京城帝國 大學, 1933, 39~40쪽).

〈표 7〉 경성제국대학 법문학부 철학과 학수 과목[60]

전공	과 목 명
철학·철학사	철학개론(1), 서양철학사개설(2), 논리학·인식론(1), 철학연습(3), 철학특수강의(2), 철학과에 속한 과목 중 특별히 정한 것·희랍어 및 라틴어 가운데(8), 사학과·문학과 및 법학과에 속한 과목 가운데(2)
윤리학	윤리학개론(1), 윤리학사(2), 윤리학특수강의(2), 윤리학강독 및 연습(2), 철학과 및 법학과에 속한 과목 중 특별히 정한 것(11)
심리학	심리학개론(1), 심리학연습(4), 심리학실험연습(1), 심리학특수강의(2), 철학과에 속한 과목 중 특별히 정한 것(6), 생리학·정신병학 및 생물학 가운데(2), 사학과·문학과 및 법학과에 속한 과목 가운데(2)
종교학·종교사	종교학개론(1), 종교사개설(1), 종교철학(1), 철학연습(3), 종교학·종교사특수강의(4), 종교학·종교사강독 및 연습(3), 철학과·사학과 및 법학과에 속한 과목 가운데(8)
미학·미술사	미학개론(1), 미학연습(2), 미학특수강의(1), 서양미술사(2), 동양미술사(2), 철학과·사학과·문학과 및 법학과에 속한 과목 가운데(10)
교육학	교육학개론(1), 교육사개설(1), 각과교수론(1), 교육행정(1), 교육학연습(2), 교육학특수강의(1), 철학과에 속한 과목 중 특별히 정한 것·생리학·정신병학 및 생물학 가운데(10), 사학과·문학과 및 법학과에 속한 과목 가운데(2)
중국[61]철학	중국철학사개설(1), 중국윤리학개론(1), 중국철학·중국철학사특수강의(3), 중국철학·중국윤리학강독 및 연습(3), 중국어(1), 철학과·사학과·문학과 및 법학과에 속한 과목 가운데(10)

자료: 京城帝國大學 編, 『京城帝國大學 一覽(昭和)8年』, 京城帝國大學, 1933, 60~64쪽.

<표 4>·<표 5>·<표 6>과 <표 7>을 비교해 보면 세 학교 철학과 교육 과정의 가장 큰 특징은 경성제국대학 법문학부 철학과, 특히 철학·철학사 전공의 학수 과목을 기본으로 하고 있다는 점이다. 철학·철학사 전공의 학수 과목 가운데 철학개론, 서양철학사개설, 논리학·인식론, 철학연습, 철학특수강의 등의 과목은 세 학교의 교육 과정에 모두 포함되어 있다. 특히 '서양철학사개설'은 서울대의 경우는 철학사개론·서양고대철학사·근대철학사(헤겔까지) 등 3개 과목으로, 연희대의 경우는 서양철학사(고대·중세)·서양철학사(근세) 등 2개 과목으로 세분화되어 강조되고 있다.

문과가 존재했던 연희전문학교 조차도 철학개론·수신(윤리)·논리학·교

---

60) 경성제국대학 법문학부 철학과에서 개설한 기본과목들과 전공별 과목들은 학과가 존속했던 전시기에 거의 변화가 없었다. 이에 대해서는 朴煐植, 앞의 논문, 1972, 117~120쪽 참조.

61) 원래는 '支那'이나 이하에서는 모두 '중국'으로 수정하였다.

육학·심리학·사회학 등의 기본적인 과목만 개설되고 강의되었던 것이 식민지 조선의 '현실'이었다.[62] 따라서 해방 후 철학과를 설치하고 교육 과정을 정비할 때 경성제국대학 법문학부 철학과의 학수 과목 구성은 당연히 참고할 수밖에 없는 또 다른 '현실'이었다.

또한 경성제국대학 법문학부 철학과의 윤리학 전공, 미학·미술사전공, 중국철학 전공의 기본 과목들이 세 학교 철학과의 교육 과정에 그대로 포함되어 있다는 점도 특징적이다. 윤리학개론·미학개론·중국철학사개설 등의 과목은 과목명 그대로 혹은 약간 변경된 과목명으로 교육 과정에 편제되어 있다.

셋째 중국철학 이외에 인도철학 관련 과목을 새롭게 편제하고 있음에도 불구하고, 서양철학 관련 과목에 비해 동양철학 관련 과목의 비율이 여전히 낮다는 점이다.

넷째 일제시기에는 없던 과목을 새롭게 편제한 점이다. 서울대의 '근대철학의 체계'·'현대철학의 기본과제'나 연희대의 '현대철학사조'처럼 서양 근현대 철학과 관련된 과목이나, 고려대의 '조선사상사'가 바로 그런 과목들이다. 특히 '조선사상사'[63]는 우리 철학사상에 대한 구체적인 관심사의 반영이라는 점에서 매우 이채롭다.

그렇다면 세 학교 철학과 교육 과정의 차이는 무엇인가? 그것은 경성제국대학 법문학부 철학과가 포괄하던 심리학 전공, 종교학·종교사 전공, 사회학 전공, 교육학 전공의 기본 과목들이 세 학교의 교육 과정에 각각 다르게 편제되어 있다는 점이다. 즉 교육학과와 신학과가 설치된 연희대의 경우는 위의 4개 전공 관련 과목들이 철학과 교육 과정에 하나도 편제되지 않는데

---

62) 『延禧專門學校一覽(昭和14年度)』, 12~13쪽.
63) '조선사상사'는 당시 고려대 총장인 현상윤이 강의를 담당하였다. 『조선사상사』는 '조선사상사' 강좌의 강의 노트였다고 한다(윤사순, 「高大 哲學科 50年의 回顧-東洋哲學」, 『철학연구』 19, 고려대학교 철학연구소, 1996, 384쪽 ; 김형찬, 「기당 현상윤의 『조선사상사』 기획과 한국사상사의 관점」, 『기당 현상윤 연구』, 한울, 2009, 91쪽).

비해,[64] 어느 과도 설치되지 않은 고려대의 경우는 철학과 교육 과정에 심리학· 종교철학·사회학·교육학 등 4개 과목이 철학과 교육 과정에 편제되어 있다. 이에 비해 심리학과·종교학과·사회학과가 설치된 서울대의 경우는 종교철학[65]·교육철학 등 2개 과목만 철학과 교육 과정에 편제되어 있다. 또한 고려대 철학과의 경우는 서울대·연희대와 다르게 동양철학 전공자와 서양철학 전공자를 구분하고, 선택과목에도 각각 차이를 두었다.[66]

1953년 광복절을 기해 정부가 서울로 환도하자, 부산에 있던 서울대·연희대와 대구에 있던 고려대도 그 해 9월경에 모두 서울의 본교로 되돌아왔다. 서울로 귀환한 세 학교들은 교육 과정을 재정비하였다. 1955년 전후 재정비된 교육 과정과 1946년 교육 과정의 가장 큰 차이점은 새로운 과목들이 다수 편제되면서 과목의 수가 급증하였다는 점이다. 1955년을 전후하여 새롭게 정비된 세 학교 철학과의 교육 과정은 <A>·<표 8>·<표 9>와 같다.

<A> 서울대학교 철학과 교과 과정[67]

철학개론, 논리학, 윤리학개론, 서양고대철학사, 서양중세철학사, 인식론, 형이상학, 서양근세철학사, 서양윤리학사개설, 중국철학사, 미학, 철학연습, 교육학원론, 영미철학, 현대철학, 인도철학, 윤리학연습, 중국철학강

---

64) '종교철학'은 신학과의 전공과목으로 편제되어 있다(『延禧大學校學則』, 延禧大學校, 1946. 8, 57쪽). 교육학과의 교육 과정에 대해서는 『延禧大學校學則』, 1946. 8, 24~25쪽 참조.

65) '종교철학'은 종교학과 교육 과정에도 편제되어 있다(『國立 서울大學校 文理科大學 敎科內容』, 서울大學校, 1946(?), 15쪽).

66) 1949년 변경된 학칙에 따르면 교육 과정을 동양철학 전공과 서양철학 전공으로 구분한 뒤, 각각 필수과목과 선택과목을 편제하였다. 이로 인해 두 전공의 구분이 더욱 명확해졌다. 각 전공별 교육 과정에 대해서는 고려대학교100년사 편찬위원회 편, 앞의 책, 2008, 39~40쪽 참조.

67) 「서울대학교 학칙(1955년)」, 『檀紀4288年 서울大學校一覽』, 서울대학교, 1955, 88~89쪽.

독, 교육사개설, 수학적 논리학, 과학철학, 교육방법론, 윤리학특수강의,
중국철학연습, 교육학특수강의, 중국철학특수강의, 인도철학특수강의,
교육행정, 현대윤리학

〈표 8〉 연희대학교 철학과 교과 과정

學程番號	科目名	每週時間數	學點	學程番號	科目名	每週時間數	學點
201	논리학(형식)	3	3	310	윤리사상사	3	3
202	논리학(방법론)	3	3	311	인도철학사	3	3
203	서양고대중세철학사	3	3	312	형이상학	3	3
204	서양근세철학사	3	3	401	현대철학	3	3
205	사회학개론	3	3	402	경험론	3	3
206	사회학(특수)	3	3	403	인식론	3	3
301	중국고대중세철학	3	3	404	관념론	3	3
302	중국근세철학	3	3	405	현대철학강독	3	3
303	중국철학강독 I	3	3	406	과학철학	3	3
304	중국철학강독 II	3	3	407	역사철학	3	3
305	플라톤철학	3	3	408	미학	3	3
306	아리스토텔레쓰철학	3	3	501	유교	3	3
307	서양중세철학강독	3	3	502	도교	3	3
308	17세기합리론	3	3	503-510	철학특강	3	3
309	윤리학	3	3				

자료: 『延禧大學校學則』, 延禧大學校, 1956. 4, 25~26쪽.

〈표 9〉 고려대학교 철학과 교과 과정

學修番號	敎科目	每週 時數 1	每週 時數 2	學修番號	敎科目	每週 時數 1	每週 時數 2
101	철학개론	2	2	308	서양철학연습		4
102	논리학개론	2	2	309	經書講讀	4	
201	서양고대철학사	4		310	한국사상사	2	2
202	중국고대철학사		4	311	서양철학특강	4	
203	심리학개론	4		401	서양중세철학사	4	
204	윤리학개론		4	402	중국중세철학사		4
205	수리학개론	4		403	독불철학특강	4	
206	미학		4	404	영미철학특강		4
207	종교철학	2	2	405	중국불교사상사	4	
208	교육학개론	4		406	諸子講讀		4
209	교육심리학		4	407	형이상학	4	

301	서양근세철학사		4	408	현대철학		4
302	중국근세철학사	4		409	서양철학사연습		4
303	印佛哲學史		4	410	윤리학연습	4	
304	인식론	4		411	중국근세철학강독		4
305	윤리학특강		4	412	불교철학특강	2	2
306	서양철학특강	4		413	清代思想史	4	
307	諸子講讀	4					

자료: 「고려대학교 학칙(1954년 4월)」; 朴煐植, 「人文科學으로서 哲學의 受容 및 그 展開過程: 1900~1965」, 『人文科學』 26, 延世大學校 人文科學硏究所, 1972, 126~127쪽.

1955년을 전후하여 재정비된 세 학교 철학과의 교육 과정은 <A>·<표 8>·<표 9>와 같이 대체로 대동소이했는데, 학교별로 특징적인 면도 존재한다. 서울대의 경우 가장 큰 특징은 경성제국대학 법문학부 철학과가 포괄했던 윤리학 전공과 교육학 전공의 주요 과목들이 새롭게 부활하여 교육 과정에 편제되었다는 점이다.[68] 또한 '특강'과 '연습' 과목이 다수 편제된 것도 특징적이다.

이에 비해 연희대의 경우는 특정 시기나 인물을 포함하는 서양철학 관련 과목이 상대적으로 다수라는 점이 특징적인데,[69] '강독' 과목이 다수 편제된 것도 다른 두 학교와의 차이점이다. 고려대의 경우 다른 두 학교에 비해 동양철학 관련 과목과[70] '특강'·'연습'·'강독' 과목이 상대적으로 다수라는 점이 가장 큰 특징이다.

그렇다면 세 학교 철학과의 교육 과정 과목들은 실제로 얼마나 개설되었는가? 현재 개설 강좌와 담당 교수를 확인할 수 있는 자료에 의하면,

---

68) 1955년 교육 과정의 구성 가운데 '현대윤리학'을 제외한 윤리학 관련 과목들(윤리학 개론·윤리학사개설·윤리학연습·윤리학특강)과 '교육방법론'을 제외한 교육학 관련 과목들(교육학원론·교육사개설·교육행정·교육학특강)은 <표 7>에서 확인할 수 있는 바와 같이 경성제국대학 법문학부 철학과가 포괄하던 윤리학 전공과 교육학 전공의 주요 과목들과 동일한 과목들이다.

69) 플라톤철학·아리스토텔레쓰철학·17세기합리론·경험론 등이 이에 해당되는 과목이다.

70) 한국사상사·중국불교사상사·청대사상사·중국고대철학사·중국중세철학사·중국근세철학사 등이 이에 해당되는 과목이다.

교육 과정이 정해져 있기는 했지만 여러 가지 이유로 인해 그 가운데 일부 과목만이 개설되었다.[71] 연희대 철학과의 경우 확인이 가능한 자료들[72] 가운데 가장 많은 강좌가 개설된 시기는 1956년 1학기인데, 개설된 강좌와 담당 교수를 정리하면 <표 10>과 같다.

〈표 10〉 1956년 1학기 연희대학교 철학과 개설 강좌 및 담당 교수

과목종별	과목명	학년	학점	담당 교수
필수교양	철학개론	2	3	최재희
				조우현
필수전공	논리학	2	3	정석해
	서양고대철학사		3	조우현
	중국철학강독I	3	3	권오돈
	희랍철학강독		3	김하태
	중국철학사		3	김흥호
	윤리학		3	최재희
	현대철학	4	3	김형석
	인식론		3	정석해
선택전공	사회학개론	2	3	안병욱
	현대철학강독	4	3	김하태
	역사철학		3	김형석

자료: 『학사보고서(4288년도)』, 연희대학교 교무처, 1956. 4. 24, 18쪽.

<표 10>에서 보는 바와 같이 연희대 철학과의 개설 강좌에서 서양철학 강좌가 차지하는 비율은 동양철학 강좌에 비해 압도적이다. 이는 전술한 바와 같이 연희대 철학과의 전임 교원 가운데 동양철학 전공자가 전무하다는 사실과도 무관하지 않을 것이다. 이와 관련하여 1956년 1학기에 '중국철학강독I'과 '중국철학사'가 개설된 것이 이채롭다. '중국철학강독I'을 담당

---

71) 필자는 서울대 철학과에서 개설한 강좌와 관련된 자료를 확인할 수 없었다. 따라서 이에 대한 분석은 부득이 생략하였다. 물론 1945년부터 1963년까지 서울대 문리과대학 철학과에 다녔던 졸업생 42명의 학적부를 정리한 이기상의 분석(이기상, 앞의 책, 2002, 48~50쪽)은 참조하였다.

72) 연희대가 작성한 『학사보고서』와 『講義科目一覽表』 등을 통해 1952년부터 1956년까지의 정보를 확인하였다.

한 권오돈은 전술한 바와 같이 국문학과의 한문 담당 전임 교원이었다. '중국철학사'를 담당한 김흥호(1919~2012)는 와세다대학 법학부 출신으로, 출강할 당시 이화여자대학교 교양학부 교수로 재직하면서 철학개론을 담당하고 있었다.[73] 그는 다석 유영모의 제자로 목사였지만 동양철학에 조예가 깊어[74] 동양철학 강좌를 담당한 것이다.

물론 연희대 철학과에 동양철학 강좌가 개설된 것은 1956년이 처음은 아니다. 현재까지 필자가 확인한 자료에 의하면, 1953년 1학기와 2학기에 '동양철학사'가 개설되었다.[75] '동양철학사'를 담당한 이는 경성제국대학 법문학부 철학과 1회 졸업생 출신으로 중국철학을 전공했던 조용욱(1902~1991)으로[76] 출강 당시는 동덕여자대학 교수였다.[77]

또 하나의 특징은 개설된 과목들 가운데 '강독' 과목이 차지하는 비율이 높다는 점이다. 이는 '강독' 과목이 다수 편제된 교육 과정의 특징과 관련된 것으로, 실제로 1956년 1학기에 개설된 과목들 가운데 '강독' 과목이 차지하는 비율은 필수 전공의 25%, 선택 전공의 33%를 차지한다.

이에 비해 고려대 철학과에서 개설한 강좌의 구성은 연희대의 그것과 구별된다. 현재 확인이 가능한 자료들[78] 가운데 교수진 모두가 강좌를 개설했던 1958년의 경우 개설된 강좌와 담당 교수를 정리한 것이 다음의 <표 11>이다.

---

73) 이화여자대학교 편,『이화여자대학교 대학안내』, 이화여자대학교, 1957, 26쪽.
74) 김흥호에 대해서는 김흥호,『다석일지 공부』 1~7, 솔, 2001 참조.
75) 『학사보고서(4286년도)』, 19쪽·35쪽.
76) 京城帝國大學 編, 앞의 책, 1939, 299쪽.
77) 조용욱에 대해서는 象隱 趙容郁博士 古稀紀念事業會 編,『象隱 趙容郁博士 頌壽紀念論叢』, 象隱趙容郁博士古稀紀念事業會, 1971 참조.
78) 고려대 철학회가 발행한『哲學硏究』를 통해 1955년과 1958년 정보를 확인하였다.

〈표 11〉 1958년 고려대학교 철학과 개설 강좌 및 담당 교수

담당 교수	개설 강좌	
	前學期	後學期
이상은	중국철학사, 철학개론	중국철학사, 程朱哲學, 陸王哲學
박희성	서양철학사, 영어원서강독, 영어회화	서양철학사, 영국경험론, 종교철학
이종우	칸트, 현대영미철학, 윤리학특강	現代獨佛哲學, 大陸唯理論, 헤에겔, 철학개론
김경탁	老莊哲學, 중국어	孔孟哲學, 楊墨哲學, 중국어
손명현	형이상학, 푸레이토, 羅甸語	인식론, 아리스토테레스, 철학개론, 羅甸語
성백선	심리학개론, 교육심리학	심리학개론, 사회심리학
김동화	인도철학사, 인도철학특강	한국철학사상사, 불교철학특강
최동희	논리학개론, 독어	논리학개론, 독어
신일철	철학개론, 독어	윤리학개론, 독어

자료: 『哲學研究』 2, 高麗大學校 哲學會, 1958. 11, 117~118쪽.

<표 11>에서 보는 바와 같이 고려대 철학과의 개설 강좌는 철학개론이나 심리학·교육학 관련 강좌를 제외하면 동양철학 강좌와 서양철학 강좌의 비율이 거의 동일하다는 점이 가장 큰 특징이다. 이는 전술한 바와 같이 연희대 철학과에서 개설한 강좌 구성의 특징과는 현저히 다른 점이다.[79] 이러한 이유는 고려대 철학과의 전임 교원 구성에서 서양철학 전공자와 동양철학 전공자의 비율이 커다란 차이를 보이지 않는다는 점과 무관하지 않다. 또한 연희대 철학과에 비해 '특강' 과목이 상대적으로 많이 개설된 점도 특징적이다.

또한 1958년 2학기에 '한국철학사상사' 강좌가 개설된 점도 매우 이채롭다. '한국철학사상사'를 담당한 김동화(1902~1980)는 스님으로 일본 릿쇼(立正)대학 종교학과 출신으로 1936년 릿쇼대학 전문부 종교과 교수에 임용되었다. 1943년 혜화전문학교 교수가 되었고, 1947년부터 동국대 교수로 재직하면서 서울대·성균관대 등 여러 대학에 출강하면서 불교와 동양철학 관련 강좌를 담당하였다.[80]

---

79) 서울대 철학과의 경우도 동양철학 강좌의 비율은 개설 강좌의 20%정도였다고 한다(이기상, 앞의 책, 2002, 51쪽).

IV. 교양철학 교육의 강조와 교양철학 교재

대학교의 교육 과정에 필수과목과 선택과목이 구분되고, 필수과목 안에 전공과목과 교양과목을 개설하는 것을 내용으로 하는 교양교육의 제도화는 미군정기에 처음 도입되었다.[81] 이후 교수진과 교육 과정이 재정비되던 1954년경부터 서울대·연희대·고려대 등에서는 교양교육이 한층 강조되었다.[82] 그리고 그 과정에서 교양필수 과목의 하나로 '철학개론' 등의 교양철학 강좌가 개설되었다.[83]

교양철학 강좌가 개설되자 그에 병행하여 교양철학 강좌를 위한 교재 편찬 작업이 진행되었다. 교양철학 강좌를 위한 교재는 1950년대 후반 서울대·연세대·고려대 모두에서 출판되었다.[84] 그 가운데 가장 먼저 출간된 것은 1958년 4월 서울대학교 교양과목교재출판위원회 철학과분과위원회 편으로 발행된 『대학교양과정 철학(大學敎養過程 哲學)』이다. 서울대학교 교양과목교재출판위원회 철학과분과위원회의 대표인 고형곤[85]은 책의 서문을 통해 철학의 기능에 대해 다음과 같이 언급하고 있다.

철학은 자연과학과 같이 치밀하지 못하야 이따금 思辯에 흐르며, 또 문화사와 같이 또렷한 형태를 갖지 못하여 몽롱하지만, 치밀하지 않은

---

80) 제선, 『뇌허의 불교사상 연구』, 민족사, 2007, 6쪽.

81) 자세한 것은 姜明淑, 앞의 논문, 2002, 132~134쪽 참조.

82) 연희대의 경우 1955년부터 1957년까지 '기초교육의 철저화'를 주요 교육방침으로 정하고, 공통된 교양과목을 모두 이수하도록 하였다(『학사보고서(4287년도)』, 2쪽).

83) 서은주, 「1950년대 대학과 '교양'독자」, 『현대문학의 연구』 40, 2010, 13~14쪽. 연희대의 경우 1955년부터 필수교양과목의 하나로 '철학개론(3학점)'을 이수하도록 하였는데(『학사보고서(4288년도)』, 2쪽), 이는 <표 10>에서도 확인할 수 있다.

84) 1950년대 이들 세 학교 이외에 전남대의 교양철학 교재(全南大學校 文理科大學 哲學敎室 編, 『哲學槪論』, 大昌文化社, 1957)의 발행을 확인할 수 있다.

85) 서울大學校 敎養科目敎材出版委員會 哲學科分科委員會 編, 『大學敎養過程 哲學』, 大東堂, 1958, 「판권」 참조.

탓으로 철학은 넓은 시야를 조망할 수 있고, 또렷한 형상으로 나타나지 않는 탓으로 전체를 파악할 가능성이 남겨져 있다.[86]

그럼에도 불구하고 기존의 '철학개론은 諸學說의 나열 혹은 편협한 주장을 진술하여, 諸科學의 기초로서의 교양과목의 임무를 다하기에 매우 부적당'했고, '지식의 통일로서 교양과목 중 철학과정이 필요'하기 때문에 '교양과정으로서의 철학'을 출간한다는 것이다.[87]

『대학교양과정 철학』은 형식적으로 보면 서양철학의 역사를 개괄한 1부(의식의 현상학)와 철학의 각 분야를 서술한 2부(이론의 체계), 그리고 동양철학에 대해 기술한 3부(동양적 사유)로 구성되어 있다.[88] 그러나 실제 서술된 분량을 살펴보면, 서양철학과 동양철학에 대한 서술 분량이 매우 불균등하다. 전체 분량의 약 90%가 서양철학 서술에 집중되어 있기 때문이다.[89] 『대학교양과정 철학』의 또 다른 특징은 동양철학 관련 서술이 매우 소략한 가운데, 한국철학에 대한 기술은 거의 전무하다는 점이다.[90]

---

86) 서울大學校 敎養科目敎材出版委員會 哲學科分科委員會 編, 위의 책, 1958, 「序」 2쪽.

87) 서울大學校 敎養科目敎材出版委員會 哲學科分科委員會 編, 위의 책, 1958, 「序」 1~2쪽.

88) 『대학교양과정 철학』은 '심화된' 또는 '전문화된' 철학개론서로, 이 책의 서술 형식은 이후 모든 대학교의 교양철학 교재의 표본이 되었다고 한다(이기상, 앞의 책, 2002, 77쪽).
『대학교양과정 철학』의 목차는 다음과 같다.
제1부 意識의 現象學: 西洋哲學思想의 史的 發展
意識의 現象學 序說 / 原始思惟 / 「로고스」的 思惟: 永遠과 理念의 追求 / 理性과 信仰: 創造者로서의 神 / 理性의 回復과 昂揚 / 論理와 事實: 科學哲學 / 理性과 實存: 實存哲學
제2부 理論의 體系: 理論·實在·知識·行爲
理論과 行爲 / 倫理學 / 形而上學 / 認識論 / 倫理學
제3부 東洋的 思惟
原始佛敎의 哲學思想 / 老莊哲學 / 性理學

89) 373쪽 분량의 책 가운데 서양철학과 관련된 1부(210쪽)와 2부(124쪽)의 분량은 334쪽이다.

90) 제3부 3장(성리학)의 '宋代 性理學의 極東에의 影響'이란 부분에서 서경덕·이황·이

『대학교양과정 철학』의 서술 비중 불균형과 한국철학에 대한 서술 태도
는 서울대 철학과의 교육 과정이 서양철학 중심이고 교수진의 전공이
서양철학 일색이라는 현실이 반영된 것이라고 할 수 있다. 그러나 서울대학
교 교양과목교재출판위원회 철학과분과위원회에 외부에서 참가한 이들이
다수 포함되어 있다는 점에서 '철학'과 '한국철학'을 바라보는 당대 철학계
일반의 인식과도 무관하지 않은 것이라고 하겠다.

『대학교양과정 철학』의 가장 큰 특징은 이 책이 서울대의 교양철학
강좌 교재임에도 불구하고 서울대학교 교양과목교재출판위원회 철학과분
과위원회에 서울대 전임 교원 이외에 다른 학교의 전임 교원들이 대거
참여한 점이다. 16명으로 구성된 서울대학교 교양과목교재출판위원회
철학과분과위원회의 구성원은 다음과 같다.

고형곤, 구본명, 김계숙, 김규영, 김기석, 김동화, 김용배, 김준섭, 김태길,
김하태, 박상현, 손명현, 이종달, 윤명노, 정석해, 조가경[91]

16인의 편집위원을 출신 학교별로 구분해 보면, 경성제국대학 법문학부
철학과·경성제국대학 법문학부 대학원·서울대학교 문리과대학 철학과
등 서울대와 관련된 이들이 10명으로[92] 대다수를 차지하고 있다. 그리고
연희전문학교 문과 출신이 4명이나 참여하고 있다는 점도 눈에 띈다.[93]

이 등을 언급하는 부분뿐이다(서울大學校 敎養科目敎材出版委員會 哲學科分科委員
會 編, 앞의 책, 1959, 373쪽).

91) 서울大學校 敎養科目敎材出版委員會 哲學科分科委員會 編, 위의 책, 1959, 「序」 4쪽.

92) 경성제국대학 법문학부 철학과 출신은 김계숙(1회)·고형곤(5회)·구본명(8회)·김용
배(11회)·김규영(15회)·이종달(11회) 등 6명이고, 손명현은 경성제국대학 법문학
부 대학원 출신이다. 서울대학교 문리과대학 철학과 출신은 김태길(1회)·윤명로(2
회)·조가경(6회) 등 3명이다.

93) 본고의 2장에서 살펴 본 바와 같이 김준섭·김하태·박상현·정석해가 연희전문학교
문과 출신이다. 이외에 김기석은 도호쿠제국대학 출신이며(김기석에 대해서는
동방정신문화연구소 엮음, 『서은 김기석사상의 재조명』, 한국학술정보, 2007
참조), 김동화는 전술한 바와 같이 릿쿄대학 출신이다.

또한 당시의 소속별로 살펴보면 서울대 전임 교원과 강사는 8명이다.[94] 목차의 구성과 관련하여 제3부처럼 서울대 전임 교원들이 집필하기 힘든 부분이 있어서 그랬을 수도 있지만, 나머지 8명은 서울대 외부에서 참가한 이들이었다.[95] 이러한 편집위원회의 구성은『대학교양과정 철학』이 단순히 한 대학교의 교양철학 교재라기보다는, 일제시기부터 철학을 연구해 온 철학연구자들이 '철학'에 대해 답하는 자기 정리 작업이라 할 것이다.

고려대의 교양철학 교재인『교양철학입문(敎養哲學入門)』은 최동희·김영철·신일철 등 3인의 공저로, 1958년 5월 일신사에서 출간되었다. 각각 47학번·49학번·51학번으로 '고려대학교 철학과 2세대'[96]인 이들은 당시 20대 후반에서 30대 초반까지의 '소장철학도'로 모두 서양철학 전공자였다. 이들은 「자서(自序)」를 통해 책의 집필 목적을 다음과 같이 피력하고 있다.

> 이 책은 「槪論」이 흔히 갖는 것처럼 여러 학설을 망라해서 그저 배열한 것과는 다르다. 종래 철학에서 다루어오던 주요 문제요, 또 우리들의 일상생활과 밀접한 관계가 있는 몇 가지 문제를 추려서 그것을 여러 先哲들의 의견을 빌려다가 현대인들이 수긍할 수 있도록 그 해결을 꾀하였다.[97]

---

94) 서울대 전임 교원은 문리과대학 철학과의 고형곤·김준섭과 사범대의 김계숙·김기석, 그리고 공과대학의 박상현(『檀紀4288年 서울大學校一覽』, 14쪽) 등 5명이다. 김태길·윤명로·조가경 등 3명은 문리과대학 강사였다(『京城帝大·京城大學·文理科大學 同窓會員 名簿』, 서울大學校 文理科大學 同窓會, 1958, 37쪽, 41쪽, 64쪽). 그런데 무슨 이유에서인지 당시 철학과 전임 교원 가운데 교육학 전공자인 이인기를 제외하더라도 박종홍·최재희·박홍규는 편집위원회에 참여하지 않았다.

95) 김규영·김용배(『京城帝大·京城大學·文理科大學 同窓會員 名簿』, 1958, 24쪽, 27쪽)· 김동화는 동국대 교수이고, 김하태·정석해는 연세대 교수였다. 구본명과 이종달은 각각 성균관대와 부산대 교수이고(『京城帝大·京城大學·文理科大學 同窓會員 名簿』, 1958, 18쪽, 22쪽), 손명현은 고려대 교수였다. 이 가운데 김동화·김용배는 동양철학 전공자이다. 구본명은 경성제국대학 법문학부 철학과에서는 서양철학을 전공했지만, 해방 후 충남대와 성균관대 동양철학과의 전임 교원으로 동양철학 강좌를 담당하고 관련 논문도 집필하였다(구본명에 대해서는 具本明,『中國思想의 源流體系: 河山 具本明先生文集』, 大旺社, 1982 참조).

96) 김창래, 앞의 논문, 2006, 10쪽.

『교양철학입문』은 철학이란 무엇인가를 다룬 1편(철학이란 무엇이냐?)과 서양철학의 역사를 개괄한 2편(서양철학이 걸어온 길), 그리고 철학의 주요 문제를 기술한 3편(철학의 제문제)으로 구성되어 있다.[98] 동양철학에 대한 서술 자체가 생략된 책의 구성은 서양철학과 동양철학의 균형이라는 고려대 철학과의 전통이 전혀 드러나지 않는다는 점에서 이채롭다. 이러한 구성과 서술은 공저자들이 모두 서양철학 전공자라는 점에 기인한 것으로, 또한 '철학'이라면 당연히 '서양철학'을 지칭하던 당대의 일반적인 인식과도 무관하지 않을 것이다.

이들의 스승인 이종우가 서문을 써서 출간을 축하한 『교양철학입문』은 해방 후 철학을 연구한 첫 세대가 '철학'에 대한 자기 인식을 자기의 목소리로 정리한 산물이라는 점에서 의미를 갖는 저작이라 할 것이다.

연세대는 1959년 1학기부터 종래의 교양과목을 통재(通才)과목·어학과목·종교·체육 등 4종으로 구분하고, '인간과 사상'·'인간과 사회'·'인간과 우주' 등 세 가지를 통재과목의 기본과목으로 정하기로 하였다. 그리고 이러한 교양과목 개편과 함께 통재과목 교재연구위원회를 조직하여 교재를 출판하였다. 1959년 5월 '인간과 우주'의 교재가 출판되었고, 11월에는 '인간과 사회'와 '인간과 사상'의 교재가 출판되었다.[99]

1959년 11월 연세대학교 「人間과 思想」편집위원회 편으로 연세대학교

---

97) 崔東熙·金永喆·申一澈, 『敎養哲學入門』, 日新社, 1958, 8쪽.
98) 1편과 2편은 각각 김영철과 최동희가 집필하였고, 3편 1~4장과 5~6장은 각각 신일철과 김영철이 집필하였다(崔東熙·金永喆·申一澈, 위의 책, 1958, 9쪽).
목차는 다음과 같다.
제1편 哲學이란 무엇이냐?
哲學이란 무엇이냐? / 哲學에 대한 科學哲學의 見解
제2편 西洋哲學이 걸어온 길
「끄레시아」哲學 / 헬레니즘·로오마哲學 / 中世哲學 / 近世哲學 / 現代哲學
제3편 哲學의 諸問題
物質이란 무엇이냐? / 精神이란 무엇이냐? / 生命이란 무엇이냐? / 神이란 무엇이냐? / 善이란 무엇이냐? / 眞理란 무엇이냐?
99) 연세창립80주년 기념사업위원회 편, 앞의 책, 1969, 752~754쪽.

출판부에서 출판된 『인간(人間)과 사상(思想)』이 바로 '인간과 사상'의 교재로, 연세대의 교양철학 교재이다. 편자들은 「머리말」을 통해 『인간과 사상』의 집필 목적을 다음과 같이 피력하고 있다.

통재과목의 하나인 「人間과 思想」도, 따라서 종래의 전문적인 「哲學槪論」과는 달리, 인류가 지금까지 형성한 인생관과 세계관과를, 그 유형에 따라, 이론체계만이 아니라, 보다 더 넓게 체득하여, 그것이 오늘날의 인류의 공통적인 사상문제를 이해하며, 가치감을 높일 수 있을 뿐만 아니라, 또한 이 나라의 새로운 사유 형태와 思潮와를 형성할 수 있는 素地를 마련하려는 것이다.[100]

『인간과 사상』의 가장 큰 특징은 서울대나 고려대의 교양철학 교재와 같은 형식의 전문적인 철학개론서가 아니라 동서양의 철학서와 문예작품들 가운데 원전을 선택하고 그것을 번역하여 편집했다는 점이다. 이런 형식의 교양철학 교재는 전술한 바와 같이 연세대 철학과의 교육 과정이나 개설 과목에서 '강독' 과목의 비율이 높다는 특징과도 관련되는 것이다.

이러한 작업은 『인간과 사상』 편집위원회가 주관하였는데, 정석해·조우현·김형석 등 당시 연세대 철학과의 교수진 전체가 편집위원회에 참여하였다. 이런 점에서 『인간과 사상』은 일제시기부터 철학을 연구해 온 철학연구자와 해방 후에 철학을 연구한 세대가 함께 한 '철학'에 대한 자기 방식의 정리 작업이라는 점에서 『대학교양과정 철학』이나 『교양철학입문』과는 또 다른 의미를 갖는 저작이라고 할 것이다.

『인간과 사상』은 가려 뽑은 원전 20편으로 구성되어 있는데, 서양철학과 관련된 것이 15편으로 압도적이다.[101] 이러한 구성은 편자들의 전공이

---

100) 延世大學校 「人間과 思想」編輯委員會 編, 『人間과 思想』, 延世大學校出版部, 1959, 「머리말」 참조.
101) 20편 가운데 서양철학과 관련된 15편은 잔치(플라톤)·니코마코스윤리학(아리스토텔레스)·참회록(아우그스티누스)·햄릿(쉐이크스피어)·우상에 관하여(F. 베이콘)

모두 서양철학이라는 점과 밀접한 연관을 갖는다. 또한 동양철학과 관련된 것 가운데 한국철학과 관련된 것은 이이의『격몽요결』이 유일하다.[102]

연세대의 경우 다른 대학교와 같은 형식의 교양철학 교재인『철학개론(哲學槪論)-인간(人間)과 사상(思想)』을 발행한 것은 1963년이다.[103]『철학개론-인간과 사상』은 연세대 철학과의 전임 교원인 조우현·배종호·김형석이 각각 '서양의 사상'·'동양의 사상'·'철학의 문제들' 부분을 집필하였는데,[104] 특히 '동양의 사상'은 중국의 사상·인도의 사상·한국의 사상으로 구성되어 있다. 또한 '한국의 사상'은 불교·유교·서양사상의 전래(傳來)를 다루고 있다.

V. 맺음말

이상에서 해방 후부터 1950년대까지의 시기를 대상으로, 서울대학교·연희(연세)대학교·고려대학교 철학과의 설치과정과 그 운영을 고찰하기 위해, 교수진의 구성과 교육 과정 및 개설 강좌에 대해 검토하였다. 또한

·명상록(파스칼)·인간학(칸트)·대학의 도덕적 학문적 사명에 관하여(쉘링)·세계사의 이성관(헤-겔)·대중교재판관(도스토에프스키)·짜라투스트라의 서언(니-체)·실용주의란 무엇을 의미하는가?(제임스)·운명이념과 이념법칙(슈펭글러)·실존주의는 휴매니즘이다(싸르트르)·과학과 철학(화이트헤드) 등이다. 동양철학과 관련된 나머지 5편은 擊蒙要訣(이이)·道德經(노자)·論語·孟子·釋迦牟尼의 出家求道와 初轉法輪(비간데) 등이다.

102)『人間과 思想』은 1960년 서명을『사람과 思想』으로 변경하여 다시 출판되었는데, 그 과정에서 가감이 가해져 모두 26편이 수록되었다(鄭錫海·金亨錫·趙宇鉉 編,『사람과 思想』, 延世大學校出版部, 1960). 잔치(플라톤)가 빠지고, 오이디프스왕(쏘포클레에스)·쏘크라테스의 辨明(플라톤)·人生談論(에픽테에토스)·自省論(마루크스 아우렐리우스)·神曲(단테)·方法序說(데카르트)·파우수트(꾀에테) 등 7편이 첨가되었다. 26편 가운데 21편이 서양철학과 관련된 것으로 압도적이다.

103) 趙宇鉉·裵宗鎬·金亨錫,『哲學槪論-人間과 思想』, 延世大學校出版部, 1963.

104) 종래의『人間과 思想』은 '副讀本'으로 사용되었다(趙宇鉉·裵宗鎬·金亨錫, 위의 책,「머리말」참조).

세 학교의 교양철학 강좌 교재의 특징도 살펴보았다.

서울대 철학과 교수진의 가장 큰 특징은 경성제국대학 법문학부 철학과 출신이 다수라는 점이다. 또한 교수진 가운데 동양철학 전공자가 전무했다는 점도 특징적인데, 이는 연희(연세)대의 경우도 동일하다. 이에 비해 고려대는 서양철학 전공자와 동양철학 전공자가 함께 포진하여 독특한 학풍을 만들어 냈다.

철학과가 설치된 1946년 교육 과정의 특징은 세 학교 철학과 모두 경성제국대학 법문학부 철학과의 학수 과목을 기본으로 하고 있다는 점과 서양철학 관련 과목에 비해 동양철학 관련 과목의 비율이 낮은 점이다. 1955년 전후 교육 과정이 재정비되면서 과목의 수가 급증하였는데, 세 학교 철학과의 교육 과정은 대체로 대동소이하였다. 그러나 학교별로 특징적인 면도 존재하였다. 서울대는 경성제국대학 법문학부 철학과가 포괄했던 윤리학 전공과 교육학 전공의 주요 과목들이 다시 부활하여 편제되었다는 점이 특징적이다. 이에 비해 연희대와 고려대는 각각 '강독' 과목과 동양철학 관련 과목이 다수 편제되었다는 점이 눈에 띈다. 또한 실제 개설된 강좌도 편제된 교육 과정처럼 연희대는 '강독' 과목이 차지하는 비율이 높고, 고려대는 동양철학 강좌와 서양철학 강좌의 비율이 거의 동일하다.

교수진과 교육 과정이 재정비되던 1950년대 중반 교양필수 과목의 하나로 교양철학 강좌가 개설되었고, 그에 병행하여 공동 집필의 형식으로 1950년대 후반 교양철학 교재가 출간되었다. 세 학교의 교재는 모두 서양철학 중심으로 서술되었다는 공통점이 있다. 그러나 서울대 교재는 편집위원회에 다른 학교의 교수들이 50%나 참여했다는 점에서 특징적이고, 고려대의 교재는 해방 후 철학을 연구한 첫 세대가 집필했다는 점이 눈에 띈다. 연세대의 교재는 전문적인 철학개론서를 지양하고 동서양의 철학서와 문예작품들을 번역하여 편집했다는 점에서 특징적이다.

언어민족주의와 '과학적' 언어학
불안한 동거에서 대립으로

이 준 식

I. 머리말

근대국가에서 언어문제가 중요하다는 것은 주지의 사실이다. 19세기 말까지만 하더라도 우리 조상들은 한자세계에 살고 있었다. 그런데 그로부터 한 세기가 조금 더 지난 지금 우리는 한글만으로도 얼마든지 소통이 가능한 한글세계에 살고 있다. 학문도 마찬가지이다. 대부분의 연구 성과가 한글로 발표된다. 언어가 다르기 때문에 이해할 수 없다는 문제는 일어나지 않는다. 그래서인지 우리는 한글세계를 너무나도 당연히 여긴다. 그렇지만 한자세계에서 한글세계로의 전환[1]은 결코 그냥 주어진 것이 아니었다.

한글세계로의 전환은 우리 사회가 근대로 나아가는 과정과 밀접하게 연관된 가운데 이루어졌다. 19세기 말 나라가 망할 위기에 처했을 때 나라와 겨레가 살기 위해서는 한자세계를 한글세계로 바꾸어야 한다는 움직임, 곧 한글운동이 나타났다. 한글운동의 바탕에는 한글과 민족의 얼(性)을 하나로 보는 언어민족주의가 자리를 잡고 있었다. 주시경[2]에서 비롯된 한글운동은 일제강점기에도

---

* 이 글은 『한국근현대사연구』 67(2013)에 실린 논문을 고쳐 수록한 것이다.
1) 한자세계에서 한글세계로의 전환이라는 개념에 대해서는 조성윤, 「외솔과 언어민족주의: 한문의 세계에서 한글의 세계로」, 『현상과 인식』 18-3, 1994 볼 것.
2) 주시경에 대해서는 많은 글이 있지만 민족주의라는 입장에서 주시경의 언어관을

끊이지 않고 이어졌다. 주시경의 뜻을 이은 최현배, 이극로 등이 조선어연구회와 그 후신인 조선어학회를 만들어 한글을 연구하고 통일하며 보급하는 활동을 벌인 결과3) 일제강점기에 이미 적어도 한글과 한자를 섞어 쓰는 것이 일반화되었다. 그리고 해방이 되자마자 한글운동 세력이 언어정책의 주도권을 잡아 한글 전용을 밀어붙이면서 한글세계로의 전환이 이루어진 것이다.4)

일제 식민통치로부터 해방된 뒤 식민잔재 청산의 목소리가 높았지만 정작 청산에 성공한 경우는 거의 없다. 그런 가운데서도 다른 분야에 비해서는 일찍부터 식민잔재를 극복하려는 움직임이 나타났고 일정 부분 결실을 거둔 분야가 바로 언어였다.5) 일제의 한글 말살정책에 의해 해방 직후의 언어상황은 심각한 위기를 겪고 있었다. 일상생활에서 많은 사람이 여전히 일본어를 쓰고 있었기 때문이다. 전국 방방곡곡의 학교에서 선생님이 출석을 부르면 학생들이 '하이'라고 대답하는 웃지 못할 일이 일어나는 것이 해방 직후의 상황이었다. 만약 한글운동이 없었다면 언어생활의 위기를 극복하는 데는 더 많은 어려움이 있었을 것이다.6)

물론 한글세계로의 전환이 순탄한 것만은 아니었다. 한글 전용에 반대하는 움직임도 엄연히 존재했고 지금도 한글세계를 인정하지 않는 목소리는 큰 힘을 떨치고 있다. 예나 지금이나 한글 전용에 반대하는 사람들이

정리한 신용하, 「주시경의 애국계몽사상」, 『한국근대사회사상사연구』, 일지사, 1987 볼 것.

3) 일제강점기 한글운동에 대해서는 이준식, 「외솔과 조선어학회의 한글운동」, 『현상과 인식』 18-3, 1994 ; 이준식, 「일제침략기 한글운동 연구」, 『한국사회사연구회논문집』 49, 1996 ; 박용규, 『조선어학회 항일투쟁사』, 한글학회, 2012 등을 볼 것.

4) 해방 후의 한글운동에 대해서는 한글학회, 『한글학회 50년사』, 한글학회, 1971 ; 정재환, 『한글의 시대를 열다-해방 후 한글학회 활동 연구』, 경인문화사, 2013 등을 볼 것.

5) 물론 아직 식민잔재의 청산에 완전히 성공했다는 것은 아니다. 아직도 일본어의 잔재는 우리 생활 곳곳에 스며들어 있다.

6) 해방 직후 언어의 위기상황을 논의한 정재환, 「해방 후 우리말 도로 찾기 운동의 내용과 성과」, 『한글』 296, 2012 볼 것.

내세우는 논리는 하나이다. 언어학은 과학이라는 것이다. '과학적' 언어학[7] 에서 본다면 한글운동의 바탕이 되는 언어민족주의는 언어학의 대상이 되지 않는 '비과학'일 뿐이라는 것이다. 그런데 과학으로서의 언어학을 강조하면서 언어민족주의를 비판하는 움직임은 일제강점기에 이미 나타난 적이 있었다. 실제로 해방 이후의 한글 전용 반대론은 일제강점기의 언어민 족주의 비판과 이어진 것이었다. 그런데 이러한 움직임을 주도한 것이 경성제국대학[8](아래에서는 경성제대로 씀)의 법문학부 '문학과 조선어학 및 조선문학 전공'(아래에서는 조선어문학과로 씀) 출신이거나 해방 이후 이들이 교수로 재직하고 있던 서울대학교 국어국문학과나 국어교육과 출신이라는 사실이 흥미롭다. 이것은 과연 우연의 일치일까? 당연히 그렇지 않다. 한글을 둘러싼 대립과 갈등에는 고등교육기관을 포함한 제도권 학문영역에서의 주도권 다툼이라는 문제가 얽혀 있는 것이다.

국어학자들이 쓴 국어학사 관련 책을 보면 19세기 말 이후 국어학에 큰 영향을 미친 사람들의 이름이 많이 나온다. 그 가운데서도 눈에 띄는 것은 한힌샘 주시경, 히못 김두봉, 고루 이극로, 외솔 최현배, 한결 김윤경, 일석(一石) 이희승, 도남(陶南) 조윤제, 일사(一簑) 방종현, 심악(心岳) 이숭녕, 해암(海巖) 김형규 등이다.[9] 한 눈에 앞의 다섯 명과 뒤의 다섯 명 사이에는

---

7) '과학적' 언어학이란 표현은 김영환, 「'과학적' 국어학 비판—이희승을 중심으로」, 『한글』 252, 2001에서 따온 것이다. 이 글에서 김영환은 '과학적' 국어학을 "이희승 을 중심으로 한 경성제대의 학맥"으로 규정하고 있다. 그렇지만 김영환이 말하는 '과학적' 국어학에 해당하는 사람들이 실제로는 '국어학'보다는 '일반 언어학'을 선호한다는 점에서 '과학적' 언어학이란 표현이 더 어울린다고 생각한다.

8) 경성제국대학에 대한 연구는 상당수이다. 그 가운데서도 장세윤, 「일제의 경성제국 대학 설립과 운영」, 『한국독립운동사연구』 6, 1992 ; 이준식, 「일제강점기의 대학 제도와 학문체계: 경성제대의 '조선어문학과'를 중심으로」, 『사회와 역사』 61, 2002 ; 정선이, 『경성제국대학 연구』, 문음사 2002 ; 정준영, 「경성제국대학과 식민 지 헤게모니」, 서울대학교 박사학위논문, 2009 ; 신주백, 「1930년대 초중반 조선학 학술장의 재구성과 관련한 시론적 탐색」, 『역사문제연구』 26, 2011 ; 「식민지기 새로운 지식체계로서 '조선사', '조선문학', '동양철학'의 형성과 고등교육」, 『동방 학지』 160, 2012 ; 장신, 「경성제국대학 사학과의 자장」, 『역사문제연구』 26, 2011 등을 볼 것.

무언가 차이가 있음을 쉽게 알 수 있다. 앞의 다섯 사람의 호가 순수한 우리말인데 비해 뒤의 다섯 사람의 호는 한자어이기 때문이다. 그렇지만 더 중요한 차이는 따로 있다.

앞의 다섯 사람은 모두 '주시경학파'의 성원이다. 주시경에게 직접 가르침을 받았거나 주시경의 후계자들로부터 다시 가르침을 받아 한자세계를 한글세계로 바꾸는 언어혁명을 추구한 사람들을 주시경학파라고 할 수 있다.[10] 이들에게는 언어민족주의를 바탕으로 한글 전용과 가로쓰기를 추구하고 어휘 형태소의 기본형을 고정해 표기하는 형태주의 문법을 따른다는 공통점이 있었다. 다섯 사람 모두 경성제대나 서울대학교와는 아무런 관계가 없다는 것도 이들의 특징이다.

반면에 뒤의 다섯 사람은 모두 경성제대 조선어문학과 출신이다. 그리고 모두 나중에 서울대학교 교수가 되었다. 이들은 경성제대의 '관학아카데미즘'으로부터 직접 영향을 받았으며 평생을 과학적 언어학의 믿음을 갖고 국어학 연구에 헌신해 지금 국어학계 주류로부터 한국 국어학의 창시자라는 평가를 받고 있다. 이숭녕에 대해 "민족감정에 입각한 '광신적 애국주의'에 기운 일제강점기의 국어학을 비판하면서 학술(과학)로서의 국어학을 개척한 대학가의 파수병"[11]이라고 극찬하는가 하면, 이희승에 대해서도 "개화기나 식민지시대 어학자들의 추상적이고 관념적인 공리적 언어관을 구체적인 언어자료를 통해 실증할 수 있는 길을 텄다"[12]고 높이 평가하는 것이 대표적인 보기이다.

두 부류의 국어학자 사이에는 우리 말글을 한글 중심으로 할 것인가

---

9) 이 가운데 조윤제는 국문학자로 많이 알려져 있지만 국어교육 문제와 관련해서도 언어민족주의를 비판하고 한글 전용론을 반대하는 데는 큰 역할을 수행하였다. 국어에 대한 조윤제의 생각을 잘 담고 있는 글이 조윤제, 『국어교육의 당면과제』, 문화당, 1947이다.

10) 김석득, 「근·현대의 국어(학) 정신사」, 『한글』 272, 2006.

11) 이병근, 「심악 이숭녕 선생의 삶과 학문」, 『어문연구』 32-1, 1982, 477쪽.

12) 고영근, 「국어학 체계의 형성·발전」, 고영근 외, 『국어학연구백년사 1』, 일조각, 1992, 13~14쪽.

아니면 한글과 한자어의 혼용(또는 한자어 중심)으로 할 것인가 하는 생각의 차이, 더 나아가서는 언어학이 현실의 언어생활을 개선하기 위해 개입해야 할 것인가 아니면 현실의 언어생활을 주어진 것으로 인정하고 개입하지 말 것인가라는 생각의 차이가 놓여 있었다.13) 그 차이는 두 부류를 구분하는 일종의 경계선과도 같은 것이다. 결국 그러한 경계선이 호를 순수한 우리말로 짓거나 아니면 한자어로 짓는 차이로 나타난 셈이다.14)

우리말 호와 한자어 호의 차이는 해방 이전부터 언어와 관련해 서로 다른 생각을 갖는 두 개의 큰 흐름15)이 존재하고 있었음을 상징으로 보여주는 것이다. 그리고 뒤의 흐름을 따르는 사람들이 앞의 흐름을 '광신적 애국주의'로 평가하는가 하면 거꾸로 앞의 흐름을 따르는 사람들은 뒤의 흐름이 떠받드는 조선어문학과 출신에 대해 '일제잔재, 식민학문'의 혐의16)를 두는 데서 알 수 있듯이 두 흐름 사이에는 단순한 언어관의 차이를 뛰어넘어 언어정책의 주도권 다툼 더 나아가서는 국어학계에서의 학문

---

13) 한글 전용론에 관한 한 방종현은 다소 모호하다. 왜냐하면 일찍이 조선어학회 회원이었고 해방 이후에도 조선어학회 회원으로 활동했으면서도 한글 전용에 대해서는 이렇다 할 개인의 생각을 밝힌 적이 없는 데다가 1952년에 일찍 세상을 떠났기 때문이다. 한글운동 동지로서 한글 전용에 찬성했다고 볼 수도 있지만 일단 뒤의 범주에 포함시켰다.

14) 1980년대 이후 한때나마 주시경에 대한 연구가 활발해지면서『한힌샘연구』와 『주시경학보』라는 두 개의 전문 학술지가 나타난 것도 이와 무관하지 않다. 잡지 이름에서도 알 수 있듯이 앞의 잡지가 주시경에서 한글학회로 이어지는 한글운동의 맥을 잇는 것이라면 뒤의 잡지는 경성제대에서 서울대학교로 이어지는 국어학의 전통을 계승하는 것이다.

15) 두 흐름과 결을 달리 하는 흐름도 있었다. 보기를 들어 소리가 나는 그대로 표기하는 표음주의를 표방한 조선어학연구회가 일제강점기에 조선어학회와 대립하고 있었다. 표음주의 국어학은 해방 이후 이승만정권이 잠깐 밀어붙인 한글간소화 파동에 관련되기도 하였다. 그러나 크게 보아서는 언어생활에 대한 영향력의 지속이라는 측면에서는 두 흐름과는 차이가 분명하고 더욱이 제도화된 국어학 체계에서는 거의 사라졌기 때문에 이 글에서는 논의하지 않는다.

16) 이는 1994년 정부에서 이희승을 10월의 문화인물로 선정한 것을 계기로 나온 이야기이다. 자세한 것은『말』, 1994년 10월호의 특집 '10월의 인물 이희승과 경성제대 학맥의 우리말 죽이기'에 실린 여러 편의 글과 김영환, 「이희승의 친일국 어학에 대한 비판」,『배달말교육』16, 1996 등을 볼 것.

주도권 다툼이 뒤섞여 있다.[17]

II. 해방 이전 언어민족주의와 과학적 언어학의 흐름[18]

언어를 근대 민족의 형성이나 근대 민족국가의 성립에서 핵심요소로 보는 생각을 언어민족주의라고 한다. 언어민족주의는 근대 민족국가를 건설하기 위해 민족언어의 보급과 정비를 적극 추진하는 일련의 움직임으로 나타났다. 우리의 경우에도 19세기 말에 이미 언어민족주의를 바탕으로 한 한글운동이 전개되었다. 한글운동의 중심은 주시경이었다. 그에 따르면 나라의 성쇠는 말글의 성쇠에 달려 있었다.[19] 주시경으로부터 직접 배웠거나 주시경의 생각에 동의하는 사람들이 주시경을 중심으로 모여 일종의 학파를 형성하게 되었다.

주시경학파는 새로운 세대에게 언어민족주의를 심는 데 온힘을 쏟았다. 그러나 주시경학파의 활동은 여기서 끝나지 않았다. 한글운동을 다른 차원의 민족운동과 결합시키려고 한 것이다.[20] 주시경학파의 사람들은 일찍이 1909년에 만들어진 대동청년단이라는 비밀 결사에도 가입했고[21]

---

17) 최현배, 이숭녕, 이희승 등이 차례로 세상을 떠나면서 두 흐름 사이의 차이는 이제 별 의미가 없다고 보는 시각도 있다. 그러나 최근 뒤의 흐름을 대표하는 한국어문교육연구회를 중심으로 한글 전용 정책을 담은 현행 국어기본법이 위헌이라는 헌법소원을 제기한 데서 알 수 있듯이 한글 전용을 둘러싼 대립은 지금도 현재진행형이다. 오히려 한글 전용은 좌파의 논리이며 따라서 한자교육을 부활해야 한다는 극우의 주장이 『한국논단』을 중심으로 가세하면서 문제는 더 복잡해지고 있다.

18) 아래의 서술은 이준식, 앞의 논문, 1996 ; 앞의 논문, 2002에 기초한 것이다.

19) 주시경, 『국어문법』, 1910, 1~2쪽.

20) 주시경학파의 민족운동에 대해서는 이준식, 「히못(白淵) 김두봉의 삶과 활동」, 『나라사랑』, 116, 2010 볼 것.

21) 대동청년단에 대해서는 권대웅, 「대동청년단 연구」, 『수촌 박영석교수 화갑기념 한민족독립운동사논총』, 1992 볼 것. 한글운동 관련자 가운데 김두봉, 남형우, 이극로, 이우식, 윤병호 등이 대동청년단에서 활동하였다.

민족종교인 대종교에도 입교하였다.[22] 심지어 주시경은 해외망명을 계획하고 있었다. 이와 관련해 주시경학파의 일부 성원들은 사실상 정치혁명을 지향하는 비밀결사의 성격을 꾸리고 있었다.[23] 초기 사회주의운동의 역사에서 상해파와 이르쿠츠크파가 서로 맞서고 있었다는 사실은 많이 알려져 있다. 그런데 두 파가 다투는 과정에서 주시경에서 비롯된 배달모듬이라는 조직이 상해파의 전신 가운데 하나라고 거론되었다. 물론 주시경이 세상을 떠나고 김두봉이 중국으로 망명하면서 주시경학파의 정치적 성격은 한결 약화되었다. 국내에 남은 주시경학파 성원들은 1921년 조선어연구회를 조직하였다. 그리고 1926년 최현배가 일본에서 귀국하고 1929년 이극로가 독일에서 귀국하면서 조선어연구회의 활동은 활기를 띠게 되었다.

최현배는 일본유학을 통해 한글 연구의 체계화를 위한 훈련을 쌓았다. 더욱이 1926년 『동아일보』에 연재한 「조선 민족 갱생의 도」라는 글을 통해 유력한 민족운동 이론가의 자리를 차지하였다. 비슷한 시기에 여러 신문, 잡지에 발표한 글을 통해 최현배는 겨레의 말글을 지키고 가다듬는 일이야말로 민족운동의 일환으로서의 성격을 갖는다는 점을 분명히 하였다. 한편 이극로는 "언어문제가 곧 민족문제의 중심이 되는 까닭에 일본통치 하의 조선민족은 이 언어의 멸망이 곧 따라 올 것"으로 보고 "(어문운동으로) 민족의식을 넣어 주며 민족혁명의 기초를 쌓"는 활동에 주력해야 한다는 생각을 갖고 있었다.[24]

이와 같이 한글운동론이 정립됨에 따라 조선어연구회는 활발한 활동을 벌일 수 있었다. 1926년 10월 '가갸날'(1928년부터 '한글날'로 바뀜)을

---

22) 주시경을 비롯해 김두봉, 최현배, 정열모, 이극로 등이 대종교에 입교한 것이 확인된다. 특히 김두봉은 나철이 일제에 항거하다가 끝내 뜻을 이룰 수 없어 1916년 음력 8월 4일 황해도 구월산 삼성사에서 자결할 때 수행할 정도로 대종교 안에서 비중 있는 역할을 수행하였다. 독립운동사편찬위원회 엮음, 『독립운동사 제8권 문화투쟁사』, 1976, 760~761쪽.

23) 이 사실을 처음 밝힌 글로 임경석, 「20세기 초 국제질서의 재편과 한국 신지식층의 대응」, 『대동문화연구』 43, 2003 볼 것.

24) 이극로, 『고투사십년』, 을유문화사, 1947, 63쪽.

제정하고 첫 번째 기념식을 가진 데 이어 1927년 2월부터는 기관지『한글』을 냈고, 1929년 10월에는 조선어사전편찬위원회를 조직했으며, 1930년 12월에는 한글 맞춤법의 제정, 표준말의 사정, 외래어 표기법의 작성에 착수하였다.

조선어연구회는 1931년 1월 조선어학회로 개편되었다. 조선어학회는 개편과 함께 이전부터 추진해 오던 활동을 더 활발하게 벌였다. 조선어학회의 한글운동가들은 과거와 같은 소수의 엘리트 중심의 시대가 가고 바야흐로 '민중의 시대'가 열린 이상 민중이 깨어나야 독립을 쟁취할 수 있다고 생각하였다. 이는 결국 한글운동을 포함한 민족운동이 민중을 지향해야 한다는 것을 의미한다. 조선어학회가 한글의 정리·통일작업에서 소수의 특권층이 중심이 된 언어문화를 비판하면서 민중이 쓰기 쉬워야 한다는 원칙을 강조한 것도 이와 무관한 것이 아니었다.

조선어학회는 1930년에 시작된 맞춤법 통일작업을 마무리해 1933년 10월 '한글 맞춤법 통일안'으로 발표하였다. 이어 1934년 8월 표준말 사정작업에 착수해 1936년 10월 '사정한 조선어 표준말 모음'을 발표하였다. 그리고 1940년 6월에는 10년에 걸친 작업 끝에 '외래어 표기법 통일안'을 확정하였다. 이로써 한글의 정리, 통일, 체계화라는 과제가 일단락되었다. 조선어학회는 이를 기초로 해 '큰 사전'을 내기 위한 작업을 벌여 많은 어려움 끝에 원고를 거의 완성했으나 1942년 10월에 일어난 '조선어학회 탄압사건'으로 유종의 미를 거두는 데 실패하였다.

주시경의 언어민족주의 후계자들이 조선어연구회와 조선어학회를 중심으로 한글운동을 벌이고 있을 때 다른 쪽에서는 또 하나의 흐름이 만들어지고 있었다. 그 흐름은 경성제대 조선어문학과에서 비롯되었다. 경성제대는 그냥 대학이 아니었다. 일본제국의 필요에 따라 만들어진 제국대학이었다. 일본에서 근대국가와 국민을 만드는 데, 그리고 제국주의의 확대에 따라 새로 '제국판도'에 포함되었거나 앞으로 포함될 것으로 예상되는 지역에서 식민통치를 하는 데 필요한 인력을 기르고 통치의 이데올로기를 만드는 것이 제국대학의 역할이었다. 경성제대 출신은 제국의 엘리트라는 자부심을 바탕으로 한 강한 동질감을 갖고 있었다.

언어학은 국가권력과 밀접한 관련이 있는 학문이다. 일본제국주의 체제 아래 언어학은 국가에 의해 보호되면서 동시에 국가에 필요한 통치의 이념과 논리를 제공하는 역할을 하였다. 그 정점에는 도쿄제국대학(아래에서는 도쿄제대로 씀) 언어학과 교수이던 우에다 가즈토시(上田萬年)가 있었다. 우에다는 언어가 인종, 역사와 함께 국가의 구성요소를 이룬다는 점을 중시했으며[25] 방법론상으로는 과학성과 법칙성을 강조하였다.[26]

우에다가 배출한 제자들은 제국판도에 속한 여러 지역의 언어를 나누어 전공하면서 비교언어학에 입각해 일본어와 다른 언어와의 계통관계를 밝히는 데 주력하였다. 그 가운데서도 조선을 맡은 가나자와 쇼자부로(金澤庄三郎)는 일본어와 조선어의 언어동계론, 나아가서는 일본과 조선이 역사적으로 한 뿌리였다고 보는 '일선동조론'을 주장하였다.[27] 경성제대에 조선어문학과가 개설될 때 조선어학 강좌 교수로 부임한 오쿠라 신페이(小倉進平)는 도쿄제대 언어학과 출신으로 우에다와 가나자와의 제자였다. 오쿠라는 1911년 조선총독부 관리가 된 뒤 조선어에 관한 몇 권의 책으로 조선어 연구자로서의 위상을 확고하게 하였다. 1926년 경성제대 교수가 된 뒤 1933년에는 도쿄제대 교수가 되었는데 1943년 정년퇴임할 때까지 경성제대 교수직을 겸임하였다.[28]

오쿠라는 조선어의 역사와 방언을 조사해 일본어와의 계통관계를 밝히는 것을 연구의 1차 과제로 설정하고 있었다.[29] 조선어의 현재 상황(맞춤법

---

25) 上田萬年, 『言語學』(新村出 筆錄), 敎育出版, 1975.
26) 보기를 들어 국어학이 언어학 등 다른 인문사회과학과 마찬가지로 하나의 과학임을 강조하고 있는 上田萬年, 『國語學叢話』, 博文館, 1908 볼 것.
27) 金澤庄三郎, 『日韓兩國語同系論』, 三省堂, 1910 ; 金澤庄三郎, 『日鮮同祖論』, 刀江書院, 1929.
28) 이숭녕, 『혁신국어학사』, 박영사, 1982 ; 安田敏郎, 『言語の構築』, 三元社, 1999.
29) 小倉進平, 「鄕歌·吏讀の問題を繞りて」, 『史學雜誌』 47-5, 1936.

의 통일, 표준어의 제정 등)을 밝히고 미래상을 설정하는 것은 오쿠라의 관심이 아니었다. 동시에 오쿠라는 연구의 방법론과 관련해서는 철저하게 실증주의를 따랐다. 오쿠라는 자료의 수집, 사실의 나열 그 자체를 무엇보다도 중시하였다. 언어학은 주어진 언어자료를 과학적으로 다루는 데 그쳐야지 언어현실에 관여해서는 안 된다는 것이었다.

· 오쿠라 외에 학생들에게 큰 영향을 미친 언어학자는 1927년부터 언어학 강좌 책임을 맡은 고바야시 히데오(小林英夫)였다. 고바야시는 오쿠라와는 달리 언어학의 일반이론과 과학적 문법을 지향하고 있었다.30) 특히 고바야시는 당시 세계 언어학계의 주목을 받던 소쉬르(F. de Saussure)의 일반언어학에 정통하였다. 고바야시를 통해 수입된 소쉬르의 언어학은 가치(실천)와 과학을 분리하는 것으로 이해되었다. 실제로도 "언어는 말하기의 사회적 측면이기 때문에 개인을 초월하고 개인의 밖에 있는 것이므로 개인이 이를 수정하거나 창조할 수 없다. 언어는 공동체 구성원들이 승인한 계약의 형태로 존재한다"고 본 데서도 알 수 있듯이 소쉬르 언어학의 특징은 언어의 사회성, 공동성을 강조함으로써 기존 언어에 대한 사람들의 저항 가능성을 부정하는 데 있었다.

조선어문학과 출신들은 일본인 교수들의 학문업적에 대해 좋은 평가를 하고 있었다.31) 일본인 교수들로부터 언어학 훈련을 받고 학문의 길을 걸은 조선인 학생 숫자는 얼마 되지 않는다. 그런 가운데서도 해방 이후 학계에 큰 자취를 남긴 조윤제, 이희승, 이숭녕, 방종현, 김형규 등의 이름이 돋보인다. 조선어문학과 출신들의 연구는 처음부터 몇 가지 두드러진 특징을 보였다.

하나는 연구의 이론, 방법론과 관련해 과학 또는 실증을 강조하는 것이었

---

30) 小林英夫, 「一般文法成立の可能性について(その序說)」, 京城帝國大學法文學會 編, 『言語·文學論纂』, 刀江書院, 1932 ; 小林英夫, 「言語學における目的論」, 『京城帝國大學創立十周年記念論文集 文學篇』, 大阪屋號書店, 1936.
31) 조선어문학과 출신들이 해방 이후 경성제대의 일본인 교수들을 회고할 때면 '은사, 좋은 스승, 선생'이라고 부른 것도 이와 무관하지 않을 것이다.

다. 조선어문학과 출신들은 개개 사실의 수집, 수집된 사실의 비교, 그리고 이론에 입각한 체계화가 과학으로서의 언어학이 지향할 바라고 주장하였다. 이 가운데 자료의 수집과 비교를 중시하는 것은 오쿠라의 영향을 반영하는 것이었고 언어 연구의 최종 지향점을 체계화에 둔 것은 고바야시의 영향을 반영하는 것이었다. 흥미로운 것은 이희승이 "일반언어학의 원리와 법칙"을 빠뜨린 채 "조선어 자체만 천착한다면 결국 우물 안 개구리의 망단에 빠지는 일이 많을 것이다"32)라는 언급을 통해 주시경의 맥을 이은 언어민족주의자들이 벌이는 한글운동에 대해 비판하는 태도를 보였다는 사실이다. 조선어문학과 출신으로서는 이례적으로 조선어학회의 한글운동에 참여하고 있던 이희승이 그렇게 볼 정도였으니 다른 조선어문학과 출신이 언어민족주의에 대해 어떤 생각을 갖고 있었는지는 충분히 짐작할 수 있다.

다른 하나는 한글운동 같은 실천문제에 대해 일정한 거리를 유지하거나 드러내놓고 비난하는 것이었다. 보기를 들어 이희승은 외래어 대신에 우리말을 쓰자는 조선어학회의 주장에 대해 "일부러 자아의식을 고취하기 위하여 외래어를 구축한다는 것은 철학자, 문호, 사상가, 정치가들의 할 운동이오, 결코 언어를 연구 정리한다는 과학자의 할 영분은 아니다"라고 비판하였다.33) 언어학이 주어진 언어자료를 다루기만 해야지 언어의 개조에 관여해서는 안 된다는 생각은 이숭녕에게서도 나타나고 있었다. 해방 후에 발표한 글에서 이숭녕은 조선어학회의 한글운동에 대해 "비과학적 쇼비니즘"으로 평가한 바 있다.34) 이숭녕은 언어학(자)의 임무는 언어사회를 지배하는 법칙을 있는 그대로 밝히는 데 있다고 보았다. 그렇게 볼 때 민족의 발전을 위한 또는 문화의 진보를 위한 방향을 제시하겠다는

---

32) 이희승, 「조선어학의 방법론 서설」, 『동아일보』 1938년 8월 9일~14일.
33) 이희승, 「신어 남조 문제」, 『조선어학논고』, 을유문화사, 1947. 이 글은 원래 『조선어문학회보』 6, 1933에 실린 것이다.
34) 이숭녕, 「민족 및 문화와 문화사회」, 김민수 외 편, 『국어와 민족문화』, 집문당, 1984. 이 글은 원래 1954년에 발표된 것이다.

언어민족주의는 쇼비니즘에 지나지 않게 되는 것이다.

경성제대에서 근대학문의 세례를 받은 '조선어문학과' 졸업생 가운데 이희승과 방종현을 제외하고는 조선어학회에 가입한 사람이 없었던 것도 이와 무관하지 않을 것이다.[35] 1931년 1월 조선어학회가 출범하자 같은 해 6월 조윤제, 이희승, 이숭녕, 방종현 등은 따로 조선어문학회를 창립하였다. 조선어문학회는 실천과 무관한 연구만을 지향하였다. 보기를 들어 조선어문학과 출신 가운데 민족의식이 강한 것으로 알려진 조윤제조차 나중에 "민족독립운동의 일환으로서 민족정신을 고취하기 위하여 국문학을 연구하였다는 것은 한 관념이었고 실제 연구하는 데 있어서는 국문학을 위한 학문연구에 열중하여 나갔다"고 고백할 정도로 이들은 '연구를 위한 연구'를 지향하고 있었다.[36] 다시 조윤제의 말을 빌리면 "학자의 연구는 학문 그 자체에 가치와 목적을 가지고 있고 … (활용을) 목적으로 하는 것은 아니"라는 것이었다.[37]

III. 해방정국기 언어민족주의와 과학적 언어학의 불안한 동거

해방이 되고 미군이 남한에 진주하면서 언어문제는 새로운 상황을 맞이하였다. 미국으로서는 미국식 자유민주주의 체제를 뿌리내리는 것이 중요한 과제였다. 그러기 위해서는 자유민주주의가 얼마나 좋은지를 선전해야 하였다. 그러나 무려 80%에 이르던 당시 문맹률이 대중교화사업의 장애가 되었다. 이에 미군정은 대중교육용 언어로 한글이 적합하다고 판단하였다. 그러면서 미군정은 학무국의 실세이던 오천석의 추천으로 최현배를 언어정책의 실무

---

35) 조선어문학과 출신이 아닌 신남철(철학 전공)은 심지어 조선어학회의 가장 강력한 반대세력이던 조선어학연구회의 간사로 활동하였다.
36) 조윤제, 『도남잡식』, 을유문화사, 1964, 378쪽.
37) 조윤제, 「학자의 생활은 모순에서 모순에」, 『조선일보』 1932년 12월 9일.

책임자로 선택하였다.

한글운동 세력은 해방이 되자마자 조선어학회를 재건하는 한편 미군정과의 긴밀한 유대를 바탕으로 새로운 나라를 만드는 데 필요한 한글의 정리와 보급에 온힘을 기울었다. 최현배가 조선어학회 사건 이전에 몸담고 있던 학교로 돌아가지 않고 미군정청 관료로 언어정책의 실무 책임을 맡은 것은 해방정국기 한글운동 세력이 어떠한 지향성을 갖고 있었는지를 잘 보여준다. 최현배는 1945년 9월 미군정청 학무국 편수과장에 취임하였다. 편수과장은 교과서 발간을 책임지고 있던 자리였다. 최현배에 이어 10월에는 주시경학파의 오랜 동지인 장지영과 이병기가 편수관으로 임명되었다. 세 사람이 편수과에 들어감으로써 조선어학회의 이론이 언어정책의 기초가 되었다. 1946년 2월 학무국 편수과는 문교부 편수국으로 바뀌었다. 국장은 최현배, 부국장은 장지영이었다. 여기에 최현배는 조선교육심의회의 교과서분과의 책임을 맡기도 하였다.[38]

이처럼 한글운동 세력이 미군정청 안에 들어가 언어정책을 다듬고 실행에 옮겨나가는 동안 경성제대 졸업생 사이에서도 변화의 조짐이 나타나기 시작하였다. 경성제대를 졸업한 뒤 안정된 일자리(전문학교 교수, 사범학교 교유 등)에서 학문의 길을 걷던 이들에게 해방은 엄청난 충격으로 다가왔을 것이다. 특히 해방 직후만 하더라도 친일청산의 요구가 워낙 강했기 때문에 경성제대 출신들은 새로운 나라를 만드는 과정에 적극 참여하는 모습을 보여야만 하였다. 이들은 해방 직후부터 활로를 모색하였다. 그것은 두 가지 형태로 나타났다.

하나는 관학아카데미즘의 부활을 도모하는 것이었다. 일제강점기에 진단학회에서 활동하던 이들이 해방이 되자마자 진단학회를 재건한 것이 대표적인 보기이다. 진단학회의 상임위원 명단에는 조윤제와 이숭녕의 이름도 들어 있었다. 재건된 진단학회의 초기 활동은 크게 몇 가지였다.

---

38) 이준식, 「최현배와 김두봉」, 『역사비평』 82, 2008, 60쪽.

여운형이 주도하는 건국준비위원회와 연대관계를 맺는 일도 그 가운데 하나였다. 여기에는 일제강점 말기에 이미 학문과 현실참여 사이에서 고민하던 조윤제가 적극 나섰다.[39] 진단학회는 국어국사강습회도 열었다. 강습회의 국사 강사는 이병도, 신석호, 유홍렬, 김상기 등이었고 국어 강사는 조윤제, 이숭녕이었다.[40] 건국준비위원회 같은 정치단체와 연대사업을 벌인다든지 대중을 계몽하기 위한 강습회를 벌인다는 것은 학문의 길에 전념하기로 한 조선어문학과 출신으로서는 몇 년 전까지만 해도 상상할 수 없는 일이었다. 그런데 그런 일이 해방 직후에는 일어난 것이다. 진단학회의 활동 가운데 마지막으로 주목할 만한 일은 회원들이 앞으로 제도권 학문영역의 중심이 될 대학의 교수진으로 충원될 수 있도록 지원하는 것이었다. 실제로 서울대학교의 사학과와 국어국문학과 교수진은 거의 진단학회 회원들로 채워졌다.[41]

서울대학교의 국어학 관련학과 교수는 처음에는 전부 조선어문학과 출신이었다.[42] 서울대학교 국어학 관련 교수진 구성과 관련해서는 조윤제의 역할이 눈길을 끈다. 조윤제는 법문학부 교수 선임에 관여한 다섯 사람 가운데 한 사람이었다.[43] 나머지 네 사람은 연희전문학교 교수 출신인 백낙준, 백남운, 그리고 일본 와세다(早稻田)대학 출신인 이병도, 경성제대 출신으로 보성전문학교 교수로 있던 유진오였다. 법문학부 교수진 구성이 끝난 뒤 서울대학교에 남은 것은 조윤제와 이병도뿐이었다. 더욱이 조윤제는 법문학부 부장 자리까지 맡았다.[44] 당연히 조윤제가 국어학 관련학과의

---

39) 「진단학회 50년일지」, 『진단학보』 57, 1984, 250쪽.
40) 유홍렬, 「진단학회와 나」, 『진단학보』 57, 1984, 246쪽.
41) 이숭녕에 따르면 "법문학부의 문과계 교수는 진단학회에서 많이 차출"했다고 한다. 이숭녕, 「진단학회와 나-해방 직후 의외의 돌풍」, 『진단학보』 57, 1984, 242쪽.
42) 문리대학 국어국문학과의 조윤제, 이숭녕, 이희승, 방종현, 그리고 사범대학 국어과의 고정옥, 손낙범, 정학모, 정형용이 모두 조선어문학과 졸업생이었다.
43) 유진오, 『양호기』, 고려대학교출판부, 1977, 170쪽.
44) 이숭녕, 앞의 글, 1984, 242쪽.

교수진 구성을 주도했다고 보아도 좋을 것이다.

그런데 조윤제는 경성제대의 학문전통과 관련해 흥미로운 글을 쓴 적이 있다. 1964년에 발표한 『도남잡식』이 바로 그 것이다. 해방된 뒤 20년이 더 지난 시점에 나온 이 책에서 조윤제는 경성제대에서 공부하면서 학자로서의 길을 걷게 된 데 대한 자부심을 거리낌 없이 드러냈다. "만일 나에게 학적 업적이 있고 나 자신을 학자라 부르기를 허한다면 나의 학자적 기초는 실로 이 3년간의 대학 연구실 생활(경성제대 연구실: 글쓴이)에서 이루어졌다"[45]는 것이었다. 이러한 자부심을 뒤집어보면 거기에는 경성제대 같은 고등교육기관에서 제대로 학문훈련을 받지 못한 사람은 학자로서 인정할 수 없다는 생각이 깔려 있었던 것으로 여겨질 수도 있는 대목이다.

관학아카데미즘의 부활은 국어국문학 차원에서도 진행되었다. 조선어문학과 출신끼리 따로 학회를 만든 것이다. 이 모임은 처음에는 국어교육연구회라는 이름으로 출발했다가 1년 뒤인 1948년 우리어문학회로 바뀌었다.[46] 회원은 서울대학교 교수인 방종현, 고정옥, 손낙범, 정학모, 정형용과 고려대학교 교수인 김형규, 구자옥 등이었다.[47] 이들은 학술토론, 대학교육용 교재 발간, 학회지(『어문』) 발간 등의 활동을 벌였다. 한글운동가들이 언어정책에 치중하는 사이 경성제대 출신은 학회 결성과 대학교재·학회지 발간이라는 다른 길을 모색하고 있었던 것이다. 우리어문학회는 국어국문학 분야에서의 학회로는 해방 이후 첫 번째 것이었다. 경성제대의 학문전통을 이어받은 사람들만의 학회였다는 점에서 일제강점기 조선어문학회를 다시 살린 것이었기도 하였다. 당시 서울대학교를 비롯해 여러 대학이 새로 출범하는 과정에서 학과제로의 전환이 이루어지고 있었고 동시에 학과별로 교재를 만드는 일이 현안으로 떠올랐다. 이러한 필요에 맞추어 집단적인 움직임을 보였다는 점에서 이 학회가 『국문학사』(1948), 『국문학

---

45) 조윤제, 앞의 책, 1964, 375쪽.
46) 김형규, 「일사 방종현 선생의 국어학 연구」, 『국어학』 12, 1983, 237~239쪽.
47) 김형규와 구자옥도 얼마 지나지 않아 서울대학교로 옮겼다.

개론』(1949) 등의 교재를 출간한 것은 주목할 만하다.

해방공간에서 경성제대 출신이 보인 변신의 모습은 다른 형태로도 나타났다. 일제강점기에 반(反)관학아카데미즘의 입장에서 학술운동을 벌인 이들이 해방 직후 재개한 학술운동에 참여한 것이다. 변신의 극단을 보여준 것은 경성제대 출신은 아니지만 경성제대 졸업생들과 행보를 같이 하던 이병도였다. 일제강점기만 해도 조선학 운동에 오불관언의 태도를 취했고 더 나아가서는 진보적 인문학과 대척점을 이루던 이병도는 백남운의 주도 아래 1945년 9월 좌우합작의 연구기관으로 출범한 조선학술원48)에 가입해 역사철학부장을 맡았다.49) 해방 직후부터 그의 친일행적이 논란이 되고 있던 상황과 무관하지 않을 것이다. 실제로 이병도는 해방 직후만 해도 재건된 진단학회의 상임위원을 맡고 있었지만 나중에는 조윤제로부터 친일파로 지목을 받으면서 학회활동에 제약을 받게 되었다.50)

변신의 모습을 보인 것은 이병도만이 아니었다. 이숭녕도 조선어학회 활동에 참여하였다.51) 조선어학회는 해방 직후의 교육 공백기에 한글로 된 교과서가 없다는 문제를 해결하기 위해 초·중등학교 교재를 편찬하기로 하였다. 1945년 9월 초 조선어학회 안에 국어교과서편찬위원회가 설치되었는데 편찬위원 21명의 가운데는 이숭녕도 포함되어 있었다. 이숭녕은 『중등 국어 교본』의 기초위원도 맡았다.52) 그뿐만이 아니었다. 조선어학회가 학교에서 한글을 가르칠 교사를 기르기 위해 1945년 9월부터 다음 해 1월까지 세 차례에 걸쳐 실시한 교원양성 교육에도 이숭녕은 최현배, 이극로 등과 함께 강사로 나섰다.53) 그리고 1945년 10월부터 11월에 걸쳐

---

48) 조선학술원에 대해서는 김용섭, 『남북 학술원과 과학원의 발달』, 지식산업사, 2005 볼 것.

49) 「학술원위원록」, 『학술』 1, 1946, 230쪽.

50) 이숭녕, 앞의 글, 1984, 241~242쪽 ; 진단학회, 『진단학회60년지』, 1994, 209~210쪽, 255~256쪽.

51) 이숭녕은 평양사범학교 교유 경력 때문에 진단학회 일부 회원들로부터도 이병도와 함께 친일파라는 비난을 받고 있었다. 이숭녕, 앞의 글, 1984, 241쪽.

52) 한글학회, 앞의 책, 1971, 293쪽. 조윤제도 편찬위원 가운데 한 사람이었다.

열린 두 번째 교원양성 강습회 수료생들이 전국에서 한글 보급에 전력하기 위해 조선어학회 동학회(同學會)를 결성했을 때 고문을 맡기도 하였다.[54] 일제강점기만 하더라도 조선어학회의 활동에 거리를 두고 있던 이숭녕으로 서는 파격의 변신이었다. 그런가 하면 이숭녕은 조선어학회에 정식으로 입회한 뒤 1946년 4월에 복간된『한글』에 여러 편의 논문을 싣기도 하였다. 1946년 7월에 나온 96호부터 1949년 4월에 나온 106호까지 모두 네 편의 논문을 실은 것이 확인된다. 일제 강점기에는 조선어학회의 활동에 전혀 참여하지 않던 김형규도 복간된『한글』의 주요 필자가 되었다. 1946년 9월에 나온 97호부터 1949년 7월에 나온 108호까지 모두 다섯 편의 논문을 실은 것이 확인된다.

이와 관련해『한글』에 실린 이숭녕의 글 가운데서도 한 편이 눈길을 끈다. 「모음조화 수정론」이라는 글이 바로 그것이다. 이 논문에서 이숭녕은 1945년 이전 외국인에 의한 한글 연구가 "비교연구"와 "언어학에서 배운 방법"의 적용이라는 점에서 주시경 이후 한글 연구자들에 의해 이루어진 한글 연구에 비해 "상당한 성과"를 거두었다는 점을 지적하였다. 제국주의 언어학의 교육을 충실하게 받은 언어학자로서의 면모를 여실히 드러낸 셈이다. 그러면서도 오쿠라의 연구를 보기로 들어 "과오"니 "폐해"니 하는 표현을 거듭 쓰기도 하였다.[55] 오쿠라가 누구인가? 1960년대 중반 한 방송에서 이숭녕 스스로 "나의 스승"이라고 공언한 존재였다.[56] 그런 오쿠라의 학설을 공공연하게 잘못이라고 지적한 것은 해방된 나라에서 학자로서의 정체성을 확인받기 위해서는 일제 관학아카데미즘과 어떤 형태로든 거리를 두는 것이 필요하다는 사실을 이숭녕도 인식하고 있었음을 보여준다. 물론 관학아카데미즘 자체를 배격한 것은 아니었다. 오쿠라를

---

53)『한글』94, 1946, 68쪽.
54)『조선일보』1945년 11월 30일.
55) 이숭녕, 「모음조화 수정론」,『한글』96, 1946, 156쪽.
56) 최현배,『외솔 최현배 박사 고희기념 논문집』, 정음사, 1968, 541쪽.

비판한 것은 오히려 일본인 '스승'들에 의해 구축된 관학아카데미즘의 계승자는 자신을 포함한 조선어문학과 출신밖에 없다는 자부심의 표현이었는지도 모른다. 왜냐하면 언어로서의 한글을 연구하는 데 중요한 것은 경성제대에서 배운 바대로 '비교연구'와 '언어학의 방법', 곧 과학적 언어학이기 때문이다.

이러한 의미에서 이숭녕은 해방공간에서 언어정책의 전면에 나선 한글운동가들의 모습을 여전히 비판의 눈으로 보고 있었다. 그러면서도 해방공간의 정치지형이 어떻게 바뀔지 모르는 상황에서 미군정청과 연계되어 언어정책을 주도하는 한글운동 세력을 무시할 수도 없었을 것이다. 그랬기 때문에 결국 한 발은 한글운동에 걸치면서 다른 한 발은 한글운동과 거리를 유지하는 어정쩡한 자세를 취한 것이다.

이숭녕의 행적에서 잘 드러나듯이 해방 직후 한때이기는 하지만 한글운동 세력과 조선어문학과 출신 사이에는 제휴와 연대가 이루어졌다. 해방정국의 불안정이 두 세력의 제휴와 연대를 가능하게 만들었을 것이다. 그러나 제휴와 연대는 불안한 것이어서 언제든지 파열음을 낼 가능성을 안고 있었다. 언어를 바라보는 시각의 차이는 근본에서 해소되지 않았기 때문이다. 실제로 파열의 조짐은 일찍부터 나타났다.

첫 번째 파열은 조선어학회에서 강력하게 밀고 나가던 한글 전용과 가로(풀어)쓰기를 둘러싸고 일어났다. 조선어문학과 출신들이 반대하고 나선 것이다.

한글 전용을 전제로 한 가로풀어쓰기는 주시경 이래 주시경학파가 오랫동안 추진해온 글자 개혁의 마지막 과제였다. 그런데 조윤제, 이숭녕, 김형규 등 조선어문학과 출신 학자들은 가로풀어쓰기는 물론이고 한글 전용과 가로쓰기에도 반대하였다.[57] 1945년 12월 조선교육심의회에서 가로쓰기와 가로풀어쓰기가 논란이 되었다. 위원 다수가 조선어학회의

---

57) 고영근, 『북한의 언어 문화』, 서울대학교출판부, 1999, 12쪽.

주장에 동의했지만 조윤제는 강력하게 반대하였다. 조윤제의 논리는 훈민정음이 만들어질 때도 세로쓰기를 했는데 그것을 가로쓰기로 바꿀 이유가 없다는 것이었다. 조윤제의 반발에 부딪힌 조선교육심의회는 가로풀어쓰기가 이상적이지만 당장 실시하기가 어려우므로 묶어 쓰되 가로쓰기만을 허용하기로 결정하였다.

한글 전용론도 마찬가지로 논란에 휩쓸렸다. 미군정청은 1945년 말 조선어학회의 주장에 따라 한자 폐지를 결정하였다. 그 핵심은 초·중등교육에서는 한글만 쓰는 것을 원칙으로 하되 필요할 때는 과도기의 조치로 한자를 함께 쓰도록 한다는 것, 관공서의 문서와 지명과 인명은 반드시 한글로 쓰되 필요하면 한자를 함께 쓰도록 한다는 것 등이었다. 역시 한글 전용이라는 원칙에 한자병용이라는 부수 조항을 덧붙이는 절충이었다. 한자폐지에 대해 당시 각 정치세력도 좌우를 떠나 찬성하는 입장을 보였다. 민중계몽이라는 정치적 목적이 크게 작용했을 것이다.58)

그러나 미군정청의 한글 전용 결정에 조선어문학과 출신들은 크게 반발하였다. 그러면서 신문·잡지의 지면을 통해 한자폐지의 부당함을 알리려고 하였다. 보기를 들어 조선어문학과 출신인 방종현이 특수한 관계를 맺고 있던 『조선일보』는 1946년 3월 5일자 「한자 전폐 시비」라는 제목의 사설에서 학무국의 한글 전용 원칙 결정이 "한글을 지나치게 숭배하는 편견"에서 나온 것이라고 비판하는 한편 "언어발전의 법칙에 대하여 과학적 파악"을 한 뒤에 한자폐지의 시기와 방법을 결정하자고 주장하였다. 이 사설에는 언어학을 모르면 잘 쓸 수 없는 논리가 깔려 있다. 그리고 그 논리는 과학적 언어학에 충실한 것이었다. 따라서 조선어문학과 출신의 누군가가 이 사설을 쓰는 데 도움을 주었거나 아니면 직접 썼을 가능성이 크다. 『조선일보』가 한자폐지 반대의 기치를 들고 나선 이후 조윤제와 이숭녕은 한글 전용론은 물론이고 그 연장선에서 일본어를 우리말로 바꾸려고 한

---

58) 이응호, 『미군정기의 한글운동사』, 성청사, 1974, 202~204쪽.

우리말 되찾기 운동에 대해서도 비판하는 글이나 담화를 여러 신문·잡지에 발표하였다.[59] 심지어 조윤제는 한글운동이란 일제강점기에나 필요한 것이었지 해방이 이루어진 상황에서는 더 이상 필요하지 않으므로 조선어학회를 해산하거나 강령과 회의 이름을 바꾸어 재출발할 것을 요구하기도 하였다. 조윤제가 조선어학회의 해산까지 들고 나선 이유는 해방정국에서 미군정청으로 하여금 "학자를 상대로 하고 유식계급을 상대로 하고 독립 청년학생을 상대"로 한 데 지나지 않는 어려운 맞춤법 통일안을 채택하도록 하는 잘못을 범했다는 데 있었다.[60] 그러면서 조윤제는 맞춤법 통일안보다 더 어려운 한자는 계속 사용하자고 주장하였다. 결국 조윤제의 한글운동 비판이란 조선어학회가 미군정의 지원 아래 해방정국의 언어정책을 주도하는 데 대한 불만을 드러낸 데 지나지 않는 셈이었다.

한글 전용이나 가로쓰기를 둘러싸고 찬반의 입장 차이는 끝내 평행선을 달렸다. 그런 가운데서도 조선어문학과 출신으로 일제강점기에 이미 조선어학회에서 활동하던 이희승만은 과학적 언어학을 고수하면서도 1949년 6월에 출범한 한글 전용 촉진회(위원장 최현배)의 부위원장을 맡은 데서 알 수 있듯이[61] 조선어학회의 주장을 일부 받아들이는 입장을 취하고 있었다.

1946년 7월 국립 대학으로 서울대학교가 출범하면서 조선어학회와 조선어문학과 출신 사이의 관계에 변화의 조짐이 나타났다. 조선어문학과 출신이 대거 서울대학교 교수로 부임한 것이다. 서울대학교 교수들로서는 이제 자신들의 언어관을 관철시킬 수 있는 중요한 틀이 국립대학의 이름으

---

59) 보기를 들어 「국어술어 제정에 물의 일부 교수진서 반대궐기」, 『경향신문』 1949년 4월 25일 ; 「말도 한 생명체 죽은 말 도로찾기는 불필요」(조윤제, 이숭녕 등 담화), 『조선일보』 1948년 9월 7일 ; 조윤제, 「국어교육에 있어서의 한자문제」, 『조선교육』 1947년 6월호 ; 조윤제, 『국어교육의 당면문제』, 문화당, 1947 ; 이숭녕, 「국어교육의 문제: 4. 국어과방향의 중대과오」, 『조선교육』 1947년 5월호 등을 볼 것.

60) 조윤제, 앞의 책, 1947, 121쪽.

61) 「한글전용촉진회 탄생」, 『한글』 107, 1949, 55~59쪽.

로 독자로 마련되었으므로 굳이 조선어학회의 언어민족주의에 따라갈 필요가 없어진 셈이다. 따라서 둘 사이에 대립이 일어날 가능성은 점점 커졌다. 그리고 그것은 실제로 1949년 7월 문법(말본)용어를 둘러싼 대립으로 나타났다.

대립의 발단은 문교부에서 검인정 교과서 제도를 시행하는 데서 비롯되었다. 국어의 문법(말본)용어를 순 우리말로 할 것인가 아니면 한자어로 할 것인가가 논란이 된 것이다. 당시 문법이라는 이름의 한자용어를 쓴 교과서는 이희승의 것뿐이었고 나머지는 모두 최현배처럼 말본이라는 이름의 순 우리말 용어를 쓰고 있었다. 문제는 최현배가 문교부 편수국장직을 그만둠으로써 언어정책에서의 영향력을 잃었을 때 용어 문제가 불거졌다는 것이다. 문교부는 "당분간 한 개념에 대하여 순수한 우리말로 된 것과 한자용으로 된 것의 두 가지"를 쓰기로 결정하였다. 이희승이 쓴 교과서 하나 때문에 절충식의 결정이 내려진 데는 순 우리말 용어에 대한 이희승과 이숭녕의 반대가 작용하였다.[62] 따라서 이 대립은 표면상으로는 최현배와 이희승의 대립이었지만 실제로는 조선어학회의 언어민족주의와 서울대학교 국어국문학과의 과학적 언어학 사이의 대립이었다. 그리고 그 대립에서 서울대학교 국어국문학과는 해방정국기 언어정책의 주도권 다툼에서 사실상 처음으로 승리를 거둔 셈이었다. 이제 언어민족주의가 언어정책의 바탕이 되던 상황에도 변화가 나타나기 시작한 것이다.

IV. 언어민족주의와 과학적 언어학의 대립

1949년 7월에 일어난 문법(말본)교과서 파동은 최현배를 비롯한 한글운동가들에게 큰 위기의식으로 다가왔을 것이다. 그래서 최현배 등은 1949년

---

62) 최현배, 앞의 책, 1968, 497쪽.

9월 조선어학회를 한글학회로 바꾸는 한편 국가권력과의 연계를 복원하기 위해 노력하였다. 그 결과 최현배가 1951년 1월 다시 문교부 편수국장에 취임하였다.

그러나 곧 한글운동 진영에 큰 위기가 닥쳤다. 한글 간소화 파동이 일어난 것이다.[63] 원래 한글주의자였던 이승만 대통령은 맞춤법에 관해서는 형태주의를 바탕으로 한 맞춤법 통일안보다 그 이전의 표음주의 맞춤법, 곧 낱말을 소리가 나는 대로 적는 맞춤법을 선호하였다. 1949년 10월부터 당시 널리 쓰이던 한글 맞춤법 통일안을 개정해야 한다는 주장을 하기 시작하더니 1953년 4월에는 국무총리 훈령을 통해 정부문서와 교과서에 한글 맞춤법 이전의 옛 맞춤법을 쓰도록 하였다. 그러자 한글학회는 물론이고 교육계, 문화계, 언론계 등 각계각층에서 반대여론이 일어났다. 이 와중에 최현배는 문교부 편수국장을 사임할 수밖에 없게 되었다. 그리고 1954년 3월 정부 이름으로 된 한글 간소화안이 나왔지만 워낙 반대의 목소리가 높았기 때문에 결국에는 정부안을 철회하는 것으로 한글 간소화 파동은 마무리되었다.

한글학회는 교육계, 문화계, 언론계 등과의 연대를 통해 한글 간소화 방침을 저지하는 데는 성공했지만 그 과정에서 현실 언어문제에 대한 영향력을 잃기 시작하였다. 한글 간소화 파동 당시 문제해결을 위임받은 학술원은 대표 세 명을 투표로 뽑았다. 그런데 1위는 이승녕이었고 2위는 양주동이었다. 한글학회의 최현배는 3위에 지나지 않았다.[64] 한때는 현실 언어정책의 책임자이던 최현배보다는 학문으로서의 국어학을 추구하는 이승녕이나 국문학자인 양주동에게 더 많은 표가 간 것은 그만큼 한글학회 의 위상이 약화되었음을 의미하는 것이었다. 동시에 학계 전반이 경성제대 에서 서울대학교로 이어지는 학문전통을 따르는 학자 중심으로 재편되고 있었음을 반증하는 것이기도 하였다. 한글학회는 더 이상 언어문제에

---

63) 한글 간소화 파동에 대해서는 정재환, 앞의 책, 2013, 337~400쪽을 볼 것.
64) 『조선일보』 1954년 7월 30일.

개입하는 대표적인 단체가 아니었다. 심지어는 한글학회가 해방 직후부터 언어정책을 독점한 것을 비판하면서 "광범한 인민과 광범한 문화인의 의견에 의하여 재검토"되어야 한다는 기사[65]가 나올 정도였다.

다른 학문 분야도 마찬가지이지만 국어학에서도 일찍이 경성제대에서 '과학'의 훈련, 전문 연구자가 되는 데 필요한 훈련을 받은 관학아카데미즘의 후계자들이 분과학문의 주도권을 장악하였다. 서울대학교 국어국문학과와 국어교육과에서 조선어문학과 출신 교수들에게 배운 졸업생들이 전국의 대학과 중·고등학교에 널리 퍼지면서 한글학회의 언어민족주의에 대항하는 큰 세력을 형성하였다. 이제 현실적으로 학계를 포함한 사회의 모든 부문에서 더 큰 사회적 힘을 갖게 된 서울대학교 출신의 발언권이 더 강해졌다.[66] 그것은 해방 이후 상당 기간 언어정책에 큰 영향력을 행사해온 한글학회를 언어정책에서 배제하는 것으로 구체화되었다.

더욱이 일제강점기에는 최현배의 권유로 조선어학회에 가입했고 해방 이후에도 한 동안 한글운동에 관여하던 이희승이 1949년 7월의 문법(말본) 교과서 파동 이후 점차 한글학회와 거리를 두기 시작하더니 급기야는 한글운동 자체를 부정하는 일까지 일어났다. 실제로 이희승은 1969년에 열린 한 대담에서 일제강점기 한글운동을 회고하는 가운데[67] 민족운동의 일환으로서의 언어연구의 의의를 부정하였다. 한때는 자신도 핵심 회원으로 활동한 적이 있던 조선어학회의 존재를 부정적으로 본 셈이다. 그 사이에 과연 무슨 일이 있었기에 이희승이 완전히 과학적 언어학으로 돌아서게 된 것일까?

1962년 10월 초 전국 국어국문학 학술대회가 서울대학교에서 열렸다. 대회를 주최한 것은 전국의 국어학·국문학 연구자를 망라한 국어국문학회였다. 그런데 이 대회의 주제가 '한글 전용안 문제, 국어교과서 국정문제,

---

65) 조풍연, 「철자법 완성의 길」, 『조선일보』 1953년 5월 28일.
66) 그 중심에는 서울대학교 교수인 이희승, 이숭녕 등이 있었다.
67) 이희승·이기문(대담), 「국어의 부흥」, 『월간중앙』 1969. 7.

학교문법 통일문제'인 것이 흥미롭다.[68] 한글 전용안이 쓰인 지 이미 16년 가깝게 지난 시점에 국어국문학 관련 학회 가운데는 가장 규모가 큰 국어국문학회가 전국대회의 주제로 한글 전용 문제를 들고 나서고 거기에 학교문법 통일문제까지 연동시킨 것이 눈길을 끈다. 이는 당시 한글 전용과 학교문법 문제가 국어국문학계의 큰 논란거리가 되고 있었음을 뜻하는 것이었다.

발단은 이 해 초 최현배의 건의에 따라 한글전용특별심의회가 설치되어 한자어를 쉬운 우리말로 바꾸는 작업을 벌인 것이었다. 그러자 국어국문학회는 총회를 열어[69] 한글 전용 문제를 논의했고 그 결과 한글 전용의 원칙에는 찬성하되 시기와 방법은 천천히 하자는 내용의 결의를 채택하였다.[70] '원칙에는 찬성'한다는 말은 일종의 미사여구이고 실제 내용에서는 한글 전용에 반대하는 입장을 드러낸 셈이다.

같은 무렵 문교부는 학교문법(말본)을 통일하기 위한 작업에 들어갔다. 사실 1949년 7월의 문법(말본)교과서 파동 이후 교육현장에서는 용어의 통일문제가 줄곧 제기되고 있었다. 그러자 문교부가 이제 문법(말본)교과서를 통일하겠다고 나선 것이다. 한글 전용 문제에 문법(말본)교과서 문제가 얽히면서 당시 한글학회와 서울대학교는 날카롭게 대립하고 있었다.

10월의 국어국문학 학술대회는 이러한 분위기 속에서 열린 것이다. 학술대회에서 한글 전용안 문제의 발표자인 남광우를 비롯해 여러 토론자가 한글 전용이 대세라는 점은 인정하면서도 새로운 말 만들기 특히 학술용어 만들기에는 반대한다는 발언을 하였다. 여기에 논란의 한 당사자인 최현배는 순 우리말보다 한자어, 외래어를 더 권위 있는 것으로 보는 것은 '사상적 사대주의'에 지나지 않는다고 반박하였다.[71]

---

68) 국어국문학회 엮음, 『국어국문학회 50년』, 태학사, 2002, 60쪽.
69) 당시 국어국문학회 회장은 이희승과 이숭녕의 제자이자 한글 전용 반대론자로 이름 높은 남광우였다.
70) 『조선일보』 1962년 10월 9일.
71) 『조선일보』 1962년 10월 9일.

1961년 박정희정권이 들어서자 한글학회는 최현배를 중심으로 한글전용법을 개정하기 위한 투쟁을 벌인 바 있었다. 미군정이 그랬듯이 박정희정권도 통치의 한 수단으로 언어문제를 중시하였다. 최현배 등의 건의에 따라 1962년 2월에는 한글전용특별심의회가 설치되어 한자어를 쉬운 우리말로 바꾸는 작업을 하였다. 그러나 군사정권의 힘을 빌려서라도 한글 전용을 강하게 밀어붙이려던 한글학회의 구상은 국어국문학계를 비롯한 여러 분야의 반대에 부딪혀 바로 실현될 수 없었다. 여기에 문교부에서는 1963년 7월 문법(말본)용어 가운데 품사(씨)는 한자용어만 쓰는 것을 주요 내용으로 하는 문법통일안을 발표하였다.[72] 쉽게 이야기해 최현배가 주장한 '이름씨'가 아니라 이희승이 주장한 '명사'가 채택된 것이다. 이는 같은 해 4월에 구성된 학교문법통일전문위원회의 결정에 따른 것이었다. 이 위원회는 교과서를 집필한 여덟 명(이른바 '말본파' 네 명, '문법파' 네 명)과 그렇지 않은 여덟 명으로 구성되었는데 뒤의 여덟 명 가운데 한글학회 쪽은 세 명이고 그렇지 않은 쪽은 다섯 명이었다. 결정방식은 표결이었다. 당연히 위원회의 표결결과는 한글학회 쪽에 불리하게 나올 수밖에 없었다.[73] 실제로 용어를 순 우리말로 할 것이냐 한자어로 할 것이냐를 결정하는 표결결과는 대개 한 표 차이로 결정되었다.[74]

이때의 문법(말본)교과서 파동을 계기로 대립의 골은 더 깊어졌다. 이희승이 조선어학회의 한글운동을 폄하하고 나선 데는 이러한 배경이 자리를 잡고 있었던 것이다. 실제로 이희승은 1960년대 초까지만 해도 한자의 폐지나 제한 자체에는 원칙에서 동의하고 있었다.[75] 그런데 학교문법(말본) 통일문제가 일어나자 바로 한자어를 순 우리말로 바꾸는 것을 이중용어

---

72) 『조선일보』 1963년 7월 26일.
73) 심의와 표결의 과정에 대해서는 한글학회, 앞의 책, 1971, 367~417쪽 볼 것.
74) 원래는 두 표 차이가 나야 하는데 이숭녕이 미국에 체류 중이어서 한 표 차이가 난 것이다.
75) 보기를 들어 한자제한의 용단을 촉구한 이희승, 「한자제한—올해는 꼭 실시하자」, 『서울신문』 1960년 2월 5일 볼 것.

정책이라면서 반대하고 나섰다.76) 한자어는 이미 외래어로 정착된 것인데 굳이 바꿀 필요가 없다는 것이었다. 이희승은 이 무렵 한글 전용론을 반대하는 글을 여러 신문·잡지에 발표했는데 그 가운데는 "외래어를 구축하려는 것은 우리 국어뿐 아니라 민족문화의 자살행위"라는 식으로 감정을 섞은 글도 있었다.77) 그나마 "언어는 그 언어를 사용하는 사회의 공동제작품이요 동시에 공동소유인 것이다. 따라서 어느 개인의 창작품이 아닌 동시에 개인의 소유물이 아닌 것이다. 다시 나아가서는 그 언어가 사회의 공동약속으로 이루어진 이상 개인은 그 약속에 충실히 복종하여야 할 것이요 결코 이에 위반하여서는 안 된다"78)는 주장은 언어의 사회성 논리에 충실한 셈이다. 문제는 이러한 논리가 일제강점기부터 과학적 언어학을 따르는 사람들이 한글운동을 비판할 때 전가의 보도처럼 사용하던 것이라는 데 있다. 해방된 지 이미 상당한 시간이 흘렀는데도 기존의 언어생활에 사람들은 무조건 복종해야 한다는 논리를 되풀이하는 것은 결국 한글학회의 언어민족주의와에 대한 결별 선언인 셈이었다.

중요한 것은 과학적 언어학과 언어민족주의의 경계선에서 줄타기를 하던 이희승이 이제 언어민족주의와의 결별을 선언할 정도로 상황이 바뀌었다는 사실이다. 문법(말본)교과서 파동에서 이희승을 내세운 과학적 언어학의 반격은 결국 성공을 거두었다. 이희승이 과학적 언어학으로 완전히 넘어감으로써 언어민족주의는 이제 소수파로 내몰리기 시작하였다.

이희승은 제자인 남광우 등과 함께 1969년 한글 전용 반대와 한자교육 부활을 내건 한국어문교육연구회를 만든 뒤 이 연구회 회장의 자격으로 한글학회의 언어민족주의를 공격하는 데 앞장섰다. 이희승이 1970년을

---

76) 보기를 들어 이희승, 「학교문법 통일 시비」, 『한국일보』 1963년 5월 21일 볼 것.
77) 이희승, 「외래어의 위치와 그 가치」, 『대학신문』 1963년 5월 27일.
78) 이희승, 「학교문법 통일에 대한 사견」, 『신사조』 2-7, 1963, 일석이희승전집간행위원회, 『일석 이희승 전집 2』, 서울대학교출판부, 2000, 205쪽.

전후해 '한자전폐 불가론'과 '한자교육 필요론'을 주장하고[79] 1970년대 말 초등학교에서도 한자교육을 부활해야 한다고 주장한 데[80] 이어 1980년 대 초에는 한글전용법의 폐지를 주장하는 개인 이름의 건의서를 낸 데는 한국어문교육연구회를 중심으로 한 데 뭉친, 과학적 언어학을 따르는 세력의 지원이 있었다.[81] 조선어학회 사건으로 옥고를 치렀고 정부로부터 건국훈장 독립장까지 받은 이희승을 전면에 내세운 것이야말로 한글학회가 갖는 정당성을 상쇄시키는 데 무엇보다 유용한 방법이었는지도 모른다.

한글학회에 반대한 것은 한국어문교육연구회만이 아니었다. 과학적 언어학을 따르는 이숭녕, 이희승의 제자들이 전국 각 대학의 국어국문학과 와 국어교육과의 교수 자리를 차지했고 국어국문학회, 국어학회, 한국국어 교육연구회, 어문연구회 등의 학술 단체에서도 주도권을 쥐었다. 이들은 국어학의 이름으로 기존의 한글학회를 변두리로 몰아내는 일련의 작업을 추진하였다.

"이희승을 따르던 사람들로 한자혼용에 앞장 선 사람들"[82]에 의해 1984 년 국어연구소가 설립되었다. 이어 한국어문교육연구회 회장 이희승, 국어 국문학회 대표이사 김석하, 국어학회 이사장 김형규, 한국국어교육연구회 회장 이응백[83] 등 한글 전용 반대론자들이 학회의 연명으로 '국립 국어연구 원 설치 건의서'를 정부에 제출하였다. 그 결과 1991년에는 국어연구소의 후신으로 국립국어연구원이 출범하였다. 국어연구소는 1989년 50년 이상 이나 쓰여 오던 맞춤법 통일안 대신에 새로운 '한글 맞춤법'을 제정하였다. 국립국어연구원도 1999년 기존의 한글학회 사전을 대신하는 『표준국어대

---

79) 이희승, 「한자는 전폐할 수 없다」, 『여성동아』 40, 1971 ; 「한자교육은 필요하다」, 『교육평론』 153, 1971 등을 볼 것.
80) 이희승, 「초등학교 한자교육 부활해야」, 『서울경제신문』 1977년 8월 19일.
81) 이희승, 「어문교육정책의 일대혁신을 요구하는 건의서」, 『어문연구』 35, 1982, 5~8쪽.
82) 『동아일보』 1983년 5월 20일.
83) 김석하는 서울대학교 국어국문학과 출신이고 이응백은 국어교육과 출신이다.

사전』을 발간하였다. 이로써 해방정국기에 한때 언어정책을 주도한 적이 있던 한글학회와 그 이념 배경인 언어민족주의의 영향력은 국가의 언어정 책이라는 측면에서는 형해만 남게 되었다. 그나마 남은 것은 1948년에 제정된 한글전용법뿐이다. 그래서 지금도 언어민족주의를 반대하는 세력 에 의해 끊임없이 한글전용법을 폐지함으로써 한글세계를 다시 한자세계로 돌리려는 기도가 이루어지고 있는 것이다.

V. 맺음말

일제강점기에 이미 언어민족주의를 따르는 사람들과 과학적 언어학을 따르는 사람들은 언어생활과 관련해 서로 다른 길을 추구하고 있었다. 양자는 해방 이후 한때 언어관의 차이에도 불구하고 공존하는 모습을 보였다. 그러나 공존은 오래 가지 않았다. 언어와 민족 또는 언어와 사회의 관계를 바라보는 입장의 차이가 워낙 큰데다가 거기에 교육과 학문의 주도권 다툼이라는 문제가 복합적으로 작용했기 때문이다. 그리하여 언어 민족주의와 과학적 언어학의 대립이 시작되었고 어떤 의미에서 그 대립은 아직도 끝나지 않은 채 진행되고 있다.

주시경이 시작한 한글운동의 맥을 잇는 언어민족주의자들은 한글을 지키고 다듬는 것이 겨레의 현재뿐만 아니라 미래에도 직결되는 문제라고 보고 현실 언어생활에 적극 개입하려고 하였다. 맞춤법을 통일하고 표준어 와 외래어를 정하는 것이 모두 이러한 생각의 반영이었다. 이들은 해방정국 기에는 학교보다는 국가기관에 들어가는 길을 선택한 뒤 언어정책의 실무 책임을 맡아 한글 전용론과 가로쓰기를 관철시킴으로써 한자세계에서 한글세계로의 전환을 주도하기도 하였다.

경성제대에서 일본인 학자들로부터 과학적 언어학을 배운 조선어문학과 출신들은 언어민족주의에 동의하지 않았다. 이들은 언어민족주의자들과는 달리 말글의 규범성이라는 것 자체를 부정하였다. 현실의 언어생활에 언어학이 개입해서는 안 된다는 것이 이들의 기본 입장이었다. 언어민족주의를 비판할 때 이들은 늘 과학을 표방하였다.

내용을 놓고 보면 과학의 정체는 모호하다. 이들 스스로 무엇이 과학인지에 대해 분명하게 밝힌 적은 별로 없다. 따라서 다양한 해석이 가능한 것이 과학(적)이라는 말이다. 과학(적)이라는 말 속에는 한편으로는 학자가 현실로부터의 거리를 유지하는 것, 곧 가치의 객관성이나 중립성이라는 의미가 담겨 있다. 그런가 하면 과학은 될 수 있으면 객관성이 담보된 자료를 많이 수집하고 정리한 뒤에 언어를 연구하는 실증방법을 가리키기도 한다. 나아가서는 일반언어학을 지향하는 외국의 언어학이론을 바탕으로 언어를 비교 연구하는 것을 과학으로 부르기도 한다.

언어학과는 무관한 이야기이지만 일부 철학, 문학, 경제학 연구자들은 과학이라는 말에 역사적 유물론이라는 의미를 담아서 썼다. 물론 조선어문학과 출신들이 즐겨 쓴 과학이라는 말에는 그런 뜻이 담겨 있지 않다. 그렇다면 과연 언어민족주의와 구별되는 과학적 언어학의 실체는 무엇일까? 자료 수집이나 정리, 비교 연구는 단지 과학적 언어학만의 전유물만이 아니었다. 외국의 언어학 이론을 받아들이는 것도 마찬가지이다.

그렇다면 핵심은 결국 언어와 실천의 관계를 어떻게 설정할 것인가 하는 데 있을 것이다. 한글운동을 통해 언어생활의 규범을 새로 설정하는 데 적극 관여할 것인가 아니면 언어를 일부러 바꿀 필요가 없는 주어진 것으로 보고 단지 연구의 대상으로만 삼을 것인가의 두 길 사이에 어느 쪽을 선택했는가에 따라 언어민족주의와 과학적 언어학은 나뉘었다고 볼 수 있다는 뜻이다. 이렇게 볼 때 과학은 제도권 학문체계 안에서의 주도권을 잡기 위해 상대적으로 우위에 있던 경성제대 출신이 비제국대학 보다 우월한 위치에 있다는 것을 보여주기 위해 내세운 화려한 수사의 성격이 짙다.

그리고 그러한 수사는 경성제대 조선어문학과의 맥을 잇는 서울대학교

국어국문학과·국어교육과 출신들에 의해 지금까지 끊임없이 재생산되고 있다. 이를테면 "경성제대의 설립 이전에도 국어를 연구하는 학자와 학술단체가 없었던 것은 아니나 언어학적 지식을 토대로 한 과학으로서의 국어학이 정립되지 못하였고 그 활동도 실천적 성격을 크게 벗어나지 못하였다. 이런 관점에 서면 경성제대의 설립은 국어학사상에서 커다란 의의를 가진다. 국어학을 독립된 학문의 대상으로 인식하여 가르치고 연구할 수 있었기 때문이었다"[84]라는 식의 평가가 바로 그런 것이다. 이러한 평가에는 국어학의 역사에서 '주시경-조선어연구회(조선어학회)-한글학회'로 이어지는 언어민족주의의 전통을 '비과학'이라는 낙인을 찍어 주변으로 밀어버리고 대신에 경성제대에서 서울대학교로 이어지는 과학적 언어학의 흐름만을 유일한 중심으로 인정하고 그렇게 함으로써 학계의 주도권 더 나아가서는 언어정책의 주도권을 장악하겠다는 속내가 담겨 있다.

이러한 의미에서 과학 대 비과학(국수주의, 광신적 애국주의)이라는 대립구도의 설정은 일제 강점기에만 그친 것이 아니었다. 해방 이후 한글전용을 둘러싼 대립이 일어났을 때부터 현재 한글전용법 폐기와 한자 사용 주장에 이르기까지 과학적 언어학을 따르는 사람들이 늘 주장하는 바이기도 하다. 조선어문학과 출신들로부터 과학적 언어학을 배운 이병근은 언어민족주의의 시조라고도 할 수 있는 주시경에 대해 "민족적 이데올로기로부터 나온 특수성에 의한 고유성에 대한 강조가 지나쳐 민족의 전통성이나 고유성의 우수성을 강조하기에 이르게 되면 때로 국수주의적인 경향도 지니게 되어 객관성을 잃은 서술"[85]을 한 대표적인 국어학자로 단정한 적이 있다. 김민수도 마찬가지이다. 그는 주시경을 다룬 저작에서 "(주시경의: 글쓴이) 국어운동의 이념은 민족적 국어관에서 우러나온 것이며 그 태도는 배타적 국수주의였다"고 평가하였다.[86] 주시경이 주창한 한글운동

---

84) 고영근, 「일석 선생과 국문학 연구」, 『어문연구』 46·47합병호, 1985, 226쪽.
85) 이병근, 「애국계몽시대의 국어관」, 『한국학보』 12, 1978, 183쪽.
86) 김민수, 『주시경 연구』, 탑출판사, 1986, 17~18쪽.

이 '배타적 국수주의'에서 비롯된 것이니 당연히 주시경을 따르는 사람들이 편 한글운동도 '광신적 애국주의'라는 비난을 받아 마땅하다는 데 과학적 언어학을 따르는 국어학자들의 속내가 있는 것이다.

월북학자 김수경 언어학의 국제성과 민족성

이타가키 류타(板垣竜太)

I. 머리말

본고의 목적은 언어학자 김수경(金壽卿, 1918~2000)이 걸어온 1950년대의 궤적을 살펴봄으로써 조선민주주의인민공화국(이하 북한)의 사회과학이 지닌 국제성과 민족성의 편린을 밝혀보고자 한 것이다.

여기에서 '국제성'이란 용어는 소비에트사회주의공화국연방(이하 소련), 중화인민공화국(이하 중국), 일본 등 외국의 사회과학[1]이나 정치이념과 북한의 그것 사이의 상호 영향관계를 가리킨다. 본고는 소련 언어학의 영향을 주축으로 논의해나갈 것이지만, 그때 주목해야 할 사건의 하나는 1950년대 최고 지도자인 스탈린 자신이 언어학 논문을 발표했다는 사실이다. '스탈린 언어학'은 소련뿐 아니라 사회주의 나라나 각국의 좌파 지식인에게 충격을 주었는데, 북한에도 적지 않은 영향을 미쳤다. 본고에서는 1950년대에 간행된 북한의 텍스트를 중심으로 그 구체적인 양상을 조명해보고자 한다. 아울러 중국의 언어학자과 나눈 교류 및 부분적으로 일본과의 관계도 논할 것이다.

---

1) 일본어나 한국어에서는 인문학(인문과학)과 사회과학을 구별하는 경우가 대부분이지만, 여기에서는 북한 등의 용례에 따라 '자연과학'과 대조되는 인문 및 사회계 연구를 '사회과학'이라고 부르기로 한다.

한편, '민족성'은 서로 겹치는 부분이 있으면서도 상이한 몇몇 위상이 포함된다. 하나는 일본제국주의나 영미 제국주의에 대한 저항의 주체인 민족이라는 사고 틀과 연관된다. 또한 일반적이고 보편적이며 세계적인 것에 대해 역사적이고 고유한 것을 지향한다는 위상도 지닌다. 나아가 소련이나 중국처럼 사회주의 초강대국에 대해서도 일정한 거리를 두고 자주성이나 '주체'를 보유하려는 위상도 있다.

이러한 국제성과 민족성의 상호관계에 대해서는 표현 방식은 달라도 줄곧 북한의 정치사에서 거듭 강조되어왔다. 원래 '소련'이라는 국명은 사회주의공화국끼리의 '동맹'(soyuz, 일반적으로 이 말을 연방으로 번역한다)이라는 뜻이며, 그 근간에는 프롤레타리아국제주의가 깔려 있다. 스탈린 시대에 이 '동맹' 운동에 참여한 북한에서는 1956년 소련공산당 20회 대회 때 이루어진 스탈린 비판, 그리고 중소논쟁으로 국제정세가 변화하는 가운데 자주노선을 강화해 갔다. 그것은 1956~1958년 사이에 있었던 이른바 '8월 종파투쟁'에 의한 숙청을 거쳐, 1960년대 '주체'라는 말로 집약할 수 있는 김일성주의에 바탕을 둔 당-국가 체제로의 수렴을 통해 자신의 체제를 만들어가는 과정으로 나타났다. 그 과정에서 북한에서 생산되는 담론은 점차 외래의 권위에 의거하는 것을 '사대주의'라고 비판하고 그 대신 김일성의 말에서 근거를 찾는 식으로 그 양상이 바뀌어간다.

학문적 영역에서 벌어진 틀의 변화도 기본적으로는 커다란 흐름과 궤를 같이하였다. 이를테면 역사학에서는 '8월 종파투쟁' 과정에서 이청원(李淸源) 등이 숙청을 당했고, 1963년에는 조선로동당 기관지에 소련과학원의 『세계사』 가운데 조선사 서술을 비판하는 글을 게재하기에 이르렀다.[2] 또한 민속학 분야에서도 1958년 즈음에는 '반동' 이론의 비판을 바탕으로 연구가 쇄신되었고, 1962년 이후에는 소련의 이론이나 연구동향에 대한 언급이 기본적으로 소멸되었다.[3] 다만, 학문적 분야에 따라서는 각각 독자

---

2) 한국역사연구회 북한사학사연구반, 『북한의 역사 만들기』, 푸른역사, 2003.
3) 주강현, 『북한민속학사』, 이론과실천, 1991.

적인 이론이나 방법론이나 국내외의 연구동향도 내포되어 있었기 때문에 정치가 무매개적으로 연구에 반영된 것은 아니다. 역사학의 경우에는 사료나 국외의 연구동향과 긴장관계를 맺고 있었고, 민속학에도 소련 같은 다민족 국가체제와는 상이한 사회조건이 내재해 있었다. 그런 가운데 북한의 언어학은 어떠한 변화가 이루어졌을까.

본고는 탁월한 언어학자 김수경의 행보에 주목함으로써 이 물음에 부분적이지만 구체적으로 답변하고자 한다. 1946년 8월에 월북한 김수경은 김일성종합대학에서 교편을 잡으면서 북한을 대표하는 언어학자의 한 사람으로 활약하였다. <표 1>에서 약력을 정리했는데, 여기에서는 몇몇 업적의 예를 거론하기로 한다. 우선 북한에서 두음법칙을 폐지하고 '노동'을 '로동'으로 표기하는 방침을 정할 때, 1947년 6월에『로동신문』에 기고한 김수경의 논문이 커다란 역할을 해냈다.[4] 또한 1949년에 처음으로 북한에서 펴낸『조선어문법』(조선어문연구회)을 편찬한 주도적 인물 중 한 사람이기도 하였다. 여러 언어를 구사했던 그는 1950년에 나온 스탈린 논문이나 그 이후 소련 언어학의 최신 동향을 소개하는 중심인물로서 활약하기도 하였다. 1954년에 그가 집필한 초급중학교용 조선어문법 교과서는 북한뿐 아니라 중국이나 일본의 조선인 사회에서도 활용되었다. 1958년에는 '8월 종파투쟁'에서 숙청당한 김두봉(金枓奉)과 더불어 공공연한 비판의 도마 위에 올랐다. 하지만 1960년에 과학원에서 출간한『조선어문법1』의 집필을 담당하는 등 연구자로서의 생명을 이어갔다. 1964년에는 북한에서 최초로 문체론을 체계화한 저서가 간행되었다.[5] 1968년에 중앙도서관으로 직장을 옮겨 논문을 발표할 수 없게 되기 전까지는 일선에서 활약했다고 할 만한

---

4) 김영황, 권승모 편,『주체의 조선어 연구 50년사』, 김일성종합대학 조선어문학부, 1996, 87~90쪽 ; 熊谷明泰,「南北朝鮮における言語規範乖離の起点 : 頭音法則廢棄政策における金壽卿論文の位置」,『關西大學人權問題研究室紀要』41, 2000.

5) 김영황, 권승모 편, 위의 책, 1996, 212쪽을 보면, "『조선어 문체론』(김수경, 고등교육도서출판사, 1964)은 우리 나라에서 처음으로 출판된 문체론 저서이다"라고 평가하고 있다.

언어학자였다. 1980년대 후반부터 연구 활동을 재개했으며, 1990년대에는 교수직위를 얻어 국기훈장 제1급을 수여받았고, 실명의 그를 주인공으로 삼은 '장편실화' 소설까지 나올 정도였다.[6] 이렇게 몇몇 예를 보기만 해도 김수경을 1950년대 북한 언어학의 대표 학자라 거론하는 것이 매우 절적하다고 하겠다.

〈표 1〉 김수경의 주요 경력

연도	사항
1918	강원도 통천군에서 태어나다
1934	군산(群山)중학교를 졸업하다
1937	경성제국대학 예과를 수료하다
1940	경성제국대학 법문학부 철학과를 졸업하고, 동경제국대학 문학부 대학원에 진학하다
1944	경성제국대학 법문학부 조선어학 연구실의 촉탁으로 임명받다
1945	해방 후, 경성제국대학 자치위원회 법문학부 위원이 되다. 동 대학을 사임 후, 경성경제전문학교 교수가 되다
1946	월북하여 김일성대학 문학부 교원이 되다. 이후, 조선어학 강좌장이 되다
1950	한국전쟁 발발, 공작대원으로 남파. 가족과 헤어지다
1956	북한과 중국의 문화교류 계획에 근거하여 중국 방문
1958	과학원에서 김두봉과 함께 비판당하다
1968	국립중앙도서관에 사서로 전직하다
1988	북경에서 열린 국제학회에 출석하여 가족과 재회하다
1990	박사학위를 수여받다
1992	교수 학직을 수여받다
2000	서거

본고를 집필하게 된 동기는 2013년 11월 9일에 도시샤(同志社)대학에서 개최한 국제심포지엄 <북으로 간 언어학자 김수경의 재조명>이라는 기획이었다. 이 심포지엄은 김수경의 이산가족을 초대하여 특별강연을 경청함과 동시에, 한국과 중국 등에서 연구자를 모시고 다양한 관점으로 김수경의 족적을 재평가하려는 시도였다.[7] 필자는 거기에서 식민지 시기부

---

6) 김승일, 「이름난 언어학자 김수경」, 『문화어학습』 3, 2004 ; 리규춘, 『장편실화 삶의 메부리』, 금성청년출판사, 1996.

7) 심포지엄에서 보고한 논문들(한국어판)은 同志社大學 人文科學研究所, 『社會科學』

터 1950년대까지 김수경의 행보에 관해 보고한 바 있다(이하 '전고(前稿)'라고 부르겠다).[8] 본고는 말하자면 그 '전고'의 속편에 해당한다고 볼 수 있다.

김수경의 연구업적에 대해서는 이미 최경봉(崔炅鳳)이 종합적으로 검토한 바 있다.[9] 또한 본고에서 다루는 1950년대 북한 언어학의 문제의식에 대해서는 고영근(高永根)이 주도면밀하게 북한에서 발표된 김수경의 논문을 읽어낸 연구가 있다.[10] 그럼에도 한국근현대사회사가 연구 분야인 필자가 새삼스레 자료도 발굴하면서 김수경을 중심으로 1950년대 북한의 언어학을 고찰하려는 데는 그만한 이유가 있다. 그것은 발표된 언어학 연구의 내용뿐 아니라 커다란 맥락에서 정치사적, 사회사적인 측면과 함께, 오히려 미세한 맥락에서 연구자 개인이 놓인 포지션을 고려하여 논의함으로써 비로소 학지(學知)를 부각시킬 수 있다고 생각하기 때문이다. 정치사적, 사회사적 측면은 이해하기 용이하겠지만, 개인사적 측면에 관해서는 다소 설명을 붙여둘 필요가 있을 것이다. 필자는 '평범한' 일개인의 일기를 소재로 식민지시대 조선의 역사를 그려낸 바 있다.[11] 어떤 개인이라도 다양한 영역을 횡단하면서 살아가기 때문에 그 경험이나 사상을 묘출하려면 폭넓은 영역을 검토할 필요가 생긴다. 거꾸로 말하면, 개인에게 초점을 맞춤으로써 그때까지 따로 흩어져 있던 영역이 새롭게 유기적으로 관련을

44-1(2014)에 게재하였다.

8) 이타가키 류타, 「김수경의 조선어연구와 일본: 식민지, 해방, 월북」, 『社會科學』 44-1, 2014.

9) 최경봉, 「金壽卿의 국어학 연구와 그 의의」, 『한국어학』 45, 2009.

10) 고영근, 『통일시대의 語文問題』, 도서출판 길벗, 1994. 특히 이 책 제1부의 3 '북한의 초기 철자법과 문법연구', 제1부의 7 '북한의 한글전용과 문자 개혁', 제3부의 5 '북한의 소련 언어 이론의 수용 양상과 적용문제'는 본고와 직접 관련이 깊다.

11) 板垣竜太, 『朝鮮近代の歴史民族誌 : 慶北尙州の植民地經驗』, 明石書店, 2008, 제5장 (한국어판은 도서출판혜안에서 출간될 예정) ; 이타가키 류타, 「꿈속의 고향: 조선인유학생일기(1940~43)를 통해 본 식민지 경험」, 정병욱, 이타가키 류타 편, 『일기를 통해 본 전통과 근대, 식민지와 국가』, 소명출판, 2013.

맺게 된다. 1950년대 학지를 검토할 때에도, 한국전쟁과 그 후의 부흥 및 체제수립 같은 격동 가운데 전기적인 사실관계를 파악하지 않고서는 연구의 의의와 방법조차 분명해지는 일이 곤란할 것이다. 본고에서는 그런 의미에서 정치사와 개인사를 포함한 사회사상사의 일환으로서 언어학사를 그려보고자 한다.

이하, 우선 제2장에서는 1950~1953년 무렵을 중심으로 한국전쟁과 스탈린 논문이 끼친 영향을 논한다. 제3장에서는 1950년대 전반에 김수경이 연구한 내용을 파고들어 스탈린 언어학의 수용 양상을 밝히는 동시에 형태주의 사상에 대해 논한다. 제4장에서는 1956~1957년 무렵에 김수경이 중국 및 일본의 연구자와 맺은 관계를 검토한다. 나아가 제5장에서는 1956~1958년에 벌어진 '8월 종파투쟁' 속에서 김수경의 언어학이 차지한 위상을 논한다.

II. 한국전쟁과 스탈린 언어학

김수경에게도, 북한의 언어학에도, 1950년 6월은 두 가지 의미에서 전환점이 되었다. 하나는 말할 것도 없이 한국전쟁이 발발한 것이고, 또 하나는 스탈린이 『프라우다(Pravda)』에 게재한 언어학 논문이다. 본 장에서는 한국전쟁 중에 김수경이 행한 활동 및 북한 언어학의 동향을 논의하겠다.

1. 한국전쟁 중의 김수경

한국전쟁 직전에 김수경은 김일성종합대학의 조선어문학부에서 교편을 잡으면서 왕성하게 연구 활동을 전개하고 있었다. 1949년 9월 시점에 조선어문학부에는 조선어학과, 조선문학과, 신문학과의 세 학과를 설치되었고, 그 중에 조선어학과의 조선어강좌는 교원 5명, 학생 71명으로 이루어져 있었다.[12] 김수경은 그 강좌의 창립 멤버로서 강좌장과 함께 대학의 도서관장도 겸임했고, 1949년에는 31세에 부교수가 되었다.[13] 대학 안에서는 "선진적 언어학 리론에 기초하여 조선어 문법을 체계화하는 새로운 시도"로서『조선어문법연구』를 완성하는 등, 조선어의 체계화에 매진하였다.[14]

아울러 대학 밖에서는 조선어문연구회에서 활동하였다. 조선어문연구회는 북한인민위원회 결정에 따라 1947년에 창설되었는데, 1948년에는 교육성 산하에 이관된 공적인 연구조직이었다. 1947년 말까지 '한자, 가로쓰기, 철자법에 대한 원안'을 작성하는 것과 1949년 말에 '조선어 문법 교과서와 조선어사전'을 간행한 것이 중요한 임무였다.[15] '전고'에서 언급했듯 김수경은 특히 철자법의 책정과 조선어 문법서 편집의 공동 작업에 깊이 관여하고 있었다고 보이며, 그 성과는 조선어문연구회에서 각각 1948년 1월 및 1950년 4월의『조선어 신 철자법』, 1949년 12월의『조선어문법』이라는 저서로 발간되었다.

그러한 일이 한창 진행될 즈음에 한국전쟁이 발발하였다. 1950년 6월 28일, '서울 해방'이라는 보도를 듣고 김일성종합대학의 학생들은 궐기대회를 열고 차례로 인민군 입대를 지원하였다. 교원들이 집단적인 동원에

---

12)『김일성종합대학 10년사』, 김일성종합대학, 1956, 42쪽.

13) 김승일의 「이름난 언어학자 김수경」에 따르면, 김수경은 "민족간부양성사업과 과학후비양성사업에서 이룩한 공로로 하여 주체38(1949)년 11월 우리나라에서 첫 부교수의 학직을 수여받았다"고 되어 있다.

14)『김일성종합대학 10년사』, 57쪽. 이것에 대해서는 소설『삶의 메부리』(73쪽)에서도 "어문학부내의 학자들과 함께 선진적 언어리론에 기초한 조선어문을 체계화하는 새로운 시초로 되였던《조선어문법연구》를 완성하였다"고 씌어 있다. 조선어문연구회의『조선어문법』과는 다른 저서라고 여겨지지만, 유감스럽게도 원본을 아직 보지 못하였다.

15)「朝鮮語文研究에 關한 決定書」(「북조선임시인민위원회 결정 제175호(1947. 2. 3)」, 북조선인민위원회사법국,『북조선법령집』, 1947, 227~228쪽).「朝鮮語文研究會에 關한 決定書(1948. 10. 2)」, 조선민주주의인민공화국 내각결정 제10호,『조선민주주의인민공화국 내각공보』1, 1948.

가담하기 시작한 것은 8월 9일이었다. 이 날, 북한의 각 대학에 소속한 교원 수백 명은 평안남도 순안(順安)에 집결하여 강습회를 열고 남반부의 정치공작을 위해 출동하였다. 김일성종합대학의 교원 92명도 "새로이 해방된 남반부 인민들에게 북반부에서 이루어 놓은 민주 건설의 빛나는 성과를 전달하며 조선민주주의인민공화국의 기치 하에 조국의 통일의 길을 가르치기 위하여" 남파하기로 결정이 났다.16)

김수경도 남한의 단기 선무공작대에 참가하는 일원이 되었다. 김수경 자신이 유족에게 직접 남긴 이야기와 여러 정보를 종합해보면,17) 한국전쟁 중에 행해진 그의 행동은 다음과 같다.

8월 초, 김수경은 평양 근교에 있는 농가 앞을 흘러가는 개울에서 아이들과 목욕한 다음에 집을 나섰다. 1980년대에 자녀들 앞으로 보낸 편지에서 "이 같이 기나긴 리별의 첫시작이 될줄이야 어떻게 알았겠느냐?"고 썼듯, 그때 이것이 가족 이산으로 이어질 줄은 예상도 하지 못하였다. 김수경은 전라남도의 정치공작 임무를 띠고 8월 하순에는 광주(光州)의 도당(道黨)에 도착하였다. 그는 거기에서 화순(和順)을 거쳐 진도(珍島)로 파견되었다. 그의 공작 내용은 확실하지 않지만, 얼마 안 되어 미군이 주력이 된 UN군의 반격이 시작되어 김수경은 어쩔 수 없이 북으로 후퇴할 수밖에 없었다.

이 '후퇴'와 함께 김수경의 아내와 자식을 비롯한 김일성종합대학의 교원 가족들은 평양 근교의 강동군(江東郡) 원흥리(圓興里)로 소개하였다. 잔류 교원들이 일제히 후퇴하기 시작한 것은 10월 8일이었다.18) 김일성종합대학의 남파 교원들은 그 무렵까지 속속 돌아왔지만, 김수경은 마을로

---

16) 『김일성종합대학 10년사』, 73~74쪽.
17) 이하에서는 주로 김수경에게서 유족이 직접 전해들은 이야기를 바탕으로 재구성해 보기로 한다. 앞의 『삶의 메부리』에는 상당히 자세하게 묘사되어 있는데, 허구와 과장을 포함한 2차 자료이기 때문에 주의 깊게 다룰 필요가 있다. 이 밖에도 김수경이 고바야시 히데오(小林英夫) 앞으로 보낸 서간(후술하기로 한다)에도 한국전쟁 때 있었던 일이 적혀 있는데, 이것도 사적인 편지라고는 해도 공적 발언으로 보아야 한다는 점에서 전부 신뢰하는 것은 아니다.
18) 『김일성종합대학 10년사』, 75쪽.

돌아오지 않았다. 그래서 그의 아내는 일대 결심을 하고 남편을 찾기 위해 아이들을 데리고 남쪽으로 걸어 내려갔다. 한편, 김수경은 최남단의 진도에서 동해안을 향해 북상하고 있었다. 그 역시 가족이 있을지도 모르겠다는 생각으로 태어난 고향인 강원도 통천(通川)으로 갔던 것이다. 그런데 마을은 잿더미로 변했고, 친척도 보이지 않았다. 그 후 서쪽으로 향한 그는 회양(淮陽)에서 조선인민군과 조우하였다. 인민군 부대는 영어를 잘하는 그를 선전원으로 임명하여 종군시켰다. 1950년 11월 말, 그는 남진 작전에 투입되어 38도선을 넘었고, 눈이 켜켜이 쌓인 태백산맥에서 전투에 참가하게 되었다. 강원도 영월(寧越)을 넘어 다음해 1월에는 경상북도 영주(榮州)까지 들어갔다고 하니, 상당히 위험한 임무였다고 할 수 있겠다. 이윽고 1951년 2월에 제대명령을 받고, 1951년 3월 3일 이른 아침에 구사일생으로 평양으로 돌아왔다. 그곳에서 그는 가족이 남쪽으로 내려갔다는 사실을 알게 된다.

　김수경이 평양으로 돌아왔을 때 이미 김일성종합대학은 거기에 없었다. 당시 김일성종합대학은 각지를 전전하며 돌아다녔다.19) 평양을 등에 진 교원들은 자강도(慈江道)의 자성(慈城)까지 후퇴했지만, 1951년 1월말에 한번 평양까지 돌아왔다. 하지만 공습이 계속 심했기 때문에 2월에는 다시 평양을 떠나 평안남도 중화군(中和郡) 남곶면(南串面)의 용포리(龍浦里)로 옮겨갔다. 그러므로 김수경이 평양으로 돌아왔을 때, 대학은 중화군으로 이전되어 있었던 것이다. 하지만 5월에는 대학이 평안북도 정주군(定州郡) 임포면(臨浦面)으로 옮겼고, 다시 9월에는 귀성군(龜城郡)으로 이전하였다. 귀성군에서는 세 개의 면에 걸쳐 대학을 분산 배치했고, 조선어문학부는 법학부와 경제학부와 함께 오봉면(五峰面) 양지리(陽地里)에 있었다. 11월에 1년 반 만에 대학 정상화가 이루어져 조선어문학부의 학생은 121명(전교생 846명)에 이르렀다. 평양에서 멀 뿐 아니라 학부도 넓은 범위로 분산되어

---

19) 이하의 기술은 『김일성종합대학 10년사』, 79~94, 117쪽을 참조하였다.

있어 주위의 민가에 의지하는 상황이었기 때문에 그것은 1952년 2월 말에는 평안남도 순천군 풍산면(豊山面)의 백전리(柏田里, 1952년에 통폐합하여 백송리[柏松里]로 개칭)에 있는 인민군 주둔지였던 곳으로 이전되었다. 교직원과 학생들은 농가에 들어가 스스로의 식량을 생산하면서 대학의 교육과 학습에 힘써야 하였다. 드디어 조선어문학부, 법학부와 일부의 부서가 예전의 대학 기숙사를 수리하여 평양으로 돌아온 것은 1953년 9월이었다. 그리고 1954년 9월에는 전전(戰前)의 양상을 재현한 대학 건물이 완공되었다.

이렇게 거칠고 힘든 상황 속에서 1952년에 "과학과 문화의 전반적 발전을 도모하며, 과학계 각 부문 간의 련결과 종합적 지도를 수행하는 기관으로서 조선 과학계 각부문의 가장 우수한 학자들을 망라한 최고의 과학 기관"으로서 조선민주주의인민공화국 과학원(이하 '과학원'으로 약칭)이 창설되었고,[20] 김수경은 그곳의 연구사(硏究士)를 겸임하게 되었다. 위원장에는 문학자인 홍명희(洪命熹), 사회과학부문위원회 위원장에는 역사학자 이청원(李淸源), 언어학 관련 원사(院士)에는 김두봉(金枓奉), 후보 원사에는 이극로(李克魯)가 취임하였다. 과학원 산하에는 여러 연구소를 두었는데, 사회과학 부문에는 역사학연구소, 물질문화연구소, 그리고 조선어 및 조선문학연구소(1956년에는 '언어문학연구소'로 개칭)를 설치하고, 나아가 그 안에 조선어연구실, 조선문학연구실, 사전편찬실을 두었다.[21] 조선어 및 조선문학연구소의 소장은 김병제(金炳濟)였고, 김수경은 조선어학 연구실장이었다. 두 사람 다 남쪽 출신이면서 김일성종합대학의 동료이기도 하였다. 조선어 및 조선문학연구소는 6·25 이전부터 있었던 조선어문연구회를 '개편'한 것이라는 위상을 지녔고,[22] 그래서 실제로 인적으로도 연속성이

---

20) 「조선민주주의인민공화국 내각 결정 제183호(1952. 10. 9)」, 『조선민주주의인민공화국 과학원 학보』 1, 1953, 180~182쪽. 과학원 설립 과정에 대해서는 김용섭, 『남북학술원과 과학원의 발달』, 지식산업사, 2005 ; 廣瀨貞三, 「北朝鮮における科學院と李淸源」, 『七隈史學』 11, 2009를 참조.

21) 『조선중앙년감 국내편 1954~1955』, 조선중앙통신사, 1955, 48~49쪽.

있었다.

앞으로는 스탈린의 언어학 논문 수용에 대해 논할 생각인데, 그것은 이상과 같은 전시하의 상황 속에서 이루어진 것임을 염두에 둘 필요가 있을 것이다.

2. 스탈린 언어학의 영향

스탈린이 소련공산당 기관지인『프라우다』에「언어학에서 맑스주의에 관하여」라는 Q&A 형식의 논문을 게재한 것은 1950년 6월 20일이었다.[23] 통상적으로 그 이후에『프라우다』에 실은 다른 글인「언어학의 몇몇 문제에 대해」(7월 4일)와 몇몇 동지에게 보낸 회답(8월 2일)을 더하여 책자로 펴낸『마르크스주의와 언어학의 제 문제』를 가리켜 '스탈린 논문'(또는 '스탈린 언어학')이라고 부른다. 스탈린 논문은 단독으로 갑자기 발표한 것이 아니라『프라우다』에 5월 초순부터 실시한 지상 토론에 결론을 낸다는 의도로 발표한 것이다.[24] 그 지상 토론의 목적은 스탈린의 이름으로 마르(N. Ya. Marr, 1865~1934)와 그의 학파에 속한 언어학자의 '신 언어이론'을 비판하고, 그것의 대안으로서 마르크스주의이론을 내세운 것이었다.

그 내용은 여러 방면에 걸쳐 있지만, 본고에 관련된 범위에서 주요한 주장을 열거하면 다음과 같다.

① 언어는 토대 위에 서 있는 상부구조가 아니다. 언어는 계급적인 것도 아니다.
② 언어는 서로 교제하고 사상을 교환하는 수단이다. 사유도 언어로부터

---

22) 「8·15해방 11주년을 맞으면서」,『조선어문』4, 1956, 2쪽.
23) 스탈린의 언어학 논문에 대해서는 다양한 논고가 있지만, 여기에서는 일단 田中克彦,『'スターリン言語學'精讀』, 岩波現代文庫, 2000을 참조한다.
24) 지상 토론과 관련 논문에 대해서는 일괄하여 영어로 읽을 수 있다. John V. Murra et al. eds., *The Soviet Linguistic Controversy*, New York : King's Crown Press.

분리할 수 없다. 언어는 한 사회에서는 유일한 전 인민적 언어다. 방언이
나 특정한 사회 집단 및 계급에서만 통하는 통용어는 전 인민적 언어라고
할 수 없고, 전 인민적 언어에 종속된다.

③ 기본 어휘의 축적, 언어의 문법(형태론, 문장론) 구조는 오로지 천천히
변화하기만 한다. 그래서 언어는 강제적 동화에 대해 굳센 견인성과
비상히 큰 저항력을 갖고 있다. 따라서 두 개 언어가 교차한 결과로
제3의 언어를 얻게 되는 것이 아니라 한쪽이 승리자가 되어 기본 어휘와
문법 구조를 보존한다.

④ 『프라우다』지에서 행한 토론은 마르의 학설을 중심으로 한 언어학의
아락체예브(제정시대의 전제적인 육군대신) 식 제도를 폭로하였다.
비판의 자유가 없다면 과학은 발전하지 않는다.

마르 학파는 언어를 계급적인 것이라고 규정했을 뿐 아니라 인도 유럽어
의 비교사적 연구나 구조언어학 같은 유럽의 언어학을 부르주아 언어학이
라고 비판하고, 그 대안으로 언어의 사적 유물론을 구축하고자 하였다.
이에 비해 스탈린은 언어가 하나의 사회 속에서 계급을 뛰어넘는 전 인민적
(또는 전민족적)인 도구라고 정식화하였다. 나아가 상부구조처럼 경제적
토대에 종속되어 변화해가는 것이 아니라 사회 전체의 역사 속에서 점차적
으로만 변화하는 것이라고 규정하였다. 그리하여 스탈린은 공식주의적인
마르크스주의로부터 언어학을 '해방한 자'로 자기를 만들었다. 예전에
스탈린은 마르에게도, 마르의 뛰어난 제자인 메시차니노프(I. Meshchaninov)
에게도 스탈린상을 수여하였다. 그러니 마르 학파의 '아락체예브 식 제도'를
조장한 당사자인 셈인데, 이번에는 최고지도자 스스로가 언어학의 공식주
의를 매장해버리는 역할을 해낸 것이다.

스탈린 언어학은 사회주의혁명을 진행하고 있었던 나라와 사회주의를
지향하던 지식인들에게 커다란 영향을 주었다. 동독에서는 독일통일사회
당 중앙위원회의 주최로 사회과학, 자연과학 분야의 연구자나 문예가,
당 지도자들이 모여 총합적인 이론을 위한 집회를 열었다.[25] 중국에서는

스탈린 논문 발표 시점에 때마침 과학원 제1회 확대 원무회의를 열었고, 곧장 연구소의 방침으로 수용하였다. 그것은 중국의 문자 개혁 방침을 둘러싼 논쟁에 불을 붙이는 도화선이 되었다.[26] 일본에서는 또 다른 양상이 드러났다. 언어학 분야에서는 계급적인 관점을 비판한 스탈린 논문이 언어적 보수주의자들에게 힘을 실어주었다는 평가도 있지만,[27] 오히려 언어학 이외의 분야를 포함하여 좌파지식인들의 '민족'론에 영향을 끼치는 요인이 되었다고 여겨진다. 스탈린 논문은 당시 분열하고 있던 일본공산당 주류파와 그와 관련한 단체의 기관지와 소책자 등을 통해 퍼져갔으며, 민주주의과학자협회 등의 회합을 통해 분야를 불문하고 논의에 불을 붙였다. 그중에서도 역사학에서는 이시모다 쇼(石母田正) 등을 매개로 당시 활발했던 '민족'론에 수용되었다.[28]

그러면 북한에서는 어떠했을까. 구체적인 이론의 수용 양상에 대해서는 다음 장에서 논하기로 하고, 여기에서는 우선 수용 과정을 정리해두겠다.

북한에서는 한국전쟁 발발 직후인데도 스탈린 논문이 비교적 재빨리 소개되었다. 『프라우다』지에 발표한 지 얼마 안 되어 1950년 7월 말에 조선로동당 중앙위원회 기관지인 『근로자』에 「언어학에 있어서의 맑쓰주의에 관하여」가 번역 소개되었던 것이다.[29] 다만, 한국전쟁이 한창일 때 아무런 해설도 없이 실린 이 논문이 이 시점에 진지한 고찰의 대상이 되었다고는 보기 어렵다. 이미 서술한 바와 같이 전시하의 상황에서는

---

25) 1951년에 베를린에서 열린 회의의 의사록은 일본어로 초역이 나와 있다. 독일통일 사회당중앙위원회 편, 相良文夫 譯, 『唯物史觀の諸問題』, 三一書房, 1954.

26) 松本昭, 「中國言語學界の動向」, 民主主義科學者協會言語科學部會 監修, 『言語問題と民族問題』, 理論社, 1952. 중국의 문자 개혁에 대해서는 본고 4장에서도 다루고 있다.

27) 田中克彦, 『「スターリン言語學」精讀』, 제4장.

28) 遠山茂樹, 『戰後の歷史學と歷史意識』, 岩波書店, 1968, '제Ⅱ장'에 당시의 상황이 묘사되어 있다.

29) 이. 쓰딸린, 「언어학에 있어서의 맑쓰주의에 관하여」, 『근로자』 14, 1950. 7. 31, 62~87쪽.

연구자들이 마음을 다잡고 안정적으로 논의를 주고받을 수 없었을 것이다. 이러한 사정에 대해서는 스탈린 논문 발표 2주년을 기념하여 출간한 논문집 서문에 다음과 같은 기술이 눈에 띈다.[30]

언어학에 관한 이·웨·쓰딸린의 로작이 발표된 직후 미영 제국주의자들이 개시한 우리 조국 강토에 대한 야수적 무력 침공은 우리 공화국의 평화적 건설을 중단시킴과 동시에 우리들로부터 이 로작을 안온하게 연구할 가능성을 빼앗아 갔다. 그럼에도 불구하고 사상 전선과 과학 분야에 종사하는 우리의 일꾼들은 전선과 후방에서 원쑤들의 야만적 폭력과 포격 밑에서 위대한 과학의 스승의 교시를 창조적으로 체득하기에 노력하였[다.]

1951년에도 이미 스탈린 논문에 관한 소련의 문예학 관련 문헌이 번역 출판되었지만,[31] 본격적인 검증 작업으로 나아간 것은 1952년이라고 여겨진다. 1952년 4월 29일에 개최한 전국과학자대회에서 백남운(白南雲) 교육 상은 한국전쟁 발발 후의 연구 성과에 대해 다음과 같이 보고하고 있다.[32]

특히 사회 과학 부문의 과학자들에 있어서 쓰딸린 대원수의 천재적 로작인『맑쓰주의와 언어학의 제문제의 연구』는 각자의 과학 연구 사업에서 거대한 전변을 가져 오게 되었습니다. 김일성 종합 대학 또는 조쏘 문화 협회를 중심으로 한 보고회, 토론회, 론문집의 간행 등은 언어학, 철학, 경제학, 문예학, 법학, 교육학 및 기타의 과학 분야의 일꾼들에게 창조적 맑쓰주의 방법을 체득케 하였으며 조선의 현실적 문제들을 해결하

---

30) 조쏘문화협회,『언어학의 관한 이·웨·쓰딸린의 로작 발표 二주년 기념 문헌집』, 조쏘출판사, 1952, 2쪽.

31)『언어학에 관한 쓰딸린의 로작에 비추어 본 쏘베트 문예학의 제문제』, 조쏘문화협회, 1951. 본서는 아직 보지 못했지만, 내용은 주35 후반에 합본된 문헌과 동일할 것으로 추정된다.

32) 백남운,「一九五一년 공화국 과학 연구 사업의 총결과 一九五二년 당면 과업에 대하여」,『로동신문』1952년 5월 7일.

며 민주 조국을 건설하는 사업에서 앞으로 풍부한 성과를 거둘 광활한
가능성을 열어 주었습니다.

여기에서 김일성종합대학과 조쏘문화협회를 중심으로 스탈린 논문의
내용을 '체득'하기 위해 사회과학의 각 분야에서 여러 연구 작업이 진행되었
다는 것을 알 수 있다.[33]

1952년 6월, 스탈린 논문의 발표 2주년을 기념하여 대대적으로 행사가
열렸다. 6월 18~21일에 걸쳐 문화선전성, 교육성, 조쏘문화협회, 그리고
나중에 과학원으로 결집하는 여러 분야의 연구소 등이 각지에서 성대하게
보고회를 열었던 것이다. 그 개요를 정리해 보면 아래 <표 2>와 같다.

〈표 2〉 스탈린 언어학 논문발표 2주년 기념행사(1952년)

개최일	주최	주제	보고자
6월 18일	문화선전성	문예학의 제 문제	한 효
6월 19일	조선어문연구소 조선역사과학연구소	조선어력사 문법연구의 몇 가지 문제 쏘베트 력사과학	황부영 정 헌
	교육성	자연과학에 관하여 생물학	리용택 한영기
6월 20일	조쏘문화협회	조선언어학의 당면 과업 력사적 유물론	김수경 김효선
6월 20일 ~21일	물질문화 유물조사 보존위원회	−	−

출전 : 『로동신문』 1952년 6월 23일.

사회과학의 분야뿐 아니라 자연과학에서도 그 이론의 수용을 시도했다
는 것도 알 수 있다. 그 가운데 조선로동당 기관지에서도 특필한 것이
조쏘문화협회의 학술보고회라고 하겠다.[34] 그 회합에는 이극로(언어학),

---

33) 또한 이 대회를 이어 '조선 과학아카데미야'의 창립이 내각에서 결정되어(1952년
5월 7일 내각 결정 제86호), 그것이 연말에 과학원으로 설립되었다(김용섭, 앞의
책, 2005).
34) 『로동신문』 1952년 6월 23일.

한흥수(韓興洙, 민속학), 김병제(언어학), 이청원(역사학), 정진태(鄭鎭泰, 법학), 김효선(철학), 김광진(金洸鎭, 경제학) 등 저명한 연구자 외에도 평양지구의 '근로 인테리겐챠들'이 다수 참석하였다. 김수경은 김일성종합대학 어문학 강좌장으로서 철학 강좌장인 김효선과 더불어 기념 보고를 하였다. 그 개요는 『로동신문』에도 보도된 바 있다.

출판사업의 진전도 이루어졌다. 논문 발표 2주년에 맞추어 조쏘문화협회에서는 『언어학의 관한 이·웨·쓰딸린의 로작 발표 二주년 기념 문헌집』(1952. 6)이 간행되었다. 소련의 언어학, 철학, 역사학, 자연과학 등 6편의 번역 논문을 비롯하여 앞에서 말한 기념 보고의 기본 바탕이라고 여겨진 김수경의 논문이 게재되었다(내용을 후술하기로 한다). 그밖에도 언어학자 비노그라도프(V. V. Vinogradov, 1894~1969)의 언어학 강의를 번역한 것이 그의 문예학론과 함께 『언어학의 문제들에 관한 이·웨·쓰딸린의 로작에 관하여』(1952. 7)라는 책자로 엮여 교육성의 출판조직에서 나왔다.[35] 아마도 이것은 김일성종합대학의 강의에서 김수경이 러시아어 문헌을 조선어로 번역하면서 읽어냈고, 그것을 수강자가 받아 적은 텍스트를 근간으로 출판한 것이 아닌가 한다.[36] 더욱이 조선로동당도 스탈린의 '로작'을 적극적으로 선전하였다. 조선로동당 출판사에서는 스탈린의 세 논문을 합쳐 『맑쓰주의와 언어학의 제문제』라는 책으로 1952년에 번역 출판하였다.[37]

---

35) 웨·웨·위노그라도브, 『언어학의 문제들에 관한 이·웨·쓰딸린의 로작에 관하여』, 교육성 교육도서 출판 관리국, 1952. 이 저서의 전반부는 비노그라도프의 언어학 강의이고, 후반부는 그의 「언어학에 관한 쓰딸린 동지의 로작들과 쏘베트 문예학의 제 문제」가 게재되어 있다.

36) 1961년~1963년에 김일성종합대학에서 김수경에게 조선어학을 배운 중국의 조선 어학자 최응구(崔應九, 북경대)에 의하면, 김수경은 7개 국어로 이러한 강의를 할 수 있었다고 한다. 또한 최응구가 조선어학자 박용순에게 들은 이야기에 의하면, 『맑쓰주의와 언어학의 제 문제』도 그러한 강의를 근간으로 출판한 것이라고 한다(「제가 마음속으로부터 존경하는 스승 김수경 선생님」, 『社會科學』 44-1, 2014).

37) 이 원본은 유감스럽게도 현시점에서는 보지 못했지만, 1952년 6월 발간된 조선로동당 자습교재(본문 참조)에서 언급되어 있는 것을 볼 때, 그 이전에 나온 것으로

게다가 조선로동당은 「자습당원들을 위한 보충적 참고자료」로서 『맑스=레닌주의 리론 발전에 있어서의 이·웨·쓰딸린의 새로운 탁월한 기여 : 이·웨·쓰딸린의 언어학의 제문제에 관한 로작들에 관하여』(1952. 6)를 발간하였다.[38] 2만 부를 찍어낸 이 책자와 아울러 스탈린 논문은 연구자에게만 국한되지 않고 당의 기본 문헌에까지 올랐다.

이 해 연말에 문을 연 과학원의 창립 초기에도 스탈린 논문의 영향은 깊이 각인되었다. 홍명희 원장은 개원식에서 스탈린의 언어학 논문에 대해 「쏘련에서의 사회주의 경제 제 문제」와 함께 "창조적인 맑쓰-레닌주의의 훌륭한 모범"이라고 논하였다.[39] 다음 해인 1953년에 과학원은 잡지 『학보』를 창간하는데, 제1호(1953. 9)에는 김수경의 「현대 조선어 연구 서설」이 게재되었고, 제2호(1953. 12)에는 김수경의 어휘론을 포함하여 5편의 논문을 게재하여 이른바 스탈린 언어학 특집호처럼 꾸몄다.

1953년도부터는 고급중학교(고등학교에 해당함) 및 사범전문학교가 스탈린 논문을 교수하기 시작하였다. 같은 연도부터 제3학년용 『조선어』의 교수요강 「언어에 대한 일반적 지식」은 스탈린 논문을 그 기본 내용으로 취급하도록 정하고, 그 교수 목적에 관하여 "언어의 본질에 관한 개념을 학생들에게 주며 언어의 독특한 특성을 해명하고 그 발달의 기본 법칙과 로정을 제시하는 데 있다"고 규정하였다. 국가 졸업시험에서도 출제되었기 때문에 학생들은 스탈린 논문을 '요약 필기'하고 '암송'해야 하였다.[40]

보인다.

38) 이 밖에도 논문발표 2주년 기념일 당일에는 김병제의 논문 「언어학에 관한 쓰딸린의 로작과 조선 어문의 발전에 대하야」가 『로동신문』 1952년 6월 20일자에 실렸다.

39) 「조선민주주의인민공화국 과학원 개원식에서 진술한 홍명희 원장의 보고」, 『로동신문』 1952년 12월 3일.

40) 최완호, 「고중 조선어 《언어에 대한 일반적 지식》의 수업에서의 몇 가지 결함」, 『교원신문』 1954년 7월 26일. 다만 이 시점에서는 스탈린 논문이 아직 교과서에 반영되어 있지 않았다. 이 때문에 이 교육성 기관지에 실린 논설의 저자(청진전문학교의 교무부장)도 학생들이 이해 없이 암송하는 경향의 원인으로서 '교원의 교재 연구 부족'을 지적하고 있다. 이 저자는 교원들도 여전히 스탈린 논문 이전에 출판된 조선어문연구회, 『조선어문법』(1949)을 '전적으로 참고하고' 있었

이렇게 스탈린의 '천재적인 로작'은 한국전쟁이 한창일 때와 휴전 직후의 북한에서 언어학이라는 범위를 넘어 사회과학 전반, 나아가 조선로동당의 '인텔리겐차'에게 상당한 존재감을 띠고 모습을 드러냈다. 그 과정에서 김수경이 수행한 역할은 결코 적지 않았다.

III. 김수경 언어학의 체계화

'전고(前稿)'에서 필자는 세 가지 지향성과 관련하여 김수경 언어학을 정리하였다. 다시 말해, (1) 언어학 이론에 대한 지향성, (2) 역사적 언어학 및 조선어사에 대한 지향성, (3) 규범문법에 대한 지향성이 그것이다. 1945년 이전의 김수경 언어학은 (1) 구조언어학을 중심으로 한 언어학 이론의 섭렵과, (2) 조선어사에 대한 탐구가 서로 얽힌 양상을 보여주었다. 월북 이후에는 (1) 소련의 언어학으로 이론적인 틀이 옮겨가고, (2) 사적 언어학이 서서히 후퇴함과 동시에, (3) 조선어문법의 정비를 비롯한 실천적인 현대 조선어연구의 비중이 커져갔다.

1950년대 전반에 초점을 맞춘 본 장도 이 세 가지 지향성을 염두에 두고 구성하고자 한다. 우선 (1) 이론 면에 관해서는 1절에서 상술한 스탈린 논문이 끼친 영향을 고찰한다. 또한, (3) 규범문법에 대해서는 1절에서 스탈린 논문과 관련하여 학교 교과서를, 2절에서는 철자법을 중심으로 한 문자 개혁론을 검토한다. (2) 사적 언어학에 대해서는 문자 개혁론과 관련하여 조선어학사의 일환인 주시경론(周時經論)을 2절에서 논하고자 한다.

고, '이 문법의 내용과 서술체계를 그대로 복사하여 교수하고 있는 경향'도 문제라고 지적하였다(최완호, 「고중 및 사전에서의 조선어 교수」, 『교원신문』 1954년 7월 26일).

1. 언어학 이론의 재편

우선, 김수경이 스탈린 논문 이전에 소비에트 언어학을 어떻게 이해하고 있었는지 확인할 필요가 있다. 각국의 언어와 언어학에 정통해 있던 김수경은 한국전쟁 전에도 조선어문연구회나 김일성종합대학을 통해 소련의 언어학을 풍부하게 소개하고 있었다. 그 중심에 마르의 '신 언어이론'이 있었기 때문에 김수경이 마르 학파에 '심취되어 있었'다고 평가하는 연구마저 있다.[41] 그러나 '전고(前稿)'에서도 제시했듯, 마르 언어학에 내재한 서구중심주의에 대한 비판이나 국제주의적인 지향성 및 사적 유물론에 대한 공감은 드러난다고 인정되는 한편, 야페트 이론을 중심으로 한 언어의 일원적 발전단계론을 추어올리는 일은 하고 있지 않다. 오히려 마르 이론을 주변적으로만 다루고 있는 레포르마츠키(A. A. Reformatskij)의 언어학 개설서를 대학용으로 번역하기도 하고,[42] 마르 학파가 비판하던 구조언어학의 개념도 병용하기도 하였다.

그렇기 때문에 한국전쟁 이전에 마르 학파의 영향은 최소한에 그쳤다고 말할 수 있다. 1949년에 낸 『조선어문법』의 「머리말」에서 어음론(語音論), 형태론, 문장론(통사론)의 상호관계에 대해 "文章論이 形態論에 對하여, 形態論이 語音論에 對하여, 각기 가지는 優位性을 特히 重要視하였다"(2쪽)고 논하고 있듯, 의미론을 중시하는 마르의 '신 언어이론'에 근거한 구성을 취한 것을 알 수 있다. 하지만 그 이상 파고들어가는 전개는 보이지 않는다. 소련의 동방언어학자 페트로바(O. P. Petrova)도 1953년에 "이러한 불충분성에도 불구하고, 이 문법은 모든 문법서들 중에서 가장 상세하고도, 완전한 것이다"라고 평가하고 있다.[43] 소련 유학에서 돌아온 송서룡(宋瑞龍)도

---

41) 정광, 「舊蘇聯의 언어학과 初期 북한의 언어연구」, 고려대학교 언어정보연구소, 『언어정보』 2, 1999, 146쪽.

42) 아·아·례폴마트쓰끼, 김수경 역, 『(대학용) 언어학』, 교육성, 1949.

43) 오·뻬·뻬뜨로와(O. П. Петрова), 「조선민주주의인민공화국에서의 언어의 제문제」, 『조선민주주의인민 공화국 과학원 학보』 2, 1953, 139~140쪽. 원문은 *Вопросы языкознания*, 1953, No.3에 게재되었다.

1957년에 소련이 북한의 언어학에 미친 영향관계를 논한 논문에서 "당시에 조선 언어학자들에 의한 쏘베트 언어학의 섭취는 우리에게 해를 가져온 것보다는 결정적으로 많은 점에서 긍정적인 결과들을 가져 왔"다고 평가하면서, "김일성 종합대학 조선 어학 강좌가 남긴 공로"를 특별히 언급하고 있다.[44] 김수경이라는 이름을 거명하지는 않지만, 그가 '공로'를 남긴 필두였다는 점은 의심할 수 없다.

그러므로 김수경의 연구 방향성은 스탈린 논문의 발표로 인해 천지가 뒤집히는 것 같은 일은 없었다고 생각할 수 있다. 그러나 그것이 던져준 충격을 과소평가해서도 안 된다. 이하에서 차례로 서술하듯, 스탈린 언어학의 소개와 소화를 통해 김수경 언어학의 원론적인 부분이 형성되었다고 할 수 있기 때문이다.

김수경이 스탈린 논문을 정면으로 받아들여 집필한 논문은 다음에 제시한 세 편이다.[45]

① 「언어학의 문제들에 관한 이·웨·쓰딸린의 로작과 조선 언어학의 과업」(1952. 6)
② 「현대 조선어 연구 서설」(1953. 9)
③ 「언어학의 문제들에 관한 이·웨·쓰딸린의 로작에 비추어 본 조선어의 기본 어휘와 어휘 구성에 관하여」(1953. 12)

이 가운데 ①이 앞에서 말한 '노작' 발표 2주년 때 보고한 논문일 것이라 짐작된다. 제목 그대로 스탈린 논문을 소개하고 그에 비추어 조선어학 연구의 과제를 정리한 총론 성격의 내용이다. ②는 「대학 교재 《현대

---

44) 송서룡, 「쏘베트 언어학과 해방 이후 조선 언어학 발전에 준 그의 영향」, 『조선어문』 6, 1957, 15쪽.
45) 각각의 서지 정보는 다음과 같다. ① 『언어학의 문제들에 관한 이·웨·쓰딸린의 로작 발표 2주년 기념 문헌집』; ② 『조선민주주의인민공화국 과학원 학보』 1, 1953 ; ③ 『조선민주주의인민공화국 과학원 학보』 2, 1953.

조선어》초고 중의 일부」를 발표한 것인데, 현대조선어의 기술문법 연구를 중심으로 논문 ①의 논의를 더욱 확충한 것이다. ③은 어휘론을 특화시킨 논문인데, 명기는 하지 않았지만 아마도『현대 조선어』집필의 일환일 것으로 여겨진다.[46]

세 편의 논문에는 중복되는 부분도 많이 있지만, 기본 논점은 조선어 연구의 과제를 광범위하게 제시한 ①에 집약되어 있다. 따라서 이를 기초로 삼아 논의를 전개시키는 것이 바람직할 것이다. 논문 ①은 스탈린 논문의 골자와 배경을 소개하면서 언어학 역사에서 현재를 '쓰딸린적 단계'로 규정하고, 그 단계에 다다른 조선어 연구의 과제에 관해 체계적으로 기술한다. 조선어 연구의 과제에 대해서는 '조선어의 력사적 발달'과 '현대 조선어의 연구'로 나누고, 전자가 발전하는 연장선 위에 후자를 위치시킨다(논문 ②에서는 이러한 관점을 '력사주의'라는 말로 요약한다).

역사적 발전론에 관해 가장 주목해야 할 지점은 스탈린 논문에서 '언어의 민족적 자주성'이라는 논점을 끌어냈다는 것이다. 조선어사 중에서도 그가 가장 중시한 대목이 '언어 발달의 내적 법칙 탐구'였다. 그것은 내적 법칙이야말로 '언어의 민족적 자주성의 토대'였기 때문이다. 이를테면 조선어에는 한자어가 많지만, 그렇다고 해서 "조선어가 한문의 문장론에 의거하여 조직되게 된 것이 아니라, 반대로 한자 어휘가 조선어의 문장론에 의거하여 문장 우에 결합되었"던 것이고, "언어의 기초로 되는 기본 어휘중 가장 견인성 있는 부분은 거의 전부가 고유 조선어"였다고 말한다.

나아가 일본제국주의 지배 하에서 조선어가 보여준 '견인성'에 대해 그는 다음과 같이 논하고 있다.

수십 년 동안 일본 제국주의자들은 조선 인민의 언어를『파괴하고

---

46) 실제로 대학용『현대조선어』1(고등교육도서 출판사)이 김수경을 중심으로 한 공저로 출간된 것은 1961년이었지만, 이때의 구성은 서론 다음에 어휘론, 어음론, 철자법이라는 순서로 이루어져 있었다.

파멸시키고 소탕하려고 노력하였다.』이 시기에 조선어의 어휘 구성에는 일본어의 단어와 표현들이 들어 왔으나 조선어는『견디여 내였으며 살아 나왔다.』왜? 왜냐 하면, 조선어의『문법 구조와 기본 어휘가 기본적으로 보존되였기 때문이다.』이와 같이, 조선어는 일본 제국주의자들의『강제적 동화에 대한 거대한 견인성과 비상한 저항성을 보여 주고 있다.』(① 337쪽 : 『 』은 원문 그대로)

여기에서『 』안의 부분은 모두 스탈린 논문에서 인용한 것이다. 마지막에 나오는 "강제적인 동화에 대한 거대한 견인성과 비상한 저항성"이라는 표현은 이후 발표하는 논문에서 몇 번이나 인용하는 대목이다. 견인성 (ustoychivost')은 '안정성' '항상성'으로도 번역할 수 있지만, 완강하게 견디 며 저항한다는 함의를 강하게 지닌 번역어로 선택되었다.[47] 스탈린은 오스만 제국이 지배하는 발칸의 여러 언어를 사례로 들지만, 김수경은 일본제국주의의 '강제적 동화'로 그것을 치환한다. 그리고 그러한 압력에도 불구하고 살아남는 언어에서 '민족적 자주성'의 근거를 찾았던 것이다. 그것은 현재 진행형(1952)의 '미영 제국주의자들'에 대한 싸움의 근거가 된다. 스탈린 논문에서는 '견인성'의 기초에 기본어휘와 문법구조를 위치시 켰기 때문에 김수경도 조선어의 역사적 어휘론과 역사문법을 가장 중요하 게 여기게 되었다.

현대 조선어 연구의 위상도 이러한 역사 안에서 자리 잡았다. 그것은 우선 어휘론과 문법 두 방면으로 나뉘고, 문법은 형태론과 문장론으로 더 나뉜다. 그리고 형태론에 대한 문장론의 우위성을 말하는 마르를 비판하 고 그것들은 상호 동등하다고 규정하였다. 이것도 스탈린 논문에 근거한 구분인데, 그 결과 이를테면 문체론은 어휘론 안에 자리 잡고,[48] 철자법은

---

47) 이 논문을 처음으로 번역 소개한『근로자』(1950)에서는 이 단어가 '불변성'으로 번역되어 있었다(76쪽).
48) 김수경은 문체론에 대해 작가의 문체 가운데 '전 인민적인 것과 개인적인 것'의 관계를 주목한다(①346쪽). 소쉬르의 용어법으로 말하면 전자가 랑그, 후자가

문법론, 특히 형태론과 관련하여 논의되었다.

김수경은 이상 서술한 기본 논점을 모두 반영한 서적을 간행하였다. 그것이 초급중학교용으로 집필하여 교육성이 비준한 두 권짜리 교과서 『조선어문법』(1954년)이다.[49] 1953년 6월, 스탈린 논문 발표 3주년을 기념하여 당시 과학원의 후보 원사이자 정부의 무임소상(無任所相)이기도 한 이극로는 당면 과제의 하나로 "우리의 언어학의 리론적인 기초가 근본적으로 개편된 결과는 대학과 중등 학교들에서 언어학 관계 학과목의 교수 내용을 혁신하는 것이 필요하게 되었"다고 보고하였다.[50] 이 과업 가운데 김일성종합대학 안의 『현대 조선어』와 초급중학교의 『조선어문법』의 집필을 김수경이 맡았던 것으로 보인다.[51] 김수경이 집필한 교과서는 초급중학교 제1~2학년용 '어음론, 형태론'과 제3학년용 '문장론'이라는 두 권으로 되어 있다.[52] 당시 인민학교는 입학 연령이 7~8세, 수업 연한이 4년이고, 그 졸업생 및 성인학교 졸업생은 3년제 초급중학교로 진학하였다. 초급중학생용이라고는 해도 그 안에 담겨 있는 내용은 지극히 수준이 높았다.

파롤에 해당할 것이지만, 그것을 스탈린 논문의 개념을 바탕으로 전환시키고 있다. 김수경은 나중에 문체론을 체계화해 나가는데, 그 원형을 여기에서 볼 수 있다는 점을 지적해두고 싶다.

49) 『조선어문법(어음론 형태론) 초급중학교 제1, 2학년용』, 교육도서출판사, 1954 ; 『조선어문법(문장론) 초급중학교 제3학년용』, 교육도서출판사, 1954.

50) 리극로, 「이·웨·쓰딸린의 로작《맑쓰주의와 언어학의 제문제》에 비추어 본 공화국 언어학의 정형과 그 당면 과업」, 『조선 민주주의 인민 공화국 과학원 학보』 2, 1953, 27쪽.

51) 고급중학교 및 사범전문학교를 위한 교과서를 집필하는 작업은 리근영이 맡았다. 리근영 이름으로 1955년 7월에 출판된 『조선어 : 고급중학교 및 사범 전문학교 제 1, 2, 3학년용』(교육도서출판사)를 약 1년 전에 나온 초급중학교용 교과서에 비교해보면 어음론이 없는 대신 '어휘에 관한 지식'이라는 제목으로 어휘론이 추가되는 등, 『조선어문법』(1949)과는 상당한 차이점을 찾을 수 있다. 인민학교용 『국어문법』도 1954년에 신판이 나왔고(『교원신문』 1954년 8월 30일), 교과서가 전면적으로 쇄신된 것을 알 수 있다.

52) 1956년 5~7월에 초급중학교용 『조선어문법』 제2권의 개정판이 교육도서출판사에서 출판되었는데 저자가 김병제로 바뀌었다. 그 경위의 해명 및 내용의 비교 작업은 금후 과제로 남겨둔다.

「서론」에서는 우선 레닌에 기초한 언어도구론을 소개하고, 스탈린 언어학의 중요성도 언급하였다. 그 다음 방점과 함께 네 가지 기본 명제를 제시한다. 그 중 두 가지가 "조선어는 세계의 모든 언어 가운데서 가장 견인성이 강하고, 자기의 민족적 자주성을 고수하여 온 언어 중의 하나다"라는 것과 "조선어는 전체 인민에 대하여 공통적이며 단일한 전 인민적 언어다"라는 것인데, 둘 다 김수경이 스탈린 논문을 수용할 때 핵심으로 삼은 테제에 속한다. 전자에서는 중국의 영향, 일본제국주의의 지배, 미제국주의자의 무력 침범에도 굴하지 않았던 것을 설명하고 있다. 그리고 표준어와 방언의 관계에 대해서는 논문 ②에서 제시한 논점을 통해 설명한 다음, 언어가 어휘구성과 문법구조로 성립한다고 정리한다. 나아가 언어의 연구가 어휘론, 문법론, 어음론 등 여러 측면으로 이루어져 있다고 하면서 다음과 같이 구분했다(김수경이 작성한 도표에 필자가 교과서 안의 정의를 덧붙인 것이다).

어휘론	언어의 어휘 구성을 연구함			
문법론	언어의 문법 구조를 연구함			
	형태론	단어의 변화의 규칙을 해명함	~ 철자법	한 언어의 단어를 표기함에 있어 통일적으로 인정되어 있는 규칙을 연구함
	문장론	문장에서 단어의 결합의 규칙을 연구함	~ 구두법	각종 부호의 사용법에 관한 규칙의 체계
어음론	언어음에 관한 리론을 연구하는 언어 과학의 한 분과			

철자법은 형태론과, 구두법(句讀法)은 문장론과 밀접하게 연관된다고 설명한다. 이 가운데 어음론은 스탈린 언어학에서 언급하지 않는데도 덧붙여져 있다. 또한 어휘론은 초급중학교의 범위에서 제외되었다. 그 결과, 제1~2학년에서는 어음론과 형태론을, 제3학년에서는 문장론을 습득한다는 구성으로 되었던 것이다. 결과적으로 문법의 내용 면에서 이 책은 1949년의 『조선어문법』과 상당히 비슷한 구성을 갖게 되었다. 애당초 1949년의 문법서 가운데 주요한 대목은 김수경이 썼다고 여겨진다.[53]

'언어학의 리론적인 기초가 근본적으로 개편된' 상황에 서둘러 대응하기 위해서는 김수경 자신이 1949년의 문법서를 근간으로 삼으면서 중학교용으로 다시 써내려가는 것이 가장 효율적이었을 것이다.

이리하여 스탈린 언어학을 받아들이면서도 김수경의 조선어학은 하나의 체계를 갖추었다. 다만 스탈린 언어학의 영향은 서론에서 기술한 원론적인 측면과 앞에서 말한 각 연구 영역이 자리 잡는 데 현저하게 나타났는데, 문법론의 내용은 오히려 『조선어문법』(1949)을 바탕으로 붓을 가감하면서 더욱 평이하게 정리했다고 해도 좋을 것이다. 이 책은 1954년 11월에 제1~2학년용만 245,000부를 찍었으니, 이 정도로 김수경의 언어학은 대단히 광범위하고 공식적으로 학교 교육에 활용되었다고 할 만하다.

2. 문자 개혁과 형태주의

이 시기에 이루어진 김수경의 활동에 관해 실천적인 측면에서 하나 더 주목해야 할 것은 철자법을 중심으로 한 문자 개혁의 방침 책정 및 이론화에 관여했다는 점이다. 북한의 문자 개혁은 한국전쟁 이전부터 김두봉의 주도 아래 진행되어왔고, 김수경은 월북하고 나서 금방 그 사업에 참여했다고 여겨진다. 그래서 1950년대의 활동은 그 연장선 위에서 이해할 필요가 있다.

한국전쟁 이전에 김수경이 책정하고 이론화했다고 여겨지는 철자법의 개혁은 적어도 (가) 두음법칙의 폐기(예 : 노동→로동), (나) 절음부(1954년

---

53) 김수경은 1957년에 언어학자 고바야시 히데오 앞으로 보낸 편지(나중에 서술한다)에서 "저는 주로 현대조선어의 문법체계를 수립하는 방면에 전념하여 1949년에 400쪽(국판)에 달하는 조선어 문법서를 출간하는 한편, 1954년에는 중학교용 교과서를 쓴 적이 있습니다"라고 쓰고 있다. 또한 후술할 김두봉과 김수경을 비판하는 논설에서도 "김두봉은 1949년 《조선어문연구회》에서 집체적으로 편찬하기로 되어 있던 《조선어문법》을 강압적 방법으로써 자기에게 충실한 김수경 동무로 하여금 집필케 하고 이 문법서를 악명 높은 《신철자법》으로 출판케 하였다"라고 되어 있다(『조선어문』 3, 1958, 9쪽).

이후는 사이표라고 불렀다)의 도입(예 : 깃발→기'발), (다) 새롭게 여섯 개의 한글 요소를 부가한 이른바 '새6자모'의 도입이다. 두음법칙의 폐기에 대해서는 이미 알려진 대로 김수경이 1947년 6월『로동신문』에 쓴 논문이 이론적 근거를 제공하였다.[54] 또한 '전고(前稿)'에서도 기술한 대로 절음부 의 도입에 관해서는 김수경의 '삽입자모'론이 역사적이고 이론적인 근거를 부여했다고 할 수 있다.[55] 새6자모에 대해서는 1948년 1월에『조선어 신 철자법』이 김두봉의 이름으로 발표되었기 때문에 그가 제창한 글자라고 알려져 있지만,[56] 1958년 김두봉이 비판을 받는 과정(후술하기로 한다)에서 는 "김두봉 동지가 제기했고 김수경 동지가 리론적으로 체계화하려고 시도"[57]했다는 것이 몇 번이나 명기되어 있다. 이하에서 서술하듯, 앞의 (가)~(다)는 일관성을 가진 어떤 논거에 의해 정당화되어 있고, 실제로 김수경이 이론적으로 체계화했을 가능성이 매우 높다. 거기에서 키워드는 형태주의였다.

김수경 자신이 1954년에 초급중학생용으로 쓴 해설에 따르면, 형태주의 란 "단어에서 의미를 가지는 가장 작은 부분 ― 형태부(접두사, 어근, 접미사, 토)를, 비록 그들이 그때그때의 위치에 따라 서로 다르게 발음되는 일이 있다 하더라도, 언제나 동일한 형태로 표기할 것을 주장하는 원칙을 말한다." 이 형태주의는 "발음되는 그대로 단어를 표기하며, 표기하는

---

54) 김수경,「朝鮮語學會 '한글 맞춤법 통일안'中에서 改正할 몇가지 其― 漢字音表記에 있어서 頭音ㄴ及ㄹ에 對하여」,『로동신문』1947년 6월 6일, 7일, 8일, 10일.

55) 김수경,「'龍飛御天歌'揷入子音考」,『震檀學報』15, 1947 ;「龍飛御天歌에 보이는 揷入 字母의 本質: 特히 問題의 現實性에 비추어」,『조선어 연구』1-2, 1949. 또한 김수경이 절음부와 '새6자모'에 기여한 역할에 대해서는, 安秉禧,「北韓의 맞춤법 과 金枓奉의 학설」,『정신문화연구』2001. 봄, 113~114쪽에 나오는 고찰도 참조하 길 바란다.

56) 이를테면 다음과 같은 기사를 볼 수 있다. "北朝鮮人民委員會에서는 文化事業으로 國語綴字法統一을 解放直後부터 考案着手中이든바 ―月中旬에 語學界의 元老金枓 奉先生이 硏究한 新綴字法을 定式發表한다고 한다."『解放新聞』1948년 1월 20일.

57)『조선어문』2, 1958, 70쪽. 같은 표현은『로동신문』1958년 1월 19일 기사에서도 사용되고 있다. 이들 기사에 대해서는 이 글의 제4장을 참조하라.

그대로 단어를 발음할 것을 주장하는" 표음주의와는 상이한 원칙이다(이와
는 별도로 "과거에 전통적으로 쓰이던 그대로 단어를 표기할 것을 주장하
는" 역사주의라는 원칙도 설정하였다). '형태주의'는 소련에서 러시아어
철자법을 둘러싼 논의 과정에서 사용된 '형태론적 원칙(morfologicheskij
printsip)'의 번역어일 것이다.[58] 여기서 중요한 것은 형태주의라고 할 때의
'형태'란 언어학에서 말하는 형태소(말을 분할해갔을 때 최소 의미의 단위)
를 의미한다는 점이다. 김수경이 번역한 레포르마츠키의 교과서를 보면,
러시아어 'morfema'에 '형태부'라는 번역어를 붙이고 있는 것으로 보아[59]
'형태부'가 형태소를 의미한다는 것을 알 수 있다.

앞에 이야기한 철자법 개혁 내용으로 말하면, (가)두음법칙의 폐기는
한자 '로(勞)'가 하나의 형태소이기 때문에 단어의 어디에 위치하든 '로동'
'취로'와 같이 동일한 '로'로 고정 표기한다는 말이 된다. (나)절음부는
'기(旗)'와 '발'이라는 두 형태소를 합성할 때 '사이ㅅ'을 넣어 변형시킨
'깃발'로 쓸 것이 아니라 형태소를 고정 표기한 그대로 '기'발'로 쓴다는
말이다. (다)새6자모도 용언을 활용해도 형태소인 어근이 표기상 고정되도

---

58) 김수경은 레포르마츠키가 쓴 교과서, 곧 앞서 언급한 『언어학』의 번역본에서
    철자법을 논한 곳에서 사용한 'Морфологический принцип'를 '형태주의 원칙'
    이라고 번역하였다(222~223쪽). 레포르마츠키를 포함한 모스크바 음운론학파에
    서는 철자법의 표음주의(음성학)적인 무원칙함에 대한 비판과 형태음운론적인
    입장은 중요한 특징이었다(佐藤純一, 「ロシア·ソ連言語學史におけるモスクワ學派」,
    『外國語科研究紀要(東京大學敎養學部)』 39-5, 1991).

59) 레폴마트스키, 앞의 책, 『언어학』, 141쪽. 또한 소련의 조선어학자 홀로도비치는
    『조로사전』에서 '형태주의'를 '형태론적 원칙(Морфологический принцип)'이
    라고 번역해놓았다(А.А. Холодович, Корей ско-русский словарь, Изд. 2-е, Госу.из
    д-воиностранныхинациональныхсловарей, 1958). 참고삼아 '형태부'라는 표
    현에 관해서는 해방 이전부터 고바야시 히데오가 'morphème'의 번역어로 쓰고
    있었다. 그는 방드리(J. Vendryes)가 『언어(Lelangage)』(1921)에서 도입한 sémantème/
    morphème의 구분을 염두에 두면서 각각 의의부(意義部)/형태부(形態部)로 번역한
    것이다(小林英夫, 『言語學方法論考』, 三省堂, 1935, 197~198쪽. 초출은 1934년).
    고바야시는 방드리와 다른 관점에서 'morphème' 개념을 쓰고 있던 트루베츠코이
    (N. S. Trubetzkoy)의 형태음운론에 관한 논문을 번역했을 때에도 '형태부'라는
    번역어를 채용하였다(「'形態音韻論'について」, 위의 책에 수록. 초출은 1932년).

록 하기 위해 도입된 것이다. 예를 들어보면, '걸어서'라고 발음이 변하는 동사 '걷다'의 경우, 어근이 고정되도록 새롭게 'ㅿ'라는 자음 글자를 도입하여 '겄다' '겄어서'라고 표기하자는 말이다. 이들 모두 발음(청각) 상의 형태는 변화한다 해도 표기(시각) 상의 형태소는 고정시킨다는 것이고, 형태음운론에 바탕을 둔 사고방식이라는 점에서는 공통적이다.

다만, 김수경이 처음부터 형태소의 고정 표기를 '형태주의'라는 용어로 설명한 것은 아니다. 김수경이 두음법칙의 폐기를 논의한 1947년 6월의 논문에서는 곧 도래할 한자 철폐에 앞서 한자음의 한글 표기를 일관되게 만드는 원칙을 수립하는 데 초점을 맞추고 있기 때문에 '表意性' '體系性' '視覺性' '固定性' 또는 '形像[像은 sic](게슈탈트)'라는 표현은 나와도, '형태주의'라는 표현은 아직 등장하지 않았다('표음주의'라는 말은 쓰여져 있고, 또 이 논문 이전부터 있었다). 1948년 1월에 조선어문연구회가 『조선어 신 철자법』의 초안을 제출했을 때는, 총론에서 "현대 조선 인민의 언어 의식 가운데에 공통적으로 파악할 수 있는 것을 일정한 형태로 표기함으로 써 원칙을 삼는다"고 주장하기는 했었다.[60] 그러나 여기에서 말하는 '형태' 는 표기상의 형태라는 의미였고, 형태소라기보다는 '언어의식'과의 관련 속에서 설명되어 있다. 게다가 '형태주의'라는 용어도 보이지 않는다. 언제부터 '형태주의'라는 표현을 사용했는가는 추적할 수 없지만, 늦어도 1949년 3월에 김수경이 김두봉 탄생 60주년을 기념하여 김일성종합대학에 서 행한 강연에서는 이 용어가 등장하고 있다. 거기에서는 의미론을 중시한 마르의 이론도 언급하는 동시에 언어학적으로 '형태부' 개념을 해설하면서 김두봉의 철자법에 나타나는 '형태주의 표기법의 사상'을 평가하고 있다.[61]

---

60) 이 단계의 텍스트 원문은 아직 보지 못하였다. 인용한 대목은, 조선어문연구회, 「朝鮮語 綴字法의 基礎」, 『조선어연구』 1-5, 1949, 154쪽.
61) "그 언어사용자의 의식에 비추어 일정한 의의의 담당자로서 분할해 낼 수 있는 어음련속체 중의 최소단위, 즉 언어학적으로 말하면 '형태부', 일반적으로 말하면 낱말을 그 기초를 삼는 것입니다. 이와 같이 일정한 의미를 가지는 형태부 또는 낱말을 고정적으로 표시하는 형태주의 표기법의 사상은 조선에 있어서는 주시경

형태소 개념에 바탕을 둔 형태주의론은 『조선어문법』을 준비하는 일환으로서 김수경이 썼다고 추정되지만, 조선어문연구회 이름으로 연재한 「조선어 철자법의 기초」 제1회분(1949. 8)에서 더욱 체계화를 이루었고, 그 내용도 같은 해 연말에 간행한 『조선어문법』에 반영되었다.[62] 구조언어학을 폭넓게 배웠던 김수경이 신 철자법의 책정 때부터 형태소의 관점을 염두에 두었다는 것은 틀림없지만, 이때에 이르러서야 비로소 공식 견해로서 '형태주의'는 이론화되었던 것이다.

한국전쟁 이전에 관한 기술이 길어졌는데, 앞으로는 이러한 논의의 연장선 위에서 1950년대 김수경이 문자 개혁에 관여한 부분을 논하고자 한다.

조선어문연구회의 '조선어 신 철자법'은 해당 연구회의 몇몇 간행물을 제외하면 규범으로서 기능하지 않았다. 1952년 1월 27일에 조선어문연구회에서는 전문위원 및 관계자 연석회의를 개최하여 "조선 어문의 지도 보급 사업을 신 철자법의 대중화와 가로 쓰기의 보급에 중심을 둘 것"을 결정하기는 했는데,[63] 실행에 옮긴 모습은 찾기 힘들다. 두음법칙의 폐기만은 한자 철폐와 더불어 도입되었지만, 새로운 활자를 필요로 하는 새6자모는 물론, 아포스트로피(apostrophe)만 찍는 절음부도 사용되지 않았다. 김수경의 전게 논문 ①~③에서조차 그러하다(①은 아예 세로쓰기였다). 새로운 교재 작성, 인재 양성, 활자의 보급 등, 광범한 준비가 필요한 개혁을 전시체제 가운데 시행한다는 것은 용이하지 않았을 것이다.

실제로 스탈린 논문의 발표 2주년에 맞추어 발표한 김수경의 논문 ①은

선생에 비롯한 것으로, 종래의 무의미한 성음이나 련발음의 표기만을 위주하는 표음주의 표기법에 대하여 한 개의 질적 비약을 이룬 것입니다."(김수경, 「조선어 학자로서의 김두봉 선생」 『조선어연구』 1-3, 1949, 6쪽). 여기에 나오는 주시경-김두봉으로 거슬러 올라가는 형태주의 사상에 대해서는 잠시 후에 서술하기로 한다.
62) 조선어문연구회, 앞의 글, 1949. 글자가 표음성과 표의성 양쪽을 가지고 있는 것 등, 김수경의 『로동신문』 논문과 논리적인 공통성이 많이 들어 있다.
63) 『해방후 10년 일지 1945~1955』, 조선중앙통신사, 1955, 146쪽.

형태주의적 원칙을 본래 조선어 철자법이 가지고 있던 특징이라고 말하면서도 현행 철자법으로는 그 원칙을 일관되게 실시할 수 없다고 서술하였다. 그럼에도 "조선 문자 체계 발달의 기본 로선을 옳게 계승하고 장차 올 한자 철폐와 풀어서 가로 쓰기를 예기하면서" 철자법을 제정하지 않으면 안 된다고 주장하였다. 달리 말하면, 형태주의 원칙을 철저하게 관철하는 것을 조선어 철자법 발전의 내정 법칙으로 간주하고, 주시경과 김두봉 등이 제창한 '풀어서 가로 쓰기'(네모꼴 안에 갇힌 한글 자모를 따로따로 떼어내어 알파벳처럼 가로로 늘어놓는 철자법)를 목표 지점으로 설정하여 현대를 과도기로 보았던 것이다. 그리고 그러한 요구에 부합한 것이 『조선어 신 철자법』이라고 평가하였다.

북한에서 철자법 책정이 본격적으로 진행된 것은 1954년이었다. 1954년 초, 과학원의 조선어 및 조선문학연구소 안에 '조선어 철자법 규정 작성 위원회'를 조직하였다. 4월에는 『조선어 철자법』 초안을 완성하여 2개월 남짓 토론을 거쳐 9월에 공표하였다.[64] 이 시기에 북한에서 철자법 책정을 추진한 배경에 관해서는 남한에서 일어난 '한글 파동'과 관계가 있다는 지적도 있다.[65] 1953년부터 남한에서 한글의 간소화 움직임이 일어났다는 것과 그 내용은 북한에서도 보도되었던 것이다.[66] 1954년 7월 17일에는 과학원의 조선어 및 조선문학연구소는 '한글 간소화 방안'에 대한 항의문을 발표하였다. 조선중앙통신은 '한글 간소화 방안'이 '미제와 리승만도당'에 의한 '조선인민의 고귀한 민족문화 유산을 파괴 말살'하려는 정책이라는 항의문을 소개하였다. 동시에 '공화국에서는 멀지 않어 과학적인 조선어 철자법이 공인되리라'는 정보도 보도해[67] 남한의 철자법과 대립의 각을

---

64) 『조선어 철자법』, 조선민주주의인민공화국 과학원, 1954, 1쪽.

65) 고영진, 「北朝鮮の初期綴字法について」, 『言語文化』(同志社大學) 3-3, 2000.

66) 현시점에서 확인할 수 있는 것은, 「한글을 말살하려는 미제와 리승만 역도들의 거듭되는 흉책」, 『로동신문』 1954년 4월 5일자와 「한글을 말살하려는 리승만 도당의 새 연극」, 『로동신문』 1954년 9월 25일자인데, 이 밖에도 더 있을 것으로 여겨진다.

세우고 있었다.

철자법을 둘러싼 정치적인 동향의 와중에 주시경의 재평가가 진행되었다. 때마침 1954년 7월 27일은 주시경 서거 40주년이고, 이를 기념하여 과학원의 조선어 및 조선문학연구실은 "조선어학의 탁월한 선구자 주기경 선생 서거 40주년 보고회"를 열었다. 이 보고회에는 김두봉, 이극로 등 언어학자뿐만 아니라 이청원, 박시형, 도유호(都宥浩), 장주익(張周益) 등 과학원의 원사 및 후보원사 들이 참석하였다. 그리고 백남운 교육상, 조선로동당 선전선동부장 등도 참가하였다. 이극로는 이 날의 보고에서 "언어의 민족적 자주성에 관한 주시경 선생의 탁월한 견해"를 설명하면서 "이른바 '한글 간소화 방안'의 매국적 본질을 규탄"하였다. 그도 '한글 간소화 방안'을 비판하면서 오직 '북반부'에서 주시경 학설의 "참된 의의가 옳게 계승 발현되고" 있다고 발언하였다.[68]

이러한 상황 가운데 김수경은 「주시경 선생의 생애와 학설」(1954. 6)을 발표한다(이하 '논문④'로 약칭).[69] 논문④는 이 보고회를 위해 준비한 것으로 여겨진다. 김수경은 식민지시대에 발간된 『주시경선생 유고』(申明均 編, 1933)에 사료를 추가하면서 주시경의 업적을 꼼꼼하게 소개함과 동시에 현대까지 이어지는 계보를 제시한다. 그는 철자법 분야에서 '형태주의 원칙을 수립하려는 첫 기도'를 행한 선구자인 동시에 '풀어서 가로쓰기'의 창시자로서 주시경을 높이 평가할 뿐 아니라, 문법론에서도 '기'를 '《형태부》에 해당하는 것'이라고 규정하고, 나아가 그 문법이론에서 현대 소련 언어학의 단어 조성론의 연원을 찾아내기도 한다. 그의 사상은 김두봉을 거쳐 '공화국 북반부'에서 계승하고 있다고 계보를 작성하고, 그것과 대조적으로 남반부의 상황을 비판적으로 이야기한다. 그 대목에서

---

67) 이 정보에 대해서는 일본에서 발행된 『解放新聞』 1954년 7월 24일자에 게재된 것을 참조하였다.

68) 『로동신문』 1955년 7월 29일.

69) 김수경, 「주시경 선생의 생애와 학설: 선생의 서거 40주년에 제하여」, 『조선민주주의인민공화국 과학원 학보』 5, 1954.

논의한 것이 바로 '리승만 로역도'에 의한 '한글 철자법 간이화' 안이었다. 김수경은 한글 간소화 안에 대해 "미 영 제국주의자들의 조선 침략의 앞잡이로 활동한 기독교 선교사들이 《성경》 번역에서 실시한 표음주의적 표기법에 돌아가자는 것"이라고 평가했고, 그것과 "주시경 선생으로부터 기초 지어 지고 오래 동안 전체 조선 인민에 의하여 실천되여 온 조선어 철자법의 형태주의적 기본"을 대비시켰다. 여기에 '형태주의' vs.'표음주의' 의 대립은 '과학' '민족' vs. '제국주의'의 대립과 결합하게 되었다.

1954년 6월에 공간된 이 논문④는 다음 달에 진행된 철자법을 둘러싼 논의와 주시경 서거 40주년 행사의 기조가 된 것으로 보인다. 실제로 김수경은 주시경 서거 40주년을 즈음하여 『로동신문』에 「조선의 탁월한 언어학자 주시경 서거 40주년에 제하여」라는 글을 기고했는데 그 내용은 논문④의 요지라고 말할 수 있다.[70] 그것도 김수경은 철자법에 관한 정치적 인 함의가 보다 뚜렷이 나타나게 정리하였다. 즉, 주시경은 생애와 활동은 "민족적 자주의 정신"으로 일관했다고 평가하면서 그 "학설중 가장 중요하 며 오늘날에 이르기까지 불멸의 가치를 가지는 것은 철자법에 관한 선생의 견해다"라고 '행태주의원칙'을 자리매김한다. 그리고 "오늘날 주시경 선생 의 생애와 학설은 오직 공화국 북반부에서만 그 참된 의의가 옳게 평가되고 발현되고 있다"고 하며, "공화국 남반부에서는 미제국주의 강탈자들이 민족문화발전의 가능성을 전적으로 말살하고 있"다고 '한글 간소화 방안' 을 비판한 것이다.

이러한 과정을 거쳐 같은 해 9월에 과학원에서 내놓은 『조선어 철자법』의 '머리말'에서는 "형태주의 원칙을 그 기본으로 삼고 있다"고 명기하게 되었다. 다만, 실제로 1954년판 철자법은 절음부를 '사이 표'로서 도입하는 등 변화를 보이지만(제19항), '새6자모'도 도입하지 않는 등 신 철자법만큼 형태주의의 원칙을 철저하게 관철한 것은 아니다. 이를테면 "오늘날 쓰이는

---

70) 『로동신문』 1955년 7월 28일.

조선어 자모로서는 그 어간의 형태를 고정시킬 수 없거나 또는 재래의 표기법상의 관습이 굳어져 있는 경우에" 예외를 인정했다(제4항). 또한 '걷다' 등을 예시로 들면서 "ㄷ받침이 적당하지 않음에도 불구하고 오늘날 ㄷ받침으로 표기되는 단어"를 인정하는 등(제12항), 장래에 신 자모를 도입할 가능성이나 필요성을 시사하는 흔적도 남겼다. 다음 장에서 서술하 겠지만, '풀어서 가로쓰기' 문제도 포함하여 이런 점이 점점 더 문자 개혁의 쟁점이 되어갔다.

IV. 김수경의 국제적 활동

여기까지 김수경의 활동을 전제로 깔면서 여기에서는 1950년대 후반의 그가 행한 국제적인 활동을 조명하고자 한다.

이제까지 살펴본 바에서도 충분하듯, 김수경이 소련의 언어학으로부터 적지 않은 영향을 받았다는 것은 새삼 확인할 필요도 없을 것이다. 김수경은 김일성종합대학이나 과학원을 통해 스탈린 논문 이후의 소련 언어학에 대해 왕성하게 소개하고 있었고,[71] 비노그라도프를 비롯한 소련의 문법연 구를 소화해내면서 독자적인 형태론을 전개하기도 하였다.[72] 하지만 여기 에서는 중국과 일본과의 관계를 밝히고자 한다. 1956년 10~12월에 김수경

---

71) 과학원 조선어 및 조선문학연구소 및 김일성종합대학 조선어학 및 일반언어학 강좌에서는 「쏘웨트 언어 과학」을 소개하기 위한 강좌와 세미나를 왕성하게 열었다. 그 성과 중 하나가 『쏘웨트 언어학의 제문제 : 번역 론문집』(조선 민주주의 인민 공화국 과학원, 1954)이다. 이 밖에도 아직 보지는 못했지만, 김일성종합대학 조선어학 및 일반언어학강좌 역, 『이·웨·쓰딸린의 로작에 비추어 본 언어학의 제문제(각 대학 어문학부용)』, 교육도서출판사, 1955년도 번역 출판하였다.

72) 김수경, 「조선어 형태론의 몇 가지 기본적 문제에 관하여」(상), (하), 『조선어문』 1-2, 1956. 이 논문은 그 후 '토'의 위치를 짓는 논쟁에 계기를 마련했다는 점에서도 중요하지만, 본고에서는 그 점은 다루지 않겠다. 이 논문의 의의에 대해서는 최경봉, 「국어학사의 관점에서 본 김수경」, 『社會科學』 44-1, 2014.

은 중국을 방문했고, 또 일본과의 관계도 전혀 없지는 않았다. 그 점을 분명히 밝힌다면 김수경 언어학의 국제성이 더욱 뚜렷하게 떠오를 것이다.

1. 중국 언어학자와의 교류와 문자 개혁론

1955년 11월 11일부터 12월 11일에 걸쳐 위각(韋慤)을 단장으로 중국문화 대표단이 북한을 방문하였다. 그들의 주요한 임무 중 하나는 조선의 문자 개혁 경험을 학습하고 한자철폐 이후의 성과와 과제를 연구하는 것이었다.[73] 대표단은 11월 30일과 12월 4일에 과학원의 조선어 및 조선문학연구소를 찾았고 그곳에서는 좌담회가 열렸다. 이극로, 홍기문(洪起文), 김병제, 최익한(崔益瀚), 김수경 등이 참가하여 서로 깊이 있게 정보를 교환하였다.[74] 중국의 문화대표단은 이밖에도 김두봉과 면담을 하기도 하였다. 잡지에 나온 정지동(鄭之東)의 보고문을 보더라도 조선의 문자 개혁에 관한 정보제공자로서 김두봉과 김수경 두 사람의 이름이 특별히 기재되어 있다.[75] 이러한 교류는 사회주의의 '형제적 국가'라는 관계 속에서 이루어졌다. 중국에서는 1949년 10월에 중화인민공화국 건국선언 직후에 모택동(毛澤東)의 지시에 근거하여 중국문자개혁협회가 결성되었다.[76] 1952년에는 정무원 문화교육협의회 아래 중국문자개혁연구위원회가 설치되었고, 나아가 1954년에는 국무원 직속기관으로서 중국문자개혁위원회를 두었다.

---

73) 鄭之東, 「朝鮮的文字改革」, 『中國語文』, 1956. 7, 23쪽. 이 논문은 『조선어문』 6, 1956 ; 『조선어문』 6, 1, 1957에 일부 생략된 채 번역 게재되었다.

74) 「조선 방문 중국 문화 대표단의 좌담회」, 『조선어문』 1, 1956, 97쪽. 여기에는 '중국의 문자 개혁 운동에 관한 자료'로서 아마도 중국문화대표단이 제공했을 것으로 보이는 상세한 자료가 실려 있다. 또한 중국으로 돌아간 대표단의 보고에 해당하는 정지동의 앞 논문도 상당히 상세하다.

75) 鄭之東, 앞의 글, 1956, 29쪽.

76) 이하, 이 시기 중국의 문자 개혁에 관해서는, 藤井(宮西)久美子, 『近現代中國における言語政策 : 文字改革を中心に』, 三元社, 2003 ; 田中信一, 「中華人民共和國における文字改革の推移日誌(その1)~(その3)」, 『拓殖大學語學研究』 106-108, 2004~2005를 참조.

로마자화, 한자를 바탕으로 한 신형성자(新形聲字)의 제정, 한자의 간략화 같은 복수의 방향성을 모색하는 가운데 문자 개혁의 초기단계부터 북한, 베트남, 몽골, 일본 등 한자문화권 나라들의 문자 개혁 경험을 참조하였다.[77] 또한 1957년에는 중국문자개혁위원회의 편집으로 베트남, 북한, 일본, 몽골, 중앙아시아의 투르크계 민족, 터키 등 외국의 문자 개혁이 걸어온 역사와 그 현상을 엮어낸『외국문자 개혁 경험소개』가 출판되기도 하였다.[78] 그러나 그 중에 대표단까지 파견한 것은 북한뿐이었기에 특별한 관심을 기울였다는 것을 엿볼 수 있다. 한편, 북한에서는 후술하는 바와 같이 중국, 베트남, 몽골 등 '형제적 국가'에 연구자들이 파견되었다.

중국이 급속하게 문자 개혁을 추진하는 가운데 북한도 문자 개혁의 움직임에 속도가 붙기 시작하였다. 과학원 조선어 및 조선문학연구소는 1956년에 창간한 잡지『조선어문』의 매호마다 문자 개혁에 관련된 논문과 자료 등을 게재하였다. 1956년 10월 6일에는 과학원 언어문화연구소에 '조선 문'자 개혁 연구 위원회'를 창설하였다.[79] 김병제 소장은 그 위원회 창설을 둘러싼 보고에서 한글이 자모문자임에도 불구하고 음절문자 식의 철자로 되어 있다는 것을 '결함'으로 보고, 주시경과 김두봉이 제기했지만 실현할 수 없었던 순자모문자식 표기를 지향하는 방향으로 문자 개혁의 연구를 제기하였다. 회의에는 김두봉도 출석했는데, 그 자리에서 그는 "중국, 월남, 몽고 등에서의 문'자 개혁 사업에 대하여 말씀하시면서 우리나라에서도 물론 재래의 이 방면에서의 연구 성과를 계승 종합하여야하나, 그러나 거기에만 구애됨이 없이 광범한 문제들에 대해 진지하게

---

77) 田中信一이 정리한「日誌」에 의하면, 1950년 2월에 유소기(劉少奇)가 몽골, 조선, 베트남 등의 문자 개혁 경험을 연구해야 한다고 제안했고, 1952년 5월에는 잡지『신건설』에 진문빈(陳文彬)이 일본, 조선, 베트남의 문자론을 게재하고 있다.

78) 中國文字改革委員會第一硏究室 編,『外國文字改革經驗介紹』, 文字改革出版社, 1957. 북한에 대해서는 정지동의 논문이 가필된 상태로 옮겨 실린 것 외에도,「朝鮮文字改革運動槪述」(필자 불명)이라는 글도 실려 있다.

79) 이하 동 위원회에 대해서는,「과학원 언어 문학 연구소에 조선 문'자 개혁 연구 위원회 창설」,『조선어문』6, 1956.

연구하여야 한다고 강조"하였다. 그리고 위원 31명과 상무위원 7명을 선출하였다. 상무위원의 면면은 다음과 같다.

이상춘(李常春), 이만규(李萬珪), 이극로, 송서룡, 박의성, 김수경, 김병제

사실상 이들의 윗자리에 김두봉이 있었던 것인데, 이 문자 개혁의 중심 멤버는 연구자라는 틀을 넘어섰다. 당시 김두봉이 최고인민회의 상임위원회의 위원장이었을 뿐 아니라 이극로는 그 부위원장, 이만규와 김병제는 그 위원이었다.[80] 최고인민회의의 상임위원은 김두봉을 포함하여 21명이었는데, 그 중 4명이 문자 개혁운동의 주도자였던 것이다. 이러한 사실에 깃들어 있는 정치적 함의에 대해서는 5장에서 상술하겠지만, 국가운영의 중핵을 차지하는 과학원의 멤버가 조선문자개혁연구위원회를 주도하고 있었다는 것 자체의 의미는 지대하다. 이 위원회의 명칭 자체는 분명히 중국의 위원회를 본뜬 것인데, 그것과 위상을 맞추어 연구에 멈추지 않고 실제적인 개혁과 결부시키기 위해서 과학원과 분리하여 독립적인 국가기관이 될 것을 지향하고 있었다고 여겨진다. 실제로, 1957년 초엽에 언어문학연구소가 발표한 「인민 경제 발전 제1차 5개년 계획과 언어 문학 연구소의 발전 전망」에서는 "앞으로는 … 《조선 문'자 개혁 연구 위원회》가 독립적 기관으로 발전될 것이다"라고 전망을 밝히고 있다.[81]

김수경은 조선문자개혁연구위원회가 출범한 직후인 10월 11일부터 12월 4일에 걸쳐 중국과학원으로부터 초빙을 받아 과학문화의 대표로서 혼자서 중국을 방문하였다.[82] 큰 틀에서 보자면, 이 방문은 "조선민주주의

---

80) 1950년대 중반의 최고인민회의 상임위원회의 멤버에 대해서는, 윤경섭, 「한국전쟁 전후 북한 김두봉의 정치노선과 위상 변화 : 최고인민회의 상임위원회의 활동을 중심으로」, 『史林』 44, 2013, 261쪽.
81) 『조선어문』 2, 1957, 2쪽.
82) 「언어학 연구 실장 김수경 부교수 공화국 과학 문화 대표로서 중국 방문」, 『조선어문』 2, 1957, 79쪽.

인민공화국과 형제적 국가들간의 1956년 문화 교류 계획에 의한 방문"의
일환이었는바, 화학연구소의 김양하(金良瑕)와 역사연구소의 김석형(金錫
亨)은 루마니아에 갔고, 의약학연구소의 임록재는 불가리아, 언어문학연구
소의 김병제는 베트남으로 파견되었다.[83] 다만, 김병제의 베트남 방문은
일반적인 문화교류라는 성격을 강하게 띤 것에 비해, 김수경의 중국 방문은
문자 개혁이나 언어학과 관련하여 상당히 높은 전문성을 띠었다고 볼
수 있다. 여기에서 그의 행보를 가능한 만큼 복원해보기로 하자.[84]

  당시, 북경과 평양 사이에는 직통 국제열차가 달리고 있었기 때문에
김수경은 우선 북경으로 갔을 것으로 짐작된다. 그는 북경을 출발점으로
상해(上海), 항주(杭州), 남경(南京), 내몽고(內蒙古), 대동(大同), 연변(延辺),
장춘(長春) 등을 둘러보았다. 북경, 내몽고, 연변 이외 지역의 방문목적은
분명하지 않지만, 각 곳의 사적 유람도 들어 있었다고 한다. 그 여정에는
언어학자 한 명과 통역 한 명이 수행했다고 한다. 북경에서는 주로 중국과학
원 언어연구소, 중국문자개혁위원회, 북경대학을 방문하여 좌담회나 친선
모임을 가졌고, 나아가 강연회도 열었다. 기록에 의하면 "특히 우리들의
지극한 관심사로 되고 있는 량국 인민들의 문'자 개혁 운동에서 제기된
경험과 일련의 리론적 문제들에 대한 의견을 교환하였다"고 한다. 또한
대학 이외의 교육기관에서는 보통화(普通話) 보급의 상황이나 언어학 교육
에 대해 의견을 교환하였다. 내몽고에서는 후후호트(呼和浩特)에 가서 소수
민족의 문자 개혁운동을 시찰하였다. 말할 것도 없이 연변에서는 소수민족
인 조선족의 자치구를 방문하였다. 연변대학에서는 11월 25일에 들러

---

83) 「우리 나라 과학자들 형제적 국가들을 방문」, 『조선민주주의인민공화국 과학원
   학보』 4, 1956, 93쪽. 이 밖에도 김일성종합대학 조선어문학부의 리응수가 1956년도
   문화합작계획의 일환으로 동년 10월부터 북경대학에 2년간 파견되었다(『로동신
   문』 1956년 10월 6일). 또한 시기는 다르지만, 1957년 8~9월에는 과학원 언어문학연
   구소의 홍기문이 문화대표로서 몽골의 문자 개혁을 시찰하러 갔다(『조선어문』
   1, 1958, 78쪽).

84) 『조선어문』 2(1957)의 보고에 덧붙여 4장 2절에서 소개할 편지, 즉 김수경이
   고바야시 히데오 앞으로 보낸 서신에도 관련 정보가 들어 있다.

'주시경 선생의 학설', '조선의 문자 개혁', '조선어의 우수성'에 대한 특강이 열렸다.[85]

실은 김수경이 방문하기 전부터 연변에서는 그의 언어학 체계가 이미 연구자뿐 아니라 많은 사람들에게 널리 알려져 있었다. 다시 말해 1954년에 평양에서 발간된 초급중학교용 『조선어문법』 두 권을 합본하여 1955년 5월에 연변교육출판사는 『조선어문법』을 영인 출판하였던 것이다.[86] 이 책은 연변 조선족의 중학교 문법교과서가 되었고, 만권 단위로 널리 읽혔다.[87] 이렇게 김수경은 중국에도 커다란 족적을 남겼다.

2. 일본과의 연관성

중국과의 직접적인 관계나 소련과의 학문적 관계에 비하면, 일본과의 연관성은 매우 희박한 편이다. 그러나 적어도 두 가지 측면에서 일본의 연관성을 지적할 수 있을 것이다.

하나는, 재일조선인에 대한 영향이다. 즉 1956~1957년에 도쿄의 조선총련계 출판사인 학우서방(學友書房)은 평양에서 1954년에 출판한 초급중학교용 『조선어 문법(어음론 형태론)』을 '중급 학교용'으로 영인 출판하였다. 당시 학우서방은 각급 조선학교에서 사용하는 교재를 중심으로 북한에서 나온 서적을 영인 출판하고 있었다. 『조선어문법』을 중급학교(중학교)에서 어떻게 활용했는지 확인할 길은 없지만, 김수경 언어학이 재일조선인에게도 영향을 미쳤다는 것은 부인할 수 없다.

---

85) 최희수, 「김수경과 중국 조선어학」, 『社會科學』 44-1, 2014. 이때의 특강을 연변대학의 최윤갑(崔允甲) 교수가 들었다고 한다.

86) 「번인자의 말」(1955년 3월 20일)에 따르면 합본할 때 모두 1954년에 낸 『조선어철자법』에 따라 수정했다고 한다. 그에 대해서는 '저자의 동의를 거쳤다'고 하므로, 이미 1954년부터 1955년 3월 사이에 연변의 조선어교육 관계자와 김수경 사이에 연락이 있었다는 것을 알 수 있다.

87) 필자가 갖고 있는 것은 1955년 5월에 나온 제1판 초판본으로 8천부를 찍었다고 되어 있는데, 최희수, 앞의 논문 「김수경과 중국 조선어학」에 따르면 1956년 10월의 4쇄본까지 53,400부를 인쇄했다고 한다.

다른 하나는, 일본의 언어학자와 맺은 관계를 들 수 있다. 고노 로쿠로(河野六郎)와 우편물을 주고받았던 것으로 보이지만 상세한 것은 확인할 수 없다. 그래서 여기에서는 소쉬르를 소개한 것으로 유명한 언어학자 고바야시 히데오(小林英夫)와의 관계를 살펴보기로 한다. '전고(前稿)'에서 상술했듯, 김수경은 경성제대 법문학부에 재학하는 동안(1937~1940년)과 촉탁으로 근무하던 시기(1944~1945년)에 꽤 빈번하게 고바야시 히데오의 연구실을 찾아가 각국의 언어와 언어학을 배웠다. 고바야시 히데오가 일본으로 돌아간 뒤에는 직접적인 연락이 완전히 두절되었는데, 1956~1957년에 갑자기 연락이 닿았던 것이다.

김수경은 북경에 체재하던 1956년 10월, 북경반점에서 일본사회당 시찰단의 일원으로 와 있던 시무라 시게하루(志村茂治) 대의원과 그의 비서와 만났다. 김수경은 그때 시무라 시게하루에게 고바야시 히데오와 연락을 취하고 싶다는 의사를 전하며 북경의 북한대사관 주소를 건네주었다. 일본으로 돌아간 시무라 시게하루는 고바야시 앞으로 엽서를 띄웠다. 고바야시에게 김수경은 경성제대에서 가장 기억에 남는 '제자'였다. 그는 1951년에 근무처에서 내던 작은 기관지에 「제자(教え子)」라는 수필을 기고하기도 하였다.[88] 고바야시는 아마도 이 수필을 동봉하여 곧장 북경으로 편지를 띄웠던 것 같다. 그러나 김수경은 이미 북한으로 귀국한 다음이었기에 편지는 평양으로 전송되었다. 그 편지를 받은 김수경은 1957년 1월 20일자로 고바야시에게 일본어로 답장을 보냈다. 2월에 답장을 받아든 고바야시는 그 내용을 소재로 삼아 「하얀 비둘기(白いハト)」라는 제목의 수필을 써서 잡지 『PHP』에 기고하였다.[89]

---

88) 小林英夫, 「教え子」, 『小林英夫著作集10 隨想』, みすず書房, 1977(원저는 1951년에 東京工業大學學友會図書委員會, 『PAPYRUS』 1에 게재함).

89) 小林英夫, 「白いハト」, 『小林英夫著作集10 隨想』, みすず書房, 1977(원저는 『PHP』 110, 1957에 게재됨). 이 수필에도 김수경의 편지 일부가 소개되어 있다. 필자는 다행스럽게도 고바야시 히데오의 유족에게 양해를 얻어 서한의 실물을 볼 수 있었기 때문에 본고에서는 그것을 참고로 삼았다.

이러한 서간의 왕래는 단지 옛 스승과 제자의 우연적이고 사적인 에피소드에 그치는 것이 아니었다. 그들의 왕복서간은 확실히 당시 북한과 일본의 관계를 반영하는 것이었다. 1945~1965년의 조일(朝日) 관계를 추적한 박정진(朴正鎭)에 따르면, 이 기시는 양국의 국교정상화를 위해 '인민외교'가 확대되는 시기였다.[90] 1956년 3월, 김일성은 북일 우호운동을 주도하는 사회당 계열의 인사 개인 앞으로 보내는 편지를 『로동신문』에 게재했고, 4월에는 대일 인민외교의 창구를 맡을 조선대외문화연락협회(대문협)를 설립하였다. 거기에는 비공식 접촉이나 교류가 착실하게 쌓이면, 그것이 국가 사이의 공식 외교관계로 이어질 것이라는 사고방식이 깔려 있었다. 김수경의 서한을 들여다보면, 자신은 일본을 방문하고 싶지만 입국사증을 얻을 수 없는 반면, 매달 수십 명씩 일본의 각계 인사가 북한을 방문하고 있다는 것, 그 중에는 경성제대 교수였던 시카타 히로시(四方博)도 포함되어 있었다는 것, 선생님도 북한을 방문해주시기를 바란다는 것, 의향이 있으면 초대할 수 있다는 것 등이 씌어 있었다. 중국을 방문하는 동안에도 김수경은 사회당 대의원과 이야기를 나누거나 국제열차 안에서 같은 방을 쓰던 일본의 무역 관계자나 영화 관계자와 대화를 나누기도 하였다. 또한 일본의 서적을 참고하고 싶으니까 이쪽에서도 간행물을 보낼 테니 일본 책도 보내주길 희망한다면서 목록을 적어놓아 연구 교류의 가능성도 시사하고 있다.

그러나 고바야시는 요청에 응하여 서적은 보내주었지만 북한을 방문하지는 않았다. 서간의 왕래도 그 후 지속되었는지 불문명하다. 김수경을 매개로 한 대일 인민외교는 그 이상으로는 발전하지 못했던 것 같다.

하지만 여기에는 하나의 중요한 부산물이 있었다. 두 사람의 왕복서간을 계기로 남쪽에 사는 김수경의 이산가족이 그의 소식을 알게 되었던 것이다. 어떤 수단을 썼는지는 알 수 없으나 고바야시 히데오는 한국의 언어학자인

---

90) 朴正鎭, 『日朝冷戰構造の誕生 1945~1965 : 封印された外交史』, 平凡社, 2012, 제2장 3절.

이숭녕(李崇寧)에게 김수경의 소식을 전하였다. 이숭녕은 그 소식을 남한에 사는 김수경의 형에게 전해주었고, 그것이 경상남도에 있던 그의 아내에게 전해졌던 것이다. 김수경이 언어학자로서 북한에서 활약하고 있다는 것을 알게 된 것은 그의 이산가족이 1970년대에 캐나다로 이주하는 계기를 마련하였다.[91]

아무튼 1956~1957년에 걸쳐 김수경은 중국의 연구자뿐 아니라 일본의 연구자와도 접촉하는 기회를 손에 넣을 수 있었다.

V. 김두봉의 숙청과 김수경 비판

이제까지 서술해온 것처럼 김수경의 언어학은 1958년에 커다란 전기를 맞이하게 된다. '반당 종파분자'라고 규정된 김두봉에 대한 비판과 아울러 김수경도 비판의 대상이 되었던 것이다. 언어학계에서는 특히 '새6자모'로 대표되는 문자 개혁론을 비판하는 것이 중심축을 이루었다. 이하에서는 우선 김두봉을 숙청하기 전에 문자 개혁론이 차지한 정치적 위상을 정리한 다음, 김두봉과 김수경을 비판한 논리와 그것의 귀결점을 추적해보고자 한다.

1. 조선문자개혁연구위원회의 정치적 위상

북한에서 김두봉의 정치노선이 어떠했는지에 관해, 구소련의 자료를 통해 밝혀낸 윤경섭에 따르면,[92] 김두봉은 정부수립부터 실각에 이르기까지 일관되게 최고인민회의의 상임위원회를 인민민주주의적 국가운영의 핵심으로 파악하고, 조선로동당과 국가의 균형적 관계를 유지하면서 통일

---

91) 김혜영·김태성, 「아버지 김수경」, 『社會科學』 44-1, 2014.
92) 윤경섭, 앞의 논문, 2013.

전선적 노선을 추구했다고 한다. 실제로 앞에서 서술한 조선문자개혁연구위원회 계열의 상임회원 4명은 모두 남쪽 출신의 비 로동당 계열의 연구자였다. 그야말로 통일전선의 중핵이라 할 상임위원회의 성격을 잘 상징하는 사람들이었다. 윤경섭이 기술한 바와 같이, 그런 사실은 1950년대 중반에 상임위원회가 조선로동당의 통제 밖에 있었다는 것을 이야기해준다. 그런데 1957년 7~8월에 박창옥(朴昌玉)과 최창익(崔昌益) 등 1956년 8월에 김일성의 개인숭배를 비판하는 데 관여한 사람들이 모조리 숙청당하였다. 김두봉은 체포자 중에는 끼어 있지 않았지만, 1957년 8월에 북반부에서만 실시한 최고인민회의 선거에서 재선된 김두봉은 상임위원회에서 배제되었다. 그리고 12월에 열린 당전원회의, 평양시당 열성자대회에서 김두봉은 공공연하게 비판당하기에 이르렀다.

문자 개혁에 관한 움직임도 이러한 정치상황 속에서 파악할 필요가 있다. 조선문자개혁연구위원회의 활동은 1957년 중반 무렵까지는 활발했었다. 연구위원회의 상무위원들은 대중에게 직접 호소하면서 조직적으로 작업을 진행하였다. 우선, 대중의 눈에 보이는 『로동신문』의 기사들을 모아서 훑어보면, 이 시기에 주시경을 잇는 문자 개혁의 정통성을 새삼스레 강조하고 있었음을 알아챌 수 있다. 1956년 10월 23~24일, 과학원 언어문화연구소의 주최로 과학연구발표회가 개최되었다. 김두봉을 비롯하여 과학원의 백남운 원장, 당중앙위원회의 하왕천 과학부장 등이 참가했는데, 이 발표회의 개요는 『로동신문』에도 보도되었다. 그 기사에 따르면, 박의성이 발표한 「조선문자 개혁에 대한 주시경 선생의 사상」에 대해 토론자로 등장한 김두봉이 "주시경 선생에게서 직접 강의를 받던 지난날을 회상하면서 오늘 우리 글을 풀어서 가로 쓰도록 함에 있어서 우선 해결해야 할 문제는 우리 말의 소리 수에 적합하게 글자 수를 보충 정리하는 문제라고 주장"하면서, "중국이나 월남에서의 문'자 개혁들에 대하여 구체적으로 렬거하고 우리 나라에서 이 원대하고도 긴절한 과업을 성과 있게 수행하기 위하여 조선 문'자 개혁 연구 위원회 사업을 백방으로 강화해야 하겠다고 강조하였다"고 한다.93) 12월 22일의 주시경 탄생 80주년에 맞추어『로동신문』은 '조선 어문 연구의 탁월한 선각자 주시경 선생'이라는 특집기사를 기획했는데, 거기에 조선문자개혁연구위원회 위원장 이상춘(李常春)이 「'문'자 개혁에 대한 주시경 선생의 사상」이라는 긴 글을 기고하였다. 거기에서 그는 "우리는 주시경 선생의 뜻을 받들어 인민들의 실지 생활에서와 문화 발전에 큰 의의를 갖는 문'자 개혁 문제에 집체적 력량을 기울여 하루 바삐 배우고, 쓰고, 보고, 인쇄하기에 가장 합리적인 가로쓰기를 완성하여야 할 것이다"라고 언급하였다.94) 또한 같은 날, 과학원 언어문학연구소가 모란봉극장에서 '주시경 선생 탄생 80주년 기념보고회'를 대대적으로 개최하였다. 이 행사에 대한『로동신문』의 기사는 "주시경 선생이 제기한 조선 문'자 개혁에 대한 문제는 앞으로 조선 인민의 문화 혁명 앞에 제기된 중요한 과업"이라는 김병제의 말을 보도하였다.95)

그들의 활동은 일방적인 선전에 그치지 않는다. 조선문자개혁연구위원회는 사업을 대중적으로 펼쳐나가기 위해 각지에서 문자 개혁안을 모집하였다. 1956년 10월부터 1957년 6월에 걸쳐 위원회에는 22명으로부터 32건의 안(案)이 도착했는데, 이는『조선어문』지상에 「독자들의 문'자 개혁안」으로 실렸다.96) 그 내용은 'I. 조선 글'자를 토대로 하여 개혁하자는 것들'(이른바 '풀어서 가로쓰기')과 'II. 외국 글'자를 리용하여 개혁하자는 것들'(알파벳의 이용)로 크게 나누어볼 수 있다. 21명의 출신지는 알 수 있다. I로 분류된 16명은 평양 4명, 평안남도 4명, 그 밖에 함경남도, 황해남도, 자강도가 각 1명, 조선인민군, 조선경비대의 군역자가 각 1명, 김일성종합대학의 학생 1명, 체코슬로바키아가 1명이었다. 또한 II로 분류된 6명은 국내가 평안남도 1명뿐이고, 나머지는 중국 3명, 소련과 폴란드가 각 1명이

---

93)『로동신문』1956년 10월 26일.
94)『로동신문』1956년 12월 22일.
95)『로동신문』1956년 12월 24일.
96) 「독자들의 문'자 개혁안」,『조선어문』5, 1957.『조선어문』6(1976)에도 추가로
2명의 안이 게재되었다.

었다. 지방이나 군역자를 포함한 독자의 안까지 게재했다는 것은 과연 인민민주주의적이다. 실제로 이 안을 게재한 기사의 부기에는 "오늘 우리의 문'자 개혁 연구 사업이 조직-대중적으로 진행되여야" 하며, 또한 "대중 속에서 문'자 개혁 연구가들이 계속 많이 나오도록 그들에게 많은 방조를 주어야" 한다고 씌어 있다. 문자 개혁이 '아래'로부터의 자발성을 촉구하는 대중운동으로서 전개되었다는 것을 엿볼 수 있다. 나아가 국외의 '형제적 국가'로부터도 안을 모집했다는 점에서 국제주의적 운동의 성격도 지니고 있었다.

이런 분위기 속에서 '새6자모'는 어떻게 다루어졌을까. 한편으로는 여러 문자안이 제출되는 상황에서 '새6자모'는 상대화되었던 것으로 보이며, 다른 한편으로는 신자모의 필요성도 누누이 주장되었다. 조선문자개혁연구위원회를 창설할 때 회의에서 이상춘은 '일부 자모를 증가할 필요가 있'다고 말했고, 박의성은 1957년에 낸 논문에서 6자모에 대해 "우리의 문'자 체계를 보다 완성화함에 있어 긍정적 의의를 가진 것"이라고 평가하였다.[97] 또한 김두봉을 비판한 이후의 자료에 의하면, 그가 1957년 안에 '새6자모'를 비롯한 문자 개혁안을 공표하려고 서둘렀다는 정보도 있는 등,[98] 이 시기에 김두봉과 그 밑에서 일하던 연구자가 '새6자모'를 '일부 학교 교단에서 강의하고 선전'했다든가, '보통 교육 부문의 국어 교수 요강에도 집어넣으려고' 했다는 기술도 나온다.[99] 사실, 앞에서 말한 독자의 문자 개혁안에도 김일성종합대학 어문학부학생이나 평안남도에서 보낸 것으로, '새6자모'를 사용한 안이 들어 있었기에 어느 정도 그것을 배우는 경로가 존재했다는 것을 알 수 있다.

중국에서 돌아온 김수경이 조선문자개혁연구위원회의 상무위원으로서

---

97) 「과학원 언어 문학 연구소에 조선 문'자 개혁 연구 위원회 창설」 ; 박의성, 「우리 나라에서 문'자 개혁의 필요성과 그의 기본 방향에 대하여」, 『조선어문』 4, 1957, 50쪽.

98) 『조선어문』 3, 1958, 12쪽.

99) 류렬, 「소위 《새 자모》설에는 과학성이 없다」, 『말과 글』 3, 1958, 28쪽.

이러한 일련의 움직임에 어떻게 관여했는지는 분명하지 않다. 1957~1958년에 그가 집필한 논문에서 확인할 수 있는 것은, '출판물의 언어를 더욱 인민대중에게 접근시키자'라는 것과 '공화국 북반부에서는 어찌하여 한자를 폐지할 수 있었는가?'라는 것뿐이다.[100] 전자는 이른바 '언어정화 문제'에 관련한 문체 비평이고, 후자는 한자철폐를 가능하게 하는 조건을 정리한 계몽적 논문이다. 아마도 한자철폐, '문맹' 퇴치, 형태주의적 철자법, 더 나아간 문자 개혁, 언어정화 문제는 김수경의 실천적 활동 가운데 일련의 계열을 이루고 있었다고 보이며, 단계적으로 한 걸음씩 밟아나갔다고 여겨진다. 거기에 '8월 종파투쟁'의 파도가 밀려왔던 것이다.

2. 정치적 비판과 언어학적 비판

언어학계에서 '종파투쟁'이 진행된 것은 제2기 최고인민회의 상임위원에서 김두봉의 배제를 결정한 1957년 가을 이후였을 것이다. 이해 10월에 러시아혁명 40주년을 맞이하여 과학원 언어문학연구소에서는 「위대한 사회주의 10월 혁명과 조선 어문학」이라는 논설을 정리하고, '종파 분자들이 뿌려 놓은 반당적 리론과의 투쟁이 특히 급선무'라고 언명하였다. 거기에서는 "지난날 우리 언어학자들 속에서는 조선어 및 조선 문'자 연구에서 제기되는 문제들을 중심으로 자유로운 론쟁이 활발하게 진행되지 못하였다"고 하면서 '론쟁의 자유의 기치를 높이 들어야만 한다'고 주장하였다.[101] 이 논설과 관련하여 1957년 10월 19일, 과학원 언어문학연구소에서 '조선어 형태론의 기본적 특성들에 관한 학술 토론회'를 열었다.[102] 이것은 주로 '토'의 형태론적 취급을 둘러싼 언어학적 토론회였다. 김수경도 「조선어의 〈말몸〉과 토의 특성」이라는 보고문을 발표했는데(그 후 이 보고문은 논문

---

100) 각각 『근로자』 1957년 7호와 『말과 글』 창간호(1958. 1)에 수록되어 있다.
101) 『조선어문』 6, 1957, 4~5쪽. 간행 시기는 1957년 11월이다.
102) 「조선어 형태론의 기본적 특성들에 관한 학술 토론회 : 언어학 연구실에서」, 『조선어문』 1, 1958, 74~77쪽.

으로 실리지 않았다), 그 자리에서 황부영(黃富永)은 「조선어 형태론의 몇 가지 문제」라는 제목으로 김수경의 형태론을 비판적으로 논의하였다.[103] 단지, '토'를 둘러싼 논쟁은 이것으로 시작된 것도, 이것으로 끝난 것도 아니기 때문에 그것이 '종파투쟁'의 일환이라고 말할 수 있는지도 판단하기 어렵다.

조직적으로 김두봉과 김수경을 비판하기 시작한 시점은 김두봉의 공개 비판을 거친 이후, 1958년 1월 17~18일에 열린 언어학 학술토론회였다.[104] 이 토론회는 "지난날 우리 언어학계에는 당의 과학 정책과는 아무런 인연도 없는 아락체에브 제도가 김두봉, 김수경 동지들을 비롯한 일부 성실치 못한 언어학자들을 중심으로 함으로써, 불건전한 기풍이 오래 동안 지속"되었다는 사실 때문에 개최되었다고 한다. 여기에서 말하는 '아락체에브 제도'가 다름 아닌 스탈린이 마르의 언어학을 비판할 때 사용한 표현이라는 것은 자명하다. 다시 말해, 마르의 학설을 메시차니노프 등이 발전시킨 일이 김두봉과 김수경의 관계와 중첩되고, 스탈린이 아닌 김일성(아울러 조선로동당)이 '불건전한 기풍'으로부터 학문을 '해방'시킨 듯한 양상을 드러냈던 것이다. 다만, 여기에서 예전에는 그토록 두 손 들어 환호했던 스탈린의 이름은 언급되지 않는다. 마치 '스탈린 없는 스탈린 언어학' 같은 모습이 연출되었던 것이다.

그런데 이 회의의 첫 날은 처음부터 끝까지 "김두봉 동지가 제기했고 김수경 동지가 리론적으로 체계화하려고 시도한 소위 《신자모 6자》"에 대한 비판으로 이루어졌다. 토론에 나선 것은 과학원의 이극로, 홍기문, 정열모(鄭烈模), 황부영, 이세용(李世容)을 비롯하여 최능선(청진교육대),

---

103) 논문으로 발표된 것은 황부영, 「조선어 토와 어간과의 호상 관계에 관한 몇 가지 고찰」, 『조선어문』 2(1958)인데, 게재할 때까지 몇 개월의 시간이 걸린 것으로 볼 때, 아마도 내용상의 변경이 있었던 것이 아닐까 한다.

104) 「언어학 학술 토론회」, 『조선어문』 2, 1958, 70~80쪽 ; 「언어학 학술 토론회 진행」, 『조선민주주의인민공화국 과학원 통보』 2, 1958, 38~39쪽 ; 「조선어 음운 조직과 문'자 체계에 대한 언어학 학술 토론회 진행」, 『로동신문』 1958년 1월 19일.

서광순(교육문화성) 등이다. 여기에 대해서는 상세하게 서술할 여유가
없지만, 주된 논점은 집중적으로 '새6자모'가 비과학적이라는 점(언어학적
으로 잘못되었다), 비인민적이라는 점(인민의 문자생활을 혼란스럽게 한다)
에 있었다.[105] '비과학적'의 내용은 언어학적으로 쓰여 있다고는 해도,
'새6자모'를 매장해야 한다는 결론은 이미 정치적으로 정해놓고 있었다고
할 것이다. 또한 이러한 비판과 더불어 조선문자개혁연구위원회도 해체된
듯하다. 나중의 기술에 따르면, 1958년 1월에 "사업을 더욱 합리적으로
지도하기 위하여"라는 명목으로 과학원의 언어문화연구소에 통합되었다
고 한다.[106]

다만, 이 시점에 김두봉의 호칭은『로동신문』의 보도기사를 포함하여
아직 '동지'였다. 이보다 더 커다란 전기는 1958년 3월 6일에 열린 조선로동
당 제1차 대표대회로 인해 찾아왔다. 김일성은 이 대회의 연설에서 김두봉을
'종파주의자'라고 비난하고, 특히 최고인민회의 상임위원회가 '당의 령도
를 거부'했다고 비판하였다.[107] 이에 이어 4월에 과학원 언어문학연구소는
「우리 당의 과학 정책에 보다 충실한 조선 언어학을 위하여」라는 논설을

---

105) 고영근, 앞의 책, 1994, 189~197쪽에 비판의 논점이 정리되어 있다. 또한 이극로의
   입장은 상당히 곤란했던 것처럼 보인다. 고영근(192쪽)이 지적해놓았듯, 이극로는
   원래 '새6자모'를 높이 평가하고 있었다. 거기에다 조선문자개혁위원회에서는
   상임위원이었고, 제2기 최고인민회의에서도 상임위원회 부위원장을 계속하여
   역임했던 것이다. 그런 탓인지 이극로는 1958년에 발표한 논문「소위《6자모》의
   비과학성」(『조선어문』4, 1958)의 첫머리에서 "이 글은 1956년 7월 반당 종파
   분자 김두봉의 소위《학설》을 반대하여 그에게 주었던 글을 약간 손질한 것"이라고
   주의사항을 덧붙였다. 아마도 부분적으로는 그럴 것이지만, 날짜가 1956년의
   '8월 종파사건'보다 이전으로 설정되어 있기 때문에 얼마나 진실에 부합하는지는
   알 수 없다.
106) 김병제, 「해방후 15년 동안 조선 언어학의 발전」, 『조선어문』4, 1960, 7쪽. 최종적으
   로 문자 개혁 논의에 쐐기를 박은 것은 김일성이었다. 1964년 1월 3일, '언어학자들
   과 한 담화'인 「조선어를 발전시키기 위한 몇가지 문제」에서 김일성은 "어떤
   사람들은 문자 개혁을 곧 하자고 하였으나 우리는 그것을 결정적으로 반대하였습
   니다"라고 말하면서 그 이유를 열거하였다(김일성, 『사회과학의 임무에 대하여』,
   조선로동당출판사, 1969, 163~176쪽).
107) 심지연, 『잊혀진 革命家의 肖像: 金枓奉硏究』, 인간사랑, 1993, 228~230쪽.

『조선어문』의 권두에 실었다.[108] 이 논설을 15쪽에 달하는 지면의 대부분을 '반당 종파 분자 김두봉'과 '그의 추종자 김수경 동무'에 대한 비판에 할애하였다. 이 가운데 김수경을 겨냥한 비판의 포인트를 간추려보면, 다음과 같다.

(1) 김두봉의 "개인 우상화를 리론적으로 정당화하려고 시도하였다."
(2) 김두봉을 "엔. 야. 마르의 비속 맑스주의 언어 리론에 충실한 《맑스주의적》 조선 언어학자의 창시자로 날조"하였다.
(3) "김두봉만이 주시경 선생의 학설을 계승하고, 비약적으로 발전시킨 것"이라고 평가하였다.
(4) '새6자모'에 대해 "김두봉의 직접적 지시에 따라 이것이 과학적으로 정당하다는 것을 론증하기에 광분하였다."
(5) 김두봉은 1954년의 『조선어 철자법』에 "김수경 동무를 사촉하여 용언의 어음 교체와 받침과 관련된 일부 규정 속에 소위 《새 자모 6자》의 앞으로의 사용을 예견하는 듯한 서술을 대다수 언어학자를 기만하는 방법으로써 감행케 하였다."
(6) 김수경은 '교조주의적 사고의 대표'이며, 특히 「조선어 형태론의 몇 가지 기본적인 문제에 관하여」(1956년)은 '외국의 것만 바라보는 참을 수 없는 《연구》'이며 '창조가 없는 과학'이자 '현학이나 말공부에 지나지 않는다.'

여기에서는 김수경의 수많은 연구 활동을 부정하는 듯한 말을 늘어놓고 있는데, (6)을 제외하면 '반당 종파분자 김두봉'을 '추종'했다는 것을 비판한다는 점이 공통된다. 다시 말해 김수경에 대해서는 '비겁하고 공명주의와 출세주의에 사로잡힌' 것이나 '성실치 못한' 같은 개인의 자질을 문제 삼는 듯한 표현은 있어도 정치적인 비판까지 가하지는 않는다.

---

108) 『조선어문』 3, 1958. 또한 이것과 동일한 취지의 축소판 논설인 「언어학 부문에서 당의 과학 정책을 더욱 철저히 관철시키자」가 『말과 글』, 1958년 2호에 실려 있다.

실제로 정치 생명이 완전히 끊어진 김두봉과는 달리, 연구자로서 김수경의 생명은 끝나지 않았다. 김수경의 이름이 활자를 통해 재등장한 것은 1961년이었는데,[109] 그 이전부터도 언어학 분야에서 활동을 계속하고 있었던 것으로 보인다. 과학원 언어문학연구소는 '새6자모'를 사용하여 쓴 1949년의 『조선어문법』을 대신할 만한 체계적인 문법서로서 1960년에 480쪽에 달하는 대작 『조선어문법 1 어음론. 형태론』이 간행되었다. 이 책에는 저자 이름이 없고 과학원의 '집체적' 성과라고 되어 있지만, 나중에는 '김수경, 리근영이 담당 집필한 것'이라는 것이 분명히 밝혀져 있다.[110] 과학원의 위신이 걸린 문법서의 집필을 맡긴 것을 볼 때, 김수경의 능력을 변함없이 신뢰하여 비공식적인 곳에서 활동하도록 했던 듯하다. 또, 소련의 언어학자 마즐(Yu. I. Mazur)은 1958년 1월부터 약 1년간 과학원에서 연구할 때 김수경과 친하게 지냈다고 하면서 다음과 같은 기록을 남겼다. "우리는 그와 자주 의견을 나눔. … 우리는 자주 김수경과 만났고, 함께 만경대에 갔으며, 일반적 문제에 대해 의견을 나누었다. 그의 도움으로 우리와 대학의 교수 그룹은 북한의 여러 지역을 돌아다닐 수 있었다."[111] 언어학자 마즐이 남긴 사진에는 그와 홍기문, 김수경이 나란히 찍은 것도 있다. 1960년 8월 15일을 기하여 김병제가 15년간의 성과를 총괄하여 집필한 논문에서도

---

109) 김수경, 「인민적 문풍 확립을 위한 당의 방침을 더욱 철저히 관철하기 위하여」, 『조선어학』 3, 1961.
110) 김영황·권승모 편, 앞의 책, 1996, 369쪽. 실제로 필자가 갖고 있는 『조선어문법 1』의 뒷표지에 실린 소제목에는 손으로 쓴 글씨로 1961년 평양에서 입수했다는 뜻으로 "김대(김일성대학) 어학부 강좌장 김수경 / 과학원 언어 문학 연구소 리근영 작"이라고 쓰여 있다.
111) 「1950년대 말 조선 민주주의 인민공화국에서의 조선 언어학 역사(라치꼬프와 마주르의 개인 문헌 보관 자료 참조)」, 『한국어학』 17, 2002, 366쪽. 이 논문은 "Из истории корейского языкознаиия в КНДР в 50-х годов", *Российское корееведение : альманах*, вып. 2-й, Москва : Муравей, 2001의 한국어 번역이다. 다만 러시아 원문에는 사진 뒤편에 마주로가 붙인 캡션이나 라치코프의 정보가 이탤릭체로 쓰여 있고, 콘체비치가 붙인 보조 주석이 입체자로 구별되어 있는데, 한국어 번역에서는 이러한 구별이 이루어져 있지 않다. 인용한 곳은 이탤릭체 부분이다.

김수경의 논문을 형태론, 어휘론, 조선어사 분야에서 각각 한 편씩 소개하고 있다.112)

그렇다고는 해도 상당한 자기비판을 강요당했을 김수경이 예전처럼 활동할 수 있었으리라고 보기 어렵다. 그는 특히 논문에서 외국 언어학과 대화하는 김수경의 연구 스타일이 '말공부'에 지나지 않는다는 비판까지 당한 이후에 사라졌다. 김일성종합대학의 수업에서는 외국어 서적을 계속 읽고 있었으므로113) 논문을 집필할 때 염두에 두고는 있었겠지만, 거의 언급하지 않았다. '전고(前稿)'에서도 제시했듯이, 그때까지 김수경 언어학의 중대한 특징은 각국의 언어 및 언어학과의 관계 속에서 조선어학을 구축하고자 하는 점이었는데, 그 점이 '사대주의' '교조주의' 비판이라는 명목 아래 시야에서 사라져버리고 말았던 것이다.

VI. 맺음말

마지막으로 모두에 서술한 국제성과 민족성에 관한 물음으로 되돌아가 본고를 마무리하고자 한다.

1950년대 김수경의 언어학에서 국제성은 스탈린 언어학(1950년)의 수용(①), 소련을 중심으로 외국 언어학 이론과의 대화(②), 중국 언어학자와의 교류(③) 같은 측면으로 강하게 드러났다. 다만, 흥미롭게도 김수경은 스탈린 언어학으로부터 특히 언어의 '민족적 자주성'이라는 측면(④)을 추출해

---

112) 김병제, 앞의 글, 1960. 다만 논문의 저자 이름이 표기되어 있지 않다. 또한 어휘론의 논문 제목에서는 '언어학의 문제들에 관한 이·웨·쓰딸린의 로작에 비추어 본'이라는 부분이 지워져 있다. 스탈린 논문에 의거했다는 것이 이미 이 시점에는 터부시되었다는 것을 암시한다.

113) 최응구가 1961~1963년에 김일성종합대학에서 김수경의 강의를 들었다는 것은 이미 말한 바와 같은데, 그에 따르면 김수경은 문체론에 관한 프랑스어 책을 눈앞에서 한국어로 번역하면서 읽어 내려갔다고 한다(최응구, 앞의 글, 2014).

냈기 때문에 그것의 수용에는 동시에 민족성의 요소도 농후하게 함유되어 있었다. 식민지시대, 한국전쟁 시대를 살아낸 김수경은 '강제적 동화'에 저항한 언어의 '견인성'이라는 스탈린의 표현을 경험의 무게와 함께 받아들였다고 할 수 있다. 한편, 한국전쟁 이전부터 실천적으로 관여했던 철자법을 비롯한 문자 개혁에서는 계속하여 형태주의 사상(⑤)을 중시하였다. 그때 형태주의라는 개념을 언어학 이론의 형태소 개념으로 정식화하는 것과 동시에(국제성), 조선 문자의 발전사에 내재한 '내적 법칙'으로서 형태주의의 철저화를 이끌어내고자 하였다(민족성). 때마침 '남반부'에서 일어난 '한글 간소화 파동'은 '북반부'에서 형태주의가 민족적인 정통성의 근거가 되는 것으로 여겨졌다. 이러한 형태주의를 둘러싼 사상은 주시경－김두봉 －북한의 문자 개혁으로 이어지는 조선어학의 계보 구축(⑥)으로 나타났다.

최고인민회의 상임위원회위원장이었던 김두봉은 1956년에 조직한 조선 문자개혁연구위원회를 통해 대중운동으로서 문자 개혁을 추진했지만, 그런 움직임이 한창일 때 '8월 종파투쟁'이 벌어짐으로써 갑작스레 비판의 표적이 되었다. 과학원 언어문학연구소에서는 1958년 1월 이후, '새6자모' 가 집중적인 비판의 도마 위에 올랐고, 김두봉이 중용해온 김수경도 동시에 비판당하였다. 그 결과 우선 주시경에서 김두봉으로 이어지는 정통성의 구축(⑥)은 개인의 우상화라고 비판당하였다. 다만 과학원에서 형태주의라 는 사고방식(⑤) 자체는 그 후에도 유지되었다. 그렇게 하기 위해 형태주의의 계보에서 주시경의 직문(直門)인 김두봉의 존재는 소거하면서도 주시경－ 조선어학회로 이어지는 흐름을 중시할 필요가 있었다.[114) 외국 언어학과의 대화(②)는 '교조주의'라고 비판당했기 때문에 그 후 김수경의 논문에는 해외의 문헌이 거의 등장하지 않게 된다. 본래 문자 개혁과 관련하여 김수경이 행한 중국과의 교류(③)도 그 후에는 이루어지지 않는다. 나아가 '8월 종파투쟁'을 초래한 원인에는 소련 내의 스탈린 비판도 있었기 때문에

---

114) 실제로 과학원 언어문학연구소, 앞의 글, 1958, 8쪽에서는 주시경에서 조선어학회 로 넘어가는 계보가 높이 평가되고 있다.

이미 스탈린 언어학(①)도 적극적으로 기댈 수 있는 존재는 아니게 되었다. 그렇게 되어 남은 것은 스탈린의 이름을 제외해도 논의를 할 수 있는 언어에 있어 '민족적 자주성'이라는 논점(④)이었다. 이것은 이후에 확립되어가는 이른바 '주체' 사상과도 잘 어울리는 테제였기 때문에 실제로 1960년대 김수경의 저술에서도 생명을 이어나갔다. 그런 점에서 1958년은 김수경뿐 아니라 북한의 언어학 전반에도 하나의 커다란 획을 긋는 시기였다.

[부기] 본고를 집필함에 있어 고영진 선생님께서는 아낌없이 자료를 제공해주셨고 유익한 조언을 해주셨다. 감사의 말씀을 올린다.

한국어 감수 | 신주백

참고문헌

1. 자료

『독닙신문』『대한매일신보』『東亞日報』『每日申報』『皇城新聞』『朝鮮總督府官報』
　『大東學會月報』『東明』『文教の朝鮮』『新文界』『靑丘學叢』『學之光』
『로동신문』,『교원신문』,『解放新聞』,『조선 어문』,『말과 글』,『근로자』
『樞密院會議文書』
『경성제국대학일람』
『京城帝大·京城大學·文理科大學 同窓會員 名簿』, 서울大學校 文理科大學 同窓會, 1958.
『국립서울대학교 문리과대학 교과내용』, 1946(추정).
『김일성 종합대학 10년사』, 김일성종합대학, 1956.
『檀紀4288年 서울大學校 一覽』, 서울대학교, 1955.
『문교월보』
『文理科大學 敎授·卒業生·學生會員 名簿』, 文理科大學學生會, 1948.
『美軍政廳官報』
『서울大學校 文理科大學同窓會名簿』, 文理科大學同窓會, 1953.
『서울대학교 일람: 1959~1960』, 1960.
『延禧大學校學則』, 延禧大學校, 1946·1956.
『延禧專門學校一覽』, 延禧專門學校, 1939·1940·1941.
『全南大學校學生要覽』, 1953.
『全北大學校一覽』, 1955.
『學林』 2, 1954.
『학사보고서』, 연희대학교 교무처, 1953·1954·1955·1956.
경대20년사편찬위원회 편,『慶北大學校 20年史: 1952-1972』, 경대20년사편찬위원회,
　　　　1972.
京城帝國大學 編,『京城帝國大學 一覽』, 京城帝國大學, 1933·1939.
고대사학회 편,『高麗大學校史學科50年史』, 신유, 1998.
김윤경 엮음,『연희대학교 연혁』, 1952.
丹齋申采浩先生紀念事業會 編,『丹齋申采浩全集』(改訂版) 別集, 螢雪出版社, 1987.
丹齋申采浩先生紀念事業會 編,『丹齋申采浩全集』(改訂版) 下, 螢雪出版社, 1977.

동국대학교 90년지 편찬위원회 편, 『동국대학교90년지 I(약사편)』, 동국대학교 교사편
　　　찬실, 1998.
부산대학교 사학과 50년 간행위원회 편, 『釜山大學校 史學科 50年』, 부산대학교 사학과
　　　동문회·부산대학교 인문대학 사학과, 1998.
서울大學校 敎養科目敎材出版委員會 哲學科分科委員會 編, 『大學敎養過程 哲學』, 大東
　　　堂, 1958.
서울대학교 편, 『서울대학교 30년사』, 서울대학교 출판부, 1976, 35쪽
서울대학교, 『서울대학교일람』, 단기4288년(1955).
서울대학교30년사편찬위원회, 『서울대학교30년사』, 1976.
서울대학교40년사편찬위원회 편, 『서울대학교 40년사: 1946-1986』, 서울대학교 출판
　　　부, 1986.
서울대학교50년사편찬위원회 편, 『1946-1996 서울대학교 50년사(상)』, 서울대학교,
　　　1996.
歷史科60年史 編纂委員會 編, 『서울大學校 歷史科60年史』, 歷史敎育學科 同門會, 2008.
延世大學校「人間과 思想」編輯委員會 編, 『人間과 思想』, 延世大學校出版部, 1959.
李光洙, 『李光洙全集』 1, 三中堂, 1962.
自山 安廓 저, 崔元植 丁海廉 편역, 『安自山 國學論選集』, 現代實學社, 1996.
전남대학교사학과50년사편찬위원회 편, 『전남대학교 사학과 50년사: 1952-2002』, 전남
　　　대학교사학과, 2002.
『조선 민주주의 인민 공화국 과학원 학보』
『조선 민주주의 인민 공화국 과학원 통보』
朝鮮史學會, 『朝鮮史講座 要領號』, 朝鮮史學會, 1923.
『조선중앙년감』
朝鮮總督府朝鮮史編修會, 『朝鮮史編修會事業槪要』, 朝鮮總督府朝鮮史編修會, 1938.
早稻田大學, 「學科配當表」(1924-1931)(1937-1943).
崔東熙·金永喆·申一澈, 『敎養哲學入門』, 日新社, 1958.
"Education: Press Releases: Item 2, March 20", 1946, RG332.
"History of Bureau of Education: From 11 September 1945 to 28 February", 1946.

2. 국내 논문 및 단행본

강만길, 『역사가의 시간』, 창비, 2010.
강명구·김지현, 「한국 대학의 학사구조 변화와 기초교양교육의 정체성 확립의 과제」,
　　　『아시아교육연구』 11-2, 2010.
강명숙, 「미군정기 고등교육 연구」, 서울대학교 대학원 교육학과 박사학위논문, 2002.
강명숙, 「해방 직후 학술여건과 대학」, 『해방후 한국사회에서 한국 인문사회과학의
　　　분과학문화』, 연세대학교 국학연구원 HK학술대회 발표문, 2013, 9쪽.

경성제국대학, 『경성제국대학일람 소화17년』, 소화18년(1943).

고려대학교 철학과, 『高麗大學校 哲學科 六十年史』, 고려대학교 철학과, 2006.

고려대학교100년사 편찬위원회 편, 『고려대학교 100년사』 2, 고려대학교 출판부, 2008.

高麗大學校九十年誌 編纂委員會 編, 『高麗大學校 九十年誌: 1905-1995』, 高麗大學校
  出版部, 1995.

고영근, 『통일시대의 語文問題』, 도서출판 길벗, 1994.

고영진, 「김수경의 조선어 연구와 일본: 김수경(1989)에서 읽는 한국 역사비교언어학의
  한 모습」, 『社會科學』 44-1, 2014.

구장률, 『근대 초기 잡지와 분과학문의 형성』, 케이북스, 2012.

권오현, 「임시 역사교과용도서 조사위원회의 활동과 황국신민화 역사교육」, 『歷史敎育
  論集』 30, 2003.

김기석, 「해방후 분단 교육체제의 형성, 1945-1948: 국립서울대학교와 김일성종합대학
  의 등장을 중심으로」, 『서울대학교 사대논총』 53, 1996.

김기석, 『한국고등교육연구』, 교육과학사, 2008.

김도형, 「홍이섭의 현실인식과 역사연구」, 『東方學誌』 130, 2005.

김동식, 「한국문학 개념 규정의 역사적 변천에 관하여」, 『한국현대문학연구』 30, 2010.

김성식, 「고대 회고담」, 고대사학회 편, 『高麗大學校史學科50年史』, 신유, 1998.

김신일, 『교육사회학』, 교육과학사, 2009.

김용덕, 「국사의 기본성격: 우리 사회의 정체성을 중심으로」, 『思想界』 1-7, 1953.

김용섭, 「일본 한국에 있어서의 한국사 서술」, 『歷史學報』 31, 1966.

김용섭, 『남북 학술원과 과학원의 발달』, 지식산업사, 2005.

김윤식, 「초창기의 문학론과 비평의 양상」, 『근대 한국문학 연구』, 일지사, 1973.

김재현, 「철학의 제도화, 해방 전후의 연속성과 좌절」, 김재현·김현주·나종석·박광현·
  박지영·서은주·신주백·최기숙, 『한국인문학의 형성』, 한길사, 2011.

김정인, 「1950년대 대학교육과 미국식 학문 기반의 형성」, 『교육연구』 28-2, 춘천교대,
  2010.

김종철 외, 『한국고등교육의 역사적 변천에 관한 연구』, 대학교육협의회, 1988.

김종철, 『한국고등교육연구』, 배영사, 1979.

김주현, 「'사상계' 동양 담론 분석」, 『현대문학의 연구』 16, 2012.

김하수, 「북한의 언어학사를 어떻게 볼 것인가」, 『社會科學』 44-1, 2014.

김혜영·김태성, 「아버지 김수경」, 『社會科學』 44-1, 2014.

김현주, 「'동방학지'와 국학 동방학 연구—'동방학지'를 통해 본 한국학 종합학술지의
  궤적」, 『東方學誌』 150, 2010.

대한화학회 편저, 『나는 과학자이다』, 양문사, 2008, 73~97쪽.

류시현, 「1910~1920년대 전반기 안확의 '개조론'과 조선 문화 연구」, 『역사문제연구』
  21, 2009.

류시현, 『최남선 연구』, 역사비평사, 2009.

류준필, 「'論語'경학에서의 '學' 개념과 그 인식 층위-조선 주자학자의 '學而時習之'章 주석을 중심으로」, 『韓國漢文學研究』 45, 2010.

류준필, 「1910~20년대 초 한국에서 자국학 이념의 형성 과정-최남선과 안확을 중심으로」, 『大東文化研究』 52, 2005.

류준필, 「19C말 일본 대학의 학과 편제와 國學 漢學 東洋學의 위상」, 『코키토』 66, 2009.

문교부, 『단기 4287년 12월 31일 현재 교육기관통계』, 1954.

미쓰이 다카시, 「植民地下 朝鮮에서의 言論支配」, 『한일민족문제연구』 4, 2003.

박걸순, 『식민지 시기의 역사학과 역사인식』, 경인문화사, 2004.

박광현, 「'문리과대학'의 출현과 탈식민의 욕망」, 김재현·김현주·나종석·박광현·박지영·서은주·신주백·최기숙, 『한국인문학의 형성』, 한길사, 2011.

박광현, 「경성제국대학 안의 '동양사학'-학문제도·문화사적 측면에서-」 『한국사상과 문화』 31, 2005.

박광현, 「다카하시 도오루와 경성제대 '조선문학' 강좌: '조선문학' 연구자로서의 자기 동일화 과정을 중심으로」, 『韓國文化』 40, 2007.

朴煐植, 「人文科學으로서 哲學의 受容 및 그 展開過程: 1900-1965」, 『人文科學』 26, 延世大學校 人文科學研究所, 1972, 105~132쪽.

박용규, 『조선어학회 항일투쟁사』, 한글학회, 2012.

朴贊勝, 「韓末 申采浩의 歷史觀과 歷史學」, 『韓國文化』 9, 1988.

박홍식, 「일제강점기 '신천지'에 발표된 안확의 '조선철학사상개관(朝鮮哲學思想概觀)'에 대한 고찰」, 『동북아 문화연구』 16, 2008.

백영서, 「'동양사학'의 탄생과 쇠퇴-동아시아에서의 학술제도의 전파와 변형-」, 『한국사학사학보』 11, 2005.

백영서, 「중국학의 궤적과 비판적 중국연구-한국의 사례」, 『大東文化研究』 80, 2012.

백종현 편, 『서울대학교 철학과』, 서울대학교 인문대학 철학과, 2003.

서울대학교국사연구회 편찬, 『國史槪說』, 홍문서관, 1950.

서울대학교법과대학, 『서울대법과대학백년사』, 서울대학교법과대학, 1995.

손진태, 『國史大要』, 을유문화사, 1949.

신주백, 「'조선학운동'에 관한 연구동향과 새로운 시론적 탐색」, 『한국민족운동사연구』 67, 2011.

신주백, 「1950년대 한국사 연구의 새로운 경향과 동북아시아에서 지식의 내면적 교류-관점과 태도로서 '주체적·내재적 발전'의 태동을 중심으로」, 『韓國史研究』 160, 2013.

신주백, 「대학에서 교양 역사 강좌로서 '문화사' 교재의 현황과 역사인식(1945-1960)」, 『한국근현대사연구』 53, 2010.

辛珠柏, 「民族運動勢力の共和主義·共存意識の變化に關する試論」, 『世界の日本研究』 4, 2003.

신주백, 「식민지 조선의 고등교육체계와 문·사·철의 제도화, 그리고 식민지 공공성」,
    『한국교육사학』 34-4, 2012.

신주백, 「역사학의 3분과제도 형성과 역사연구」, 김재현·김현주·나종석·박광현·박지
    영·서은주·신주백·최기숙, 『한국 인문학의 형성』, 한길사, 2011.

신주백, 「호남의병에 대한 일본 군·헌병·경찰의 탄압작전」, 『歷史敎育』 87, 2003.

신주백, 1930년대 초중반 朝鮮學 學術場의 재구성과 관련한 시론적 탐색-경성제대
    졸업자의 조선연구 태도 및 연구방법과 관련하여」, 『역사문제연구』 26, 2011.

心岳, 「도하각대학순례기—문리과대학편」, 『新天地』 5-2, 1950.

안외순, 「사상 : 안확(安廓)의 조선 정치사 독법: '조선문명사(朝鮮文明史)'를 중심으로」,
    『溫知論叢』 20, 2008.

安自山 著, 崔元植 譯, 『朝鮮文學史』, 서울: 乙酉文化社, 1984.

연세대학교 국학연구원 편, 『근대학문의 형성과 연희전문』, 연세대학교 출판부, 2005.

연세대학교백년사 편찬위원회 편, 『연세대학교 백년사』 4, 연세대학교 출판부, 1985.

연세대학교백년사편찬위원회, 『연세대학교 백년사』 2, 1985.

연세창립80주년 기념사업위원회 편, 『연세대학교사』, 연세대학교 출판부, 1969.

오천석, 『외로운 성주』, 광명출판사, 1975.

유영렬, 「최초의 근대대학: 숭실대학」, 대학사연구회, 『전환의 시대 대학은 무엇인가』,
    한길사, 2000.

유진오, 「大學의 危機」, 『朝鮮敎育』 1948. 2.

유진오, 「젊음이 깃 칠 때」, 휘문출판사, 1975.

윤경섭, 「한국전쟁 전후 북한 김두봉의 정치노선과 위상 변화: 최고인민회의 상임위원회
    의 활동을 중심으로」, 『사림』 44, 2013.

윤사순·이광래, 『우리 사상 100년』, 현암사, 2001.

윤승준, 「육당 최남선의 '壇君論'연구」, 『인문학 연구』 37, 2009.

윤종희, 「현대 자유주의적 교육개혁의 역사와 지식권의 제도화-세계 헤게모니 국가의
    교육제도를 중심으로」, 서울대학교 박사학위논문, 2010.

이계황, 「일본근대의 국가와 대학-제국대학령에서 대학령」, 『아시아의 근대화와 대학
    의 역할』, 한림대학교 아시아문화연구소, 2000.

이광린, 「나의 학문 편력」, 『韓國史市民講座』 6, 1990.

이광호, 「한국 교육체제 재편의 구조적 특성에 관한 연구: 1945-1955」, 연세대학교
    박사학위논문, 1990.

이기백, 「학문적 고투의 연속」, 『韓國史市民講座』 4, 1989.

이기상, 『서양철학의 수용과 한국철학의 모색』, 지식산업사, 2002.

이길상·오만석 공편, 『한국교육사료집성-미군정기편Ⅱ』, 한국정신문화연구원, 1997.

이길상, 「고등교육」, 안귀덕 외, 『한국 근현대 교육사』, 한국정신문화연구원, 1995.

이만열, 『한국 근현대 역사학의 흐름』, 푸른역사, 2007.

이상린, 「일제강점기 신문을 통해 본 당시 동양철학의 현황」, 『일어일문학』 35, 2007.

이상린, 「일제강점기 잡지를 통해 본 당시 동양철학의 현황」, 『동북아 문화연구』 16, 2008.

이상은, 「아세아인의 아세아연구-창간사에 대하여」, 『亞細亞硏究』 1, 1958.

이상현, 「'조선문학사'(1922) 출현의 안과 밖-재조 일본인 고소설론의 근대 학술사적 함의」, 『日本文化硏究』 40, 2011.

이수일, 「1920~1930년대 한국의 경제학풍과 경제연구의 동향: 연전 상과 및 보전 상과를 중심으로」, 『연세경제연구』 Ⅳ권 2호, 1997.

李承律, 「日帝時期 '韓國儒學思想史' 著述史에 관한 一考察」, 『東洋哲學硏究』 37, 2004.

이준식, 「외솔과 조선어학회의 한글운동」, 『현상과 인식』 18권 3호, 1994.

이준식, 「일제 침략기 한글 운동 연구」, 『한국사회사연구회논문집』 49, 1996.

이준식, 「일제 강점기의 대학 제도와 학문 체계-경성제대의 '조선어문학과'를 중심으로-」, 『사회와 역사』 61, 2002.

이준식, 「연희전문학교와 근대 학문의 수용 및 발전」, 『근대학문의 형성과 연희전문』, 연세대학교 출판부, 2005.

이충우, 『경성제국대학』, 다락원, 1980.

이타가키 류타, 「김수경(金壽卿)의 조선어 연구와 일본: 식민지, 해방, 월북」, 『社會科學』 44-1, 2014.

이행훈, 「學問 개념의 근대적 변환-'格致' '窮理' 개념을 중심으로」, 『東洋古典硏究』 37, 2009.

이홍직, 「후진성 극복의 길」, 『讀史餘滴』, 일조각, 1960.

이희환, 「식민지 체제하, 자국문학사 수립이라는 난제-안자산의 '조선문학사'가 놓인 동아시아 문학사의 맥락」, 『국학연구』 17, 2010.

임영정, 「동국사학 60년의 성과」, 『東國史學』 42, 2006.

임형택, 「국학의 성립과정과 실학에 대한 인식」, 『실시구시의 한국학』, 창작과 비평사, 2000.

임형택, 「한국문학의 인식체계: 그 개념 정립과 한문학의 처리 문제」, 『한국문학사의 논리와 세계』, 창작과 비평사, 2002.

장신, 「경성제국대학 사학과의 자장(磁場)」, 『역사문제연구』 26, 2011.

장신, 「일제하 조선에서 법학의 교육과 연구」, 『향토서울』 85, 2013.

장신, 「1930년대 경성제국대학의 역사 교과서 비판과 조선총독부의 대응」, 『동북아역사논총』 42, 2013.

정규영, 「경성제국대학의 설립과정」, 『청주교육대학 논문집』 35, 1998.

정근식·정진성·박명규·정준영·조정우·김미정, 『식민권력과 근대지식: 경성제국대학 연구』, 서울대학교출판문화원, 2011.

정선이, 『경성제국대학 연구』, 문음사, 2002.

정선이, 「연희전문 문과의 교육」, 연세대학교 국학연구원 편, 『근대학문의 형성과 연희전문』, 연세대학교 출판부, 2005.

정재철, 「日帝下의 高等教育」, 『教育問題研究所論文集』, 중앙대학교 교육문제연구소, 1989.

정재철, 「한국에서의 일제식민지주의 고등교육정책사 연구」, 『중앙교육사학회논문집』 창간호, 1995.

정종현, 「신남철과 '대학' 제도의 안과 밖: 식민지 '학지(學知)'의 연속과 비연속」, 『한국어문학연구』 54집, 2010.

정준영, 「1910년대 조선총독부의 식민지교육정책과 미션스쿨: 중·고등교육의 경우」, 『사회와 역사』 72, 2006.

정준영, 「경성제국대학과 식민지 헤게모니」, 서울대학교 대학원 사회학과 박사학위논문, 2009.

정준영, 「식민지 제국대학의 존재방식 : 경성제대와 식민지의 '대학자치론'」, 『역사문제연구』 26, 2011.

정호훈, 「홍이섭의 실학연구」, 『東方學誌』 130, 2005.

趙東杰, 『韓國現代史學史』, 나남출판, 1998.

조의성, 「구소련 언어학과 김수경」, 『社會科學』 44-1, 2014.

조좌호, 『東洋史大觀』, 제일문화사, 1955.

차하순, 『西洋史學의 受容과 發展』, 나남, 1988.

채희순, 「서언」, 『世界文化史』, 조양사출판부, 1950.

천관우, 「반계 유형원 연구」, 『歷史學報』 2.3, 1952.

최경봉, 「金壽卿의 국어학 연구와 그 의의」, 『한국어학』 45, 2009.

최경봉, 「국어학사의 관점에서 본 김수경」, 『社會科學』 44-1, 2014.

최기숙, 「1950년대 대학생의 인문적 소양과 교양 '知'의 형성: 1953-1960간 '연희춘추/연세춘추'를 중심으로」, 『현대문학의 연구』 42, 2010.

최기숙, 「국어국문학 과목 편제와 고전강독 강좌」, 김재현·김현주·나종석·박광현·박지영·서은주·신주백·최기숙, 『한국인문학의 형성』, 한길사, 2011.

최영희, 「사학과 학생시절을 회고하며」, 고대사학회 편, 『高麗大學校史學科50年史』, 신유, 1998.

최용찬, 「한국 서양사학의 선구자 조의설(趙義卨)의 역사관」, 『韓國史學史學報』 17, 2008.

최웅구, 「제가 마음속으로부터 존경하는 스승 김수경 선생님」, 『社會科學』 44-1, 2014.

최희수, 「김수경과 중국 조선어학」, 『社會科學』 44-1, 2014.

한국어학회, 「1950년대 말 조선 민주주의 인민공화국에서의 조선 언어학 역사 (라치꼬프와 마주르의 개인 문헌 보관 자료 참조)」, 『한국어학』 17, 2002.

한영우, 『역사학의 역사』, 지식산업사, 2002.

한우근·김철준, 『國史槪論』, 明學社, 1954.

홍성찬, 「일제하 연전상과의 경제학풍과 '경제연구회사건'」, 『연세경제연구』 I권 1호, 1994.

홍순혁, 「해방 후 국사학계의 동향」, 『新天地』 5-6, 1950.

황종연, 「문학이라는 譯語-'문학이란 何오 혹은 한국 근대 문학론의 성립에 관한 고찰」, 『東岳語文論集』 32, 1997.

3. 북한 논문 및 단행본

김수경, 『조선어 문법(어음론 형태론) 초급중학교 제1, 2학년용』, 교육도서출판사, 1954.

김수경, 『조선어 문법(문장론) 초급중학교 제3학년용』, 교육도서출판사, 1954.

金壽卿, 「朝鮮語學會 『한글 맞춤법 통일안』 中에서 改正할 몇가지 其一 漢字音表記에 있어서 頭音ㄴ及ㄹ에 對하여」, 『勞働新聞』 1947. 6. 6.~10.

김수경, 「조선어 학자로서의 김두봉 선생」, 『조선어 연구』 1-3, 1949.

김수경, 「언어학의 문제들에 관한 이·웨·쓰딸린의 로작과 조선 언어학의 과업」, 『언어학의 문제들에 관한 이·웨·쓰딸린의 로작 발표 2주년 기념 문헌집』, 조쏘출판사, 1952.

김수경, 「현대 조선어 연구 서설」, 『조선 민주주의 인민 공화국 과학원 학보』, 1953. No.1.

김수경, 「언어학의 문제들에 관한 이·웨·쓰딸린의 로작에 비추어 본 조선어의 기본 어휘와 어휘 구성에 관하여」, 『조선 민주주의 인민 공화국 과학원 학보』, 1953. No.2.

김수경, 「주시경 선생의 생애와 학설: 선생의 서거 40주년에 제하여」, 『조선 민주주의 인민 공화국 과학원 학보』, 1954. No.5.

김영황·권승모 편, 『주체의 조선어 연구 50년사』, 김일성종합대학 조선어문학부, 1996.

김일성종합대학, 『김일성종합대학 10년사』, 김일성종합대학, 1956.

아. 아. 례폴마트쓰끼, 김수경 역, 『(대학용) 언어학』, 교육성, 1949.

이. 쓰딸린, 「언어학에 있어서의 맑쓰주의에 관하여」, 『근로자』 1950년 14호, 7월 31일.

조선민주주의인민공화국 과학원 언어문학연구소, 「우리 당의 과학 정책에 보다 충실한 조선 언어학을 위하여」, 『조선어문』, 1958. No.3.

조선민주주의인민공화국 과학원 조선어및조선문학연구소, 『조선어 철자법』, 조선민주주의인민공화국 과학원, 1954.

조선민주주의인민공화국 과학원 언어문학연구소 언어학연구실, 『조선어 문법 1 (어음론. 형태론)』, 과학원 출판사, 1960.

朝鮮語文研究會, 『조선어 문법』, 朝鮮語文研究會, 1949.

조선어문연구회, 「朝鮮語 綴字法의 基礎」, 『조선어 연구』 1-5, 1949.

조선중앙통신사, 『해방후 10년 일지 1945-1955』, 조선중앙통신사, 1955.

조쏘문화협회, 『언어학의 관한 이·웨·쓰딸린의 로작 발표 二주년 기념 문헌집』,

조쏘출판사, 1952.

4. 해외 논문 및 단행본

Burton R. Clark, *The Higher Education System: Academic Organization in Cross-National Perspective*, University of California Press, 1984.

C. Kerr, *The Uses of the University*, Harvard University Press, 1963.

Charle and Verger, 김정인 역, 『대학의 역사』, 한길크세주, 1999.

D. Frank and John W. Meyer, "University expansion and the knowledge society," *Theory and Society* 36-3, 2007.

E. Ashby, *Universities: British, Indian, African. A Study in the Ecology of Higher Education*, Harvard University Press, 1966.

Friedrich Paulsen, *The German Universities and University Study*, trans. by F. Thilly. and W. Elwang, Longmans, Greem, and Co., 1903.

G. Delanty, *Challenging Knowledge: The University in the Knowledge Society*, Open University Press, 2002, pp.1~11.

H. Rashdall, *The Universities of Europe in the Middle Ages*, vol. 1, Oxford University Press, 1958, p.323.

Horace H. Underwood, *Modern education in Korea*, International press, 1926.

Hugh Davis Graham & Nancy Diamond, *The rise of American research universities: elites and challengers in the postwar era*, Johns Hopkins University Press, 1997.

James Finch, "Engineering and Science: A Historical Review and Appraisal," *Technology and Culture* 2-4, 1961, p.323.

John V. Murra et al. eds., *The Soviet Linguistic Controversy*, New York: King's Crown Press.

Joseph Ben-David and A. Zloczower, "University and Academic Systems in Modern Societies," *Archives Européennes de Sociologie*, 3-1, 1962.

Joseph Ben-David and Randall Collins, "Social Factors in the Origins of a New Science: The Case of Psychology," *American Sociological Review* 31-4, 1966.

Joseph Ben-David, *The Centers of Learning*, Transaction Publishers, 1992.

Joseph Ben-David, *The Scientist's Role in Society: A comparative Study*, Pritence-Hall, 1972.

M. Trow, "The American Academic Department as a Context for Learning," *Studies in Higher Education* 1-1, 1979.

Martin Trow, 天野郁夫·喜多村和之 譯, 『高學歷社會の大學』, 東京大學出版會, 1976.

Max Weber, 전성우 역, 『직업으로서의 학문』, 나남, 2006.

P. Dressel & D. Reichard, "The University Department: Retrospect and Prospect," *The Journal of Higher Education* 41-5, 1970.

高橋亨,「序言」,『朝鮮思想史大系 1-李朝 佛教』, 大阪寶文館, 1929.

高橋亨,「朝鮮文學研究-朝鮮の小說」,『日本文學講座』12, 新潮社, 1927.

高木英明,『大學の法的地位と自治機構に關する研究』, 多賀出版, 1998.

橋本鑛市,「近代日本における「文學部」の 機能と構造一帝國大學文學部を中心に」,『教育社會學研究』59, 1996.

權純哲,「高橋亨の朝鮮思想史研究」,『埼玉大學紀要』33-1, 1997.

旗田巍 編,『シンポジウム 日本と朝鮮』, 勁草書房, 1969.

吉見俊哉,『大學とは何か』, 岩波書店, 2011.

馬越徹,『韓國近代大學の成立と展開: 大學モデルの伝播研究』, 名古屋大學出版會, 1997.

朴正鎮,『日朝冷戰構造の誕生 1945-1965:封印された外交史』, 平凡社, 2012.

寺崎昌男,「「講座制」の歴史的研究序說」(1)·(2),『大學論集』1·2号, 廣島大學大學教育研究センター, 1974.

寺崎昌男,「旧制大學總論」,『寫眞集: 旧制大學の青春』, ノーベル書房柱式會社, 1984.

寺崎昌男,『日本における大學自治制度の成立』, 評論社, 1979.

山崎博敏,『大學の學問研究の社會學』, 東洋館出版社, 1995.

上山安敏,「知の資格制: 法學部の思想」,『中央公論』96-5, 中央公論新社, 1981.

世界教育史研究會 編,『大學史1』, 世界教育史大系, 講談社, 1974.

小林英夫,『小林英夫著作集10 隨想』, みすず書房, 1977.

熊谷明泰,「南北朝鮮における言語規範乖離の起点: 頭音法則廢棄政策における金壽卿論文の位置」,『關西大學人權問題研究室紀要』41, 2000.

田中克彦,『「スターリン言語學」精讀』, 岩波現代文庫, 2000.

鄭圭永,「京城帝國大學に見る戰前日本の高等教育と國家」, 東京大學教育學研究科博士論文, 2005.

鄭之東,「朝鮮的文字改革」,『中國語文』1956년 7월호.

潮木守一,『京都帝國大學の挑戰』, 講談社, 1997.

潮木守一,『近代大學の形成と変容: 一九世紀ドイツ大學の社會的構造』, 東京大學出版會, 1973.

潮木守一,『アメリカの大學』, 講談社, 2004.

潮木守一,『世界の大學危機: 新しい大學像を求めて』, 中央公論新社, 2004.

佐藤純一,「ロシア·ソ連言語學史におけるモスクワ學派」,『外國語科研究紀要(東京大學教養學部)』39-5, 1991.

竹内洋,『教養主義の沒落-変りゆくエリート學生文化』, 中央公論新社, 2003.

竹内洋,『學歷貴族の榮光と挫折』, 日本の近代 12, 中央公論新社, 1999.

天野郁夫,『高等教育の日本的構造』, 玉川大學出版部, 1986.

天野郁夫, 석태종·차갑부 역,『교육과 선발』, 良書院, 1992.

天野郁夫,『近代日本高等教育研究』, 玉川大學出版部, 1989.

天野郁夫,『大學の誕生(上)』, 中央公論社, 2009.

天野郁夫, 『學歷の社會史: 教育と日本の近代』, 平凡社, 2005.

天野郁夫, 『旧制專門學校論』, 玉川大學出版部, 1993.

通堂あゆみ, 「京城帝國大學法文學部の再檢討－法科系學科の組織・人事・學生動向を中心に」, 『史學雜誌』 117-2, 2008.

板垣龍太, 『朝鮮近代の歷史民族誌：慶北尙州の植民地経驗』, 明石書店, 2008.

コ・ヨンジン, 「北朝鮮の初期綴字法について」, 『言語文化(同志社大學)』 3-3, 2000.

찾아보기

필자 소개

신주백: 성균관대학교 산업심리학과를 졸업하고 같은 대학교에서 1930년대 농민운동과 만주지역 민족운동사로 석사와 박사학위를 받았다. 현재 연세대학교 국학연구원 HK연구교수로 재직하고 있다. 주전공은 한국 근현대의 학술사, 한일관계사, 군사사, 역사교육사로, 이를 동아시아사의 맥락에서도 파악하려 노력하고 있다. 지은 책으로는 『만주지역 한인의 민족운동사』, 『역사화해와 동아시아형 미래 만들기』, 『1930년대 국내 민족운동사』, 『1920, 30년대 중국지역 민족운동사』 등과 공저로 『분단의 두 얼굴』, 『한중일이 함께 쓴 동아시아근현대사』 등이 있다.

이준식: 연세대학교 사회학과를 졸업하고 같은 대학교에서 한국사회사로 박사학위를 받았다. 현재 민족문제연구소 연구위원으로 있다. 주요 관심은 민족운동사를 포함한 일제강점기 사회사이다. 최근에는 영화의 사회사와 근대 학문의 사회사에 대한 연구를 하고 있다. 지은 책으로는 『농촌 사회 변동과 농민 운동』, 『조선공산당 성립과 활동』, 『식민지시기 검열과 한국문화』(공저), 『植民地·朝鮮の子どもたちと生きた敎師 上甲米太郎』(공저) 등이 있다.

장신: 연세대학교 사학과에서 박사과정을 수료하고, 다시 성균관대학교 동아시아학과에서 박사논문을 쓰는 중이다. 관료, 경찰, 역사교육 등 조선총독부의 통치정책과 한근 근대언론사에 관심을 가지고 있다. 「1930년대 경성제국대학의 역사교과서 비판과 조선총독부의 대응」 등 다수의 논문을 썼다.

정준영: 서울대학교 사회학과를 졸업하고 동 대학원에서 석사와 박사학위를 받았다. 교토대학에서 1년간 연구했으며 현재 서울대학교 규장각한국학연구원 HK교수로 재직하고 있다. 주전공은 역사사회학으로, 경성제대를 중심으로 식민지조선에서 지식과 권력의 문제에 대한 연구를 하고 있다. 지은 책으로는 『식민권력과 근대지식』(공저) 등이 있고, 「식민지 의학교육과 헤게모니 경쟁」 등의 논문을 발표하였다.

강명숙: 연세대학교 교육학과를 졸업하고 서울대학교 대학원에서 교육학 석사 및 박사학위를 받았다. 현재 배재대학교 교직부 교수로 재직하고 있으며, 조선교육령에 관한 연구를 비롯하여 한국 근현대 교육사에 대한 다수의 논문을 발표하였다. 박사학위논문으로 「미군정기 고등교육 연구」가 있으며, 저서로는 『식민지 교육연구의 다변화』(공저) 등이 있다.

박종린: 연세대학교 사학과를 졸업하고 같은 대학교에서 일제강점기 운동사와 사상사 연구로 석사와 박사학위를 받았다. 현재 한남대학교 교육대학원 역사교육전공 교수로 재직중이며, 실천적 지식인과 사회운동가의 활동 및 사상 연구를 통해 한국 근현대 지성사를 정리하고 있다. 지은 책으로는 『미래는 여는 한국의 역사』 5(공저) 등이 있고, 최근 논문으로는 「1920년대 사회주의사상의 수용과 맑스주의 원전 번역: 『임금·가격·이윤』을 중심으로」 등이 있다.

이타가키 류타: 도쿄(東京)대학교 '교양학부 교양학과 문화인류학코스'를 졸업하고 같은 대학교에서 문화인류학으로 석사와 박사학위를 받았다. 현재 도시샤(同志社)대학 사회학부 교수로서 재직하고 있다. 주전공은 한국 근현대 사회사이며, 지역사회, 개인 등 미시적인 것에 주목하면서 넓은 사회 영역을 그려내는 작업을 하고 있다. 지은 책으로는 『朝鮮近代の歷史民族誌』(한국어판 근간), 『東アジアの記憶の場』(공저, 한국어판 근간) 등이 있다.

사회인문학총서 책임기획위원 백영서·김성보·김현주
이 저서는 2008년도 정부재원(교육과학기술부 학술연구조성사업비)으로 한국연구재단의 지원을 받아 연구되
었음(NRF-2008-361-A00003)

필자_ 논문 게재순

신주백 | 연세대학교 국학연구원 HK연구교수
이준식 | 민족문제연구소 연구위원
장 신 | 역사문제연구소 연구원
정준영 | 서울대학교 규장각한국학연구원 HK교수
강명숙 | 배재대학교 교직부 교수
박종린 | 한남대학교 교육대학원 교수
이타가키 류타 | 일본 도시샤(同志社) 대학 교수

사회인문학총서

한국 근현대 인문학의 제도화 : 1910~1959

신주백 편

2014년 5월 20일 초판 1쇄 발행

펴낸이·오일주
펴낸곳·도서출판 혜안
등록번호·제22-471호
등록일자·1993년 7월 30일
⑦ 121-836 서울시 마포구 서교동 326-26번지 102호
전화·3141-3711~2 / 팩시밀리·3141-3710
E-Mail hyeanpub@hanmail.net

ISBN 978-89-8494-504-3 93910
값 32,000 원